Diana Pflichthofer
Spielregeln der Psychoaı

Das Anliegen der Buchreihe BIBLIOTHEK DER PSYCHOANALYSE besteht darin, ein Forum der Auseinandersetzung zu schaffen, das der Psychoanalyse als Grundlagenwissenschaft, als Human- und Kulturwissenschaft und als klinische Theorie und Praxis neue Impulse verleiht. Die verschiedenen Strömungen innerhalb der Psychoanalyse sollen zu Wort kommen, und der kritische Dialog mit den Nachbarwissenschaften soll intensiviert werden. Bislang haben sich folgende Themenschwerpunkte herauskristallisiert:

Die Wiederentdeckung lange vergriffener Klassiker der Psychoanalyse – wie beispielsweise der Werke von Otto Fenichel, Karl Abraham, W.R.D. Fairbairn, Sándor Ferenczi und Otto Rank – soll die gemeinsamen Wurzeln der von Zersplitterung bedrohten psychoanalytischen Bewegung stärken. Einen weiteren Baustein psychoanalytischer Identität bildet die Beschäftigung mit dem Werk und der Person Sigmund Freuds und den Diskussionen und Konflikten in der Frühgeschichte der psychoanalytischen Bewegung.

Im Zuge ihrer Etablierung als medizinisch-psychologisches Heilverfahren hat die Psychoanalyse ihre geisteswissenschaftlichen, kulturanalytischen und politischen Ansätze vernachlässigt. Indem der Dialog mit den Nachbarwissenschaften wiederaufgenommen wird, soll das kultur- und gesellschaftskritische Erbe der Psychoanalyse wiederbelebt und weiterentwickelt werden.

Stärker als früher steht die Psychoanalyse in Konkurrenz zu benachbarten Psychotherapieverfahren und der biologischen Psychiatrie. Als das anspruchsvollste unter den psychotherapeutischen Verfahren sollte sich die Psychoanalyse der Überprüfung ihrer Verfahrensweisen und ihrer Therapie-Erfolge durch die empirischen Wissenschaften stellen, aber auch eigene Kriterien und Konzepte zur Erfolgskontrolle entwickeln. In diesem Zusammenhang gehört auch die Wiederaufnahme der Diskussion über den besonderen wissenschaftstheoretischen Status der Psychoanalyse.

Hundert Jahre nach ihrer Schöpfung durch Sigmund Freud sieht sich die Psychoanalyse vor neue Herausforderungen gestellt, die sie nur bewältigen kann, wenn sie sich auf ihr kritisches Potenzial besinnt.

BIBLIOTHEK DER PSYCHOANALYSE
HERAUSGEGEBEN VON HANS-JÜRGEN WIRTH

Diana Pflichthofer

Spielregeln der Psychoanalyse

Psychosozial-Verlag

Für Uli

Bibliografische Information der Deutschen Nationalbibliothek
Die Deutsche Nationalbibliothek verzeichnet diese Publikation
in der Deutschen Nationalbibliografie; detaillierte bibliografische Daten
sind im Internet über http://dnb.d-nb.de abrufbar.

Originalausgabe
© 2012 Psychosozial-Verlag
E-Mail: info@psychosozial-verlag.de
www.psychosozial-verlag.de
Umschlagabbildung: Paul Klee: »Freundliches Spiel« (1933)
Umschlaggestaltung & Satz: Hanspeter Ludwig, Wetzlar
www.imaginary-world.de
Printed in Germany
ISBN 978-3-8379-2222-6

Inhalt

Danke! 11

Einleitung 13

»Doktor Freud«
Begegnung mit einem »Kapazunder« 15

I. Das Sprachspiel Psychoanalyse und seine Regeln 25

Ein Treffen mit Wittgenstein –
»Ein psychoanalytisches Problem hat die Form:
›Ich kenne mich nicht aus‹« 25

Regeln folgt man nur in der Praxis 38

Das Spiel beginnt ... 41

... und hat ein Ende? 49

Exkurs: Spiel-Regeln der Lehranalyse 52

Im psychoanalytischen Sprachspiel
gelten unterschiedliche Regeln ... 70

... und der Analysand befolgt sie nicht 71

Die Psychoanalytikerin muss den Regeln folgen ... 73

... aber woher weiß sie, welchen Regeln
sie zu folgen hat und wie das geht? 76

Das Spiel in der ersten Minute verloren 77

»Make up the rules, as we go along?« 79

Die Aneignung von Regeln ...   80

... beginnt mit »Abrichtung«   82

»Der harte Felsen«   92

Psychoanalyse lernen   96

Gemeinsame Psychoanalyse-Regeln?   101

II.   Der »Witz des Spiels«   105

Verfolgen Psychoanalytikerin
und Analysand dasselbe Ziel?   105

Soll es den Patienten besser gehen?   108

»Spielzüge«   111

Ist die Psychoanalyse ein Heilverfahren?   113

»Die Seele der Übertragung«   115

**III. Das Wagnis der Selbstreflexion –
        Versuch der Verständigung**   121

Andere Aspekte sehen – sich zeigen   121

Hat die Kollegin Recht? –
Beweisen kann sie es jedenfalls nicht   128

Klinische Falldiskussionen – Angriffe auf die Identität?   133

Verstehen – »halb Denken, halb Seherlebnis«   136

IV.   Freuds Spielregeln   139

Die Idealisierung des väterlichen Gesetzes ...   139

... und seine Entwertung   144

Behandlungsindikation   156

Kontraindikationen   161

Vorbereitung und Einleitung der Behandlung –
Vierzehn Tage zur Probe und Aufklärung   162

Verstrickungen –
Analytiker und Patient kennen sich bereits   166

Zeit und Geld   170

Exkurs: Stundenmiete – Auf die Spitze getrieben   173

Die Frequenz 181

Regeln für die Patienten 184

Regeln für den Analytiker/die Analytikerin 187

Exkurs: Geschenke 208

Erziehung – Angenommene Kinder 229

Aktive Technik? 239

Taktgefühl –
Risiken und Nebenwirkungen einer Psychoanalyse 243

Gleichschwebende Aufmerksamkeit 246

Kurzer Exkurs: Stundenprotokolle 246

Lehranalyse 250

V. Das Ende der Analyse und die postanalytische Beziehung 253

Das Ende – Oder:
Von einem, der auszog das Leben zu lernen 253

»Danach« – Die postanalytische Beziehung 268

Literatur 279

»Quidquid agis, prudenter agas et respice finem«
(Sir. 7, 40)

Danke!

Am Entstehen dieses Buches sind viele Menschen beteiligt. Manche mögen vielleicht gar nichts davon wissen, wie sehr mich der Austausch mit ihnen zu diesen und jenen Gedanken angeregt hat, und manche nichts davon, wie sehr sie mich in meinem Denken und Schreiben ermutigen. All jenen danke ich von Herzen, im Besonderen:

Zuallererst meinem Mann, dessen liebevolle Präsenz und kluge Gedanken, ebenso wie seine durchdringende Bearbeitung des Manuskriptes, dieses Buch mit kreiert haben. Er hat die wundervolle Gabe, den Gedanken eines anderen zu folgen und bei deren »Verfertigung« zu helfen.

Meiner Freundin, Etelka Horvàth-Höhling, deren ungarisch-deutsches Herz so groß und weit ist.

Wulf Hübner, der auch in der Philosophie beheimatet ist und dessen Gedanken ich so bereichernd finde.

Unserer Theorie-Arbeitsgruppe, in der es nicht nur gewinnbringend ist, miteinander zu diskutieren und sich zu verständigen, sondern auch Spaß macht: Etelka Horvàth-Höhling, Andrea Niedecken, Gudrun Wolber, Joachim Grefe, Thorsten Michels und Klaus Poppensieker.

Hartmut Wegehaupt für viele anregende Gespräche, Gedanken und seine Ermutigung.

Kristina Hirt für ihre kluge und einfühlsame Lektoratsarbeit.

Herrn Professor Hans-Jürgen Wirth, meinem Verleger, der mich als Autorin unterstützt und mich damit ermutigt und der sich so sehr um die literarische Diskussion der Psychoanalyse verdient macht.

Meinen Patienten, die sich mir anvertrauen und mit denen ich lerne.

Einleitung

Das vorliegende Buch versteht sich als eine Einladung zum Dialog, zum Dialog über Psychoanalyse, über Bedingungen und Möglichkeiten des kollegialen Umgangs sowie über die Tradition der psychoanalytischen Wissenschaft und ihrer Weiterentwicklung. Sagen und Tun – wie der bekannte Gegensatz von Theorie und Praxis stehen sie im Zentrum, im Besonderen aber das tatsächliche praktische Handeln des Analytikers, der Analytikerin und dessen Abgrenzung vom bloß vorgestellten Tun. Es ist also auch die Öffnung einer Diskussionspraxis intendiert, die unter dem Gebot der Wahrhaftigkeit steht und deshalb Ermutigung braucht, so, wie sie Foren erfordert, auf denen ein Austausch über dieses Tatsächliche stattfindet und nicht so sehr darüber, was Analytikerin und Analytiker glauben idealiter tun zu müssen, auch wenn das in der Subjektivität der Beteiligten und der Intimität der analytischen Beziehung seine Grenzen findet.

Die Betrachtung der Psychoanalyse als ein Spiel mit Regeln verlangt zu untersuchen, welche Art Regeln hier wirken, woher sie rühren und welchen Grad von Verbindlichkeit sie haben. Hierbei geht es um die Abgrenzung des Regelbegriffes von dem des »Gesetzes«.

Wittgenstein wird als Zeuge für den Regelbegriff sowie für dessen Entfaltung im praktischen Vollzug berufen. Soweit also liegt dem ein etwas anderer Theoriebegriff zum Grunde: Sagen und Tun stehen in einem dialektischen Verhältnis und sind im Begriff des *Sprachspiels* miteinander vermittelt.

Mit der *Selbstreflexion* ist hier die Selbstreflexivität des Verstehens und des (auch des kollegialen) Verständigungsprozesses gemeint. Dabei geht es um die theoretische Durchdringung der Frage, was *Verständigung* im Falle der Psychoanalyse heißt und wie sie verläuft bzw. verlaufen sollte.

Die Beschäftigung mit speziell Freuds »Spielregeln« und deren Anwendung

– oder manchmal auch gerade Nicht-Anwendung durch ihn selber – zielt zum
einen auf die Tradition dieser Diskrepanzen wie auch auf den produktiven
Schub, den im Einzelfall eine Nicht-Anwendung, der »Gesetzesverstoß«, dem
analytischen Prozess geben kann, ohne dass Abwegiges, gar Abgründiges,
wohin solches auch führen kann, ausgespart oder unerwähnt bleiben soll.

Einzelne Freud'sche Äußerungen und Bemerkungen zur Methode, die oft
nur isoliert zitiert werden, sollen hier, um sie richtig verstehen zu können, in
ihrem jeweils individuellen und historisch-sozialen Rahmen, in dem sie stehen,
gesehen bzw. gezeigt werden. Denn im Kontext der isolierten Betrachtung
steht auch die Beobachtung, dass Freud immer noch das »väterliche Gesetz«
mal mehr, mal weniger unreflektiert repräsentiert, worin eine noch nicht
aufgelöste Vaterübertragung, der die Analytiker-Gemeinschaft unterliegt,
vermutet werden kann.

Die abschließende Betrachtung der postanalytischen Beziehung soll nochmals verdeutlichen, wie elementar und unabdingbar die gegenseitige reflexive
Anerkennung der Rationalität (kantisch: »Habe Mut!«) und des Unbewussten
– im Patienten selbstverständlich – aber auch in der Analytikerin/im Analytiker
zu den grundlegenden Spielregeln des analytischen Prozesses gehört.

»Doktor Freud«

Begegnung mit einem »Kapazunder«

Im Frühjahr 1936 betritt eine 18-jährige Schülerin an der Seite ihres Vaters, eines reichen Fabrikanten, die Praxis Sigmund Freuds[1]. Man war mit dem vom Chauffeur gelenkten Steyr-Sechssitzer vorgefahren, in der Tasche des Herrn Vaters befand sich ein Empfehlungsschreiben des Hausarztes für Dr. Freud, ein »Kapazunder« für Seelenleiden. Denn ein solches meinte der Arzt der Familie bei der 18-jährigen Margarethe Walter erkannt zu haben. Auch der Kohlenhändler hatte kurzerhand diagnostiziert, dass »dem Herrn Filzfabrikanten sein Madl dodal verruckd« sei. Dieses war messerscharf geschlossen worden, weil das einsame Mädchen an seinem Fenster der eigendramatischen Darbietung von »Tristan und Isolde« frönte, dem Publikum auf der Straße huldvoll zuwinkend, das Gewirk der Großmutter als Kostüm nutzend. Nun saß man also hier, in der Berggasse und musste warten, »schon ganze zehn Minuten«, was nicht eben zur Verbesserung der Laune des Fabrikanten beitrug.

Die biografische Selbstdarstellung von Margarethe lässt auch nichts Erfreuliches vermuten: »Ich war das einsamste Mädchen in Wien. [...] Einsam, überversorgt, eingesperrt, und ziemlich sicher nicht geliebt. Niemand hat mich auf den Schoß genommen, keiner hat mich an der Hand gehalten, es wurde nicht geküsst«. Ihre Mutter starb bei ihrer Geburt. Man mag annehmen, dass der Vater sie dieser »Tat« für schuldig erklärte und sie dieses zeitlebens spüren ließ. Die Stiefmutter wird als »kalt und geldgierig« beschrieben, die Oma als »schwerbetagt und hyperängstlich«, der Haushund, einziger erlaubter Besuch im Kinderzimmer, als »steinalt

---

1 Die Informationen über den Besuch Margarethe Walters bei Freud verdanke ich dem schönen Artikel von Peter Roos in der *Zeit*, 27. April 2006, S. 45.

und immer müde«. Gesprochen wurde mit ihr eher nicht, »und alles, was mit mir geschah, wurde hinter meinem Rücken und über meinen Kopf hinweg bestimmt«.

So denn auch in der Berggasse 19 – zunächst.

Nachdem der nunmehr 80-jährige »Kapazunder« Freud das Behandlungszimmer betreten hatte, war Margarethe sofort beeindruckt, ihr Vater sollte es einen Augenblick später auch sein.

»Doktor Freud nahm exakt zwischen uns Platz. […] Es war ein steinalter Mann [zur Erinnerung: Margarethe war 18!], der mich vollkommen ausdrücklich angesehen hat. Er hat mich regelrecht in den Blick genommen. Er war sehr gebrechlich, aber voller Kraft.«

Nun stellt der Doktor Fragen an Margarethe, fragt nach ihrem Namen, nach ihrer Schule, ihrer Freizeit, ihrem Berufswunsch. Ausnahmslos alle Fragen werden von ihrem Vater beantwortet, gewohnheitsgemäß also. Dann bittet Freud den Fabrikanten – freundlich, aber bestimmt – vor die Tür: »Ich möchte mit Ihrer Tochter alleine sprechen«, und er rückt mit seinem Stuhl näher an Margarethe heran. Der Vater verlässt tatsächlich das Zimmer, die Erde tut sich dennoch nicht auf, obwohl das offenbar im Reich des Möglichen gewesen wäre, jedenfalls in Margarethes Vorstellung: »Eine Revolution. Einen solchen Vater schickt man nicht hinaus. Niemals! Vater war ein Turm von einem Vater. Und sein ganzes Gesicht war voller Unwillen, Missmut, Wut über diese Zumutung. Aber auch voller Zögern und Erstaunen.« Ihm, dem reichen Fabrikanten und Patriarchen, widerspricht man nicht, denkt sie.

»Jetzt sind wir unter uns«, sagt Freud und öffnet mit diesen Sätzen und seinem Verhalten die 18 Jahre lang geschlossen gehaltenen Schleusentore. Margarethe redet, erzählt ihm von ihrem Leiden, ihrer Einsamkeit, der Unterdrückung, dem Hass, ihrer Leseleidenschaft und ihrem brennenden Wunsch, im Kino endlich einmal »eine Liebesszene ganz zu Ende zu sehen«. Denn immer, wenn sich eine solche auf der Leinwand andeutete, erklängen die Worte des Vaters: »So etwas ist nichts für dich, wir stehen auf und gehen!«

Und natürlich ging man, hinaus aus dem Kino, visus interruptus.

Freud hörte zu.

»Meinen immerwährenden Wunsch, mich jemandem mitzuteilen, hat er auf wunderbare Weise erfüllt. Sigmund Freud war der erste Mensch in meinem Leben, der wirklich Anteilnahme gezeigt hat an mir, der von mir etwas erfahren wollte, der einzige, der mir wirklich zugehört hat.«

Nach dem Zuhören erfolgt der zweite Teil der »Deutung«:

> »Zum Erwachsensein gehört die Überwindung der Klage und die Durchsetzung dessen, was eine Persönlichkeit ausmacht. Wünsche pflegen. Widerspruch hegen. Nach dem Warum fragen und nicht alles stumm hinnehmen. Das, was einem wirklich wichtig ist, mit Bestimmtheit und Standfestigkeit und Ruhe durchsetzen. Und, wenn die nächste Kussszene im Kino kommt, bleiben Sie sitzen! Ich sage Ihnen ausdrücklich: Sie bleiben sitzen! Denken Sie an mich!«

Margarethe denkt an ihn, ein Leben lang, so beeindruckend war diese Begegnung für sie: »Er weckte, öffnete und ließ werden – er hat den entscheidenden Impuls gesetzt und mich in die Freiheit nach jeder Richtung entlassen.«

Die Worte des 80-jährigen Freud erinnern an Kant und an dessen »Beantwortung der Frage: Was ist Aufklärung?«, »Sapere aude! Habe Muth dich deines *eigenen* Verstandes zu bedienen!« (Kant 1784)

> »Unmündigkeit ist das Unvermögen, sich seines Verstandes ohne Leitung eines anderen zu bedienen. Selbstverschuldet ist die Unmündigkeit, wenn die Ursache derselben nicht am Mangel des Verstandes, sondern der Entschließung des Muthes liegt, sich seiner ohne Leitung eines anderen zu bedienen« (ebd.).

Aus psychoanalytischer Sicht sind das durchaus strenge Worte, denn uns würde es schwerfallen, den Menschen, die unter der Kraft unbewusster Mächte leiden, die Schuld daran zuzuschreiben. Dennoch hat der Appell zur Verantwortlichkeit für das eigene Leben bis heute nichts an Gültigkeit verloren. Und schon Kant wusste, dass das eine schwere Aufgabe ist: »Es ist also für jeden einzelnen Menschen schwer, sich aus der ihm beinahe zur Natur gewordenen Unmündigkeit herauszuarbeiten« (ebd.).

Wie sehr Freud in dieser Tradition der Aufklärung zu Hause ist, hat er in vielen – in den meisten – seiner Arbeiten dargelegt. Exemplarisch sei hier noch einmal folgende Stellungnahme genannt:

> »Wir haben es entschieden abgelehnt den Patienten, der sich Hilfe suchend in unsere Hand begibt, zu unserem Leibgut zu machen, sein Schicksal für ihn zu formen, ihm unsere Ideale aufzudrängen und ihn im Hochmut des Schöpfers zu unserem Ebenbild, an dem wir Wohlgefallen haben sollen, zu gestalten« (Freud 1919a, S. 190).

Das klingt gut, allein, wir machen alle in unserer täglichen Arbeit die Erfahrung, dass die Patienten *scheinbar* solche Wünsche an uns richten. Der

Grundsatz, in der Analyse – in der Regel – keine Ratschläge zu erteilen, hat in diesem aufklärerischen Anspruch seine Wurzeln und doch ist es häufig genau die darin liegende Aufforderung an den Patienten, sein Schicksal selber in die Hand zu nehmen und, soweit möglich, zu formen, die auf ihn wie eine herbe Frustration wirkt. So sehr sind wir Menschen mitunter geneigt, anderen zu folgen. Es gilt also, den eigenen Weg zu finden, sich zu befreien aus seiner »Unmüdigkeit«. Nur kann dieses wiederum nicht allein geschehen, man braucht offenbar – paradoxerweise – jemanden, dem man auf diesem Weg folgen kann.

Kant lässt vorerst offen, wo man den Mut hernehmen soll. Freud zeigt der heranwachsenden Margarethe ganz plastisch, performativ, einen Ausweg. Er demonstriert der an der Schwelle zum Erwachsenenleben stehenden Margarethe, dass ihr Vater durchaus nicht die Macht besitzt, die sie ihm zuzuschreiben bereit ist. Andere Verhältnisse zeitigen auch andere Machtverhältnisse. »Schau her, auch dein Vater ist ein Mensch, der mitunter auf andere hören muss. Und sieh her: Ich traue mich, ihm zu widersprechen. Ich habe keine Angst vor ihm. Und du hast ein Recht darauf, für dich selbst zu sprechen«, so lautet der erste Teil der performativen Deutung. Am Ende des Gespräches folgt dann die zweite Hälfte: »Ab jetzt bist auch du dafür verantwortlich, dir deine Rechte zu nehmen.«

Nun scheint Margarethe eine in jeder Hinsicht sehr dankbare »Patientin« gewesen zu sein, denn es gelang ihr, diese Deutung – gewissermaßen mit Haut und Haaren aufzunehmen: Sie wird Bildhauerin und beim nächsten Kinobesuch bleibt sie – als ihr Vater an typischer Stelle zum Aufbruch drängt – sitzen. Der erste Teil des Bannes scheint gebrochen. Die meisten unserer Patienten brauchen jedoch erheblich mehr Zeit, um sich von dem Bann ihrer Introjekte zu befreien. Aber dennoch: Freud zeigt sich hier als Verbündeter, als Lebenserfahrener und als Vater.

Margarethe war ein durch den frühen Verlust der Mutter traumatisiertes Kind und sie war bisher brav. Aber »Bravsein ist von Anfang an dull«, schreibt Freud an seine Tochter Anna (Freud 2006, S. 370). Natürlich handelt es sich hier um kein psychoanalytisches Vorgehen, aber um eine durchaus therapeutisch wirksame Intervention. Vor allem aber bringt sie etwas von der Person Freuds, seiner Erscheinung, seiner Wirkung, seinen tiefen, durchaus persönlichen Anliegen zum Ausdruck: frei werden, selbst sein, sich seines *eigenen* Verstandes und seiner Seelenkräfte bedienen.

Freud, Familienoberhaupt und durchaus Patriarch, sowohl in der Familie als auch in der psychoanalytischen Gesellschaft, hatte dennoch ein großes

Herz für das Eigenwillige, das schwer zu Bändigende, das bisweilen unge-
horsam Autonome. Einerseits eine Autorität, die auch als solche gesehen
und behandelt werden wollte, ließ Freud in zahlreichen Briefwechseln auch
jenes sanfte Wachsen-Lassen erkennen, für das auch Margarethe Walter so
schwärmte. Auch Freud war »nur« ein Mensch, d.h. mitunter von seinen
eigenen Gefühlen, gänzlich unreflektiert, hingerissen. Aber immer wieder
schien er sich auch der anderen Seite seiner Position bewusst zu werden: Der
starke Vater muss auch starke Söhne und Töchter neben sich heranwachsen
lassen, und ertragen können, dass diese ihn überleben und beerben. Die Korrespondenz mit Ferenczi, dessen Übertragung auf Freud, wie sich besonders
in den letzten Jahren zeigte, keineswegs auch nur annähernd aufgelöst war,
zeigt das immer wiederkehrende Pendeln Freuds zwischen einer gewissen
väterlichen Strenge und einer ebensolchen Nachsichtigkeit, welche die offenbar anhaltende Übertragung, z.B. des enttäuschten, sich zurückgewiesen
fühlenden und daher sehr leicht kränkbaren Sohnes, zu berücksichtigen
sucht. Ein ums andere Mal scheint Freud in eher schonungsvoller Weise
einem Patienten, nicht einem Kollegen zu schreiben.

Die jüngst von Michael Schröter herausgegebene Korrespondenz Freuds
mit seinen (erwachsenen) Kindern veranschaulicht in berührender Weise, wie
Freud seine Rolle als Vater und Patriarch verstand. Er fühlte sich offenbar für
zwei Kernbereiche des familiären Lebens im Besonderen zuständig: für die
Gesundheit und für das Geld.

Zudem konnten sich die Kinder in Krisen immer auf ihn verlassen, auch
wenn er ihnen, wie Martin Freud beschrieb, im Alltag so gut wie gar nicht
zur Verfügung stand.

> »In Notsituationen konnten sich die Kinder an ›Papa‹ wenden und hatten abso-
> luten Anspruch auf seine Aufmerksamkeit und Hilfe: ›wenn wir ihn wirklich
> brauchten, stieg er von seinen olympischen Höhen herab, um uns zu retten‹,
> mit Wort und Tat« (Schröter 2010, S. 19).

Aus der umfangreichen Briefsammlung geht hervor, dass sich Freud auch für
seine erwachsenen Kinder verantwortlich fühlte und in psychischen oder finanziellen Krisen zu ihnen stand, zugleich bemüht, sie dabei nicht zu beschämen bzw. das potentiell Beschämende solcher Situationen so weit als möglich
zu entschärfen.

Freud war – unter damaligen Bedingungen – ein sehr moderner Vater. So
schreibt Schröter über dessen grundlegende Einstellungen gegenüber seinen
Kindern:

> »Zu dem Ernst, den Freud ausstrahlte, gehörte ein Ethos der Aufrichtigkeit. Es war verbunden mit dem Ideal der Illusionslosigkeit, das er gegenüber seinen Kindern ebenso vertrat wie in der psychoanalytischen Theorie und in seiner eigenen Lebenspraxis, etwa im Angesicht von Alter und Krankheit. Im Sinne dieses Ethos verlangte er Offenheit von seinen Kindern und sprach offen mit ihnen. [...] Das Prinzip der Offenheit hatte jedoch bei ihm nichts Quälendes, sondern war ein Ausdruck des Respekts vor seinen Kindern. Diese mochten eine Scheu vor dem Vater empfinden, aber sie wussten zugleich, dass er keine Unterwerfung verlangte, sondern sie unbedingt akzeptierte. So klar er ihnen die Meinung sagte, er nahm es auch hin, wenn sie Gründe hatten, ihm nicht zu folgen« (Schröter 2010, S. 20).

Dies erscheint womöglich etwas bestimmt formuliert, was die Gefühle der Kinder gegenüber ihrem Vater angeht, aber ein Beispiel mag die darin beschriebene Haltung Freuds verdeutlichen: Im August 1914 schreibt Martin in einem Brief an seinen Vater, dass er sich mit dem Gedanken trage, »seine Dienste dem Kaiser anzubieten« (Freud 2010, S. 133). Die Antwort des besorgten Vaters folgt prompt:

> »Ich antworte dir umgehend auf deinen Brief [...]. Ich verstehe, daß Du kommen und irgendwie mitthun willst. Ich hoffe aber, nicht als Soldat, ehe man Dich einberuft, was vielleicht nicht der Fall sein wird, denn wie man tragen muss, was einem zufällt, darf man auch genießen, was einem geschenkt wird, in diesem Falle die Lebenschance« (ebd. S. 134).

Klare Worte, was Freuds Wunsch angeht und den Versuch, das Über-Ich seines Sohnes zu entlasten. Nur bringen die väterlichen Worte nicht den gewünschten Erfolg. Wenig später teilt Martin mit, dass er sich nunmehr freiwillig gemeldet hat.

Sein Vater reagiert darauf so:

> »Lieber Martin, ich habe deine Mitteilung, daß du als Kriegsfreiwilliger angenommen worden bist, erhalten. Du kannst dir denken, daß ich es als eine Vermehrung der Sorgenlast empfinde, welche dieser Krieg jedem auferlegt, aber ich will dir das Zeugnis nicht versagen, daß du korrekt und anständig gehandelt hast« (ebd., S. 137).

Freud mutet seinem Sohn das Wissen um die Sorgen zu, die dem Vater nun entstehen, aber nicht ohne ihn auch, nachdem die Entscheidung nun gefallen ist, seiner psychischen Begleitung zu versichern.

Schröter fasst die Haltung Freuds, die sich wie ein roter Faden durch die gesamte Korrespondenz mit seinen Kindern zieht, treffend zusammen:

> »Freuds Kinderbriefe zeugen, kurzum, von der tiefen, irdisch-handfesten Humanität des Verfassers; das macht sie an sich zu einem lohnenden Dokument. *Sie werfen darüber hinaus die Frage auf, inwieweit die Psychoanalyse als Theorie und noch mehr als therapeutische Praxis aus ebendieser Humanität hervorgegangen ist* [kursiv durch D.P.]« (Schröter 2010, S. 21).

Das scheint mir in der Tat eine interessante und weiterführende Frage zu sein, die Schröter an dieser Stelle aufwirft. Unter dem Begriff der Humanität verstehen wir seit der Spätantike die Gesamtheit der geistigen Eigenschaften des Menschen, seine Menschlichkeit. Das schon in hellenistischer Zeit formulierte Ideal der Humanität enthält die ethische Aufgabe, das »›Allgemein-Menschliche‹ in jedem Menschen ohne Rücksicht auf Standes-, Religions-, Volks-, Staats- und Rassenzugehörigkeit anzuerkennen bzw. zu wecken« (*human* – vgl. Wörterbuch der philosophischen Begriffe 1998). Die Humanität wurzelt also in der Toleranz gegenüber dem Fremden, dem anderen. »Ich weiß«, erinnerte sich Martin Freud, »daß wir Freudkinder Dinge taten und sagten, die andere Leute seltsam fanden« (Gay 1989, S. 185).

Das vielzitierte naturwissenschaftliche Ideal, dem Freud anhing, und seine Annahme, man könne die Welt und damit auch den Mitmenschen »neutral«, von außen, von eigenen Gefühlen und Gedanken unbeeinflusst beobachten und durch logisches Schließen, aufgrund dieser Beobachtungen, zu allgemeingültigen Erkenntnissen über Welt und Menschen gelangen, ist die eine Seite der Freud'schen Sozialisation. Die andere ist die der Humanität, von der sein ganzes Leben zeugt, und eine dritte ist seine eigene Menschlichkeit, sein höchstpersönliches Leben mit Gefühlen, Hoffnungen, Freuden, Schmerzen, hervorragenden Begabungen und Stärken und, ja, auch Schwächen.

Die Vermutung liegt nahe, dass wir – seine Schülerinnen und Schüler im weitesten Sinne – uns aus unserer Ur-Vater-Übertragung bisweilen auch nur ungenügend gelöst haben. Mitunter hat es den Anschein, als befänden wir uns in einer ähnlichen Position wie seine Kinder: Wir schauen zu ihm auf, der Gestalt auf dem Olymp, aber wenn wir ihn brauchen, dann können wir uns darauf verlassen, dass er heruntersteigt, um uns zu Hilfe zu eilen.

Wie bei der Beziehung des Kindes zu seinen Eltern ist es die Entwicklungsaufgabe in jeder Übertragungsbeziehung, zwischen der *realen* und der *phantasierten* Macht des jeweiligen Übertragungsobjektes unterscheiden zu können. Weder ist die Macht so groß und unermesslich wie man zunächst annehmen musste, um sich hinreichend sicher zu fühlen, noch ist sie so wenig existent, wie man in einem späteren Schritt annehmen wollte, um sich groß und überlegen zu fühlen und um die Enttäuschung über die ursprüngliche Sicht abwehren zu können. Sie liegt eben, wie meistens im Leben, irgendwo dazwischen.

Die Rezeption der Freud'schen Schriften zur Technik der Psychoanalyse ist ein Kapitel für sich.

Er selbst bezeichnet seine methodischen Hinweise als »Ratschläge« (Freud 1913c, S. 454), die »keine unbedingte Verbindlichkeit beanspruchen« (ebd.), spricht sich gegen eine »Mechanisierung der Technik« (ebd.) aus, betrachtet sie vielmehr als »Spielregeln« (ebd., S. 454) und schafft damit Raum zwischen Regeln und Kreativität. Hingegen scheint die spätere Rezeption bisweilen an einer gewissen Starrheit zu kranken. Interessanterweise beruft man sich gerade in Bezug auf die »Strenge des Settings« gern auf Freud, so, als sei damit alles erklärt. Hier ein Beispiel von Bott Spillius:

> »Wie Segal feststellt, sind die meisten der grundlegenden Merkmale Kleinianischer Technik in enger Anlehnung an Freud entwickelt worden: strenge Aufrechterhaltung des psychoanalytischen Settings, um eine möglichst unverfälschte und unbeeinflusste Übertragung zu gewährleisten; Erwartung von fünf Sitzungen pro Woche; Betonung der Übertragung als entscheidender Brennpunkt der Interaktion zwischen Analytiker und Patient [...]« (Bott Spillius 1991, S. 5).

Unbestritten sind das Kernelemente *kleinianischer* Technik, doch mutet die Berufung auf Freud an dieser Stelle wie die Rückversicherung bei der höchsten Autorität an, und zwar der sich schriftlich äußernden. Wie wir wissen, war Freud in seiner realen Praxis deutlich flexibler, als sein schriftlich niedergelegtes Regelwerk bisweilen vermuten lässt. Die Wahrheit wird – auch hier – irgendwo dazwischen liegen: irgendwo zwischen Strenge und einer gewissen Rigidität einerseits und Liberalität, Spontaneität und Flexibilität andererseits.

Festhalten an Regeln gibt Sicherheit, schafft Identität. Starrheit hingegen hat unter anderem etliche unheilvolle – noch bis heute wirksame – Klischees von Psychoanalyse generiert, wie den »schafgesichtigen« Spiegelplatten-Chirurgen-Analytiker in täglich gleicher Kleidung, der Welt und dem gewöhnlichen Leben etwas entrückt, schweigend, »hm«-sagend und alle paar Wochen eine reife mutative Deutung aussprechend. Dieser hat mit der Praxis wenig zu tun. Aber wie alle Klischees wird auch dieses (leider) einen realen Kern haben, um den herum es sich gründen und so hartnäckig halten konnte.

Die Rezeption der technischen Regeln Freuds zeichnet sich dadurch aus, dass immer wieder insbesondere die strengen, rigiden Aspekte hervorgehoben und gerechtfertigt werden, während die auch vertretene andere Seite eher im Hinter- oder Untergrund zu wirken scheint. Es ist jedoch vor allem diese Seite der Freud'schen *Praxis*, in der er eine ausgesprochene Kreativität und Flexibilität bezüglich seines Settings und seiner Technik an den Tag legt. In Kapitel IV soll davon die Rede sein, doch zunächst einmal zum psychoanalytischen Sprachspiel.

I. Das Sprachspiel Psychoanalyse und seine Regeln

> »Was ist eine ›Regel lernen‹? – Das.«
> (Wittgenstein, *Über Gewissheit*)

Ein Treffen mit Wittgenstein – »Ein psychoanalytisches Problem hat die Form: ›Ich kenne mich nicht aus‹«

In seinen Schriften zur Behandlungstechnik beschreibt Freud einige für den psychoanalytischen Prozess konstitutive Regeln, die er, wie gesagt, als »Spielregeln« verstanden wissen wollte:

> »Ich werde im folgenden versuchen, einige dieser Regeln für die Einleitung der Kur zum Gebrauche des praktischen Analytikers zusammenzustellen. Es sind Bestimmungen darunter, die kleinlich erscheinen mögen und es wohl auch sind. Zu ihrer Entschuldigung diene, *daß es eben Spielregeln sind, die ihre Bedeutung aus dem Zusammenhange des Spielplanes schöpfen müssen* [kursiv durch D.P.]« (Freud 1913c, S. 454).

Diese höchst interessante Analogie von psychoanalytischem Prozess und Spiel ist einer genaueren Betrachtung wert. Psychoanalyse – ein Spiel?[2] Das klingt schon fast nach einem Sakrileg. Doch im Gegenteil: Zum einen gehört es zu den Kennzeichen jedes Spiels, dass es in der Regel (wenn es gelingt) mit einer besonderen Form des Selbsterlebens einhergeht. Verän-

---

2 Erika Krejci benutzt ebenfalls diese Metapher: »Ich wechsele die Metapher. Nun legen die Rahmenbedingungen ein Spielfeld und außerdem die Regeln fest, nach denen gespielt wird, wie z.B. beim Fußball. Das Spielfeld ist ein intersubjektives Feld. Sein drittes Element ist der Rahmen. Im Inneren des Feldes gelten andere Regeln als außerhalb. Die beiden ›Spieler‹ des analytischen Spiels bewegen sich ausschließlich in dem vorgegebenen Rahmen, und ihre Bewegungen folgen den vorgegebenen Regeln« (Krejci 2009, S. 401). Sosehr ich der Metapher und den ersten Überlegungen von Krejci auch zustimme, ich glaube nicht, dass sich die Spieler »ausschließlich in dem vorgegebenen Rahmen« bewegen, sondern dass sie ihn immer auch mit kreieren.

derungen des Selbsterlebens stehen gerade auch im Zentrum einer Psychoanalyse.

Zum anderen vertritt Freud gewissermaßen en passant in einem Nebensatz die hochmoderne Auffassung, dass sich Bedeutungen, in diesem Falle von Regeln, nur aus dem *Kontext* ergeben können. In psychoanalytischen Behandlungen ergibt sich selbstverständlich mit jedem neuen Patienten und mit jeder neuen Analytikerin ein neuer Beziehungs- und Bedeutungskontext. Entsprechend ist Freud in seiner *Praxis* auch mit den von ihm selber aufgestellten Regeln verfahren: Wenn es ihm sinnvoll schien oder einfach angemessen, dann hat er so ziemlich jede seiner öffentlich aufgestellten Regeln nicht befolgt bzw. diese erweitert oder verändert. Nur eine einzige hat er unseres Wissens immer eingehalten – im Gegensatz zu einigen seiner Kollegen – jene der sexuellen Abstinenz gegenüber seinen Patientinnen.

Freud befand sich mit dem Notieren der technischen Regeln in einem Konflikt: Einerseits sah er eine durchaus politische Notwendigkeit für sie, um der »wilden Psychoanalyse« die Stirn, noch besser, Einhalt zu gebieten. Freuds Lehre hatte sich inzwischen in bestimmten Kreisen herumgesprochen und er konnte eine gefährliche Tendenz erkennen: Die Lehre und das Vokabular der Psychoanalyse aus dem Kontext zu lösen und nach eigenem Gutdünken, ohne die nötige Vorbildung, an »Patienten« auszuprobieren. Ein derartiger Missbrauch psychoanalytischer Ausdrücke verärgerte Freud verständlicherweise sehr, und er wollte seine junge Wissenschaft und die sie Betreibenden mithilfe allgemeingültiger technischer Regeln schützen.

Andererseits war ihm sehr bewusst, dass solche Regeln – und zwar ob ihrer Vielzahl, die sich eben aus den jeweils veränderten Kontexten ergeben kann – schwerlich aus Büchern zu lernen sind, sondern, »man erlernt sie wie andere ärztliche Techniken bei denen, die sie bereits beherrschen« (Freud 1910b, S. 124).

Und entsprechend soll er 1930, also 20 Jahre später zu Smiley Blanton, einem Lehranalysanden, gesagt haben:

>»Was nun die Schriften über die Technik der Psychoanalyse anbelangt, so meine ich, daß sie völlig inadäquat sind. Ich glaube nicht, daß man die Methoden der Technik durch Schriften vermitteln kann. Diese erlernt man nur durch persönliche Unterweisung. Natürlich benötigen Anfänger einiges Wissen zu ihrem Start. Andernfalls hätten sie nichts, womit sie fortfahren können. Aber wenn sie den Direktiven wissentlich folgen, werden sie bald in Verlegenheiten kommen. *Dann müssen sie beginnen, ihre eigene Technik zu entwickeln* [kursiv durch D. P.]« (Blanton 1975, S. 43).

Freud ist auch an dieser Stelle ganz sicher nicht so zu verstehen, dass nun ein jeder eine Technik nach eigenem Belieben – völlig losgelöst von gemeinsam vertretenen Regeln – entwickeln könne. Nein, vielmehr ist dieses eine Bestärkung der Spiel-Analogie: Durch Einhalten der Regeln entsteht das Spiel überhaupt erst und man gelangt – über kurz oder lang – an neuralgische, schwierige Punkte, die sich auch in jeder Spielpartie anders darstellen können, und dann gilt es, einen Weg zu finden, einen eigenen. Ohne Einhalten gewisser Regeln wiederum wird sich das Spiel gar nicht erst entwickeln.

Habermas fasst das Kennzeichen der Regeln eines Sprachspiels wie folgt zusammen:

> »Die grammatischen Regeln sind wie Spielregeln konstitutiv, denn sie dienen nicht etwa der Regulierung eines Verhaltens, das unabhängig von ihm bereits besteht, sondern sie bringen eine neue Kategorie von Verhaltensweisen erst hervor« (Habermas 1975, S. 370).

Sprachspielregeln haben somit generativen Charakter, sie sind dazu da, etwas hervorzubringen, was es in dieser Form noch nicht gab.

Freud befindet sich mit seiner zuvor beschriebenen Betrachtungsweise in guter (wienerischer) Gesellschaft: jener des Philosophen Ludwig Wittgenstein, der sich über Sprachspiel, Regeln und Regelfolgen ausführlich Gedanken gemacht hat. Es ist in der Tat bemerkenswert, dass Freud offenbar niemals auf seinen berühmten Zeitgenossen eingegangen ist (jedenfalls ist mir bisher keine diesbezügliche Äußerung bekannt), wobei zu berücksichtigen ist, dass die hier genannten Arbeiten und Gedanken Wittgensteins auch erst aus den frühen dreißiger Jahren stammen. Umgekehrt hat sich Wittgenstein an einigen Stellen – wenn auch mitunter sehr kritisch – zu Freuds Arbeit geäußert. Entsprechend fragt sich Rudolf Bensch in seiner Arbeit, die sich mit Freud und Wittgenstein beschäftigt, ob zwischen den beiden eine »asymmetrische Beziehung« bestanden habe (Bensch 2002).

Bensch verdanken wir einige interessante Informationen, die er 1980 einem persönlichen Gespräch mit Thomas Stonborough, dem ältesten Sohn von Margarethe Stonborough-Wittgenstein, entnommen hat. Margarethe ist durch das Porträt, das Gustav Klimt von ihr gemalt hat, bekannt geworden. Ihr Sohn Thomas, ein Neffe Wittgensteins, berichtete, dass seine Mutter öfter mit ihrem Bruder Ludwig über Freud gesprochen habe. Sie selber habe ihn durch ihre Freundin Marie Bonaparte kennen gelernt und bei ihm eine etwa einjährige Psychoanalyse gemacht. Überdies sei Margarethe des Öfteren bei den Freuds zum Tee oder zur »Jause« eingeladen gewesen(!), da man viele gemeinsame Interessen gehabt habe (Bensch 2002, S. 140/141). Angeblich habe Margarethe Freud wegen seiner Vorliebe für das Unbewusste als »Maulwurf« bezeichnet (ebd.). Bensch hat überdies Einsicht in fünf erhaltene Briefe Freuds an Margarethe gehabt, die in den Jahren 1937 bis 1939 geschrieben worden und relativ kurz ausgefallen seien (ebd). In einem dieser Briefe sei es um eine nochmalige Aufnahme der Analyse gegangen, es sei aber nicht bekannt, ob es dazu kam. Eine kleine Stelle also, an der bereits ersichtlich wird, wie wenig sich Freud mitunter an die eigenen Regeln gehalten hat, wie wenig gegebenenfalls eine persönliche Bekanntschaft für ihn einen Hinderungsgrund darstellte, jemanden in Analyse zu nehmen.

Ludwig Wittgenstein war ganz offenbar eine faszinierende Persönlichkeit; er hat auf die meisten Menschen, die ihm begegnet sind, großen Eindruck gemacht hat (Malcolm 1992, S. 13). Er strahlte zum einen eine gewisse Genialität aus, zum anderen schien er ein Mensch gewesen zu sein, der bis zum Ende seines Lebens auf der Suche war. 1889 als jüngstes von acht Kindern einer Großindustriellenfamilie geboren, fiel er bereits früh durch hohe Begabungen, insbesondere im technischen Bereich, auf. Entsprechend studierte er zunächst Maschinenbau in Berlin und Manchester, brach sein Ingenieurstudium dann jedoch ab und nahm 1911 das Studium bei Bertrand Russell in Cambridge auf. Nach dem Ausbruch des 1. Weltkrieges meldete sich Wittgenstein freiwillig und arbeitete während dieser Zeit an seinem *Tractatus logo-philosophicus*, der 1918 fertiggestellt wurde und 1921 erschien. Dieser wurde ihm später in Cambridge als Dissertation anerkannt. Nach der Rückkehr aus italienischer Kriegsgefangenschaft verzichtete Wittgenstein zugunsten seiner Geschwister auf seinen Anteil am Familienvermögen und arbeitete bis 1926 als Volksschullehrer in Niederösterreich; er verbrachte die Jahre in einer befremdlich wirkenden Askese. 1929 kehrte er nach Cambridge zurück, erwarb 1938 die englische Staatsbürgerschaft und wurde 1939 Professor in Cambridge, wo er die Nachfolge auf dem Lehrstuhl George Edward Moores antrat. Diese Professur gab er 1947 wieder auf, um sich dem Schreiben widmen zu können. Während des 2. Weltkrieges schien es Wittgenstein unerträglich, Philosophie zu lehren, während in der Welt furchtbare Kriegszustände herrschten. So wurde er Apothekenbote im Guy's Hospital, »um seinen Teil zu den Kriegsanstrengungen beizutragen« (Monk 2004, S. 458). Anfang 1949 begann Wittgenstein, sich schlecht zu fühlen, klagte über Müdigkeit und Schmerzen, es wurde offenbar eine Anämie diagnostiziert. Dies waren Vorboten jener bösartigen Erkrankung, an welcher der Philosoph schließlich verstarb. Ende 1949 wurde bei ihm Prostatakrebs festgestellt. Es blieb nur noch kurze Zeit, bis sich sein Zustand dramatisch verschlechterte. Sein behandelnder Arzt bot sich an, ihn die letzte Zeit in seinem Haus in Cambridge zu pflegen. Dort starb Wittgenstein am 29. April 1951.

Es waren insbesondere die in Wittgensteins zweitem Lebensabschnitt entstandenen Untersuchungen zur Sprachphilosophie, mit denen er von sich Reden machte. Das Besondere an seinem Denken war die Zentrierung auf den performativen Gehalt der Sprache. In den Jahren 1933/34 hielt Wittgenstein eine Vorlesung »Philosophie für Mathematiker« in Cambridge, die sich großer Beliebtheit erfreute. Der etwas eigenwillige Professor fühlte sich durch die große Zuhörerzahl aber überwiegend gestört und zu eingeengt, um seinen Vorlesungsstil, der eher einem öffentlichen Nachdenken denn einer Vorlesung ähnelte, zu verfolgen. So verkündete er nach vier Wochen, er könne die Vorlesung in dieser Form nicht mehr fortsetzen. Vielmehr werde er sie einigen ausgewählten Studenten diktieren, die anderen Kommilitonen könnten diese Notizen dann nachlesen. Wittgenstein benannte kurzerhand einige seiner Lieblingsstudenten, die fortan fleißig mitschrieben, während die anderen in die vorzeitige Pause geschickt wurden. Diese Aufzeichnungen wurden schließlich in einen blauen Karton eingebunden, was ihnen später den Namen *Das Blaue Buch* bescherte. Die Notizen kursierten rasch und mit ihnen fand der Begriff des »Sprachspiels« Eingang in die philosophische Diskussion (Monk 2004, S. 359). Das *Blaue Buch* stellt eine Art Vorläufer der erst postum erschienenen *Philosophischen Untersuchungen* und des Wittgenstein'schen Spätwerks dar.

Ist das Lächeln des Säuglings, mit dem er uns anlächelt, bloß vorgetäuscht? Kann ein Hund Schmerzen heucheln? Warum können wir das Aroma eines Kaffees nicht beschreiben? Es fehlen uns die Worte, aber warum führen wir sie nicht ein?

Solche und ähnliche Fragen wirft er in seinen *Philosophischen Untersuchungen* auf.

Wittgensteins Haltung gegenüber Freud und der Psychoanalyse dürfte von äußerster Ambivalenz geprägt gewesen sein. Einerseits bezeichnete er Freuds Erklärungen als »mythologisch« (und bezieht sich dabei auf die Theorie zum Geburtstrauma), billigt ihnen aber andererseits eine erhebliche Anziehungskraft zu, weil sie »die Dinge klarer und einfacher« für uns machten (Monk 2004, S. 464). Einer »sogenannten Lehranalyse« hätte Wittgenstein sich nicht unterziehen wollen, weil er es nicht für richtig gehalten hätte, »einem Fremden alle Gedanken zu offenbaren« (Drury 1992, S. 191.) Über die Psychoanalyse soll er gesagt haben: »Das ist ein überaus gefährliches Unterfangen; ich kenne einen Fall, in dem die Analyse unendlichen Schaden angerichtet hat« (ebd.,

S.191/192). Auf der anderen Seite war Wittgenstein offenbar für längere Zeit sehr mit der Psychoanalyse beschäftigt und hat, wie bereits erwähnt, mit seiner Schwester, aber auch mit Rush Rhees[3] in den 40er Jahren ausführlich über die Psychoanalyse gesprochen. Dieser hat jenen Austausch dann als »Gespräche über Freud« aufgezeichnet. Demnach konnte es sein, dass er sich gar als »Schüler« oder »Anhänger« Freuds bezeichnete (Monk 2004, S. 464). Die *Traumdeutung* soll Wittgenstein für die wichtigste Arbeit Freuds gehalten haben. Nach der ersten Lektüre habe er gedacht: »Das ist endlich einmal ein Psychologe, der etwas zu sagen hat« (Drury 1992, S. 191).

Und Wittgenstein soll auch zu folgendem Statement gekommen sein: »Mit Freuds Tod ist auch sein Werk gestorben. Heute kann keiner mehr so mit der Psychoanalyse umgehen wie er« (ebd., S. 214).

Nun, so ist es glücklicherweise doch nicht gekommen. Die Ambivalenz Wittgensteins dürfte auch nicht gerade wenig mit seiner narzisstischen Seite zu tun haben. Nach allem, was wir über ihn wissen, haftete ihm durchaus eine selbstherrliche Seite an, wie sie sich bisweilen in der Einsamkeit der Genialität ausbilden kann. Freud und Wittgenstein waren beide auf ihre Weise geniale Denker, deren Bedeutung weit in das 21. Jahrhundert hineinreicht. Möglicherweise hatten es beide Männer nicht leicht, einen anderen »Genius« neben sich zu wissen und anzuerkennen.

Wittgensteins Ideen könnten durchaus auch uns Psychoanalytiker bereichern. Es mag vielleicht eine Fortsetzung des Freud'schen Desinteresses sein oder ganz andere Gründe haben, weshalb seine Gedanken bisher – von wenigen Ausnahmen abgesehen – so wenig Eingang in die psychoanalytische Literatur gefunden haben (zu diesen Ausnahmen zählen Alfred Lorenzer und Wulf Hübner). Besonders anziehend an der Wittgenstein'schen Art zu denken finde ich, wie er sich immer wieder »herausnimmt«, über das scheinbar Selbstverständliche neu nachzudenken, sich auch unbequemen Fragen zu stellen und vor allem: sich nicht scheut bestehende Widersprüche zu benennen.

Ein zentraler Begriff in der späten Philosophie Wittgensteins ist jener des *Sprachspiels*. Sprachspiele sind für Wittgenstein hochkomplexe soziale Tätigkeiten. Als Beispiele nennt er unter anderem: eine Geschichte erfinden, Theater spielen, fluchen, grüßen, beten (Wittgenstein, PU §23).

> »Das Wort Sprachspiel soll hier hervorheben, daß das Sprechen der Sprache ein Teil ist einer Tätigkeit, oder einer Lebensform« (ebd.).

---

3 Rush Rees, Schüler Wittgensteins, wurde von diesem zusammen mit Georg Henrik von Wright und G. E. M. Anscombe zu seinem literarischen Nachlassverwalter bestellt.

»Wir können uns denken, daß der ganze Vorgang des Gebrauchs der Worte eines jener Spiele ist, mittels welcher Kinder ihre Muttersprache erlernen. Ich will diese Spiele ›Sprachspiele‹ nennen [...]. Ich werde auch das Ganze: der Sprache und der Tätigkeiten, mit denen sie verwoben ist, das ›Sprachspiel‹ nennen (ebd., §7).

Unter »Lebensform« versteht Wittgenstein »die Gesamtheit der Praktiken einer Sprachgemeinschaft« (Schulte 2001, S. 146), wobei es ihm hauptsächlich um den »Zusammenhang zwischen der Verwendung sprachlicher Ausdrücke und eingefleischten Handlungsweisen« (ebd.) zu tun ist. In diesem Sinne ist auch die »Psychoanalyse« als eine Lebensform zu verstehen.

Wie sehr wir Psychoanalytikerinnen und Psychoanalytiker auf »eingefleischte Handlungsweisen« zurückgreifen, darum soll es in diesem Buch gehen.

Wie sehr die Psychoanalyse auch eine Lebensform ist, das können wir alle u. a. auch daran spüren, dass man – hat man das psychoanalytische Denken, die psychoanalytische Betrachtungsweise und Haltung einmal gelernt – sich kaum je vollständig wieder davon distanzieren kann. Das heißt nun nicht, dass wir, ständig und jedermann deutend, durch die Welt rennen, aber dass wir ein gewisses Instrumentarium zur Verfügung haben, das zu einem »eingefleischten«, d. h. prozeduralen Können geworden ist, wie das bekanntlich auch in anderen Professionen, bei Medizinern, Physikern, Juristen usf., der Fall ist. Alle erwerben ein je spezifisches Können, das auch eine bestimmte »Lebensform« repräsentiert.

Mit der Einführung des Begriffes des Sprachspiels habe Wittgenstein, so der Wissenschaftler Hans-Johann Glock, die Aufmerksamkeit von einer scheinbar abschließenden Ordnung und Geometrie eines Symbolismus hinter der Sprache, zu einem Ort in der menschlichen Praxis (Glock 2000, S. 326) hingelenkt. Auch Habermas sieht die Bedeutung des Sprachspielbegriffs darin, dass in ihm gerade der *Zusammenhang* von *Sprache und Praxis* verdeutlicht wird (Habermas 1975, S. 329). Die Bedeutung eines Wortes ist demnach nicht irgendwo – jenseits der Lebenspraxis – festgelegt, sondern besteht in seiner *Funktion* (d. h. in seiner Anwendung und Wirkung in der Praxis), die durch Regeln bestimmt wird. Die Bedeutung einer psychoanalytischen Deutung ergibt sich entsprechend aus ihrer Anwendung und ihrer Wirkung in der Praxis, die sich wiederum aus den psychoanalytischen Regeln konstituiert.

Wir können die Bedeutung unserer Deutungen nur verstehen, wenn wir die *reale und nicht die idealisierte oder phantasierte* Praxis betrachten. Diese

Einsicht hat erhebliche Auswirkungen auf die psychoanalytische Forschung und Theorie. Denn um herauszufinden, welche Form von Deutungen, welche Form des Umgangs mit dem Patienten im je spezifischen Fall hilfreich sein kann, müssen wir uns der *realen Praxis* zuwenden. Sonst besteht das Risiko, dass therapeutische Formen oder Maßnahmen als per se hilfreich eingestuft werden, ohne es vielleicht in Wahrheit zu sein; und sind sie es nicht, dann kann das dem Patienten zugeschrieben werden. So liefen wir Gefahr, das Hilfreiche, also das, was vom Patienten als hilfreich *erlebt* wird, aus der Theorie auszuklammern, und damit ginge – so meine ich – etwas sehr Wesentliches für die Weiterentwicklung der Psychoanalyse verloren.

Um die Bedeutung einer Deutung zu verstehen, müssen wir betrachten, wie sie *funktioniert*, d. h. welche Wirkung sie auf den Patienten hat. Dieser Wirkung gilt es dann wiederum Bedeutung zu geben. Der Begriff des Sprachspiels soll gerade erfassen, wie wichtig es ist, den *Kontext* einer Äußerung miteinzubeziehen. Der Satz »Ich geh' nach Hause« kann – je nach Kontext – gänzlich unterschiedliche Bedeutungen haben: Ob man ihn am Ende eines längeren Besuchs bei einer Freundin ausspricht oder ob er ausgesprochen wird, während jemand sich in einer hilflosen Lage befindet und der Unterstützung bedarf. Der Satz ist nicht per se sadistisch, kann es aber in einem entsprechenden Kontext werden.

Während man in der Sprachphilosophie bis dahin – wenigstens überwiegend – von der latenten Dichotomie, einer Sprache einerseits und ihrem Gebrauch, ihrer Anwendung andererseits, ausging, kritisierte Wittgenstein diese Unterscheidung, denn »wo immer ›Sprache‹ existiert, [existiert] sie ausschließlich als Tätigkeit und Gebrauch« (Krämer 2001, S. 110). Er kritisiert insbesondere jene Auffassung von Bedeutungstheorien, die implizit davon ausgeht, es gäbe so etwas wie die Bedeutung eines Zeichens, *die vorab und unabhängig von der sozialen Praxis des Gebrauchs dieses Zeichens existierte.* Aus seiner Sicht kann sich die Bedeutung eines Zeichens erst *in seinem Gebrauch* (einigermaßen) vollständig erschließen und ergeben. Diese Einsicht ist auch für die psychoanalytische Behandlungstechnik von einigem Wert, denn ein Grund für die sogenannten »Sackgassen« in Therapien (und kollegialen Diskussionen) ist häufig, dass sich einer der Beteiligten nicht von einer antizipierten Bedeutung zu lösen vermag. Wir alle leben mit solchen Vorab-Bedeutungen; sie erleichtern die Orientierung, geben vermeintliche Sicherheit, aber sie sorgen eben auch für Verwirrungen. Wir wissen, dass sich die Bedeutung des Verhaltens eines Patienten oft erst nach und nach aus dem weiteren Kontext ergibt. Wir wissen auch, dass sich die Bedeutung, die eine Deutung für den

Patienten gewinnt, ebenfalls erst häufig nach längerer Zeit erschließt. Auch im Schachspiel erschließt sich die volle Bedeutung eines Zuges, wie sinnvoll oder nicht sinnvoll er war, erst im weiteren Verlauf des Spiels. Entsprechend befinden wir uns lange Zeit in einer offenen Situation, was das Erfassen von Bedeutung angeht. Wittgenstein formuliert: »Ein philosophisches Problem hat die Form: ›Ich kenne mich nicht aus‹« (Wittgenstein, PU §123). Ein psycho-analytisches Problem – so denke ich – hat wohl die gleiche Form.

Die Stärke des Sprachspielbegriffs und der Grund, warum ich diesen an dieser Stelle einführe und mit ihm arbeiten möchte, ist genau der sich darin ausdrückende unaufhebbare Zusammenhang von Sprache und Praxis, von Sprache und Lebensform, der – so meine ich – in unserer Profession bisweilen Gefahr läuft, etwas zu asymmetrisch betrachtet zu werden. Zwar sind wir es durchaus gewohnt, dem Kontext, in dem unserer Patienten zu uns sprechen, Beachtung zu schenken, nur: Tun wir das auch umgekehrt in ausreichendem Maße?

Bedenken wir immer hinreichend, dass auch unsere Worte ihre Bedeutung nicht nur durch die Ohren, mit denen der Patient hört, also durch seine innere Welt und seine Übertragung, sondern auch *durch den von uns vorgegebenen psychoanalytischen Kontext* erhalten?

Das Modell des Sprachspiels impliziert, dass man sich ein Spiel genau ansehen muss, um zuerkennen, wie es funktioniert. Man muss sich zunächst einen Überblick verschaffen. Dafür bedarf es einer externen Beobachterposi-tion wie der eines Betrachters, der ein Spiel, das andere spielen, verfolgt und versucht zu verstehen, nach welchen Regeln da gespielt wird. Er hat das Spiel verstanden, wenn er selber in der Lage ist, es zu spielen. Wir alle lernen aber Psychoanalyse sowohl in der Beobachter- als auch in der Teilnehmerposition, wobei wir – unter Umständen und mit einigen Schwierigkeiten – irgendwann gegenüber unserer Teilnehmerposition wieder die eines Beobachters einneh-men können, die uns ebenfalls wertvolle Erkenntnisse über das Wirken des psychoanalytischen Prozesses verschaffen kann.

Wenn wir einem Spiel zusehen, dann greifen wir auf uns bekannte »Fami-lienähnlichkeiten« zurück, d. h. wir versuchen zu verstehen, indem wir das neue Spiel mit uns bereits bekannten vergleichen und versuchen, die Gemein-samkeiten herauszufinden, um auf diese Weise Ordnung in dem Beobachteten herzustellen.

Zugleich bedarf es aber einer »Ich-kenne-mich-nicht-aus«-Haltung, d. h. der Distanzierung von Vorannahmen insoweit, als man zwar zu bereits bekannten Spielzügen Vergleiche anstellt, aber doch in der Lage bleibt, den möglicherweise resultierenden Unterschied der sich beim Vergleichen mit den Vorannahmen ergibt, stehen zu lassen und die daraus erwachsende innere Spannung auszuhalten.

In diesem Sinne weisen alle psychoanalytischen Sprachspiele Gemeinsamkeiten, »Familienähnlichkeiten«, auf und doch ist jedes ein sehr besonderes, weil individuelles Sprachspiel, das auch je eigenen Regeln folgt.

Unsere Patienten lernen eine neue »Lebensform«, wenn sie zu uns in Analyse kommen. Es ist ja geradewegs ein Ziel eines gelingenden psychoanalytischen Prozesses (eines der wenigen womöglich, auf die wir uns alle verständigen können), dass der Analysand hernach zur Selbstanalyse befähigt ist, d. h. sich eine neue Lebensform zu eigen gemacht hat. Und dazu lernt er – es geht nicht anders – auch unsere Sprache. Psychoanalytische Sprachen fallen bisweilen sehr unterschiedlich aus, und natürlich lernen die Patienten die Sprache ihrer jeweiligen Analytikerin, die ja mitunter recht eigenwillig geprägt sein kann. So schreibt etwa Donald Meltzer in der Einleitung seines Buches *Der psychoanalytische Prozeß*:

> »Was die Terminologie betrifft, so sind die meisten hier verwendeten theoretischen Begriffe aus der Kleinianischen Literatur bekannt [...]. Andere werden weniger vertraut sein, obwohl sie inzwischen zum allgemeinen Sprachgebrauch kleinianischer Analytiker gehören. Sie sind weitgehend als abkürzende Kennzeichnungen – ein besonderer Stil der Bezugnahme – und nicht als definierte Begriffe aufzufassen. Sie leisten mit ihrer Bedeutung keinen Beitrag zur Theoriebildung, *sondern ihre Bedeutung ergibt sich aus dem jeweiligen Kontext* [kursiv durch D. P.]. Ich meine solche Begriffe wie ›Toiletten-Brust‹, ›Toiletten-Mami‹, ›Nährende Brust‹, ›kleiner-Junge-Teil‹ (des Selbst) usw.« (Meltzer 1995a, S. 20/21).

Hieran wird deutlich, dass der Analysand notwendigerweise zunächst eine neue Sprache lernen, sich aneignen muss. Entgegen der Annahme von Meltzer, dass die Begriffe keinen Beitrag zur Theorie leisteten, *enthalten* diese Begriffe selbstverständlich eine theoretische Essenz, die vom Analysanden gleichsam – um im Bilde zu bleiben – mit der sprachlichen Muttermilch aufgesogen wird. Ein Wort wie »Toiletten-Brust« ist uns in der Umgangssprache eher unvertraut, aber es gewinnt, wie Meltzer schreibt, seine Bedeutung aus dem Kontext, und zwar aus dem von der Analytikerin und dem Analysanden während ihrer gemeinsamen Arbeit neu hergestellten und geteilten Kontext, wobei der theoretische innere Kontext der Analytikerin – aus welcher theoretischen Richtung sie auch immer komme – zunächst den Großteil des gemeinsamen Kontextes bestimmen wird, eben weil der Analysand gar nicht anders kann, als die Sprache seiner Analytikerin zu erlernen. Je mehr diese von seinem bisher bekannten Kontext abweicht, desto mehr hat er Neues zu lernen. Diejenigen Patienten, die überhaupt nur wenig mit ihren frühen Bezugspersonen gesprochen haben oder deren Sprechen sich vielleicht überwiegend auf Handlungen bezogen hat, kommen unter Umständen in die Situation, zum ersten Mal in ihrem Leben mit einem anderen Menschen über ihre Gefühlswelt, ihr inneres Erleben zu *reden*. Es ist vielleicht auch das erste Mal, dass sie das Gefühl haben, ein anderer Mensch interessiert sich für das, was in ihnen vorgeht, und erst auf diesem Wege können sie beginnen, sich vorzustellen (und später zu erleben), dass die eigene innere Welt überhaupt einen Wert hat. Wie sollte man das auch wissen, wenn das Außen dieser inneren Welt bisher keine Aufmerksamkeit und Bedeutung geschenkt hat.

Das heißt aber natürlich auch, dass die Art und Weise, *wie* der Analysand darüber zu sprechen und nachzudenken lernt, ganz wesentlich von seiner Analytikerin beeinflusst wird.

Als einer der wenigen, die diesem Umstand Bedeutung beigemessen haben, schreibt Michael Balint in seinem Buch *Therapeutische Aspekte der Regression*:

> »Wie die Erfahrung zeigt, kann potentiell jedes Kind, jeder Patient – und auch jeder Ausbildungskandidat – jede Sprache erlernen; welche Sprache es bzw. er tatsächlich lernt, hängt von den Eltern, dem Therapeuten oder dem Lehranalytiker ab. Die Wahl steht nicht bei ihm, *er hat überhaupt keine Wahl* [kursiv i. O.], er muß die Sprache seiner Umgebung lernen.
>
> Dies ist für unsere analytische Praxis und Theorie von überragender Bedeutung: die Patienten (und Ausbildungskandidaten) müssen die Sprache ihrer Analytiker erlernen und tun dies auch. [...] Diese einfache Tatsache ist, meine ich, in unseren theoretischen Erwägungen systematisch verdrängt worden« (Balint 1997b, S. 113).

Dieser Einschätzung stimme ich voll zu. Unsicherheit oder die genannte Verdrängung mögen ihren Grund darin haben, dass es einem ein bisschen angst und bange werden kann, ob der Macht, die man über einen Menschen in dessen Bildungsprozess hat. Aber, dass wir die Sprache unserer primären Objekte und derer, die in Übertragungssituationen deren Rolle einnehmen, erlernen und diese später zu einem Gutteil uns substantiell anverwandeln, ist eine anthropologische Tatsache, d. h. unvermeidbar, wenn man lebt und wächst.

Dies begründet auch, warum Sprachspiele nicht »bloß« Spiele sind, sondern ausgesprochen heikel sein können. »Das Spielmodell«, so Habermas, »lenkt den Blick des Analytikers auf eingeübte sprachlich vermittelte Interaktionen« (Habermas 1975, S. 327). Sprachliche Äußerungen seien, soweit sie Elemente eines Sprachspiels sind, in Interaktionen einbezogen (ebd., S. 329). Im Gegensatz zu einem »einfachen« Spiel, das wir verabreden können, müssen wir uns der Grammatik unserer Sprache, ihrer traditionell eingewöhnten Form fügen. Die Grammatik unserer Sprachspiele durchdringt uns, unsere Persönlichkeitsstruktur, unser Leben. Wir *haben* oder *beherrschen* Sprache nicht nur, wie wir ein Spiel beherrschen können, sondern wir *bestehen* auch zu einem Gutteil aus ihr.

Das hatte auch Wittgenstein im Sinn: »Ist denn die Bedeutung wirklich nur der Gebrauch des Wortes? Ist sie nicht die Art, wie dieser Gebrauch *in das Leben eingreift?* Ist denn sein Gebrauch nicht Teil unseres Lebens?« (Wittgenstein, PG §29)

Indem das Kind die Sprache seiner Eltern erlernt, indem der Analysand die Sprache seiner Analytikerin sich zu eigen macht, erlernt er eine Lebensform. Der Gebrauch *ihrer* Sprache greift in *seine* Welt ein, und eben dies begründet einen Teil der Macht, welche die Sprache des einen über den Bildungsprozess eines anderen haben kann.

Unter dem Stichwort »Lebenskunst« beschreibt Wolfgang Mertens, wie groß der Einfluss der jeweiligen individuellen Lebensform der Analytikerin auf ihre Patienten sein kann. Psychoanalytisches Intervenieren beruht demnach zu einem nicht eben geringen Teil auf dem implizit angenommenen Menschenbild der Analytikerin:

> »Dazu gehören nicht nur die Lebenserfahrungen des jeweiligen Therapeuten, sondern auch seine Auffassungen darüber, was ein gelungenes Leben ausmacht. Dieses konkretisiert sich darin, wie der Betreffende mit seinen Mitmenschen und mit sich selbst, mit Freundschaften und Liebesbeziehungen umgeht, welche Werte er vertritt, wie er sich mit Krankheiten, Enttäuschungen und dem Tod auseinandersetzt, was ihm die sinnlichen Freuden des Lebens bedeuten, ob er sich politisch engagiert oder sich künstlerisch ausdrückt. Vielleicht spielt die Lebenskunst des jeweiligen Therapeuten eine mindestens genau so große, wenn nicht sogar wichtigere Rolle im Umgang mit seinen Patienten als alles Wissen um die richtige Therapieform oder die ›rite‹ Psychoanalyse« (Mertens 2009, S. 152).

All dies, was Mertens in den wenigen und eindrucksvollen Sätzen zusammenfasst (und was ich hier mit Wittgenstein »Lebensform« nenne), geht – auch während der therapeutischen Sitzung – in die praktizierte Sprache der Analytikerin ein. All diese Lebensformen kristallisieren sich in einer bestimmten Sprache und deren höchst individueller Form, diese zu artikulieren und zu verwenden.

Ob diese Rolle der jeweiligen Lebensformen nun größer, weniger oder gleich groß ist als die des Wissens um die Technik, sie spielt in jedem Falle eine erhebliche Rolle bei der Einflussnahme der Analytikerin auf ihre Analysanden und bei deren Erlernen des psychoanalytischen Sprachspiels.

Zwar kann auch die Analytikerin die Sprache des Analysanden erlernen, und in einem geringen Umfang wird das auch geschehen, aber doch, wie auch Balint bemerkt, in einem geringeren Umfang. Denn die Positionen sind asymmetrisch verteilt: In der kindlichen Situation ist die Sprache schon viel länger bei den Eltern, als sie beim Kind ist; in der analytischen Situation, im analytischen Sprachspiel geht es um das Unbewusste; es geht darum, jenem Teil der Sprache, welcher »der öffentlichen Kommunikation entzogen ist« (Habermas 1969, S. 291), wieder zum Anschluss an die Kommunikation zu verhelfen, diesen sich anzueignen. Beide, Kind und Analysand, teilen den großen Wunsch (der unbewusst sein kann), *verstanden* zu werden (Balint 1997b, S. 113), sodass das Kind die Sprache seiner Eltern erlernen muss (es wird »abgerichtet[4]«, wie Wittgenstein das nennt) und der Analysand die Sprache seiner Analytikerin, »also einen der Dialekte, die zur individuellen Sprache dieses Analytikers gehören« (ebd., S. 114). Tatsächlich scheint es sogar so zu sein, dass der Patient zunächst regelrecht »zur Analyse erzogen« werden muss (Balint 1997a, S. 237).

Manch einem mag es bei dieser Wortwahl unbehaglich werden, sehen wir unsere Methode doch gerade als eine an, die sich standhaft weigert, in irgendeiner Form Zwang auf unsere Patienten auszuüben, sie gar bewusst zu manipulieren. Ein heikles Thema also. Aber aus der oben angeführten Notwendigkeit für den Patienten, unsere Sprache zu erlernen und sich auf eine neue Lebensform einzulassen, geht hervor, dass dieser – allen gleichzeitig bestehenden Freiheitsansprüchen zum Trotz – auch unter einem gewissen Anpassungsdruck steht. Und auch das gilt es sich bewusst zu machen.

Denn wir sprechen in unserer höchst individuellen Sprache zu ihm:

> »Mit Sprache meine ich den Wortschatz technischer Termini und Begriffe, den ›Bezugsrahmen‹, den der einzelne Analytiker gewohnheitsmäßig benutzt. [...] Man kann [daher wohl] annehmen, daß die Sprache immer hoch mit Libido

---

4 Auf den Aspekt der »Abrichtung« und jenen der »Erziehung« werde ich später noch ausführlich eingehen.

besetzt ist; der Gebrauch der eigenen Sprache ist für den Analytiker eine wesentliche Befriedigung« (Balint 1997a, S. 267).

Wie ich schon eingangs erwähnte, ist uns diese Sprache so vertraut geworden, weil wir psychoanalytisch mit ihr aufgewachsen sind, sodass wir uns nicht mehr über sie wundern, sie uns auch nicht im Entferntesten »komisch« oder gar »verrückt« vorkommt; sie ist Teil unserer *Lebensform* geworden. Ganz anders kann das aber bei einem Psychoanalyse-Novizen sein.

> »So entwickelt jeder Analytiker eine analytische Sprache, die sich in ihrer wesentlichen Struktur gleich bleibt, obwohl sie sich erweitern, reicher, genauer, expressiver, wirkungsvoller und auch leichter verständlich werden kann – nämlich für jeden, der sie erlernt hat [!]; allen anderen dagegen erscheint sie sonderbar und irritierend. Wir dürfen nicht vergessen, daß die bloße Tatsache, daß sie von Menschen gesprochen und verstanden wird, die analytische Sprache noch nicht zu einer Universalsprache erhebt, wie sehr die Benutzer dieser Sprache es sich auch wünschen mögen. Wenn wir dies als unvermeidlich anerkennen, müssen wir uns fragen, was dabei zu tun ist. Für unsere Theorie ergibt sich daraus ein umfangreiches Programm« (Balint 1997b, S. 114).

Das Programm, das sich daraus für unsere Theorie ergibt, beinhaltet zunächst einmal, sich einige Besonderheiten des Sprachspiels Psychoanalyse »wieder« neu vor Augen zu führen, zwischenzeitlich die Position des »Ich-kenne-mich-nicht-aus« einzunehmen, d. h. auch, sich in die Lage dessen zu versetzen, der die psychoanalytische Sprache, die psychoanalytische Lebensform noch nicht gelernt hat.

Solange die Teilnehmer an einem Sprachspiel über dessen Regeln noch keine Einigung, kein gemeinsames Verständnis erzielt haben oder wenn gewissermaßen unterschiedliche Sprachspiele aufeinander treffen, kommt es zu den entsprechenden Wirrungen und Irrungen. Je nach Strukturniveau und Vorerfahrungen können solche Missverständnisse weniger schwere oder aber verheerende Folgen in psychoanalytischen Behandlungen zeitigen.

Regeln folgt man nur in der Praxis

> »Die für uns wichtigsten Aspekte der Dinge sind durch ihre Einfachheit und Alltäglichkeit verborgen. (Man kann es nicht bemerken, – weil man es immer vor Augen hat)« (Wittgenstein, PU §129).

Die Regeln, nach denen wir vorgehen, nach denen wir Psychoanalyse betreiben, werden für uns, die wir täglich mehrere Stunden damit umgehen, zum

»Alltag«, wir haben sie verinnerlicht und »immer vor Augen«. Das bedeutet, dass wir mitunter Gefahr laufen, wichtige Aspekte zu übersehen. Ich werde gleich anhand eines klinischen Beispiels darauf näher eingehen.

Auch wir Psychoanalytikerinnen und Psychoanalytiker sind – wie alle Menschen – gefährdet, das Gewohnte, das Eingespielte (und damit auch Identitätsstiftende) nicht hinreichend zu reflektieren. Zwar erwarten wir von unseren Patienten und natürlich auch von uns die Bereitschaft, sich und so ziemlich alles infrage zu stellen. Aber natürlich ist das auch für uns an bestimmten Stellen und in unterschiedlichem Maße bedrohlich, insbesondere dann, wenn wir unsere persönliche oder professionelle Identität in Zweifel gezogen sehen.

Wir sind uns der Gefahren bewusst und dennoch nicht davor geschützt, punktuell auf Aufklärung zu verzichten und gelegentlich in der »uns zur Natur gewordenen Unmündigkeit« ein kleines bisschen zu verharren.

Auch die Psychoanalyse als *Praxis* ist ein sehr komplexes Sprachspiel[5],

---

5 Lorenzer vertritt eine andere Sicht. Aus seiner Sicht sei die Psychoanalyse kein Sprachspiel und gerade deshalb fähig, das Sprachspiel des Patienten zu verändern. Für diese Ansicht beruft sich Lorenzer auf den §7 der *Philosophischen Untersuchungen* Wittgensteins, den er wie folgt zusammenfasst: »(a) Der eine ruft – der andere handelt danach, (b) der eine zeigt – der andere benennt, (c) der eine spricht vor – der andere spricht nach. Wo findet sich in der Psychoanalyse eine Situation, die in ihrer Erscheinung so offenkundig dem Sprachspiel entspricht, daß man Wittgensteins Begriff umstandslos und plakativ-stimmig als Etikett benutzen kann? Ich hoffe nirgendwo. Diese Struktur von ›Rufen – Handeln, Zeigen – Benennen, Vorsprechen – Nachsprechen‹ kennzeichnet nämlich die Situation in Suggestiv-Verfahren, in der Verhaltenstherapie, in allen Therapien, bei denen ein Autoritätsverhältnis aufgerichtet und durchgehalten, nicht aber zur Diskussion gestellt wird wie in der Psychoanalyse« (Lorenzer 1974, S. 844).
  Abgesehen von dem etwas polemischen und selbstgerecht anmutenden Stil, muss die Anwendung eines Begriffes, von dem man sich eine Öffnung des Denkens erhofft, nicht zwangsweise »umstandslos« oder »plakativ-stimmig« sein, sondern man kann die Anwendung des Begriffes und die damit verbundenen Ideen diskutieren, was ich hier unter anderem auch beabsichtige. Allerdings würde ich daneben, der Begründung Lorenzers, die Psychoanalyse sei kein Sprachspiel im Wittgenstein'schen Sinne, weil so etwas wie »Zeigen – Benennen« oder »Vorsprechen – Nachsprechen« nicht vorkomme, widersprechen. Natürlich »zeigt« uns der Patient ihm unbewusste Interaktionen, Objekt-Subjekt-Szenerien und wir deuten, d. h. benennen sie. Und natürlich sprechen wir ihm Worte vor, die er noch nicht kennt, und er lernt sie nachzusprechen. Ich werde darauf ausführlicher eingehen. Darüber dürfte sogar ein gewisser Konsens herzustellen sein. Schwierig wird es aber schon mit der – zumindest aus meiner Sicht – etwas zu idealisierenden Generalaussage, dass nur in anderen Therapien und nicht etwa in der Psychoanalyse ein Autoritätsverhältnis aufgerichtet und durchgehalten werden solle. Diese Aussage führt ins Zentrum meiner Kritik. Aus meiner Sicht wird auch in der Psychoanalyse allemal ein Autoritätsverhältnis aufgerichtet, es ist geradewegs ein konstitutiver Bestandteil. Dieses kommt strukturell durch die asymmetrischen Verhältnisse, durch die Asymmetrie der geltenden Regeln zustande. *Entscheidend ist, dass es im Dienste der*

eine künstliche und symbolische Schöpfung, die ihr Leben dem wirklichen Handeln der beiden Teilnehmer verdankt. Verstehen wir sie so, dann ist das Sprachspiel Psychoanalyse eine *regelgeleitete Tätigkeit.* Bei Regeln denken wir häufig zuerst an Vorschriften, die Verhalten regulieren, also in gewisse Bahnen lenken sollen. Es gibt aber zwei Arten von Regeln: eben solche der *regulativen* Art, wie z. B. die Verkehrsregeln, und *konstitutive* Regeln, die überhaupt erst die Möglichkeit neuer Verhaltensformen schaffen (vgl. auch Searle 1975, S. 313). Während jene Regeln mit *regulativer* Funktion ein Verhalten beeinflussen sollen, das unabhängig von ihnen existiert (z. B. das schnelle Autofahren), stellt die *Anwendung* konstitutiver Regeln überhaupt erst eine Situation her (die Linien eines Tennisplatzes begrenzen nicht nur, sondern schaffen ihn überhaupt erst).

Entsprechend gibt es psychoanalytische (Spiel-)Regeln, die dieses spezifische Sprachspiel erst konstituieren. Es handelt sich dabei um die *in der Praxis umgesetzten Regeln, die konstitutiv sind.* Und genau an dieser Stelle haben wir es mit einem bereits lange währenden untergründigen Problem in unserer Wissenschaft zu tun. Wie ich bereits (an anderer Stelle) ausführlich dargelegt habe (Pflichthofer 2011a), neigen wir dazu, den Unterschied zwischen theoretischen und den in der Praxis angewandten Regeln zu vernachlässigen, mit der Konsequenz, dass unser praktisches Tun nicht vollständig in unsere Theorie mit eingeht. Das, was in den Behandlungszimmern *wirklich* getan wird und mal mehr, mal weniger hilfreich ist, steht neben dem, was der Theorie nach hilfreich sein *sollte.* Wir folgen in unserer Praxis bisweilen anderen Regeln, als sie in der Theorie aufgestellt werden. Laut Wittgenstein kann man aber einer Regel ohnehin nur praktisch folgen:

> »Darum ist der ›Regel folgen‹ eine Praxis. Und der Regel zu folgen glauben ist nicht: der Regel folgen. Und darum kann man nicht der Regel ›privatim‹ folgen, weil sonst der Regel zu folgen glauben, dasselbe wäre, wie der Regel folgen« (Wittgenstein, PU §202).

Diese Tatsache aber, dass wir in der Praxis bisweilen anderen Regeln folgen, als wir sie in der Theorie aufgestellt haben, führt zwangsweise zu inneren Wi-

---

Entwicklung eines Menschen genutzt werden soll und unter keinen Umständen missbraucht werden darf. Das Gleiche gilt auch für die Autoritätsverhältnisse zwischen Eltern und Kindern. Die zentrale Frage, auch für den Ausgang einer Analyse ist, inwieweit diese Verhältnisse *wirklich* zur Diskussion gestellt werden oder inwieweit die beiden Beteiligten unter Umständen nur eine Scheindiskussion führen, die nicht zu einer wirklichen (Auf)lösung des dann nicht mehr in dieser Form benötigten Autoritätsverhältnisses führen kann.

dersprüchen. Diese versucht man üblicherweise (nach einer bewährten Methode) dadurch aufzulösen, dass man eine Seite leugnet, die praktische oder die theoretische. Dieses Dilemma ist der psychoanalytischen Behandlungstechnik seit ihren Kindertagen inhärent, denn Freud selber hat es gewissermaßen »regelrecht« installiert, indem er »kleinlich erscheinende« Regeln aufgestellt hat, die er selber in der Praxis manchmal, aber durchaus nicht immer, sondern je nach Beschaffenheit der Beziehung eingehalten hat oder gerade nicht. Die Lösung, die er uns für dieses Dilemma anbot, ist jene, die Regeln als Spielregeln zu verstehen, die kreative Neuentwicklungen zulassen. Die Lösung ist aber auch mit einer inneren Emanzipation verbunden, ohne dass das hieße, in eine innere Regellosigkeit abzugleiten. Daher mein Anliegen, auf die Widersprüche hinzuweisen, jene zwischen dem einen oder anderen theoretischen Ideal und der Praxis, die von uns Psychoanalytikerinnen und Psychoanalytikern ausgeübt wird, die wir uns allesamt darum bemühen, für unsere Patienten »gut genug« zu sein.

Das Spiel beginnt ...

Damit man nun den entsprechenden Regeln des jeweiligen Spiels überhaupt folgen kann, ist es notwendig, sich zunächst auf das Spiel zu einigen, d.h. die Beteiligten, im Falle der Psychoanalyse die *beiden* Beteiligten, vereinbaren: »Wir machen jetzt Psychoanalyse!« Eine nicht unerhebliche Stelle, geht es doch um zweierlei Entscheidungen: Kann man diesem Patienten dieses Sprachspiel zutrauen? Will ich es mit diesem ausüben?

Bereits Freud hatte nicht jeden zunächst willigen und interessierten Patienten für das Unternehmen Psychoanalyse als geeignet befunden und deshalb eine Art »Probezeit« propagiert (Freud 1913c, S. 455), um die jeweilige Eignung für die Behandlung zu überprüfen.

Die Notwendigkeit der Einigung, sich gemeinsam in den psychoanalytischen Prozess zu begeben, zieht nach sich, dass bei *beiden* Beteiligten eine gewisse Kenntnis darüber besteht, was es mit diesem Sprachspiel auf sich hat. Eine Position, die in der Praxis mitunter zu wenig Beachtung zu finden scheint. Dass die Analytikerin über diese Kenntnis verfügt, davon möchte man nun dringend ausgehen, aber auch der potentielle Analysand muss über genügend Kenntnisse verfügen, die es ihm überhaupt erlauben, seine Zustimmung zu diesem Sprachspiel zu geben. Kommt nun ein Patient in die Praxis, der mit den psychoanalytischen »Gepflogenheiten« (ich werde auf diesen Begriff noch zurück-kommen) nicht vertraut ist, dann kann er die Regeln nicht befolgen und mithin auch nicht am Spiel teilnehmen. Es kommt zu Verwirrungen:

So berichtete eine junge, noch am Anfang ihrer Ausbildung befindliche Kandidatin von einem Erstgespräch mit einer älteren Dame. Die Dame war mit dem Taxi gekommen, hatte sich vom Taxi-Fahrer die beschwerlichen Treppen zum Behandlungsraum im Institut hinauf helfen lassen und war – wie in vielen anderen Arztpraxen üblich – deutlich früher gekommen als vereinbart. So ließ der Taxifahrer sie im Flur des Institutes zurück, wo, ebenfalls unüblich, keine Arzthelferin zu finden war. Nun machte sich die Dame auf die Suche und klopfte an die Tür des Behandlungszimmers, um auf sich aufmerksam zu machen, denn offenbar warteten ja keine anderen Patienten und sie wollte vermutlich sicherstellen, dass man sie überhaupt bemerkt. Die junge Kollegin befand sich aber noch in einer Behandlung und wurde gestört, die ältere Dame vertröstet. Dann endlich wurde sie hereingerufen. Die Kollegin sagte etwas, woraufhin die Dame sagte: »Guten Tag erst mal!« Als die Kollegin von diesem Fall im Seminar berichtete, reagierten die Zuhörer belustigt und mit einem Kommentar, etwa in der Art: »Na, die ist ja merkwürdig.«

Nein, nicht die Dame ist merkwürdig, sondern wir sind es.

Natürlich ist das eine Frage des Standpunktes. Aber die ältere Dame kann sich auf übliche gesellschaftliche Gepflogenheiten berufen, da sie die therapeutischen oder analytischen Gepflogenheiten noch gar nicht kennt und diesen auch noch gar nicht zugestimmt hat. Ein bezeichnendes Beispiel für die Verwirrung, die auftreten kann, wenn die Beteiligten das Spiel noch gar nicht vereinbart haben und deswegen auch die (betreffenden) Regeln nicht befolgen können, wenn sich unterschiedliche Sprachspiele vermischen: Zur bisherigen medizinischen Lebenspraxis der älteren Dame gehörten offenbar »normale« Arztpraxen, wo die Regel gilt, dass man zwar einen Termin bekommt, der aber nur einen ungefähren Richtwert dafür darstellt, wann man wirklich mit dem Arzt spricht. Dass es punktgenau zu der angegeben Zeit losgeht, ist eine doch eher noch spezifisch psychotherapeutische Regel. Ebenso gehört zu solchen Arztpraxis-Gepflogenheiten, dass die Arzthelferin einen mehr oder weniger freundlich empfängt, dass andere, wenigstens einige Patienten im Wartezimmer sitzen, dass man sich irgendwo anmelden kann und dass der Arzt oder die Ärztin einem freundlich Guten Tag sagen. Nichts dergleichen geschah aber bei diesem Termin. Die hier geltenden Regeln waren nur auf einer Seite bekannt. Wir erinnern uns an dieser Stelle an die Aussage Wittgensteins: »Die für uns wichtigsten Aspekte der Dinge sind durch ihre Einfachheit und Alltäglichkeit verborgen. (Man kann es nicht bemerken, – weil man es immer vor Augen hat)« (Wittgenstein, PU §129). *Uns* sind die Regeln selbstverständlich, der potentiellen Patientin noch nicht. Sich dieses bewusst zu machen, hat Auswirkungen auf den Bewertungs- und Deutungsvorgang.

Es gehört zu den Grundfesten der Ausbildung zu lernen, dass das psychoanalytische Erstgespräch möglichst offen gestaltet werden soll. Jeder Kandidat absolviert irgendwann ein Seminar zum psychoanalytischen Erstgespräch, fast jeder liest das entsprechende Buch von Argelander über das *Erstinterview in der Psychotherapie.*

Aber die Tatsache, dass wir dem Erlernen der Gestaltung einer solch »ungewöhnlichen Gesprächssituation« (Argelander 1992) so viel Raum und Bedeutung beimessen, könnte auch ein Licht auf die Anforderungen werfen, die ein solches Gespräch und unser Verhalten für den potentiellen Analysanden bedeuten, der – wenn es sich nicht um einen Lehranalysanden oder anderweitig psychotherapeutisch tätigen Kollegen handelt – noch kein Einführungsseminar zum Thema absolviert hat. Mir scheint, dass wir diesen Umstand bisweilen vernachlässigen, bzw. das Verhalten des Patienten, mit dem dieser auf die – in der Tat ungewöhnliche Gesprächssituation reagiert – als »Probe« deuten, wie das etwa Anita Eckstaedt in ihrem Buch *Die Kunst des Anfangs* tut: »Wenn ich hoffen kann, daß eine analytische Behandlung zu ermöglichen ist, dann ist das psychoanalytische Erstgespräch ganz offen und wie eine Probe« (Eckstaedt 1995, S. 43).

Dies entspricht durchaus dem Gefühl, das viele Patienten haben, wenn sie das erste Mal zu uns kommen. Angesichts der doch noch recht großen Nachfrage nach Psychotherapie und Psychoanalyse-Plätzen stehen sie unter einem großen Druck und fühlen sich von uns »geprüft«. Dieses wäre dann nicht nur eine Übertragungseinstellung, sondern würde durchaus ein bisschen der Realität entsprechen.

Etwas anders gestaltet sich die Situation bei Vorgesprächen, welche die Frage einer künftigen Lehranalyse klären sollen. Ich finde es wichtig, sich diesen Unterschied bewusst zu machen.

Der »Eingangsdruck«, der auf den Beteiligten lastet, ist hier etwas anders verteilt. Nicht wenige Kolleginnen und Kollegen zeigen großes Interesse daran, zukünftige Analytikerinnen und Analytiker in Analyse zu nehmen und nicht zuletzt sind psychoanalytische Institute auf Nachwuchs angewiesen.

Der nächste bedeutsame Unterschied in diesem Zusammenhang liegt darin, dass ein potentieller Lehranalysand – und wieder: in der Regel – besser weiß, was auf ihn zukommt, wenn er die Praxis für ein Erstinterview betritt, sich also in einer gänzlich anderen Situation befindet, als die oben beschriebene ältere Dame: Er kennt mindestens einen Teil der Spielregeln, nach denen jetzt, in der Situation gespielt wird, und ist in dieser Hinsicht weniger hilflos, als es ein diesbezüglich unwissender Patient ist.[6] Man ist bisweilen erstaunt, wie viele Patienten mit dem ausdrücklichen Wunsch kommen, eine Psychoanalyse zu machen, ohne Genaueres darüber zu wissen. Eben wie man darüber bisweilen erstaunt sein kann, wie viele Patienten mit dem ausdrücklichen (manifesten!) Wunsch, *keine* Psychoanalyse zu machen, kommen, weil sie ihr Wissen aus alten Klischees beziehen, die wir vielleicht schon längst überwunden glaubten.

Es kommt relativ oft vor, dass mich Patienten am Ende der Vorgespräche angstvoll fragen, ob ich denn von der Stunde an, in der sie auf der Couch lägen, gar nichts mehr sagen würde. Sie hätten gehört, dass Psychoanalytiker nur schweigen würden, während der Patient die ganze Zeit erzähle.

Die wenigsten Patienten kennen die Unterschiede zwischen den verschiedenen Therapieformen, mir scheint es daher nicht schlüssig, jemanden für eine Psychoanalyse nicht geeignet zu halten, nur weil er dieses Verfahren nicht genauer kennt. Wenn er aber überhaupt die Möglichkeit haben soll, sich ernsthaft damit auseinanderzusetzen, müsste er eine gewisse Kenntnis darüber erhalten.

Ich glaube nicht, dass wir unserer Profession auf Dauer einen Gefallen tun, wenn wir einen Patienten, der nur wenig oder Klischeehaftes über die Psychoanalyse weiß, in diesem Zustande belassen und ihm nicht ein wenig entgegenkommen. Natürlich soll das Erstgespräch nicht zu einem reinen Aufklärungsgespräch »Was ist Psychoanalyse?« werden, aber meiner Erfahrung nach schließt das eine – ein Erstinterview in psychoanalytischer Haltung zu führen – das andere – auch aufklärende Hinweise zu geben, auf das, was den Patienten erwarten *könnte* –, nicht aus. Thomä und Kächele weisen darauf hin, dass die meisten fehlerhaften Schlussfolgerungen, die aus dem Verhalten des Patienten in der ihm ungewohnten Interviewsituation gezogen würden, darin begründet seien, dass die Patienten nur mangelhaft vorbereitet seien (Thomä/Kächele 1996, S. 224).

Auch hier kann das Modell des Sprachspiels für das Verständnis hilfreich sein: Die Irritationen entstehen (und können u. U. zum Abbruch des Analyse-Unternehmens führen, bevor es begonnen hat) durch die Vermischung unterschiedlicher Sprachspiele: »Alltagsdiskurs« aufseiten des Patienten,

---

6 Auf diesen und andere Unterschiede zwischen Lehranalysen und anderen therapeutischen Analysen werde ich in einem Exkurs gesondert eingehen.

»psychoanalytischer Diskurs« aufseiten der Analytikerin. Ein weiterer »Witz« des Spielmodells liegt darin, dass zwischen den Spielern ein Konsens darüber bestehen muss, welches Spiel hier gespielt wird und nach welchen Regeln es funktioniert. Und eben darin liegt auch der Gewinn der Einführung des Sprachspielbegriffes, der das Spiel als eine vom Alltag abgegrenzte Form einerseits, mit der zum Alltag gehörenden »Lebensform« andererseits in sich vereint. Wenn wir uns dessen bewusster sind, dann können wir besser eine Zäsur treffen und zwischen den unterschiedlichen Sprachspielen unterscheiden, dann wäre es nicht mehr anstößig, dem Patienten zum Beispiel notwendige Vorinformationen zu geben. Wir müssten auch nicht um unsere psychoanalytische Identität fürchten, wenn wir uns der Grenzen der jeweiligen Sprachspiele bewusst bleiben. Ein Vorgespräch ist noch keine Psychoanalyse, auch, wenn es sich psychoanalytischer Haltungen und psychoanalytischen Wissens bedienen kann.

So empfehlen auch Thomä und Kächele:

> »Die Interviewführung sollte sich dahingehend orientieren, daß der Patient aufgrund seiner Erfahrung im Erstinterview selbst eine Entscheidung treffen kann, ob er eine psychotherapeutische Behandlung aufgreifen will und fähig ist, sich mit den unvermeidlichen Realisierungsproblemen auseinanderzusetzen« (Thomä/Kächele 1996, S. 226).

Diese Empfehlung kann die mitunter vielleicht doch etwas zu schnelle und zu vereinfachende Formel: »Der Patient sieht praktische Probleme = Widerstand« eingrenzen. Das *kann*, muss aber nicht zwangsweise so sein. Auch die Angst, zu viele Informationen könnten die Übertragung »verwässern«, ist ein eigentümliches und offenbar haltbares Paradoxon. Denn wenn es so leicht wäre, die Übertragung zu »verwässern«, d. h. abzuschwächen, zu verändern oder gar aufzulösen, dann wäre wahrlich nicht mehr verständlich, warum Psychoanalysen so lange Zeit brauchen. Wir bräuchten dann nur dieses oder jenes zu erklären und schon hätten wir die Übertragung aufgeweicht. Die Behandlungs- und Alltagsrealität zeigt, dass dem nicht so ist. Gerade der Alltag nimmt überhaupt keine Rücksicht auf mögliche Übertragungsbereitschaften, und trotzdem können sie sich in einer mitunter bemerkenswert hartnäckigen Weise einstellen.

So schreibt Eckstaedt:

> »Bilder über der Couch, etwa noch im Blickwinkel des auf der Couch liegenden Patienten, würden mich zu der Frage veranlassen, wie sehr ich mich den

Patienten ins Blickfeld rücke und wie wenig freien Raum ich seinen Phantasien gebe. Für mein Empfinden provoziert das Aufhängen einer Freud-Fotografie die Frage, ob eine präsentative Symbolik hier einen psychoanalytischen Winterschlaf anzeigt. Störungsfreiheit in einem Analysezimmer muß für die Entfaltung von Unbewusstem garantiert sein« (Eckstaedt 1996, S. 42).

Nur, wer von uns weiß, wodurch sich das höchst individuelle Unbewusste eines Menschen gestört fühlt? Es ist eine weitere Besonderheit oder selten hinterfragte Eigentümlichkeit psychoanalytischen Denkens, dass »Etwas« mit »Störung« und »Nichts« oder »Leere« mit Störungsfreiheit (des Unbewussten, des Entfaltens von Übertragungsprozessen usf.) assoziiert sind. Also die leere Wand stört weniger als die behängte Wand, das Schweigen weniger als das Reden, die Nicht-Information weniger als die Information. Wir scheinen an dieser Stelle (einmal mehr) der verborgenen Größenphantasie nachzuhängen, dass wir das Unbewusste irgendwie überrumpeln könnten, einladen, sich zu zeigen, ihm (un)angenehme Bedingungen verschaffen. Und das von uns, die wir eine Wissenschaft vertreten, die gerade dafür steht, dass sich unbewusste Prozesse zu jeder Zeit, an jedem Ort und in jeder Person abspielen können.

Nur allzu oft wartet das Unbewusste nicht auf Einladungen, es kommt – wie wir zur Genüge wissen – sowieso zum Tragen, durchaus auch dann, wenn es überhaupt nicht so gern »gesehen« ist, wie etwa bei den Fehlleistungen. Die Frage ist doch nicht, *ob* es sich zeigt (weil es, wie ein scheues Reh, nicht gestört wird), sondern *ob wir es verstehen* und dem Patienten dazu verhelfen können, seine unbewussten Seiten ebenfalls zu verstehen und sie sich anzueignen. Einladen können wir den Patienten, »das Unbewusste« nicht! Wir können ihn einladen, sich seinem Unbewussten zuzuwenden. Das Unbewusste ist immer da und wirkt, wie wir wissen, auch ständig auf das bewusste Leben ein. Die Frage ist nur, inwieweit und unter welchen Bedingungen wir es »zu sehen« bekommen, d. h. aufgrund des Manifesten auf das Latente schließen können. Als Beispiel mag das Theaterstück dienen, welches auch in seiner Schriftform, vielleicht zwischen zwei Buchdeckeln, vorhanden ist, das aber erst auf der Bühne zum Leben erweckt wird (oder in der Phantasie des Lesenden). Die Bühne bietet dem Theaterstück den Rahmen, es in seiner sinnlichen Präsenz erscheinen zu lassen.

Das Besondere des Sprachspiels Psychoanalyse liegt genau darin, dass es sich in besonderer Weise auf das Unbewusste konzentriert, es in sein Zentrum stellt, und zwar indem es die besonderen Bedingungen schafft, unter denen unbewusste Prozesse »sichtbar«, d. h. für uns wahrnehmbar werden können.

Dabei verhält es sich mit der Reihenfolge so, dass – in der Regel – die Analytikerin zuerst einer solchen unbewussten Szene habhaft wird und dann versucht, sie ihrem Analysanden ebenfalls »vor Augen« zu führen.

Für ihn können wir versuchen, eine Atmosphäre zu schaffen, in der sich der Analysand, seinen Möglichkeiten entsprechend, nach und nach zunehmend anzuvertrauen lernt. Es mag auch sein, dass *wir* uns durch zu viele Ablenkungen in unserer Praxis – Bilder über der Couch oder mit dem Gründungsvater an der Wand – bei unserer Arbeit, eben diese unbewussten Prozesse mitzubekommen und zu verstehen, gestört fühlen. Aber da werden die Empfindungen und Ansichten so unterschiedlich sein, wie wir Psychoanalytikerinnen und Psychoanalytiker selbst es sind.[7]

So schreibt Argelander:

> »Wir sind in der Herstellung der äußeren Situation nicht mehr so krampfhaft bemüht, eine ›saubere‹ experimentelle Situation zu schaffen, um auf den Patienten wie ein leerer Spiegel zu wirken, in dem er nur sich selbst betrachten kann. Wir wissen heute, daß es sich bei diesen Bemühungen um eine Utopie handelt. Die vorbewusste Wahrnehmung des Patienten erspäht sehr viel persönliche Details, auf die wir selbst nicht mehr achten. [...] Die Gestaltung der äußeren Räumlichkeit kann keine individuellen Züge verbergen, aber sie soll den Grunderfordernissen des Erstinterviews gerecht werden und dazu mithelfen, dem Patienten schnell die Atmosphäre des Gesprächs deutlich zu machen [...]. Auf Einzelheiten möchte ich nicht näher eingehen, da diese Fragen zu sehr mit den äußeren Umständen und der individuellen Persönlichkeit des Interviewers verbunden sind« (Argelander 1992, S. 41/42).

Man ist versucht zu sagen: »Na klar, gerade wenn es interessant wird ..., nämlich bei den konkreten Einzelheiten«.

Argelander geht dann auf die Haltung ein, die man während eines Erstgesprächs einnehmen sollte, eine Haltung des »ruhigen Abwartens, der Zuwendung, der gleichschwebenden Aufmerksamkeit und des Interesses« (ebd., S. 43). Die Kehrseite davon sei die »Frustration« (ebd.) des Patienten. Meines Erachtens kann sich an dieser Stelle schnell ein Missverständnis einschleichen, weil außer Acht gelassen wird, dass noch keine Einigung darüber erzielt ist, welches Sprachspiel hier gespielt wird. Wie bei allen Spielen ist der, der die Regeln kennt, im Vorteil, es kann sogar ein Mehr an Macht bedeuten. Wenn

---

7 Wie unterschiedlich die räumlichen Umgebungsbedingungen sind, die wir für uns und unsere Patienten schaffen, lässt sich gut in dem eindrucksvollen Fotoband von Claudia Guderian verfolgen (Guderian 2004).

jemand die Regeln eines Fußballspiels nicht genau kennt, beispielsweise mit der Abseitsregel nicht hinreichend vertraut ist und sein Spielzug immer wieder »abgepfiffen« wird, wenn er frei vor dem gegnerischen Tor steht, ohne dass eine Erklärung folgt, dann ist das auch frustrierend. Dass man selber sich auskennt, die Regeln des gerade angewandten Sprachspiels beherrscht, der andere aber nicht, kann man dazu nutzen, herauszufinden, wie jemand auf eine solche Situation reagiert, sich damit einrichtet, wie er sie für sich interpretiert, aber man sollte im Sinn behalten, dass es sich dann tatsächlich um einen »Test« oder eine »Prüfung« (»Wie reagiert er oder sie auf Deutungen?«) handelt. Eine entsprechende Reaktion eines Patienten wäre durchaus angemessen und nicht einfach als »Gefühl« oder Übertragung zu deuten. In jedem Falle ist die Gefahr der Verwirrung dabei sehr hoch.

Freud schien zum Beispiel durchaus bemüht zu sein, seinen Patienten einen guten Empfang zu bereiten. So handhabe er den Erstkontakt auch ziemlich anders als heute üblich. Cremerius beschreibt diesen ganz wunderbar treffend als das Schaffen einer »Empfangswelt« (Cremerius 1990, S. 327), die bereit stand, den jeweiligen Patienten aufzunehmen.

Erwähnt sei hier ein Brief Freuds an Hilde Doolittle *vor* Beginn der Behandlung:

> »[…] ich bin entschlossen, gewaltsam Raum für Sie zu schaffen. Nur daß ich Ihnen nicht zumuten will, gerade jetzt, in dieser Bärenkälte und während sich eine Grippe-Epidemie entwickelt, zu reisen. – Ich habe gehört, daß Sie von zarter Gesundheit sind. Wollen Sie nicht überhaupt lieber zu Beginn des Frühlings kommen?« (Doolittle, 1956, S. 204, zit. n. Cremerius 1990, S. 327)

Was für eine fürsorgliche Empfangswelt. »Zu Beginn des Frühlings …« Freud scheint hier keinerlei Probleme mit möglichen Assoziations- und Übertragungsauslösern zu haben, vermutlich deshalb nicht, weil für ihn das Sprachspiel Psychoanalyse schlicht noch nicht begonnen hatte. Aber man stelle sich vor, man würde heute – im Rahmen einer eigenen Fallvorstellung – von einem solchen Brief berichten. Es würde einigen Diskussionsstoff liefern, denn aus heutiger Sicht hätte – bereits an dieser Stelle – das Sprachspiel Psychoanalyse begonnen.

Ein weiteres Beispiel aus der Freud'schen Empfangswelt: Am 10. April 1921 schreibt Freud an Abram Kadiner:

> »Lieber Dr. Kadiner, ich nehme Sie gern zur Analyse an, besonders da Dr. Frink [Lehranalytiker von Kadiner, D. P.] einen so guten Bericht über Sie gegeben

hat. Er hat großes Zutrauen zu Ihren Chancen als Analytiker und hat mir ihren Charakter gerühmt« (Kadiner 1979, S. 15).

Was für ein Kredit für den angehenden Analytiker! Nicht nur, dass Freud en passant die Haltung des Lehranalytikers Frink gegenüber seinem Lehranalysanden ausplaudert, er lässt diesen auch noch wissen, dass er ihn »gern« in Analyse nimmt. So etwas ist aus heutiger Sicht denn doch eher unvorstellbar. Die meisten Analysanden dürften da heute etwas anderes gewohnt sein.

... und hat ein Ende?

Das Sprachspiel Psychoanalyse ist wie andere Spiele auch ein »autonomes Ereignis«, das »von der gewöhnlichen Welt durch einen metakommunikativen Spielrahmen abgetrennt« ist und innerhalb dieses Rahmens »auf eine spezifische Weise, anders als die umgebende Alltagswelt« (Gebauer 2009, S. 114) funktioniert. Die *Abgeschlossenheit und Begrenztheit* gehören neben dem freien Handeln, seiner Wiederholbarkeit, dem Heraustreten aus dem »gewöhnlichen« Leben, dem psychische Energie bindenden Spannungselement und den Regeln zu den formalen Kennzeichen eines Spiels (Huizinga 2004). Abgeschlossenheit und Begrenztheit sind weitere wichtige Kriterien, deren (theoretische und praktische) Nicht-Berücksichtigung zu erheblichen Problemen führen kann: Entsprechend der von Gebauer genannten Definition hat ein Sprachspiel einen Anfang und ein Ende, einen Ort, an dem es gespielt wird, einen Rahmen, der es von der übrigen Welt trennt. Es wird anhand der konkreten Freud'schen Behandlungspraxis zu zeigen sein, wie viel mehr Freud selbst diesen Grundsatz zu beherzigen schien, als wir es heute tun. So schrieb er 1937:

> »Indes ist es an der Zeit, ein Mißverständnis abzuwehren. Ich habe nicht die Absicht, zu behaupten, daß die Analyse überhaupt eine Arbeit ohne Abschluß ist. Wie immer man sich theoretisch zu dieser Frage stellen mag, *die Beendigung einer Analyse ist, meine ich, eine Angelegenheit der Praxis* [kursiv durch D.P.]« (Freud 1937c, S. 96).

Entsprechend folgerichtig ist dann auch die Freud'sche pragmatische Feststellung (die allerdings am Anfang seiner Überlegungen steht):

> »Man muß sich zunächst darüber verständigen, was mit der mehrdeutigen Redensart ›Ende der Analyse‹ gemeint ist. *Praktisch* [kursiv durch D.P.] ist das

leicht zu sagen. Die Analyse ist beendigt, wenn Analytiker und Patient sich nicht mehr zur analytischen Arbeitsstunde treffen« (ebd., S. 63).

Einmal mehr sind die Sorgfalt und der gleichzeitige praktische Sinn Freuds zu bewundern. Er weist auf den Umstand hin, um den es uns hier besonders zu tun ist. Um sagen zu können, wann das Sprachspiel ein Ende hat (und ein anderes beginnt), müssen wir uns über die Regel verständigen, die dem Spiel ein Ende setzt. Kurz gesagt, scheint es sich so zu verhalten: Theoretisch hat die Analyse nie ein Ende, praktisch eben dann, wenn die beiden Protagonisten sich nicht mehr zur psychoanalytischen Stunde treffen. Auch hier ist die Feinheit der Sprache Freuds zu beachten: Er schreibt nicht etwa: »Wenn sich Analytiker und Patient nicht mehr treffen«, sondern wenn sie sich nicht mehr zur »psychoanalytischen Stunde treffen«. Das ist ein nicht unerheblicher Unterschied und Freud konnte das eigentlich nur so formulieren, weil er mit zahlreichen seiner Analysanden, insbesondere seinen Lehranalysanden, nach der Psychoanalyse reichliche und ausführliche Wiederbegegnungen pflegte.

Freud hatte offenbar weniger Probleme damit, einen Anfangs- und einen Endpunkt für das Sprachspiel *Psychoanalyse* zu bestimmen, als wir, die wir eher dem Prozess-Modell anhängen und dazu neigen, für das Spiel kein Ende mehr vorzusehen, es so zu behandeln, dass es – einmal angefangen – kein Ende mehr finden kann. So gibt es eine Tendenz, alles, was geschieht seit uns ein späterer Analysand das erste Mal angerufen hat, unter Umständen sogar bis über das »Ende« dieser Analyse hinaus, als ihr noch zugehörig zu betrachten.

Alles, was zwischen den vereinbarten Stunden geschieht, wird selbstverständlich als zum psychoanalytischen Prozess gehörig betrachtet. Als Begründung dafür dient in der Regel die Tatsache, dass die Übertragung als solche ja auch zwischen den Stunden bestehe, nicht mit einem Stundenende und möglicherweise nicht einmal mit dem Ende der Analyse aufhöre. Das kann in der Tat so sein. Allerdings bestimmen Übertragungsbeziehungen unser gesamtes Leben, auch unser »Alltagsleben«, nur wird ihnen dort weniger oder kaum Aufmerksamkeit geschenkt.

Donald Meltzer schlägt deswegen einen anderen Sprachgebrauch vor:

> »Man kann also die Psychoanalyse als potentiell lebenslangen Prozeß, eine durch Einsicht und Verantwortung gekennzeichnete Lebensweise, vom ›Analysiertwerden‹ als einer Methode, Selbstanalyse in Gang zu setzen, unterscheiden. Durch letzteres bekommt die Konzeption der Beendigung einer Analyse (im Unterschied zum ›Abbruch‹) neuen Sinn« (Meltzer 1995a, S. 26).

Meltzer führt hier die wichtige Unterscheidung von aktiv und passiv ein, implizit also zwei grundlegend verschiedene Formen des Analysebegriffes: der aktive Prozess der (Selbst-)Analyse, bei dem eben das Subjekt sich aktiv zum Objekt seiner eigenen Analyse macht, und der Prozess des »Analysiertwerdens«, in dem das Subjekt – ganz passiv – Objekt, nämlich das Objekt der Deutung eines anderen Subjektes ist, dem es Deutungsmacht und die damit verbundene Asymmetrie einräumt. Selbstanalyse – so kann man demnach zusammenfassen – ist deshalb keine »interaktive« Analyse, eben weil ihr die Momente der Abhängigkeit und der Asymmetrie fehlen. Selbst wenn wir davon ausgehen, dass das Analytiker-Objekt internalisiert wurde und man sich mit diesem in einem inneren Dialog befindet, ist es eben doch ein gravierender Unterschied, ob man diesen Dialog von innen steuern kann oder ob einem das Objekt als äußeres in seiner ganzen Unabhängigkeit gegenübertritt. Gäbe es keinen Unterschied, dann gäbe es am Ende einer Analyse auch nichts zu betrauern. *Betrauert werden ja gerade die Funktionen des Objektes*, in diesem Falle dessen analytische, therapeutische und (Übertragungs-) Funktionen sowie der Verlust seiner *sinnlichen Präsenz*. Selbst wenn sich Analytikerin und Analysand nach der Analyse privat träfen, gälte es, diesen Verlust zu betrauern. Die beiden Personen träfen sich, spielten aber ein anderes Sprachspiel, eben das der Alltags- oder der beruflichen bzw. kollegialen Kommunikation.

Die Sorge, die den postanalytischen Treffen gilt, ist im Kern, dass die Übertragungsprozesse wieder aufblühen und zu allerhand Durcheinander in der sogenannten Realbeziehungswelt führen. Wenn das geschieht, dann handelt es sich um einen Hinweis darauf, dass entweder in der Analyse etwas noch nicht hinreichend bearbeitet war, d. h. auch nicht abgeschlossen werden konnte, oder dass beide Beteiligten sich aus anderen Gründen nicht von dem Sprachspiel zu lösen vermochten. Ich werde auf die Fragen und Probleme, die sich aus dem Umgang mit dem Ende der Psychoanalyse und dem postanalytischen Prozess ergeben, am Schluss des Buches noch ausführlicher zu sprechen kommen.

Dass sich die Aufmerksamkeit auf die Übertragungsbeziehungen und deren Deutungen konzentriert, mit dieser asymmetrischen Verteilung – das ist ein spezifisches und für das Sprachspiel der Psychoanalyse *existentielles* Kriterium, eine existentielle Regel: Zur Psychoanalyse gehört unabdingbar das Erleben, Verstehen, Deuten und Durcharbeiten von Übertragungsbeziehungen. Findet dies nicht statt, kommt das Sprachspiel Psychoanalyse nicht zustande! *Findet das nicht mehr statt, dann ist dieses Sprachspiel beendet.*

Exkurs: Spiel-Regeln der Lehranalyse

Nun hatten wir aber schon gesehen, dass Sprachspiele auch Teil einer Lebensform sind, d.h. mitunter kann es ausgesprochen schwer sein, ein solches Sprachspiel – einfach so wie andere Spiele – zu beenden. Es will – auf beiden Seiten – in der Regel nicht so recht gelingen, da sie Teil unseres Leben geworden sind. *Dass* es da ein Problem gibt, taucht hauptsächlich in der Thematisierung oder eben Nicht-Thematisierung des Endes von Lehranalysen und vor allem deren postanalytischem Prozess auf, denn hier treffen sich, im Gegensatz zu den nicht kollegialen Patienten, die Beteiligten meistens oder sogar üblicherweise nach dem Ende des Sprachspiels *in einem anderen Rahmen* wieder. Aus verschiedenen Gründen gelten hierbei andere Regeln, auch wenn lange schon und immer wieder einmal die Versuchung besteht, die Lehranalysen mit »normalen«, d.h. therapeutischen Analysen gleichzusetzen. Manchmal wirkt der Satz eher wie ein immer wieder postuliertes Ideal: Lehranalysen folgen den gleich Gesetzen wie therapeutische Analysen! Doch nur scheinbar, denn nach allem, was man darüber lesen (und erfahren) kann, stimmt das nicht:

Als Beispiel hierfür mag der bemerkenswerte und mutige Text von Hermann Beland dienen: So schreibt er, dass die Lehranalyse sich in nichts von der therapeutischen Analyse unterscheide (Beland 2004, S. 399), und dieser Umstand begründe für ihn die Möglichkeit, dass eine Lehranalyse als therapeutische Analyse (bei demselben Analytiker) fortgesetzt werde könne und beide zusammen eine Einheit bildeten.

Hier erhebt sich dann die interessante Frage nach dem Ende einer Analyse auf neue Weise. Wann ist die therapeutische Analyse zu Ende? Offenbar dann, wenn die »Lehranalyse« beginnt. Wann ist die Lehranalyse zu Ende? Mit dem Abschluss der Ausbildung? Oder mit dem Abschluss eines bestimmten Prozesses? Beland legt sich da eindeutig fest (ebd., S. 398/399):

Eine seiner Analysandinnen hatte 1.100 Stunden einer therapeutischen Analyse absolviert, als sie zur psychoanalytischen Ausbildung zugelassen wurde. Ihre Analyse sei von da an als Lehranalyse weitergeführt worden. Sie habe dann die Lehranalyse (in beiderseitigem Einvernehmen) beendet, während sie sich noch in der klinischen Ausbildung befand. Gemäß den Ausbildungsrichtlinien müsse aber die Lehranalyse die gesamte Ausbildung »in der Regel begleiten«. Beland schreibt:

> »Gemäß jenem Passus in den Ausbildungsrichtlinien hätte die Lehranalyse vielleicht weitergeführt werden sollen, und es gibt Kolleginnen und Kollegen und

einige Institute der IPV, die eine derartige Praxis, wie ich meine irrigerweise, richtig finde. Die vernünftige Begründung für das ›In-der-Regel-Begleiten‹, die Begleitung der klinischen Arbeit mit Lehranalyse, ist m. E. weniger hochrangig als der eigene Spannungsbogen« (ebd.).

Das ist erfrischend klar formuliert. Es geht mir hier nicht um eine möglicherweise unfruchtbare Diskussion darüber, welche Sicht die »richtige« sei, sondern um den Umstand, dass das »Ende von«, sei es das Ende der Lehranalyse oder das der therapeutischen, ganz offenbar eine Sache des Sprachgebrauches ist. Denn welches andere Kriterium hätte man sonst dafür, an dieser Stelle zu sagen, die Kandidatin habe ihre »Lehranalyse« beendet und nicht etwa ihre therapeutische? Hier verdeutlicht sich eine Wurzel der Verwirrungen, die leicht entstehen, wenn dieses Thema diskutiert wird, denn ganz offenbar handelt es sich bei den Begriffen »Therapeutische Analyse«, »Lehranalyse«, zu denen dann noch der Begriff »Persönliche Analyse« (Was ist das? Welche Psychoanalyse sollte keine »persönliche« Analyse sein?) hinzutreten kann, zunächst einmal um einen Sprachgebrauch, der allerdings nicht von allen Beteiligten in gleicher Weise geübt wird.

Zum anderen weist Beland auf den ebenfalls elementaren Umstand hin, dass die Auslegung von Regeln einen *gewissen* Freiheitsgrad beinhalten sollte, um – wie er es an gleicher Stelle ausdrückt – »die notwendige Gewaltfreiheit im psychoanalytischen Erkenntnisprozess« (ebd., S. 399) zu gewährleisten.

Hier scheint es also so zu sein, als unterscheide sich die Lehranalyse nicht von einer therapeutischen Analyse.

Nur wenige Absätze später kommt Beland aber auf ein eindrucksvolles Beispiel zu sprechen, das sehr deutlich macht, dass offenbar doch unterschiedliche Regeln gelten.

In diesem Beispiel tritt Beland für einen Lehranalysanden ein, um ihn zu schützen. Es scheint sich dabei um einen einigermaßen dynamisch wirksamen Fall im Rahmen der Institution gehandelt zu haben. In diesem Fall ging es, so Beland,

»um die Feigheit einer kleinen Lehranalytikergruppe gegenüber einem gefürchteten Kollegen und um eine konsekutive Entscheidung gegen meinen Analysanden, die öffentlich wirksame verleumderische Effekte sowie eine Zurückstellung von einem Ausbildungsschritt zur Folge gehabt hätten. Für den Kandidaten wäre es zu einer gründlichen Entwertung des Instituts und der Integrität der Lehranalytiker gekommen. In dieser Situation wusste ich nach allem Durchdenken der Gegenübertragung keinen anderen Rat, als auf Gruppenebene zu agieren, und jene Feigheit in der Gruppensitzung der Lehranalytiker von mir aus aufzugreifen und anzugreifen. Ich wusste aber entscheidende Details nur aus der Analyse. Individuelle Deutungen vorher konnten die Zerstörung der analytischen Ehrlichkeit, wie sie sich in der Feigheit realisierte, bei meinem Analysanden nicht aufhalten« (ebd., S. 399).

Dies ist eine in vielerlei Hinsicht bemerkenswerte und wichtige Schilderung! Beland lässt uns hier an seinem Verhalten in der *Praxis* teilhaben. *Theoretisch* äußerte er sich zu diesem Thema zwölf Jahre früher deutlich anders. Dort lässt er einen fiktiven Lehranalysanden in Bezug auf die Wünsche, die man an einen Lehranalytiker hat, der »gut genug« ist, sagen:

> »Ich wünsche mir also einen richtigen Analytiker. Einen, der aus Erfahrung weiß, daß es mir zuliebe nötig ist, alle Kritik, allen Rat, alle Stärkung, Versicherung und moralische Unterstützung zu vermeiden, statt dessen unparteiisch die positive und die negative Übertragung zu verstehen und mitzuteilen« (Beland 1992, S. 12).

Und etwas später nimmt Beland zu den Schwierigkeiten der institutionellen Verstrickungen noch konkreter Stellung:

> »Aber was geschieht, wenn die institutionelle Weisheit der Gruppe am Institut durch Querelen Einzelner und durch Feindschaften von Untergruppen unterminiert wird? Dann erhöht sich der Druck auf die Lehranalyse, und der Lehranalytiker hat größte Schwierigkeiten zu verstehen, weil er die inneren Objektbeziehungen seines Analysanden in dem sozialen Agierfeld der Ausbildungsgruppe wiedererkennen muß, von der er selbst doch ein Teil ist. Er muß dies leisten, als Teil der Gruppe, die gegenwärtig pathologisch funktioniert, zum Beispiel eine Gruppen-Gegenübertragung auf das Agieren des Analysanden bildet. Versteht der Analytiker nicht vollständig, in welchen Gruppenprozeß der analytische Prozeß gerade verwickelt ist, dann kann er unter enormen Druck geraten, seinerseits zu agieren und irgendwie in die richtig als solche beurteilten Mißstände am Institut eingreifen wollen, statt zu analysieren. In Wirklichkeit kann er überhaupt nichts anderes machen, als zu analysieren, als seine Gegenübertragung zu durchforschen, *sonst gefährdet er den analytischen Prozeß ernstlich* [kursiv durch D. P.], aber es kann sein, daß er von den Gruppenemotionen überwältigt wird und nicht mehr versteht, was eigentlich von seinem Analysanden in Gang gebracht worden ist, um verstanden zu werden. Dann gibt es nur noch eines, was sein Analysand erfassen kann: die Ehrlichkeit des Lehranalytikers, sein Nichtverstehen, sein Bedauern« (ebd., S. 23).

Man gerät ins Stocken, denn gegen so ziemlich jede der Regeln, die Beland für sich und seine analytische Haltung theoretisch aufgestellt hat, hat er in dem genannten Beispiel verstoßen: Von Unparteilichkeit kann nun sicher überhaupt nicht die Rede sein. Wenn im ersten Text von der »Feigheit einer kleinen Lehranalytikergruppe« die Rede ist, dann teilen sich sowohl Wertung als auch Affekt noch deutlich mit. Beland hat sich auch nicht darauf beschränkt, die negative Übertragung lediglich zu verstehen und mitzuteilen. Dies habe, wie er schreibt, seinem Analysanden nicht mehr geholfen. Er hat eingegriffen und damit natürlich seinen Analysanden auch moralisch unterstützt und gestärkt. Diese Stärkung war sogar nachgerade ein Ziel des Unternehmens.

Der theoretischen Prognose Belands zufolge hätte nun ein solches Agieren seinerseits den analytischen Prozess ernstlich gefährden können. So weit die Theorie. Die Praxis hingegen sah offenbar ganz anders aus, denn da heißt es:

> »In der Lehranalyse haben wir hinterher diese Situation nach allen Seiten der unbewussten Spaltung, der Paranoia, der Homosexualität und der Familienkonstellation durchdacht. Die Beteiligung meines Analysanden am Zustandekommen jener Gruppensituation wurde viel deutlicher, aber ebenso die Notwendigkeit meines Eingreifens, um den Glauben an die Gültigkeit der analytischen Haltung zu retten. Trotzdem bleibt mein Eindruck, dass mein Agieren eine analytische ungekonnte Deutung war, die ich nicht besser zu geben vermochte. Die Analyse der negativen Übertragung wurde nach diesem Agieren erleichtert. Die spätere Beendigung der Lehranalyse wäre ohne mein Eingreifen vermutlich nicht Wirklichkeit geworden. Der Kandidat hätte wahrscheinlich abgebrochen« (Beland 2004, S. 400).

Es ist in vielfacher Hinsicht lohnend, sich sehr genau mit den hier so aufrichtig niedergelegten Sätzen zu beschäftigen. Wir verdanken solchen offenen und mutigen Beschreibungen viel, denn sie weisen auf wichtige Umstände hin.

Der Lehranalytiker hatte hier ganz offenbar einige klare Motive und Wünsche: So wollte er verhindern, dass sein Lehranalysand die Ausbildung an dieser Stelle und aus diesen Gründen abbricht. Auch dieses widerspricht den selbstgesteckten Regeln: Nach denen wäre es darum gegangen, einen solchen Abbruch der Ausbildung zu *verstehen* und das Verstandene mitzuteilen. Wenn dieses Verstehen nicht gelungen wäre, dann wäre der nächste Schritt gemäß Belands *theoretischen* Überlegungen gewesen, dieses Nicht-Verstehen einzugestehen und es zu bedauern. Dieses war Beland aber *in der Praxis* ganz offensichtlich (und ich möchte sagen: Zum Glück!) nicht genug.

Ein zweites Motiv des Lehranalytikers bestand darin, den in seinem Lehranalysanden ablaufenden Prozess »der gründlichen Entwertung des Instituts und der Integrität der Lehranalytiker [zu denen der Handelnde ja selbst gehört, D.P.]« irgendwie zu stoppen, um auf diese Weise den »Glauben an die Gültigkeit der psychoanalytischen Haltung zu retten«. Paradoxerweise führte der Weg zu diesem Ziele für Beland darüber, die ihm eigene – ausführlich dargelegte – theoretische analytische Haltung aufzugeben, um den Glauben seines Analysanden an die analytische Haltung zu retten. Statt »nur« zu deuten, agiert der Lehranalytiker, greift in die Realität außerhalb des Behandlungszimmers (nicht außerhalb des Behandlungsraumes) ein und zeigt sich seinem Lehranalysanden in besonderer Weise. Er zeigt sich unter anderem genau mit diesen Motiven: seinen Analysanden nicht als zukünftigen Psychoanalytiker und Kollegen verlieren zu wollen, nicht bei dessen massiver Enttäuschungsreaktion in Bezug auf eine kleine Gruppe von Lehranalytikern zusehen zu müssen, nicht Zeuge von dessen Ohnmacht und Beschämung zu werden, ohne seinerseits etwas zu tun. Ob diese nun zu Belands bewussten oder unbewussten Motiven gehören mögen oder nicht, allemal ist es möglich und sehr plausibel, dass sein Lehranalysand ihn – unter anderem – auch so verstanden haben könnte. Und dann wundert es doch eigentlich gar nicht, dass hernach die Analyse der negativen Übertragung »nach diesem Agieren erleichtert« wurde. So richtig reden kann man *über* eine negative Übertragung vielleicht wirklich erst, wenn sie nicht mehr gar so negativ ist. Die andere Vorstellung, dies ginge schon vorher, gehört vielleicht auch in das Regal der vielfältigen theoretischen Idealisierungen der Psychoanalyse. Es ist ja schon schwer genug, eine Atmosphäre zu schaffen, in der *über* eine solche negative Übertragung gesprochen werden kann, heißt das doch, allen möglicherweise negativen und traumatischen *inneren* Objektbeziehungen zum Trotze eine äußere, zumindest »mild positive« Beziehung zu schaffen. Beland hat sich seinem Analysanden als einer gezeigt, der im Zweifel für das eintritt, was er als Gerechtigkeit und Notwendigkeit empfindet, seinen eigenen theoretischen Überlegungen zum Trotz. Und Beland musste diese Spannung aushalten, wie sie in seinem Satz zum Ausdruck kommt, dass er das Gefühl hatte, sein Agieren sei »eine analytisch ungekonnte Deutung« gewesen. Nun, womöglich war sein Agieren keine »ungekonnte«, sondern eine auf verbalem Wege »unmögliche« Deutung, weil dieses »Agieren« zu unterlassen natürlich auch ein Tun gewesen wäre und weil vielleicht in dieser besonderen Situation (am Institut) und in dieser besonderen Beziehung (zwischen Lehranalysand und Lehranalytiker) zu diesem Zeitpunkt dieses Vorgehen notwendig war. Das offenbar fruchtbare Ergebnis scheint dafür zu sprechen. Beland hat jedoch seinem Lehranalysanden vielleicht zu einem Glauben an eine etwas andere psychoanalytische Haltung verholfen, als er sie theoretisch niedergelegt hat.

Berechtigterweise stellt sich hier die Frage, ob ein Patient, der sich nicht in Lehranalyse befindet, eine ebensolche Erfahrung des Eingreifens seines Analytikers hätte machen können oder ob dieses schon aufgrund der äußeren Umstände ausscheidet.

Ist eine solche Situation, ein solches Eingreifen bei einem Nicht-Lehranalysanden-Patienten vorstellbar? Gesetzt, ein solcher Patient sei Arzt oder in irgendeinem anderen Beruf tätig und erzähle seinem Analytiker von einer kleinen Gruppe an seinem Arbeitsplatz, die sich gegenüber einem anderen Kollegen und Vorgesetzten des Analysanden als »feige« erweise und deren Feigheit dazu führe, dass der Analysand sich öffentlich diffamiert erlebe und bei einer Beförderung zurückgestellt würde. Es ist natürlich überhaupt nicht vorstellbar, dass der Analytiker diese Gruppe von vorgesetzten Kollegen aufsucht und sie mit ihrem Verhalten konfrontiert. Womöglich ist nicht einmal vorstellbar, dass der Analytiker die vom Patienten empfundene Ungerechtigkeit und Ohnmachtserfahrung anerkennt und diesen für diese schlimme Erfahrung bedauert. Wenn der Patient dann in der Analyse erörterte, dass er plane, diesen Arbeitgeber zu verlassen und damit einen Teil seiner lang ersehnten beruflichen Zukunft aufzugeben, dann wäre es – ebenfalls nach theoretischer und praktischer Einstellung – nicht sicher, eher unwahrscheinlich, dass der Analytiker versuchen würde, in seinem Patienten den Glauben an das, was er bis dahin für gut und wertvoll befunden hatte, zu erhalten. Wahrscheinlicher ist – jedenfalls nach dem von Beland dargelegten theoretischen Modell – dass der Analytiker die im Patienten sich entwickelnde Entwertung deuten und mit dessen inneren Objektbeziehungen in Zusammenhang bringen würde. Allein das. Und das macht doch einen großen Unterschied.

Wer weiß, vielleicht ist es – unter anderem – dieser Unterschied, der für Belands Lehranalysanden zu einer existentiellen Erfahrung geführt hat.

Das ist wichtig, weil es doch starke Stimmen gibt, die – entgegen der Ansicht Belands – sehr dafür eintreten, die offensichtlichen Unterschiede zwischen Lehranalyse und »nur« therapeutischer Analyse zur Kenntnis zu nehmen, sich deren Bedeutung vor Augen zu führen und Schlüsse daraus zu ziehen.

Die Unterschiede sind vielfältig und eigentlich auch deutlich erkennbar:

Das Ziel der Lehranalyse ist eine (gewisse) Identifikation mit der Lehranalytikerin und ihrer Methode (wir werden darauf im Abschnitt über die »Abrichtung« zurückkommen), die über die auch sonst erwünschte Identifikation hinausgeht.

Der Lehranalysand strebt den Beruf an, den sie schon hat, und sie soll ihm dabei helfen. Die Lehranalyse innerhalb unseres Ausbildungssystems ist also ganz gewiss nicht »tendenzlos«.

Es gehörte zu den idealisierenden Anforderungen, wenn man eine solche »Tendenzlosigkeit« von der Lehranalytikern erwartete. Denn die Lehranalyse hat nun einmal per definitionem zum Ziel, Psychoanalytikerinnen und Psychoanalytiker auszubilden. Welche Lehranalytikerin könnte wirklich von ganzem Herzen sagen, es sei ihr »egal«, ob ein Kandidat am Ende die Ausbildung abschließt oder nicht? Es mag hingehen, dass man die Gründe für einen Abbruch der Ausbildung versteht, diesen folgen oder sie im besonderen Fall auch gutheißen kann. Aber wenn sich das drei-, vier-, fünfmal nacheinander wiederholt?

So schreibt Cooper:

> »Sicher sind Lehranalytiker geteilter Meinung darüber, ob sich diese zwei Ziele [gemeint ist damit sowohl den Patienten im Kandidaten zu analysieren als auch ihn gleichzeitig auf seine Rolle als Analytiker-Kollege vorzubereiten; D.P.] völlig miteinander vereinbaren lassen. Aber ich denke doch, daß keiner von uns frei von seinem Gefühl der Verantwortung für die künftigen analytischen Patienten unserer Kandidaten sein kann« (Cooper 1985, S. 4; zit.n. Thomä 1991, S. 419).[8]

Es scheint eher das Gegenteil von Tendenzlosigkeit der Fall zu sein. So meint Treurniet gar, dass Lehranalytiker schwereren Belastungen ausgesetzt seien als Nicht-Lehranalytiker, da der Lehranalytiker von seinen Analysanden abhängiger sei als der Nicht-Lehranalytiker (Treurniet 1992, S. 114). Die Entwicklung eines Lehranalysanden werde von ihm selber, den anderen Kandidaten, den Kollegen zum Maßstab seines Erfolges genommen. Dies geht sogar so weit, dass Treurniet zu der Auffassung gelangt, der Ruf des Analytikers stehe auf dem Spiel:

> »Der Lehranalytiker nimmt die Kritik von Kandidaten sehr viel ernster als diejenige von Patienten, die sich nicht in Ausbildung befinden [sic! D.P.]. Das Wechselspiel von Phantasie und Realität im Übertragungs-Gegenübertragungs

---

8 Mir scheint, dass sich in der Frage der institutionellen Organisation der Lehranalyse allerlei bewusste und unbewusste Motive verdichten und wir gut daran tun, diese in den Blick zu nehmen. Denn die Organisation der Lehranalyse ist ein »hartnäckig Ding«. Immerhin ist auch Thomäs engagiertes Plädoyer für Reformen inzwischen schon wieder 20 Jahre alt, ohne dass sich Gravierendes verändert hätte.

geschehen versetzt den Lehranalytiker in eine ungewöhnliche Situation. Sie erhöht seine Gegenübertragungsverletzbarkeit. Bei der Arbeit mit Kandidaten steht unser Ruf, bewusst oder unbewusst, in einer Weise auf dem Spiel, wie dies bei Patienten nicht der Fall ist. Wir befinden uns wirklich in einer Aquariums-situation. Unsere Arbeit ist gegenüber den Kollegen in einer Art und Weise exponiert, die dem Nicht-Lehranalytiker erspart bleibt, der still in seiner Praxis arbeitet« (Treurniet 1992, S. 129).

Es liegt nahe, sich nach der Lektüre dieses Abschnittes zu fragen: Ja, aber warum wird man dann Lehranalytiker? Warum gibt es die Institution des Lehranalytikers überhaupt? Warum ist innerhalb beispielsweise der DPG ein großer Teil der Mitglieder Lehranalytikerin oder Lehranalytiker? Es scheint dieser Position doch etwas Begehrenswertes, Erstrebenswertes anzuhaften, dass man sich all den genannten Problemen auszusetzen bereit ist.

Ist es wirklich lediglich die Bereitschaft, Verantwortung für die Ausbildung zukünftiger Kolleginnen und Kollegen zu übernehmen, wie Cooper meint? Oder mag es vielleicht daneben auch noch andere Motive geben?

Lehranalytikerin und Lehranalysand teilen in einem bestimmten Bereich eine gemeinsame soziale Realität, wenngleich diese auch unterschiedlich interpretiert werden kann, aber beide agieren vor dem Hintergrund des jeweiligen psychoanalytischen Institutes *und wissen das voneinander.*

Es mutet fast schon ein bisschen merkwürdig an, dass eine solche Konstella-tion an anderen gesellschaftlichen Stellen beachtet wird und deren inhärente Schwierigkeiten anerkannt werden, während wir uns damit schwertun. So ist beispielsweise Lehrern sehr bewusst, dass es einen erheblichen Unterschied macht, ob ihre Kinder auf eben die Schule gehen, an der sie selber unterrichten (vom Unterrichten des eigenen Kindes, das in der Regel nicht erlaubt und auch nicht gewollt ist, ganz zu schweigen). Aber allein die Tatsache des gemeinsa-men Bezugsrahmens bzw. Bezugsraumes ändert sowohl das Befinden wäh-rend der Bewegungen *in* diesem Raum als auch die Beziehungen der beiden, die diesen Raum teilen. Das kann Vor- *und* Nachteile haben. Entscheidend ist, dass solche besonderen Verhältnisse nicht geleugnet und aus der Kommuni-kation ausgeklammert werden. Denn solchermaßen Ausgeklammertes würde sehr wahrscheinlich bald zu inneren Blockaden führen. Genannt seien an dieser Stelle nur die vielfältigen Loyalitätskonflikte, die sich daraus ergäben.

Ähnliches gilt für die psychoanalytischen Institute und die analytischen Paare dort. Es kann doch nicht wirklich bezweifelt werden, dass erhebliche

Wirkungen davon ausgehen, wenn ein Kandidat an seinem Institut dieses und jenes über seine Lehranalytikerin zu hören bekommt. Das Gehörte mag seine gerade aktuellen negativen oder positiven Übertragungen verstärken oder, im Gegenteil, gerade erschüttern. Natürlich wird er in dem, was er hört, eine gewisse Selektivität an den Tag legen, aber man sollte doch nicht so tun, als seien Menschen, die sich in psychoanalytischer Ausbildung befinden, zu gar keiner realistischen Wahrnehmung mehr in der Lage. Wie die eigene Analytikerin am Institut gesehen wird, welche (Übertragungs-)Rollen sie dort einnimmt, das bleibt auch dem Kandidaten auf Dauer nicht verborgen und es wird seine Übertragung beeinflussen. Verschiedene Wege stehen dann offen. Der Kandidat kann versucht sein, sollte er Negatives hören, seine Analytikerin in Schutz zu nehmen, äußerlich und innerlich, und wird dann unter Umständen Probleme damit haben, negative Übertragungsanteile, zumindest in der Situation, zur Sprache zu bringen. Loyalitätsgefühle können eine starke Wirkung entfalten und werden oft unterschätzt. Umgekehrt könnte der Kandidat versucht sein, sich in seiner negativen Wahrnehmung bestätigt zu fühlen, und dann ist die Bearbeitung der negativen Übertragung auf andere Weise gestört (»Die anderen sehen sie doch auch so …«). Hört er Positives, ergeben sich auch verschiedene Wege: Er kann das Gehörte wie ein Selbstobjekt zur Stabilisierung des eigenen Narzissmus nutzen oder er löst Neid- und Rivalitätsgefühle aus. Die Möglichkeiten sind vielfältig, so vielfältig wie das Leben selbst.

Der Lehranalysand braucht dann eine Analytikerin, die souverän genug ist, mit ihm über diese Dinge zu sprechen, und die den jeweiligen Realitätsgehalt seiner Wahrnehmungen auch anerkennt.

Lehranalysanden kennen – im Gegensatz zu anderen Patienten – ein Gutteil ihrer »Geschwister« und sind mit diesen auch im Kontakt.

Sie müssen sich am Institut in vielfältigen (Übertragungs-)Zusammenhängen und in den dortigen Verstrickungen von Eifersucht, Neid, Loyalität, Hass und Liebe irgendwie zurecht finden.

Sie bezahlen ihre gesamte Analyse selber!

Auch so ein Faktum: Da gibt es Aufsätze über die Bedeutung des »Dritten« bei der Fremdfinanzierung, aber dass das Selbstbezahlen der eigenen Analyse nachgerade ein Regelbestandteil ist, wird bei der Behauptung, eine therapeutische Analyse unterscheide sich nicht von einer Lehranalyse, einfach ignoriert. Dieser Bestandteil des lehranalytischen Regelwerkes kann sogar soweit forciert sein, wie in der Auffassung, die mir ein Kollege mitteilte: Der Preis für eine Lehranalyse-Stunde müsse immer ein bisschen höher liegen, als der Kandidat gerade von den Kassen für seine Behandlungen erstattet bekomme. Die implizite Sicht des Meister-Schüler-Verhältnisses kann kaum klarer zum Ausdruck gebracht werden und ebenso jenes Ideal vom »persönlichen finanziellen Opfer« des Lehranalysanden.[9]

Wenn ein Lehranalysand therapiebedürftig ist, warum darf seine Analyse dann nicht, wie bei den Patienten auch, von der Solidargemeinschaft bezahlt werden? Warum sollte diese kein Interesse an gut ausgebildeten und möglichst gesunden Therapeuten haben?

Wenn man während seines Medizinstudiums erkrankt, erwartet niemand von dem Medizinstundenten, dass er eine notwendige Behandlung aus eigener Tasche bezahlt. Anders würde es sich verhalten, wenn keine Therapiebedürftigkeit im Sinne der Psychotherapierichtlinien bestünde, wenn die Lehranalyse tatsächlich als reine »Selbsterfahrung« fungieren würde. Dann könnte man der Solidargemeinschaft eine solche Finanzierung nicht zumuten.

An dieser Stelle muss ebenfalls auf ein merkwürdiges Faktum hingewiesen werden: Gelegentlich (wie häufig?) kommt es gerade nach Abschluss der Lehranalysen dazu, dass ein Antrag an die Krankenkasse gerichtet und eine rein therapeutische Analyse aufgenommen wird. Wie soll man das verstehen, einordnen?

Auch wenn sie so klingen mögen, diese und andere hier gestellte Fragen sind nicht polemisch gemeint, sondern es sind berechtigte Fragen, die aus irgendeinem Grund nicht deutlich aufgeworfen und diskutiert werden. Es tauchen einfach hie und da Vorschriften auf wie die, dass die Lehranalyse selber bezahlt werden muss. Das »Selber-Bezahlen« wird damit zu einem Kriterium für eine Lehranalyse. Mir scheint aber, dass in dem Unausgesprochenen, Undiskutierten allerlei, vielleicht nur halbbewusste, ideologisch angehauchte Einstellungen schlummern; wir würden uns vielleicht wundern, was alles an unterschiedlichsten impliziten Theorien zu Tage käme, wenn wir diese Fragen miteinander diskutierten.

Der Kandidat »darf« seine Lehranalyse nicht zu einem beliebigen Zeitpunkt beenden, jedenfalls nicht, falls dieser Zeitpunkt vor dem Ende

---

9 Vgl. dazu auch der wunderbaren Aufsatz von Ulrich Ehebald: Der Psychoanalytiker und das Geld – oder die Ideologie vom persönlichen finanziellen Opfer des Patienten (1978).

der Ausbildung liegen sollte. Im Allgemeinen gilt die Regel, dass die Lehranalyse die gesamte Ausbildung zu begleiten habe.

Insoweit ist die Dauer des analytischen Prozesses *auch* von gravierenden äußeren Umständen abhängig. Thomä weist darauf hin, solche Umstände könnten z. b. darin bestehen, dass der Kandidat keinen »passenden« Patienten findet und der Beginn der praktischen Ausbildung sich dadurch verzögert.[10] Sie verzögert sich auch, wenn der als »Examensfall« vorgesehene Patient seine Analyse vor Ablauf der für die Prüfung geforderten 300 Stunden beendet, weil der Kandidat diesen Patienten dann nicht mehr als seinen »Prüfungspatienten« nehmen darf (warum eigentlich nicht?). In manchen Fällen scheidet der dafür vorgesehene Patient sogar aus, wenn dieser zum Ende hin die Frequenz seiner Analyse reduziert hat, was ja durchaus nachvollziehbare und vernünftige Gründe haben kann.

Der Kandidat ist auf diese Weise in die Widerstände, die Übertragung, in die Neurose seines Patienten einbezogen; in Bezug auf den Abschluss seiner Ausbildung von diesen Faktoren *abhängig*. Stellen wir uns vor, ein Patient habe beispielsweise ein erhebliches Trennungsproblem (was ja nicht so selten sein soll) und glaubte den drohenden oder phantasierten inneren Zuständen nur entgehen zu können, indem er den Endpunkt der Analyse selber und vorzeitig bestimmt, nach dem ebenfalls nicht unbekannten Mechanismus: »Bevor du mich verlässt, verlasse ich dich.« Gewiss könnte man dann sagen, dass es offenbar (noch) nicht gelungen ist, diesen schwereren inneren Konflikt zu lösen, und man könnte sagen, der Kandidat sei mit seinen Behandlungsbemühungen an dieser Stelle gescheitert und solle – sozusagen – noch einmal neu unter Beweis stellen, dass er behandeln kann. Dies widerspräche aber auch dem Postulat der sogenannten »tendenzlosen« Analyse, die sich ja das »Heilen« der Symptome gar nicht zum Ziel setzt (siehe z. B. das Zitat von Meltzer), sondern die subjektive Einsicht in den Grund für diese Symptome und deren Zustandekommen. Sollte dieses zu einem Verschwinden der Symptome führen, wäre das in dieser Denkvorstellung zwar sehr gut, aber es wäre nicht das ursprünglich angestrebte Ziel.

---

10 Natürlich kann es auch so sein, dass der Kandidat aus inneren Gründen keinen passenden Patienten findet, es sich dabei um wie auch immer geartete unbewusste innere Widerstände handelt, z. B. gerade gegen den Beginn der praktischen Ausbildung und damit gegen ein Fortschreiten darin und gegen die damit verbundene Übernahme von Verantwortung. Es *kann* sein, *muss* aber nicht. Entscheidend ist jedoch, dass das Ergebnis das Gleiche ist, unabhängig davon, ob es sich um gravierende innere Widerstände handelt oder nicht: Die Ausbildung und damit auch die Dauer der Analyse verlängert sich.

Wieso also sollten für einen Kandidaten an dieser Stelle andere Richtlinien und andere theoretische Grundannahmen gelten? Vielleicht brauchte diese Bearbeitung längere Zeit als die möglichen und vorgesehenen 300 Stunden, sodass der Patient lieber »Reißaus« genommen hat. Kann man das dem Kandidaten zum Vorwurf machen? Und es nützte dann auch nichts, wenn man dem Kandidaten sagte, man mache es ihm ja gar nicht zum Vorwurf, allein, er müsse noch einmal mit einem neuen Behandlungsfall beginnen …

An dieser Stelle holt uns ein Umgang mit Regeln ein, den wir auch manchmal im Rahmen von Behandlungen an den Tag legen. Eine Regelauslegung, bei der die Regeln als unumstößliche Gesetze angesehen werden, handele es sich nun um Ausbildungs- oder um Behandlungsregeln, schützt uns nur scheinbar vor den auftauchenden Konflikten; diese werden nur geleugnet, existieren aber dennoch weiter. Die Frage nach der Bedeutung, z. B. nach jener, warum der Patient des Kandidaten die Analyse vor Ablauf von 300 Stunden beendet hat, erhält durch diese Auslegung der Ausbildungsregeln vorab einen negativen Beigeschmack. Denn implizit wird durch diese Auslegung die Behandlung als »nicht gut«, »nicht richtig« oder nicht erfolgreich eingestuft, wenn der Kandidat die Ausbildung deswegen verlängern muss. Und das sogar, obwohl man ihn vielleicht allgemein durchaus so beurteilt, dass ein Abschluss der Ausbildung angezeigt wäre. An *dieser* Stelle gibt es dann ein Problem. In jenen Fällen, in denen eine gewisse Übereinkunft besteht, dass für ein Noch-nicht-Abschließen der Ausbildung gute Gründe vorliegen und darin Vorteile zu sehen sind, verhält es sich anders. Dieser Konflikt muss durch eine starre Regelanwendung nicht ausgehalten und nicht wirklich diskutiert werden, weil es gewissermaßen keinen Diskussionsdruck gibt, da die Verhältnisse scheinbar klar liegen.

Wie wenig »klar« die Verhältnisse an solcher Stelle eigentlich sind, darauf weist Thomä in seiner Arbeit über die *Idee und Wirklichkeit der Lehranalyse* hin.

So erwähnt er den Text von Knight aus dem Jahr 1953, der als scheidender Präsident der Amerikanischen Psychoanalytischen Gesellschaft berichtet habe, dass die Institute durch die Anzahl der Kandidaten und deren »ehrgeizige Hast«, die Ausbildung rasch abzuschließen, sowie deren Tendenz, mit einem oberflächlichen Verständnis der Theorie zufrieden zu sein, unter Druck geraten seien. *Als Reaktion darauf* seien, Knight zufolge, »von den älteren Analytikern genaue quantitative Anforderungen für die Anzahl der analytischen Sitzungen und Supervisionen, die Frequenz von Lehr- und Kontrollanalysen sowie der Jahre zwischen Immatrikulation und der Aufnahme als Mitglied der APA durchgesetzt« worden (Knight 1953, zit. n. Thomä 1991, S. 420).

Nun ist der Text von Knight zwar schon fast 60 Jahre alt, aber wir würden uns auch nicht wundern, wenn er vor drei Jahren entstanden wäre.

Einmal ganz abgesehen davon, dass die »ehrgeizige Hast« und die »Tendenz, mit einem oberflächlichen Verständnis der Theorie zufrieden zu sein«, ganz sicher Ausdruck höchst subjektiver Interpretationen ist, hören wir nicht heute ähnliche Einschätzungen über die junge Generation? Gehören »ehrgeizige Hast«, der Eindruck, es gehe alles nicht schnell genug, vielleicht auch mitunter schlicht zum Jung-Sein? Und wird nicht die Tendenz, mit einem oberflächlichen Verständnis der Theorie zufrieden zu sein, in jenen autoritär gefärbten Lehrer-Schüler-Beziehungen gefördert, in denen Lehrer das Gefühl haben, eine Reinheit der Lehre vermitteln zu müssen? Sollte all dies nicht, falls es sich um überstarke und neurotische Züge handeln sollte, in der Lehranalyse zur Sprache kommen und verstanden werden?

Man könnte den Eindruck gewinnen, dass in dem Maße, in dem das sogenannte Reporting-System im Rückzug begriffen war, die Lehranalytikerin also weniger institutionelle Macht über den Kandidaten hatte und der analytische Prozess mehr geschützt wurde, an anderer Stelle die Kontrolle und Einflussnahme verschärft wurde (was auch implizierte, dass man der Lehranalyse nicht gar so viel zutraut). Inzwischen sind die Regularien noch viel komplizierter geworden. Psychotherapeutengesetz und Ärztekammerprüfungen sorgen für quantitative Anforderungen und in der Regel ist es für ein Institut von Vorteil, wenn ein Kandidat, der dort seine Ausbildung absolviert, zugleich die Anforderungen der staatlichen Behörden und anderer Berufsgesellschaften erfüllt. Insofern bekommen die genauen Zahlen-Aufstellungen von Stunden, sei es in der Lehranalyse, in Seminaren, Supervisionen etc. durchaus ihren Sinn, zumal die Ausbildungsgänge an dieser Stelle auch vergleichbarer und transparenter geworden sind.

Neben diesen rationalen und vernünftigen Momenten kann man sich doch des Eindruckes nicht erwehren, dass in dem Aufstellen und Verschärfen von Regeln auch Generationen-Konflikte zum Tragen kommen. Denn natürlich ist es immer die ältere Generation, welche die Regeln für das Fortkommen der jüngeren statuiert.

Während die ältere Generation den oben wiedergegeben Eindruck hat, die jüngere mache es sich zu leicht, ihr fehle der Tiefgang, den man selber »seinerzeit« »natürlich« gehabt habe, ebenso wie die völlig tendenzlose Ruhe, sich auf einen jahrelangen Prozess einzulassen, hat die jüngere Generation das Gefühl, die ältere habe es viel leichter gehabt, weil man es damals mit den Regeln nicht so genau genommen habe; die Regeln seien gar verschärft worden, damit die junge Generation nicht zu schnell nachrücke und der älteren die Plätze streitig mache. Diese Konfliktlage sollte uns, die wir den Ödipuskonflikt mit der analytischen Muttermilch aufnehmen, bekannt vorkommen!

Als Ergebnis des Vergleichs zwischen Lehranalyse und Nicht-Lehranalyse wird in der Regel postuliert, die Lehranalyse sei die »schlechtere« Variante, der Nicht-Lehranalyse-Patient bekäme letzten Endes die »bessere«, richtigere Analyse (A. Freud 1970, Stone 1973, Cremerius 1989, Thomä 1991). Dies sei deshalb der Fall, so wird von Kritikern des bisherigen Modells der Lehranalyse gesagt, weil diese als Machtinstrument (Cremerius 1989) genutzt werde. Ursprünglich von Freud als Mittel der »Unterweisung des Anfängers« gedacht, einer Unterweisung, in der er Überzeugungen von der Wirkungsweise des Unbewussten gewinnen könne und solle, sei sie, so Cremerius, nach 1920 ein Mittel geworden, »um die Zwecke der psychoanalytischen Bewegung zu erreichen« (Cremerius 1989, S. 193). Sie sollte dem Hüten der reinen Lehre dienen. Cremerius zitiert Sachs mit dem Satz: »[...] daß die Psychoanalyse etwas brauche, was dem Noviziat der Kirche entspräche« (Sachs 1930, S. 53; zit. n. Cremerius 1989, S. 195) und Eitingon: »Unsere Vereinigung soll das von unserem Meister Geschaffene vor zu frühen Vermengungen und so genannten Synthesen mit anderen Gebieten und andersgearteten Forschungs- und Arbeitsmethoden behüten ...« (Eitingon 1925, S. 516; zit. n. Cremerius 1989, S. 195).

Die Lehranalyse hatte – so verstanden – die Funktion, den Gründungsvater sozusagen am Leben zu erhalten (was der Aufgabe der Lösung des Ödipuskonfliktes reichlich widerspricht und was bis heute funktioniert!) und sie sollte zudem der Identitätsstiftung und Gemeinschaftsbindung dienen. Viele dieser ursprünglichen Ziele sind auch heute noch in der Institution der Lehranalyse wiederzufinden. Allerdings sollte man nicht übersehen, dass sich – zum Glück – schon allerlei verändert hat, Lehranalysen doch heute schon deutlich anderen Regeln folgen als noch vor 80 Jahren. Dennoch gehören diese Ursprungsziele und die damit verbundenen Traumen zur Geschichte der Psychoanalyse und spielen als solche eine Rolle.

Alle diese »Tendenzen« unterscheiden die Lehranalyse deutlich von der therapeutischen.

Diejenigen, die diesen Unterschied explizit anerkennen, gelangen dann aber zu einem doch sehr verstörenden Ergebnis:

»Die Lehranalyse [erbringt] als Supertherapie nur sehr schlechte Ergebnisse: wenn die Analyse einer durch drei Spitzenanalytiker ausgewählten Gruppe von Elitepersonen durch Eliteanalytiker, die Lehranalytiker, unter optimalen Bedingungen, d. h. vierstündig pro Woche über 7–10 Jahre, […] so wenig bringt, taucht zwangsläufig die Grundsatzfrage nach dem Effekt der Analyse überhaupt auf. Diese Frage aber ist lebensgefährlich« (Cremerius 1989, S. 201).

Mir will scheinen, dass Cremerius, den ich für seinen Mut und seine Offenheit und Freiheit im Denken sehr schätze, hier vielleicht doch ein bisschen das Kind mit dem Bade ausgeschüttet hat. Ich vermag seine Aussage in ihrer Allgemeinheit nicht zu bestätigen. Dafür kenne ich doch zu viele Kolleginnen und Kollegen, die durchaus mit dem durchlaufenen Prozess zufrieden sind, wenngleich das natürlich auch von den beiden am Prozess beteiligten Seiten unterschiedlich beurteilt werden kann.[11]

Dass all die genannten Unterschiede zwischen Lehranalysen und Nicht-Lehranalysen – und es gibt sicher noch mehrere – Einfluss auf die Übertragungs- *und* Gegenübertragungsverhältnisse nehmen, dürfte sich eigentlich von selbst verstehen. Dennoch scheinen wir uns mit diesen Folgen schwerzutun. Thomä weist darauf hin, dass gerade die Interpretation realistischer Schlüsselreize, sogenannte »perzeptuelle Auslöser«, das Schloss zur Übertragungsdisposition öffne, aber Grund zu der Annahme bestehe, genau diese Auslöser würden in Lehranalysen systematisch ausgeblendet und das notwendige Anerkennen, zumindest eines Teils der Realität, bleibe oftmals aus (Thomä 1991, S. 426).

Die Dinge haben bekanntlich oft zwei Seiten. Man kann alle diese Einflüsse als »Störung« empfinden und definieren, als Teil-Erblindung des sonst so glanzvollen analytischen Spiegels, kann die »Verunreinigung« der Übertragungsprozesse fürchten. Aber man kann diese »Realitätseinsprengsel« auch als besondere Chance betrachten. Jedenfalls bergen sie eine konstruktive Lösung, da diese Realitäten bei dem derzeitigen Ausbildungsmodell nicht zu verhindern sind. Möglicherweise tun wir uns so schwer mit ihnen, weil sie den nach wie vor stabilen impliziten Theorien widersprechen und – nicht sein kann, was nicht sein darf. Zum Beispiel, dass etwas praktisch hilfreich ist, was theoretisch eher als Fehler deklariert wird, wie in Belands Beispiel.

Mir geht es hier weniger um die Frage, ob die eine oder die andere Vari-

---

11 Eine umfassende – die verschiedenen psychoanalytischen Gesellschaften umfassende – Erhebung über die Zufriedenheit (der Analysanden und der Lehranalytiker) mit den Ergebnissen von Lehranalysen und der Vergleich mit der Zufriedenheit von Nicht-Lehranalysen steht noch aus.

ante die »richtigere« oder die »bessere« ist. In erster Linie geht es mir darum, die Widersprüche in Theorie und Praxis, jene zwischen den impliziten und expliziten Theorien, jene zwischen den Postulaten und der Realität und die Widersprüche zwischen den Sprachspielen nicht zu leugnen, sondern diese zur Kenntnis zu nehmen und erst einmal auszuhalten. Nur dann ist es möglich, darüber nachzudenken, um vielleicht – nach und nach – in einem *gemeinsamen* Reflexions- und Diskussionsprozess auf die (unbewussten) Ursachen und Motive dieser Widersprüche zu stoßen.

Man kann nach dem Festellen und Diskutieren der Vor- und Nachteile des bisherigen Modells der Lehranalyse am Ende, unter welchen Umständen auch immer, dennoch zu dem Schluss gelangen, dass man das gegenwärtige System unter den gegebenen Umständen für das beste hält. Dann aber ist es geboten, die Nachteile dieses Systems gegenüber den Ausbildungskandidaten offen zu benennen und anzuerkennen! Und sie nicht – sollten diese gar von den Kandidaten selber benannt werden – als reine, und dann in der Regel negative, Übertragungsäußerungen zu betrachten und zu deuten. Oder man kommt zu dem Schluss, dass man nach hinreichender Diskussion und Abwägung aller Vor- und Nachteile doch etwas ändern will. Dann gälte es, dieses auch in die Tat umzusetzen und sich von Gewohntem zu lösen.

15 Jahre später klingt Belands Einschätzung bezüglich der Lehranalyse auch nicht viel optimistischer als jene von Cremerius:

> »Jetzt wäre es natürlich das Beste, ich hätte von diesen acht Menschen [Lehrana-lysanden, die ihre Lehranalyse abgeschlossen haben, D. P.] deren eigene Beur-teilung. Meine eigene wird nämlich mit Sicherheit weniger gut ausfallen [sic!, D. P.]. Richtig zufrieden war ich bei einer Lehranalyse; ziemlich zufrieden bei sechsen; nur unglücklich zufrieden bei einer, obwohl ich auch hier der persön-lichen Weiterentwicklung sicher bin. […] In gewisser Weise ist es ein Kampf um die Ermöglichung von Dankbarkeit auf beiden Seiten« (Beland 2004, S. 402).

Ich komme noch einmal auf das eingangs beschriebene Beispiel Belands zurück. Er selber beurteilt sein Vorgehen in diesem Falle zwiespältig: Einer-seits habe er keinen anderen Weg gesehen, andererseits wirft er sich vor, keine hilfreiche andere Deutung gegeben zu haben.

Er beschreibt dann aber doch die sehr positiven Auswirkungen auf die Beziehung und die damit offenbar verbundenen positiven Auswirkungen auf den analytischen Prozess! Es mag also hier so sein, dass sein Lehranalysand das gewählte Vorgehen Belands deutlich positiver beurteilt als dieser selbst. Ist das nun gut oder schlecht?

Anna Freud schreibt bereits 1950:

> »Im technischen Verhalten des therapeutischen Analytikers würde es als Kunst-
> fehler gelten, wenn er Patienten aus seinem engeren Kreis zur Behandlung über-
> nehmen, seine Interesse mit ihm teilen, seine Ansichten mit ihnen oder in ihrer
> Gegenwart diskutieren würde, [...] sich ihm als Vorbild anzubieten und ihm
> am Ende der Analyse die Identifizierung mit seiner Person und seiner Berufs-
> tätigkeit gestatten würde. Der Lehranalytiker begeht tatsächlich jeden einzel-
> nen dieser Kunstfehler im Rahmen der analytischen Ausbildungssituation« (A.
> Freud 1970, S. 575).

Durch die Formulierung »Kunstfehler« kann eine mögliche Diskussion natürlich leicht bereits im Keim erstickt werden. Das würde uns eventuelle
Unannehmlichkeiten ersparen, die entstehen könnten, wenn wir begönnen
darüber nachzudenken, ob an der einen oder anderen Regelvarianz in Lehranalysen gegenüber rein therapeutischen Analysen etwas *Positives*, Ent-
wicklungsförderndes »dran« sei. Das wäre – neben den bereits diskutierten
macht- und identitätsstiftenden Motiven – auch ein Ansatz zum Verständnis
der Tatsache, warum sowohl Lehranalytiker als auch Lehranalysanden mit
dem Modell »Lehranalyse« offenbar doch so zufrieden sind, dass es noch
nicht verändert worden ist. Offiziell stark und heftig kritisiert mag es doch
»inoffiziell« auch seine Reize haben, dieses Modell. Einer davon könnte
darin liegen, dass innerhalb einer Lehranalyse sanktioniert ist, was sonst als
verpönt gilt, zum Beispiel das von Anna Freud erwähnte Teilen der Interessen, das Fungieren als Vorbild, das »Anstiften« zur persistierenden Identifikation. Sind es unter Umständen solche Elemente, welche den Patienten in
Nicht-Lehranalysen eher vorenthalten werden, die aber durchaus entwicklungsfördernde Funktionen übernehmen können?
So schreibt Anna Freud denn am Ende ihres Textes ein wenig offener:

> »Es wäre der Mühe wert, an individuellen Fällen aufzuzeigen, in welchen Punk-
> ten die durch die Lehrsituation erzwungene, technisch abweichende Handha-
> bung der Übertragung die Analyse der Übertragung und damit den analyti-
> schen Erfolg als solchen geschädigt oder zumindest in Frage gestellt hat« (ebd.,
> S. 576).

Das wäre sicher lohnend, wenngleich auch sehr schwierig! Es wäre aber ge-
nauso lohnend aufzuzeigen, in welchen Fällen »die technisch abweichende
Handhabung der Übertragung« den analytischen Erfolg begünstigt hat!
Ziemlich offensichtlich gelten also für Lehranalyse und Nicht-Lehranalyse

unterschiedliche Regeln, zumindest implizit. Nur, warum setzt immer wieder ein Leugnungsprozess ein? Man ist versucht anzunehmen, dass gerade dieser Umstand die Sache mitunter so kompliziert macht. Aber das Leugnen könnte und sollte uns darauf aufmerksam machen, dass wir unterschiedliche implizite theoretische Modelle anwenden. Warum tun wir das? Kommt vielleicht im Lehranalyse-Modell mehr von der pragmatischen Seite zum Tragen, aus ganz unterschiedlichen Gründen?

Jedenfalls scheint da doch ein erheblicher Widerspruch zu stecken und solcher kann ja bekanntermaßen Aufschluss über unbewusste Konflikte geben. Es geht hier einmal mehr um die in unserer Wissenschaft so oft auffindbare Kluft zwischen Ideal und Wirklichkeit. Nicht, dass es das in anderen Wissenschaften nicht auch zur Genüge gäbe, nur, wir erheben den Anspruch – gerade an unsere Analysanden – und an psychische Gesundheit überhaupt, diese Kluft etwas zu verringern. Die Erwartung, sie ganz schließen zu können, wäre ein neues Ideal.

So schreiben auch Thomä und Kächele in ihrem *Lehrbuch der psychoanalytischen Therapie:*

>»Die Handhabung der Beziehung zum Patienten nach der Beendigung der psychoanalytischen Behandlung ist ein wenig beachtetes Gebiet. Selbst in der mündlichen Kommunikation unter Psychoanalytikern sind diesbezügliche Mitteilungen eher rar, ganz entgegen dem sonst so intensiven Erfahrungsaustausch. Ein Blick auf Freuds Umgang mit diesen Fragen wird durch den Umstand verstellt, daß die Behandlungsberichte […], die in den letzten Jahren der analytischen Öffentlichkeit bekannt wurden[…], von Patienten stammen [Blanton, Doolittle], deren außergewöhnliche Position – entweder als Analytiker wie Blanton oder als von Freud geschätzte Schriftstellerin wie Doolittle – keine Rückschlüsse auf Freuds Umgang mit alltäglichen Patienten zulässt (Thomä/ Kächele 1996, S. 415).

Hochinteressant! Aus zweierlei Gründen: Zum einen scheint es so etwas zu geben wie einen »alltäglichen«[12] Patienten, zum anderen wird hier wie selbstverständlich davon ausgegangen, dass Freud offenbar unterschiedliche Regeln angewandt hat, »Sonderregeln« für Patienten in »außergewöhnlicher Position« und andere für die anderen, die wir in diesem Falle – was die Gestaltung des postanalytischen Prozesses bei Freud angeht – nicht zu kennen scheinen. Es spricht Vieles dafür, dass dem tatsächlich so war; Freud hat in der Tat Un-

---

12 Eine besonders interessante Wertschöpfung, wenn man bedenkt, dass Freuds Patienten in der Regel an sechs Tagen in der Woche zu ihm kamen.

terschiede gemacht, fast »prozedural« möchte man sagen, zwischen »alltäglichen« Patienten und »besonderen« Patienten« (wie z. B. dem Wolfsmann), Lehranalysanden und anderen Analysanden, die er persönlich sehr schätzte, wie z. B. Hilda Doolittle oder Marie Bonaparte, die gar als »Freuds Prinzessin« in die Geschichte eingegangen ist. Ich werde darauf zurückkommen.

Zum anderen ist der kleine Einschub in Thomäs Satz »selbst in der mündlichen Kommunikation« sehr bemerkenswert, scheint er doch auf den nun schon mehrfach genannten Umstand hinzuweisen, dass es einen Unterschied gibt, zwischen mündlicher, also eher »privater« und damit geschützterer Kommunikation und der schriftlichen, d. h. der öffentlichen Rede.

Auch in Bezug auf den postanalytischen Prozess unterscheidet sich die Lehranalyse deutlich von der Nicht-Lehranalyse. Was bedeutet das für Theorie und Praxis?[13]

Im psychoanalytischen Sprachspiel gelten unterschiedliche Regeln …

Wir befinden uns jetzt also an dem Punkt, an dem sichergestellt ist, dass die beiden Beteiligten Kenntnis von dem zu spielenden Sprachspiel haben, was für das regelhafte, regelgerechte Handeln unverzichtbar ist. Der Analysand bekommt die Regeln mitgeteilt, denen zu folgen ihm in diesem Spiel auferlegt ist, damit es überhaupt zustande kommen kann. Hier ist – was das Verständnis der theoretischen Regeln Freuds angeht – eine Unterscheidung wichtig: Die technischen Schriften Freuds enthalten Spielregeln für den angehenden Analytiker *und* solche für die Analysanden.

In seiner Arbeit »Zur Einleitung der Behandlung« richten sich verschiedene Regeln an den Analytiker: die »provisorische« Behandlung für etwa zwei Wochen, Einhalten des einmal verabredeten Termins(!)[14], Verabredung von regelmäßigen Terminen und Honorar, Behandlung an sechs Tagen in der Woche, das Behandeln im Liegen, kein Deuten der Übertragung, solange die Einfälle des Patienten ohne Stocken erfolgen, kein Deuten bis eine tragfähige Beziehung hergestellt ist.

---

13 Dieser Frage möchte ich im Schlussteil dieses Buches nachgehen.
14 Auch so eine Stelle, an der Freud sich durchaus gestattet, Ausnahmen von der Regel zu machen, wie man dem Brief an Doolittle entnehmen kann. Freud selbst verschiebt den vereinbarten Termin.

Als Regeln für den Analysanden werden die folgenden genannt: er müsse jede »gemietete« Stunde bezahlen, er dürfe jederzeit die Behandlung abbrechen, er müsse sich »auf einem Ruhebett lagern lassen, während man hinter ihm, von ihm ungesehen, Platz nimmt« (Freud 1913c, S. 467), er solle sich an die Grundregel halten, er solle möglichst wenigen Menschen von der Analyse erzählen und keinem anderen mitteilen, worüber in der Analyse gesprochen wird, damit die Kur kein »Leck« bekomme, »durch das gerade das Beste verrinnt« (ebd., S. 470).

Dieses sind – zunächst in aller Kürze – die Regeln, die von den Teilnehmern des psychoanalytischen Sprachspiels zu befolgen sind. Es fällt auf, dass die beiden Teilnehmer *unterschiedliche* Regeln zu befolgen haben, was bereits auf die zum Spiel gehörige *Asymmetrie* hinweist. Aber: *Asymmetrie ist für das Sprachspiel Psychoanalyse konstitutiv. Ihr Verschwinden oder ihre Auflösung beenden es.* Diesen jeweils geltenden Regeln müssen beide Teilnehmer zustimmen, damit das Spiel beginnen kann.

... und der Analysand befolgt sie nicht

Einmal vereinbart, gilt es den Regeln zu folgen, auf beiden Seiten. Aber an dieser Stelle wird gleich ein weiteres Moment der Asymmetrie deutlich: Während es für die Analytikerin als unbedingt verpflichtend angesehen wird, sich an die Regeln zu halten, da ein Verstoß den analytischen Prozess zusammenbrechen ließe, das Spiel also beendete oder zumindest stark gefährdete, ist für den Patienten gewissermaßen *innerhalb des Spiels* die Möglichkeit vorgesehen, bestimmten Regeln *nicht* zu folgen.[15] Das tritt dann im Phänomen des Widerstands als neuer Spielzug auf. Freud hat diesen Umstand berücksichtigt, indem er den bis heute geltenden Grundsatz aufgestellt hat, der Einigung, eine Psychoanalyse durchzuführen, habe am Anfang der Behandlung die Mitteilung der Regeln zu folgen, weil es gerade ein Bestandteil dieses Sprachspiels ist, dass – wenn es funktioniert, wenn es zustande kommt – der Patient sich nach Beginn gerade nicht mehr an die einmal verabredeten Regeln hält. Das Paradoxon besteht darin, dass der Analysand *erst durch die Vereinbarung der Regeln*

---

15 Die fast einzige Regel, die bei Nichtbefolgen des Analysanden das Ende des Spiels bedeuten würde, ist das Kommen. Alles andere – so lautet der Spielplan – will verstanden werden, ist – trotz Nichtbefolgung der Spielregeln Teil des Spiels. Auch das Nicht-mehr-Kommen will natürlich verstanden werden, aber dieses Sprachspiel ist damit bereits beendet.

zum Analysanden wird, er den Regeln als »Noch-Nicht-Analysand« zustimmt, die er anschließend als Analysand nicht mehr einzuhalten vermag, was wiederum gerade den Sinn des Spiels ausmacht. Aus der Sicht Freuds werden die Regeln noch innerhalb der »Realbeziehung« vereinbart, aus welcher der nunmehr frischgebackene Analysand alsbald »herausgeschleudert« werde:

> »Wer sich den richtigen Eindruck davon geholt hat, wie der Analysierte aus seinen realen Beziehungen zum Arzte herausgeschleudert wird, sobald er unter die Herrschaft eines ausgiebigen Übertragungswiderstandes gerät, wie er sich dann die Freiheit herausnimmt, die psychoanalytische Grundregel zu vernachlässigen, daß man ohne Kritik alles mitteilen solle, was einem in den Sinn kommt, *wie er die Vorsätze vergißt, mit denen er in die Behandlung getreten war* [kursiv durch D. P.] [...], der wird das Bedürfnis haben, sich den Eindruck noch aus anderen als den bisher angeführten Momenten zu erklären [...]« (Freud 1912b, S. 373).

Zum »Zusammenhang des Spielplans« gehört, dass mancher Analysand alsbald versucht, *so zu tun, als ob* er sich gar nicht mehr in Analyse befände.[16] Und obwohl er damit gegen die Regeln verstößt, »darf« er das, weil dieser Regelverstoß bereits im Spielplan enthalten, vorgesehen ist. Regelverstöße werden im Sprachspiel Psychoanalyse nicht sanktioniert (obwohl das vom Patienten durchaus so empfunden werden kann und obwohl das wirklich geschehen kann, dann allerdings handelt es sich auch um einen Regelverstoß, diesmal aufseiten der Psychoanalytikerin), Regelverstöße werden gedeutet. Dass das so ist und dass der Analytikerin das Recht dazu eingeräumt wird, das wiederum ist Teil der ursprünglich vereinbarten Regeln.

Hier taucht eine neue Schwierigkeit am Horizont auf: Zwar teilen wir dem Patienten einen Teil der Spielregeln mit, aber durchaus nicht alle und schon gar nicht ihre Bedeutungen. Wir sagen dem Patienten nicht: Wenn wir einmal mit der Analyse begonnen haben, dann werde ich alles, was Sie sagen, innerlich daraufhin prüfen, was das über Ihre Beziehung zu mir aussagen könnte. Ich

---

16 Es kann aber mitunter auch ein schwerwiegendes Problem werden, wenn der Patient sich an alle Regeln hält. Dann fühlt sich das Spiel auf unserer Seite irgendwie, flach, zäh und müde an, so, als sei es noch nicht richtig in Gang gekommen. Ihm scheint es an einer bestimmten erforderlichen Intensität zu fehlen. Natürlich ist dieses auch eine besondere Form der Übertragung, aber es gilt, sie zu erkennen. Sie kommt hauptsächlich bei den Patienten vor, die ich »abstinente Patienten« nenne (Pflichthofer 2011). Bei diesen geraten wir in die merkwürdige Situation, dass wir unter Umständen Regeln vernachlässigen müssen, um wieder eine entwicklungsfördernde Asymmetrie herzustellen. Wir müssen in diesen Fällen vor allem wieder Hoffnung wecken, Hoffnung in die Kraft von Beziehungen.

werde – genau genommen – keinen einzigen Satz von Ihnen als einfachen, als manifesten Satz nehmen, sondern ich werde in jedem Satz nach dessen unbewusstem Gehalt suchen. Wenn Sie mich ansprechen, dann werde ich zunächst davon ausgehen, dass Sie nicht mich meinen, sondern eine andere wichtige Person in Ihrem psychischen Leben, gleichwohl werden Sie das Gefühl haben, mich zu meinen. Ich werde das zunächst nicht glauben. Wenn Sie mir gegenüber Hass äußern, dann werde ich nach der verborgenen Liebe suchen. Wenn Sie mir gegenüber Liebesgefühle ausdrücken, dann werde ich mich fragen, ob diese nicht dazu dienen, den Hass, den Sie mir gegenüber empfinden, zu verbergen. Alles in allem werde ich davon ausgehen, dass es sich bei vielen Gefühlen, die Sie mir entgegenbringen, um Gefühle handelt, die einmal ihren Eltern gegolten haben.

Es gehört zu unserer Technik, dass wir solches nicht mitteilen, obwohl es Regeln sind, denen wir folgen. Diese Situation ändert sich, wenn wir einen Kollegen oder einen angehenden Kollegen in Analyse nehmen, der diese Regeln, denen wir zu folgen gelernt haben, ebenfalls kennt und diese auf sich anwendet. Spätestens hier wird dann auch offenkundig, dass Einsicht allein das Spiel nicht voranbringt. Das Glück der Übertragung liegt aber – wenn man so will – darin, dass sie sich im Moment ihrer Aktualisierung nicht intellektuell eindämmen oder fassen lässt. Wer überträgt, der fühlt entsprechend. Auch dies lässt sich am Begriff des Spiels veranschaulichen:

Spiele haben unter anderem die Funktion, bestimmte Gefühlszustände in den Spielern zu generieren. Wenn Kinder »Mutter, Vater, Kind« spielen oder »Räuber und Gendarm« dann wissen sie selbstverständlich, dass sie nicht Vater oder Mutter oder Räuber sind oder vor diesem »Vater«, dieser »Mutter« oder diesem »Räuber« Angst haben *müssten*. Allein, ein Angstäquivalent kommt auf, im Gegensatz zur Realität aber mit dem Stückchen »thrill« (Balint), das wir uns erlauben können, wenn wir uns letztlich doch sicher fühlen. Kommt es zu keiner bestimmten Form von Erregung oder kommt es zu einer Übererregung, also bekommt das Kind zuviel Angst vor dem »Räuber«, dann bricht das Spiel zusammen.

Die Psychoanalytikerin muss den Regeln folgen ...

Der Analysand darf also die Regeln vernachlässigen. Wir sind darauf eingestellt, warten fast darauf. Aber unsere Aufgabe ist es, weiter »im Spiel« zu bleiben: »Wir machen Analyse«, auch wenn es mitunter schwerfällt.

Einer meiner Analysanden, ein intellektuell sehr begabter Mann, stand am Ende der Stunde von der Couch auf, trat hinter mich an meinen Stuhl, vor mein Bücherregal. Er setzte seine Brille auf und begann, hinter mir stehend, einige der Bücher zu betrachten, die ich dort stehen habe. »Aha«, sagte er, einen der Titel auf dem Buchrücken zitierend. Dann nahm er seine Brille ab und verabschiedete sich.

Dies ist eine Geste, die man bei guten Freunden oder Bekannten macht. Wenn man sich länger kennt, dann stellt man sich gelegentlich auch einmal vor das Bücherregal der Freundin und schaut sich die Sammlung an. Von »Oh, diese Ausgabe hast du!« zu »Ach nee, den hast du auch gelesen!« zu »Oh Gott ja, den hab' ich bei mir auch noch stehen!« ist alles möglich und zeugt von einer gewissen Nähe. Das Bücherregal ist für Menschen, die gerne lesen, durchaus ein Ort von Intimität, verrät es doch auch etwas über seinen Besitzer. Eine solche Beziehung hatte ich nicht zu diesem Analysanden, aber er tat so, als ob, als sei er ein befreundeter Besucher, der sich mal ein bisschen umsieht. Das Aufstehen von der Couch sollte gleichbedeutend sein mit: »Jetzt ist die Analyse aus, jetzt treffen wir uns privat.« Ginge ich bei ihm darauf ein, was ich ja bei einer Freundin täte, dann wäre das Sprachspiel *Analyse* zerbrochen.

Es gehört aber auch nicht zu diesem Spiel zu sagen: »So Herr X, hier ist Analyse, da haben Sie nichts an meinem Bücherregal verloren!« (wie man das vielleicht bei einem grenzüberschreitenden Besucher zu Hause täte), noch sagt man: »So Herr X. Das war's jetzt! Wir haben hier eine Analyse verabredet und Sie halten sich nicht an die Regeln. Damit ist die Sache ab heute beendet.« Nichts dergleichen, sondern wir deuten. Und dass wir das eine nicht, wohl aber das andere tun, gehört zu den Regeln, die wir zu befolgen haben, zumindest nach innen, und wenn der Zeitpunkt gekommen ist, auch nach außen. Es ist unsere Aufgabe – komme, was da wolle – an dem vereinbarten Sprachspiel festzuhalten, seinen Regeln zu folgen.

Das ist keine einfache Sache. Denn anders als mancher Patient vermutet[17], ist es natürlich nicht so, dass es etwa ein Kompendium für Analytikerinnen gäbe, an das wir uns zu halten hätten und das für diese und jene Situation eine Regel vorsieht.

---

17 Einer meiner Patienten formulierte diese Vermutung einmal ganz explizit: dass es ein Lehrbuch gäbe, worin ich nachschlagen könne: Wenn der Patient das und das sagt, dann antwortet man als Analytikerin das und das ...

Ein Spiel wird zwar durch Regeln erst möglich und dennoch bestimmen die Regeln nur einen Teil des potentiellen Tuns, vieles bleibt offen, in allen Spielen.

»Aber wie schaut denn ein Spiel aus, das überall von Regeln begrenzt ist? Dessen Regeln keinen Zweifel eindringen lassen; ihm alle Löcher verstopfen [...]« (Wittgenstein, PU §84).

Ein solches Spiel – bei dem »alle Löcher verstopft« sind – gibt es nicht, weil es dann eben kein Spiel mehr wäre. Und so wollte Freud seine Ratschläge auch verstanden wissen, als Regeln, die »keine unbedingte Verbindlichkeit« beanspruchen, denn:

»Die außerordentliche Verschiedenheit der in Betracht kommenden psychischen Konstellationen, die Plastizität aller seelischen Vorgänge und der Reichtum der determinierenden Faktoren widersetzen sich auch einer Mechanisierung der Technik und gestatten es, daß ein sonst berechtigtes Vorgehen gelegentlich wirkungslos bleibt und ein für gewöhnlich fehlerhaftes einmal zum Ziele führt« (Freud 1913c, S. 454/455).

Auch an dieser Stelle wird einmal mehr deutlich, warum Freud das Psycho-analysieren neben dem Regieren und dem Erziehen als eine eigentlich un-mögliche Aufgabe angesehen hat. Das Unmögliche daran ist der Anspruch, es immer »richtig« zu machen. Es gehört zu den schwierigsten Aufgaben, zu erkennen, wann ein »sonst berechtigtes Vorgehen wirkungslos« bleibt, und sich dann zu getrauen, ein womöglich »gewöhnlich fehlerhaftes« einzusetzen.

Was hilft uns dabei, einen solchen Moment zu erkennen? Was hilft uns, einem solchen Erkennen auch zu trauen und praktische Konsequenzen, wie zum Beispiel das Ändern einer Regel, daraus zu ziehen? Ist es Intuition? Den Gebrauch des Wortes »Intuition« hält Wittgenstein an dieser Stelle für eine »unnötige Ausrede« (Wittgenstein, PU §213), denn wenn die Intuition »eine innere Stimme ist, – wie weiß ich, *wie* ich ihr folgen soll? Und wie weiß ich, daß sie mich nicht irreleitet« Denn, kann sie mich richtig leiten, dann kann sie mich auch irreleiten« (ebd.).

Der Gebrauch des Wortes Intuition an dieser Stelle verschiebt das Problem lediglich. Nach wie vor bleibt die Frage offen, wen oder was ich innerlich heranziehen kann, um Sicherheit darüber zu gewinnen, welcher Regel ich in einem konkreten Fall zu folgen habe oder auch nicht, und – im positiven Falle – *wie* ich ihr zu folgen habe.

... aber woher weiß sie, welchen Regeln sie zu folgen hat und wie das geht?

Tatsächlich gibt es seit dem Versuch Freuds, einige der wichtigsten technischen Spielregeln in Form seiner Ratschläge festzuhalten, genau genommen keine neuerlich aufgestellte Regelsammlung und doch wissen wir – wenn auch mit unterschiedlichen und individuellen Ausprägungen und Auslegungen – was zu tun ist, wenn wir einen Patienten in Analyse haben.

Woher aber wissen wir das? Wer oder was sagt uns, was wir in dieser und jener Situation innerhalb der Analyse als Analytikerin zu tun und zu lassen haben? Es ist jedenfalls nicht Freud, der es uns sagt. Auch er verstand seine Regeln nicht als starre Handlungsanweisungen, sondern als Rahmen, der das Spiel ermöglicht und Raum bietet, einen kreativen Prozess entstehen zu lassen. Regeln sind keine Befehle und deshalb auch nicht mit diesen zu verwechseln.

»Anders als Befehle oder Aufforderungen sind Regeln wesentlich allgemein, insofern sie eine oft unbegrenzte Mannigfaltigkeit von Gelegenheiten bestimmen«, so der englische Philosoph und Wittgenstein-Interpret Hans-Johann Glock (Glock 2000, S. 294).

Die Regeln lassen erst diese Mannigfaltigkeit entstehen, natürlich, denn ohne die jeweiligen Regeln käme ja das jeweilige Spiel nicht zustande. Dass es sich hier nicht nur um ein theoretisches Problem handelt, lässt sich anhand eines einfachen Beispiels verdeutlichen:

Nehmen wir den Fall, dass ein Patient ohne Ankündigung nicht zur festgesetzten Stunde erscheint. Wir warten fünf Minuten, vielleicht kommt noch ein Anruf. Kommt aber nicht. Wir warten zehn Minuten und denken vermutlich in dieser Zeit darüber nach, was wohl der Grund für das aktuelle Nichterscheinen unseres Patienten sein könnte. Je nach der uns bekannten Struktur und Biografie des Patienten, je nach Behandlungsverlauf werden wir unterschiedliche Theorien darüber entwickeln, welchen Grund sein Fernbleiben haben und was dieses bedeuten könnte. Aber was tun wir? Welche Alternativen gibt es? Gibt es überhaupt Alternativen oder gibt es eine Regel, die besagt: Wenn der Patient nicht kommt, dann tun wir nichts, sondern warten ab? Für diejenigen, die von einer solchen Regel ausgehen, ergeben sich keine weiteren Handlungsalternativen.

Für die anderen bleiben vermutlich zahlreiche, wenn nicht unendliche Alternativen übrig: Den Patienten anrufen. Aber wann? Nach fünf Minuten, nach zehn Minuten (»Frau X, wir haben einen Termin und ich wollte mich nach Ihnen erkundigen!«), nach der Hälfte der Stunde, so, dass er – hätte er die Stunde vergessen, noch Gelegenheit hätte zu kommen. Oder ruft man am Ende der Stunde an (»Herr X, wir hätten heute einen Termin gehabt, ich habe auf Sie gewartet. Wo waren Sie?«)?

Und wenn man anruft, was sagt man dann? »Frau X, ich warte …«, »Frau X, wo bleiben Sie?«, »Frau X, ich mache mir Sorgen, weil Sie heute nicht zu unserer Stunde erschienen sind?«, »Frau X, ist etwas passiert?«, »Frau X., Sie hatten um 16.00 Uhr einen Termin bei mir!« usf. Natürlich wird die Auswahl, die wir treffen, davon abhängen, welcher Regel wir folgen. Die wenigsten von uns werden etwas tun, ohne dies in irgendeinem verinnerlichten und gedanklichen Grund zu verankern, d. h. jede Kollegin, jeder Kollege wird in der jeweiligen Situation die Auswahl treffen, die für ihn und seinen Patienten am passendsten, für den Prozess am förderlichsten und in der gegebenen Situation am angemessensten zu sein scheint. Da es sich hier um ein Beispiel handelt, das jeder schon einmal in seiner Praxis erlebt haben dürfte, gäbe es, wenn wir nun eine Umfrage starteten, wer in einer solchen Situation wie gehandelt habe, entsprechend viele unterschiedliche Berichte. Das ist die Praxis.

Das Spiel in der ersten Minute verloren

Das Besondere ist nun, dass wir in kollegialen Diskussionen mitunter in ein Fahrwasser geraten, in dem suggeriert werden kann, es gäbe aber doch eine allgemeingültige Regel.

Auch dazu ein Beispiel:

Während einer Fallkonferenz berichtete ich von einer Patientin, die mich kurz vor meinen Ferien anrief. Sie sei in einer schweren Lebenskrise und würde gern ein Erstgespräch vereinbaren. Die Stimme der Frau wirkte sicher und fest, das Auftreten insgesamt sehr gesammelt. Ich sah in meinen Kalender, konnte in den zwei Tagen vor den Ferien keine Stunde mehr finden und sagte, dass ich in den nächsten beiden Tagen keinen Termin mehr frei hätte, ich ihr aber nach meinen Ferien, also in zwei Wochen, einen Termin anbieten könne. Die Patientin willigte ein, schien insgesamt ganz zufrieden und dankbar für den Termin. Nachdem ich aufgelegt hatte, ging mir das Telefongespräch nach. Irgendetwas war daran gewesen, das mir Sorgen machte, mich zweifeln ließ, ob die Patientin wirklich zwei Wochen warten könne. Ich war unsicher geworden, ob es ihr nicht viel schlechter ging, als sie selber am Telefon zu sagen vermochte. Ich sah noch einmal in den Kalender, in dem ich eine Stunde frei hatte, die ich für andere Arbeiten eingeplant hatte, und überlegte, sie noch einmal zurückzurufen und ihr diese Stunde anzubieten. Natürlich überlegte ich auch, was das bedeuten könnte und welche Bedeutungsspuren dieses – im Falle einer späteren Therapie – hinterlassen könnte. Ich hatte mich regelgerecht verhalten. Es gab eine Anfrage und ich hatte kurzfristig keinen freien Termin, wohl aber längerfristig. Die Patientin ließ am Telefon nicht erkennen, dass sie nicht noch zwei Wochen warten könne und natürlich hätte sie ja überdies die Möglichkeit, sich auch noch bei einer anderen Therapeutin zu erkundigen. Dennoch entschied ich mich dafür, sie zurückzurufen. Sie war sehr erfreut und nahm den früheren Termin gerne an. Sie begann später eine Analyse und kam von selber öfter auf diesen Rückruf zu sprechen, der vielerlei Bedeutung für sie gewonnen hatte.

Nachdem ich diese Szene und den weiteren Behandlungsverlauf vorgestellt hatte, äußerte sich ein Kollege folgendermaßen, allerdings nicht während der gemeinsamen Diskussion, sondern in der »Kleingruppe« während der Pause: Die Analytikerin hätte der Patientin bereits in den ersten Minuten deutlich gemacht, dass sie unzuverlässig, dass von dem Wort der Analytikerin nichts zu halten und ihr damit nicht zu trauen sei. Ich sei ihr bereits in diesen ersten Minuten »auf den Leim« gegangen, »am Haken gewesen« und hätte damit einem ungünstigen Verlauf des Prozesses Tür und Tor geöffnet.

Nun, es ist – zum Glück – ganz anders gekommen, als von dem Kollegen prophezeit. Aber dennoch scheint mir dieses Beispiel für unsere Profession, unsere professionelle Diskussion dieses Themas erstens nicht untypisch und zweitens von einiger Bedeutung.

Das Statement des Kollegen ist getragen von dessen inneren Regeln, entsprechend betrachtet er mein Vorgehen als nicht regelkonform. Natürlich könnte es genau so sein, wie er vermutet: Es hätte in der Tat so sein können, dass die zentrale Beziehungsbotschaft, die bei der Patientin ankam (die zu diesem Zeitpunkt noch keine Analysandin war! Das Sprachspiel hatte noch nicht begonnen, eine Analyse war noch nicht vereinbart worden) genau diese war: »Auf diese Analytikerin ist kein Verlass. Erst sagt sie Nein, dann sagt sie Ja, was denn nun? Wenn das immer so geht? Man kann ihr nicht wirklich trauen. Ein Nein kann ein Ja werden und ein Ja kann ein Nein werden.«

Aber natürlich sind auch andere Varianten im Erleben der Patientin denkbar. In der Tat scheint der Rückruf eher ihr Vertrauen bestärkt zu haben. Ich hatte etwas spüren können, leider auch nur mit Verzögerung, vielleicht war ich unter dem Druck der bevorstehenden Ferien und der noch zu erledigenden Arbeit zunächst nicht mehr genügend empfänglich gewesen. Aber wenigstens noch im Nachhinein hatte mich etwas erreicht, das sie mir nicht zu sagen vermochte, nämlich dass ihre innere Not sehr groß war. Und diese innere Not hatte mich offenbar bewogen, von meinem ursprünglichen Plan – in der fraglichen Stunde etwas anderes zu machen – abzuweichen. Ein solches Verhalten der Analytikerin wird natürlich auch aufseiten der Patientin interpretiert, gedeutet.

»Make up the rules, as we go along?«

Entscheidend an dieser Stelle ist, dass weder der Kollege noch ich im Vorhinein wissen konnten, wie *mein* Vorgehen bei *dieser* Patientin ankäme. Es gibt keine Regel dafür, so wenig, wie es im Fußball Regeln dafür gibt, wie man zu einem Torerfolg gelangt. Nicht einmal ein Elfmeter ist ein Garant für ein Tor. Ein Spiel enthält als wesentliches Kriterium freies Handeln.

> »Es [das Spiel] ist nicht überall von Regeln begrenzt; aber es gibt ja auch keine Regel dafür z. B., wie hoch man im Tennis den Ball werfen darf, oder wie stark, aber Tennis ist doch ein Spiel und es hat auch Regeln« (Wittgenstein, PU §68).

Es gibt keine Regeln dafür, wann, mit welchen Worten, in welcher Intonation usf. wir eine Deutung zu geben hätten. Gelegentlich kann man lesen, es käme auf den »Takt« an, man habe die Deutungen »taktvoll« zu formulieren. Aber auch da tut sich dieselbe Schwierigkeit auf: Es kann sein, dass wir eine Deutung aus unserer bewussten Sicht taktvoll formuliert haben und sie für den Analysanden dennoch verletzend ist. Entweder, weil unser Unbewusstes weniger taktvoll formuliert hat[18], als wir glauben möchten, oder weil der Analysand an dieser Stelle leicht verletzbar ist oder weil wir etwas aussprechen, das – so taktvoll wir es auch tun – eigentlich immer ein bisschen verletzend ist.

Die Regeln ebnen den Boden, schaffen den Raum, innerhalb dessen im Falle der Psychoanalyse die beiden Akteure ihr jeweiliges Sprachspiel generieren. Eine Regel lässt einerseits vieles offen, andererseits erscheinen uns viele der offenen Möglichkeiten absurd oder nicht durchführbar, wenn wir auf sie hingewiesen würden, denn wir haben die Regel ursprünglich durch das Erlernen einer bestimmten Praxis gelernt (vgl. auch Schulte 2001, S. 158).

---

18 Man sehe mir bitte meine Subjektivierung des Unbewussten nach. Natürlich »formuliert« nicht unser Unbewusstes allein, als eine von uns getrennte Persönlichkeit. Aber mit dieser Formulierung wird Freuds Aspekt des »nicht Herr (oder Frau) im eigenen Haus« zu sein, so schön deutlich.

Es gibt keine irgendwo fixierte Regel, die besagt, dass man als Analytikerin niemals seine Meinung ändern oder eine Patientin zurückrufen dürfe. Das Prozesshafte an einem Spiel sieht vor, dass sich Veränderungen ergeben, ja sogar, dass Regeln innerhalb des Spiels verändert werden können.

>»Und gibt es nicht auch den Fall, wo wir spielen und – ›make up the rules as we go along‹? Ja, auch den, in welchem wir sie abändern – as we go along« (Wittgenstein, PU §83).

Ein solches Abändern von Regeln kann mehr oder weniger spektakulär ausfallen. Spektakuläre Änderungen werfen die Frage auf, ob dadurch der Grundcharakter des Spiels, sein Wesen, seine Essenz so verändert werden, dass es als dieses spezifische Spiel endet. Die Einführung der Abseitsregel beispielsweise hat das Fußballspiel verändert, dennoch hat es seinen Charakter behalten. Würde man eine neue Regel einführen, nach der ein Spieler den Ball unter bestimmten Umständen auch mit der Hand spielen dürfte, entstünde eine Diskussion genau darüber, ob damit nicht der Charakter des (ursprünglichen) Spiels zerstört würde. Regeländerungen innerhalb eines Spieles sollen meistens der Intensivierung des Spielprozesses dienen. Der Mensch geht gerne den Weg des geringsten Widerstandes, im Fußballspiel und auch in der Psychoanalyse. Entsprechend sollen solche Regeländerungen »Schlupflöcher«, die den Prozess vereinfachen, stopfen.

Freud selbst hat viele seiner eigenen Regeln während eines analytischen Prozesses, während des »going along« mit seinen Patienten, verändert. Wir werden im Kapitel über Freuds Praxis darauf zurückkommen.

Die Aneignung von Regeln ...

Dennoch: Es gibt verinnerlichte Regeln und unterschiedliche, häufig auch schulenspezifische Gepflogenheiten. Die gemeinsame Regel besteht darin, bei allem, was man tut, gewahr zu sein, dass es unterschiedlichste unbewusste Bedeutungen annehmen und haben kann. Es gibt also keine Regel, die mir anzeigt, was ich in jener bestimmten Situation zu tun gehabt hätte; trotzdem war mein Vorgehen nicht beliebig und ich bin dabei einer oder mehreren Regeln gefolgt.

Nur, woher kommen diese Regeln? Wie komme ich zu meinem, wie kommt eine andere Kollegin in einer vielleicht ganz ähnlichen Situation zu ihrem Vorgehen?

Immer wieder wird von manchen Kritikern ins Feld geführt, dass Psychoanalyse dann vielleicht doch etwas Beliebiges habe, und so sehen sich die Psychoanalytiker bisweilen in eine Art Erklärungsnotstand versetzt, innerhalb dessen sie bemüht sind deutlich zu machen, dass sie durchaus gewissen Regeln folgen. Nur, kaum ist eine genannt, sagt ein anderer, dass er es aber ganz anders mache und sich dabei durchaus auch als Psychoanalytiker sehe.

Also zurück zu zwei uns hier interessierenden Hauptfragen:

1. Woher wissen wir, was in einer bestimmten Situation jeweils »zu tun« (zu sagen, nicht zu sagen, zu handeln, nicht zu handeln usf.) ist? Woher wissen wir, wie wir einer Regel zu folgen haben?

2. Gibt es für uns alle gemeinsame Regeln? Und wenn ja, welches sind gewissermaßen die psychoanalytischen Grundregeln, deren Nichtbefolgen zwar ein anderes Sprachspiel kreieren könnte, aber jenes der Psychoanalyse zusammenbrechen ließe?

Zunächst zu der ersten Frage: Woher wissen wir, was in einer psychoanalytischen Situation zu tun ist, wie eine Regel dort, z. B. die Abstinenzregel, anzuwenden ist?

Freud formuliert die Frage so:

»Wo und wie soll aber der Ärmste [gemeint ist der zukünftige Analytiker, D. P.] sich jene ideale Eignung erwerben, die er in seinem Beruf brauchen wird? Die Antwort wird lauten: in der Eigenanalyse, mit der seine Vorbereitung für seine zukünftige Tätigkeit beginnt« (Freud 1937c, S. 94).

Bei Wittgenstein lautet diese Frage so:

»›Aber wie kann mich eine Regel lehren, was ich an dieser Stelle zu tun habe? Was immer ich tue, ist doch durch irgendeine Deutung mit der Regel zu vereinbaren.‹ – Nein, so sollte es nicht heißen. Sondern so: Jede Deutung hängt, mitsamt dem Gedeuteten in der Luft; sie kann ihm nicht als Stütze dienen. Die Deutungen allein bestimmen die Bedeutung nicht« (Wittgenstein, PU §198).

Weder kann man sich also aus der Affäre ziehen, indem man mittels einer irgendwie gearteten Deutung sein Handeln einer Regel »anpasst«, was der Willkür Tür und Tor öffnen würde, noch genießt die Deutung allein eine Art »Hoheitsrecht«, sondern – für sich allein genommen – hängt sie, zusammen mit dem Gedeuteten zunächst »in der Luft«. Wie gelangt das Ganze aber auf den Boden? – und worin besteht dieser Boden? Nun, der Boden – und das wird im Weiteren zu zeigen sein – besteht in der *Praxis*, genauer, in der *sozialen Praxis!*

... beginnt mit »Abrichtung«

Wittgenstein hat sich mit dieser Problematik eingehend befasst. Eines seiner bekannten Beispiele geht der Frage nach, woher wir denn wissen, *wie* wir einem Wegweiser zu folgen haben.

> »Eine Regel steht da wie ein Wegweiser. – Läßt er keinen Zweifel offen über den Weg, den ich zu gehen habe? Zeigt er, in welche Richtung ich gehen soll, wenn ich an ihm vorbei bin; ob der Straße nach, oder dem Feldweg, oder querfeldein? Aber wo steht, in welchem Sinne ich ihm zu folgen habe; ob in der Richtung der Hand, oder (z. B.) in der entgegengesetzten? [...]« (Wittgenstein, PU §85)

Um zu wissen, *wie* wir den Wegweiser zu verstehen und anzuwenden haben, müssen wir also bereits mit der Anwendung von Wegweisern vertraut sein. Wir haben bereits gelernt, dass wir der Seite des Pfeils oder der Hand zu folgen haben, wenn wir das auf dem Wegweiser genannte Ziel verfolgen. Welchen Weg wir aufgrund des Wegweisers wählen, wird zum Beispiel auch davon abhängen, wo der Wegweiser steht. Steht er an einer großen Straße, dann werden wir annehmen, dass er keinen Querfeldeinkurs beschreibt, sondern im Weiteren Straßen zu benutzen sind, um zu dem genannten Ziel zu kommen. Anders verhält es sich, wenn wir mitten in der Wildnis auf einen Wegweiser stoßen. Da mag es so sein, dass wir genau der angezeigten Richtung – eben querfeldein – und nicht einem vorgegebenen Weg zu folgen haben. Nun wiederholt sich die Frage: Woher wissen wir das?

Die Antwort Wittgensteins klingt zunächst etwas martialisch: Wir wissen, wie wir eine Regel anzuwenden haben, wie wir beispielsweise dem Wegweiser zu folgen haben, weil wir diesbezüglich *abgerichtet* worden sind. Dies ist der Anfang. Deshalb spricht auch Freud davon, dass mit der Eigenanalyse die Vorbereitung auf unser psychoanalytisches Tun lediglich *beginnt*.

> »Was hat der Ausdruck der Regel – sagen wir, der Wegweiser – mit meinen Handlungen zu tun? Was für eine Verbindung besteht da? – Nun etwa diese: ich bin zu einem bestimmten Reagieren auf dieses Zeichen abgerichtet worden und so reagiere ich nun« (Wittgenstein, PU §198).

Entsprechend lernt nach Wittgenstein ein Kind die Sprache eben durch Abrichtung und nicht durch Erklären (ebd., §5). Die Abrichtung bildet die Grundlage für spätere Erklärungen. Abrichtung setzt noch kein Verständnis voraus, sondern lediglich ein Reaktionsmuster aufseiten desjenigen, der abgerichtet wird (Glock 2000, S. 99). Die Art und Weise dieser »Abrichtungen«

ist wiederum nicht Ausdruck von Willkür, sondern ergibt sich aufgrund sozialer »Gepflogenheiten«, Bräuche.

> »Einer Regel folgen, das ist analog dem: einem Befehl folgen. Man wird dazu abgerichtet und man reagiert auf ihn in bestimmter Weise« (Wittgenstein, PU §206).

Das lässt ja nun an Deutlichkeit wenig zu wünschen übrig, und unser reflexives Selbstverständnis will sich vielleicht wehren und sich nicht einfach nur als »abgerichtet« sehen. Wittgenstein hätte ja auch etwas zurückhaltender von »erzogen werden« sprechen können, aber er wählt offenbar diese Ausdrucksweise, um auf einen ihm wichtigen Punkt hinzuweisen: Wir lernen die Befolgung von Regeln unter Umständen, *bevor* wir sie verstehen und mitunter ist gar nicht mehr zu verstehen, als dass es eine soziale Praxis gibt, nach welcher einer Regel üblicherweise so zu folgen ist, wie z. B. dem spitzen Ende des Wegweisers. Es gibt keinen darüber hinausgehenden Grund als den der sozialen Praxis, innerhalb derer man sich darauf geeinigt hat (aus welchen empirischen Gründen auch immer), dass Pfeile mit ihrem spitzen Ende in die einzuschlagende Richtung weisen. Die Befolgung der Regel ist also eine *allgemeine Praxis*, die »durch Übereinstimmung, Brauch und Übung zustande kommt« (Grayling 1999, S. 104). Die *allgemeine Praxis* bezieht sich dabei auf die jeweilige Sprachspielgemeinschaft, also in unserem Falle auf die in der psychoanalytischen Gemeinschaft angewandte Praxis.

Dies ist besonders bedeutsam, weil die »Gepflogenheiten« und deren Wurzeln in der jeweiligen Sprachgemeinschaft auf deren Anerkennung und Beglaubigung angewiesen sind. Daraus folgt dann auch, dass einer Regel zu folgen nicht das Gleiche ist, wie zu glauben, man folge einer Regel![19]

Auch wir erlernen unser psychoanalytisches Sprachspiel, die Anwendung der dort geltenden Regeln in der psychoanalytischen Sprachgemeinschaft, indem wir zunächst in unseren Lehranalysen, in den Supervisionen und den kasuistischen Vorstellungen »abgerichtet« werden (Man versuche, die negative, Unmündigkeit vermittelnde Atmosphäre des Begriffes nicht allzu persönlich zu nehmen, sondern als zum Sprachspiel gehörig und als anthropologische Tat-

---

19 »Und darum ist ›der Regel folgen‹ eine Praxis. Und der Regel zu folgen *glauben* ist nicht: der Regel folgen. Und darum kann man nicht der Regel ›privatim‹ folgen, weil sonst der Regel zu folgen glauben dasselbe wäre, wie der Regel folgen« (Wittgenstein, PU §202). Dies ist Wittgensteins Einwand gegen das sogenannte »Privatsprachenargument«.

sache zu behandeln). Wir lernen die psychoanalytischen Gepflogenheiten und Bräuche (auch jene, die allzu gern karikiert werden) durch »Abrichtung«.

Doch unser Wortgebrauch davon ist ein anderer: Wir sagen, dass wir die Methode *verinnerlichen*, uns mit dieser *identifizieren*. Freud spricht davon, dass der Lehranalysand die »behaupteten Vorgänge am eigenen Leib«, bzw. an der eigenen Seele zu erleben habe, um diejenigen »Überzeugungen« zu erwerben, von denen er »später als Analytiker geleitet« werde (Freud 1926e, S. 226).[20]

Wir werden in gewisser Hinsicht zum Regelfolgen in der Psychoanalyse, zur Psychoanalyse »erzogen«, indem wir mit den psychoanalytischen Gepflogenheiten vertraut gemacht werden. Wir tun dasselbe auch mit unseren Patienten, was insbesondere dann aufzufallen beginnt, wenn der Patient offenkundig nicht mit den Gepflogenheiten vertraut ist und wir uns nicht auf *scheinbar* Selbstverständliches verlassen bzw. stützen können. Das uns Selbstverständliche muss erst »installiert« werden.

So schreibt Balint:

> »Dann wagte sich die analytische Methode immer mutiger an das große Problem der Psychosenbehandlung und musste – ungern genug – bekennen, daß diese Patienten in der ersten Zeit der Kur tatsächlich ›zur Analyse erzogen‹ werden müssen (Balint 1997a, S. 237).

Anna Freud spricht in ihren Überlegungen zur Kinderanalyse in diesem Zusammenhang gar von »Dressur« und meint damit die Zeit der Vorbereitung auf die analytische Arbeit (Anna Freud 1992, S. 16). Solche Formulierungen wirken auf den ersten Blick »psychoanalyseunverträglich«. »Erziehung«, riecht das nicht nach Bevormundung, Beeinflussung, Einschränkung?

Ja, aber der Geruch verschwindet nicht, wenn man so tut, als bemerke man ihn nicht. Balint fügt hinzu:

> »Und schließlich sollten wir nicht vergessen, daß die ganze analytische Situation ein Kunstprodukt ist, zu dem unsere Patienten – manche nur nach Überwindung erheblicher Schwierigkeiten – konsequent erzogen werden müssen« (Balint 1997a, S. 237).

---

20 An dieser Stelle möchte ich noch einmal an das Zitat von Hans Sachs erinnern, »daß die Psychoanalyse etwas brauche, was dem Noviziat der Kirche entspräche« (Sachs 1930, S. 53, zit. n. Cremerius 1989, S. 195). Auch wenn wir vielleicht für uns in Anspruch nehmen können, inzwischen weiter zu sein und der Lehranalyse eine andere Bedeutung beizumessen, so sollten doch gerade wir, die wir die Bedeutung der inneren Langlebigkeit der Vergangenheit und des Verdrängten kennen gelernt haben, es für möglich halten, dass derartige Einstellungen aus der Vergangenheit auch heute noch hie und da ihre Wirkung entfalten können.

Auch diese Formulierungen lassen an Deutlichkeit nichts zu wünschen übrig.
»Konsequent erzogen ...«
Wie hat man sich solche »konsequente Erziehung« vorzustellen?
Widerspricht die Vokabel »Erziehung« nicht ohnehin dem aufklärerischen
Freiheitsideal der Psychoanalyse? Nein, kein Gegensatz, so wenig, wie sich
Erziehung und Aufklärung (man erinnere sich: den Mut zu finden, sich des
eigenen Verstandes zu bedienen) widersprechen.[21] So wie das Kind mit seinen
unreifen Seiten auf einen Erwachsenen angewiesen ist, der ihm hilft, »Schritt für
Schritt diejenigen Beschränkungen zu überwinden, die das Kindsein auszeichnen« (Ahrbeck 2004, S. 143), benötigt der Patient mit den (noch) unreifen Teilen
seiner Psyche jemanden, der ihm dabei hilft, diejenigen Beschränkungen zu
überwinden, die neurotische oder frühgestörte Entwicklungen auszeichnen.

Die »Erziehungsprobleme« können ganz unterschiedlicher Natur sein.
Balint beschreibt die Schwierigkeit, pünktlich zur Stunde zu erscheinen und
die noch größere Schwierigkeit am Ende der Stunde auch wirklich wegzugehen
(Balint 1997a, S. 238). Das schreibt sich so hin, aber tatsächlich ist es doch einen
Gedanken wert, wie wir das eigentlich »machen«, zumal in der heutigen Welt,
unseren Patienten beizubringen, dass sie pünktlich kommen und möglichst
ohne größeren Aufenthalt nach der Stunde gehen. »In der heutigen Welt« meint
die Beziehungslosigkeit und Entgrenzung, zum Beispiel durch sogenanntes
»multi-tasking«, bzw. medial vorgegaukelte Allmachtsvorstellungen von der
Form »Jeder/jede kann alles zu jeder Zeit, man muss es nur wollen!« Wir
sind es gewohnt, an den Stellen darauf zu achten, wo das nicht so reibungslos
funktioniert, also Patienten immer wieder zu spät kommen oder nicht gehen
können (wobei ich finde, dass Letzteres erstaunlich selten vorkommt). Die
zum Teil sehr subtilen Methoden, mit denen wir unsere Patienten an einen
bestimmten Rhythmus gewöhnen, sind uns häufig nicht bewusst. Vieles geschieht durch Vor-Leben und Identifikation.

Freud selber verstand Analyse als eine »Nacherziehung«; ich werde im IV.
Kapitel ausführlich darauf zu sprechen kommen.

Mir scheint, es ist tatsächlich so, dass wir unsere Patienten auch erziehen,
d. h. an die Einhaltung gewisser Regeln des »Kunstproduktes Analyse« gewöhnen, also an solche, die nur innerhalb der psychoanalytischen Situation
gültig sind, aber – und mir scheint, in unserer Zeit immer mehr – auch an die
»Gepflogenheiten« sozialen Miteinanders überhaupt. Manche Regeln teilen wir
explizit mit, wie z. B. die sogenannte »Grundregel« oder den Umgang mit dem

---

21 Der Erziehungsgedanke ist gerade ein Kind der Aufklärung (vgl. Rousseau).

Stundenanfang etc. Andere teilen wir implizit, allein durch die Praxis mit, d. h. durch den jeweiligen Umgang miteinander, bei dem die Analytikerin durchaus als Vorbild, als »Modell« dient, an dem gelernt werden kann.

Sie »tut« Vieles, das eine erhebliche prozedurale Wirkung auf ihre Patienten hat: Sie wendet ihre Aufmerksamkeit ganz und gar ihrem Patienten zu, sie hört ihm zu, sie lässt ihn reden, aussprechen, ohne ihn zu unterbrechen, sie begleitet seinen Gedankengang, sie interessiert sich für seine psychische Innenwelt, seine Gefühle, seine Phantasien, sie lässt ihm Zeit, einen Gedanken zu entwickeln, sie verurteilt ihn nicht, sie beschimpft oder bestraft ihn nicht, sie hetzt ihn nicht, sie ist pünktlich und in all den genannten Dingen verlässlich, sie lässt ihre Stimmungen nicht unkontrolliert an ihm aus, sie benutzt oder missbraucht ihn nicht, sie ist höflich, taktvoll, sie denkt über ihn nach, sie denkt über sich nach. Die Liste ließe sich gewiss noch erweitern, es ist die »Positiv-Liste« unseres Tuns und Seins. Wie wirksam diese Dinge in der Praxis sind, wird immer dann besonders deutlich, wenn sie fehlen oder anderweitig gestört sind.[22]

Es geht hier auch um die Aneignung prozeduralen Wissens, ein Begriff, der Wittgenstein noch nicht zur Verfügung stand. Erst 30 Jahre später, 1966, wurde er von Michael Polanyi geprägt, der damit jene Tatsache benennt, »daß wir mehr wissen, als wir zu sagen wissen« (Polanyi 1985, S. 14). Polanyi betrachtet auch die Einfühlung, ein auf Lipps zurückgehender Begriff, und das Verinnerlichen als Erscheinungsformen des impliziten Wissens (ebd., S. 24).

> »Etwas verinnerlichen heißt, sich mit den betreffenden Lehren identifizieren, sie zum proximalen Term eines impliziten Wissens machen, das in praktischen Handlungen folgenreich wird. Dieses Wissen stellt den unausgesprochenen Bezugsrahmen *unserer moralischen Handlungen und Urteile* [kursiv durch D. P.] dar« (ebd.).

Auch wir nehmen unser verinnerlichtes, also therapeutisches implizites Wissen als den – oft unausgesprochenen – Bezugsrahmen unserer therapeutischen Handlungen und solcher, die von der Moral in der Therapie geprägt sind. Er dient uns als ständig präsente innere Orientierung und »hält« lange, er währt und hält uns.

---

22 So kann man zum Beispiel innerhalb einer Klinik sehr gut beobachten, wie es sich auf eine Gruppe auswirkt, wenn es mit den Anfangszeiten von Therapien nicht so genau genommen wird und – aufgrund multipler Verpflichtungen im Stationskontext – die Gruppen- oder Einzeltherapiesitzungen des Öfteren »ein paar Minuten später« beginnen.

Allerdings wird unter Umständen nicht nur Positives und Hilfreiches prozedural erworben. Oder noch komplizierter: Dinge, die uns als hilfreich oder in irgendeiner Form »gut« erscheinen, können von einem anderen Menschen, von unseren Patienten, in ganz anderer – unbewusster Weise – verinnerlicht werden.

Der Psychoanalytiker René Roussillon berichtet in seiner Arbeit *Das psychoanalytische Gespräch: eine Couch in der Latenz* von solchen eindrucksvollen und, wie ich finde, auch erschütternden Beispielen von Verinnerlichung oder Wittgenstein'scher »Abrichtung«:

Roussillon berichtet von Anfragen zur Wiederaufnahme einer Analyse, meist von solchen Menschen, bei denen er selber nicht der erste Analytiker gewesen sei. Manche von diesen hätten schon mehrere Analysen gemacht, einige wenige auch bei ihm. Dabei sei ihm zunächst besonders aufgefallen, dass bei all diesen Anfragen, selbst dann, wenn sie von psychotherapeutischen Kollegen oder Psychoanalytikern kamen, der ausdrückliche Wunsch bestand, dass die Arbeit nicht auf der Couch durchgeführt werde, sondern in sitzender Position (Roussillon 2009, S. 420).

Hier begegnen wir einer ersten fundamentalen kollektiven Verinnerlichung, auf die Roussillon hinweist. Die Couch-Sessel-Anordnung war ursprünglich (oder ist es noch?) untrennbar, unabdingbar mit der Definition dessen verknüpft, was sich »Psychoanalyse« nennen durfte. Wurde eine Therapie in anderer Sitzordnung durchgeführt, handele es sich »nur« um Psychotherapie, »im besten Fall psychoanalytisch orientiert, im schlimmsten in stützender Funktion« (ebd., S. 416). Roussillon unterlässt es nicht, darauf hinzuweisen, dass diese Sitz-Anordnung auch über Indikation und Kontraindikation für eine Psychoanalyse bestimmend war. Wer nicht liegen konnte oder wollte, der konnte eben auch keine Psychoanalyse machen, war für diese nicht geeignet. (Was genau genommen auch der psychoanalytischen Theorie widerspricht. Denn wenn es sich beim Nicht-Liegen-Wollen oder Nicht-Liegen-Können um einen Widerstand handelt, müsste dieser doch selbstverständlich »analysiert« werden, also im Rahmen einer *Psychoanalyse* bearbeitet werden können.) Roussillon sieht, dass neuere Entwicklungen diesbezüglich mehr Raum lassen, sodass es möglich wird, dass »[die] Definition der Psychoanalyse [...] nicht mehr von einer speziellen Anordnung abhängt, sondern deren Wert daran gemessen wird, ob sie eine bestimmte Art von psychischer Arbeit möglich macht« (ebd., S. 417). Damit gelingt es Roussillon, sich auf eine zutiefst prägende Verinnerlichung zu beziehen, ohne diese zwingend wiederholen oder von dieser einfach Abstand nehmen zu müssen. Wie er das tut, ist außerordentlich

interessant. Jeder Psychoanalytiker klassischer Ausbildung hat *seine* Analyse
– zumindest über einen langen Zeitraum – in der Anordnung Couch-Sessel
gemacht. Für jeden von uns ist diese Anordnung mit der psychoanalytischen
Arbeit schlechthin verbunden. Die Couch ist nach wie vor *das* Symbol unserer
Arbeit und als solche für uns immer präsent. Keine psychoanalytische Praxis
ohne eine Couch. Wir haben diese und all die damit verbundenen und erfahrenen Gefühle *verinnerlicht*. Und insofern können wir – das ist ein wirklich
elementarer, weil so logischer Gedanke Roussillons – mit ihr arbeiten, auch
wenn wir nicht *konkret* mit ihr arbeiten: »Und selbst, wenn sie stumm ist, bleibt
sie die Organisatorin« (ebd., S. 419). Das *Symbol* Couch ist für uns tatsächlich
untrennbar mit Psychoanalyse verbunden, ihr *konkreter Gebrauch* muss es
nicht sein, d. h. es kann auch »etwas« Psychoanalyse sein, bei dem niemand auf
der Couch liegt. Sie ist dennoch präsent! Analytiker empfangen ihre Patienten
immer in innerer und äußerer Anwesenheit der Couch.

Beide, Analysand und Analytikerin, beziehen sich, auch wenn der Analysand nicht auf der Couch liegt, auf diese. Die Analytikerin in der Regel (!)
(auf das Gegenbeispiel komme ich gleich zu sprechen) positiv, der Analysand
unter Umständen negativ. Das heißt auch, dass die Couch schon frühzeitig,
unter Umständen schon vor der ersten Stunde, zu einem Übertragungsobjekt
wird, mit dem gearbeitet werden kann, unabhängig davon, ob man auf ihr
liegt oder nicht.

Ich nehme an, die wenigsten von uns legen auf der Couch irgendwelche
Dinge ab, Bücher oder sonst irgendetwas, wenn Sie einen Patienten erwarten,
der nicht im Liegen behandelt wird. In der Regel bleibt sie doch frei, gewissermaßen empfangsbereit. Auch habe ich in meiner Praxis noch nie erlebt,
dass jemand, der von der Couch *keinen* Liege- oder Sitzgebrauch (manchmal
sitzen Patienten auch für eine Weile auf der Couch) macht, etwas Konkretes
auf ihr ablegt. Sie bildet anscheinend einen eigenen Raum, der sichtbar ist,
aber nicht immer betreten wird.

Diese Überlegungen um die »stumme Organisatorin Couch« ermöglichen
es Roussillon offenbar, die Wünsche der Analysanden nach der erneuten Aufnahme einer Analyse im Sitzen zu berücksichtigen. Er nennt das, was sich in
dieser Anordnung in seiner Praxis entwickelt, *psychoanalytische Gespräche*.
Diese wiederum ermöglichen uns einen Einblick in Verinnerlichungsprozesse,
die bemerkenswert sind.

Die Analysanden, die unter den genannten Umständen bei Roussillon
erneut eine Analyse aufnahmen, zeigten sich »meist recht befriedigt« von der
vorangegangenen psychoanalytischen Arbeit, »sie üben wenig Kritik an dieser,

machen allerdings nur spärliche Angaben« (ebd., S. 421): »Die Analysanden haben weder ihrem früheren Analytiker noch der analytischen Situation etwas Spezielles vorzuwerfen, sie haben nur den Eindruck, daß etwas für Sie Wesentliches noch nicht zur Sprache kommen konnte« (ebd.).

In der Regel hört Roussillon als Begründung für die Beendigung der vorhergehenden Analysen, dass sie nicht mehr viel weiter hätten führen können, man das Gefühl hatte, sich irgendwie »im Kreis zu drehen«. Roussillon macht dann die erstaunliche Beobachtung, dass die Analysanden, obwohl mit dem ausdrücklichen Wunsch gekommen, ihrem Analytiker gegenüberzusitzen, ihn also sehen zu können, sprachen und »assoziierten«, *ohne ihn dabei anzusehen,* »*wie abgeschnitten« von seiner Anwesenheit* (ebd.). Sie schienen sich so zu verhalten, als würden sie auf der Couch liegen und den Analytiker nicht sehen! Obwohl die Analysanden nicht viel von ihren früheren Analysen erzählten, waren diese doch präsent, und zwar in ästhetischer, d.h. sinnlicher Weise, durch die Art, wie die Analysanden den Kontakt zu ihrem neuen, ihnen nun gegenübersitzenden Analytiker gestalteten:

> »Sie schienen – jedenfalls auf der manifesten Ebene – weder etwas von mir zu erwarten, noch ihre Rede speziell an mich zu richten. [...] Aber vor allem beeindruckte mich in dem, was man als ihr ›Verhalten‹ in den Sitzungen bezeichnen muß, immer mehr der Umstand, daß es ihnen die meiste Zeit an jeglichem Affekt fehlte und sie dadurch von jeder manifesten ›Adresse‹ abgeschnitten waren. Das gesuchte oder anvisierte Objekt schien sich ihrem Versuch, es einzufangen, zu entziehen. [...] Ich war in ihrem Sprechen abwesend, unpersönlich gemacht – jedenfalls hatte es den Anschein – und dies sogar dann, wenn sie von der Wirkung einer ausgefallenen Sitzung oder irgendeiner Besonderheit der Analyse oder des Analytikers sprachen. Sogar wenn sie sich direkt auf die Analyse oder auf etwas, das mit mir in Verbindung stand, bezogen, fühlte ich mich abwesend oder zumindest abwesend in ihren Worten. [...] Dieses [...] erinnerte mich [...] an einen Prozeß autistischer Art« (ebd., S. 423).

Diese Beschreibung ist schon für sich genommen erschütternd, wenn dieses aber das Ergebnis eines längeren analytischen Prozesses sein sollte, dann ist es das um so mehr, und vor allem ist es eine Beschreibung, die zu gründlichem Nachdenken anregen sollte. Es hat ja den Anschein, als redete Roussillon hier nicht nur von einem oder zwei Fällen, sondern als habe er diese Beobachtung bei mehreren Analysanden gemacht.

Was geht hier vor sich? Wie könnte man diese erschreckende Szenerie verstehen?

Zunächst ergibt sich ein Bild, das ich an anderer Stelle mit dem Begriff des *abstinenten Patienten* versucht habe zu beschreiben (Pflichthofer 2011a): Es sind Patienten, die sich sehr an den Rahmen, die psychoanalytischen Regeln halten. Sie kommen regelmäßig und pünktlich, sie erzählen Träume, assoziieren, gehen ohne Aufenthalt, nehmen Urlaube und andere Unterbrechungen scheinbar gleichmütig hin. Sie scheinen zu »verweigern«, uns in irgendeiner Form psychisch zu besetzen. Man könnte sogar bisweilen das Gefühl bekommen, wir seien ihnen gleichgültig (und dieses Gefühl scheint auch Roussillon zu beschleichen), wären da nicht solche Phänomene, wie erhebliche psychosomatische Reaktionen nach Therapie-Unterbrechungen, Alpträume oder anderes, was allerdings von den Betroffenen zum Teil mit einer erschreckenden Gleichmütigkeit hingenommen zu werden scheint.

Nun beziehen sich meine Beobachtungen allerdings auf Patienten, die das erste Mal in ihrem Leben eine Analyse machen, während die Analysanden Roussillons über erhebliche, jahrelange analytische Vorerfahrungen verfügen, aber klinisch offenbar das gleiche Bild zeigen. Wie kann man das verstehen?

Die Analysanden Roussillons könnten dieses Bild auch schon in ihrer ersten Analyse, also von Beginn an, gezeigt haben. Das hieße dann allerdings, diese Erscheinung wurde entweder nicht bemerkt oder es war bis dahin nicht gelungen, sie zu bearbeiten. Da die Patienten aber offenbar gar nichts darüber sagen, liegt die Vermutung nahe – und so erscheint es auch in den Berichten Roussillons, dass ihnen dieses »Verhalten« nicht bewusst ist, was dann wiederum nahelegt, es sei auch in den vorangegangenen Analysen nicht zur Sprache gekommen. Damit würden wir wieder bei der Hypothese landen, dieses Verhalten, diese besondere Form der »Nicht-Übertragung«, die natürlich dennoch eine Übertragung ist, sei nicht bemerkt worden. Wenn das so wäre, dann stellte sich die Frage, *warum* nicht? Die Antwort darauf wäre: Es ist den jeweiligen Analytikern gar nicht aufgefallen, weil es ihnen »normal« erschien, d. h. den in ihnen verinnerlichten psychoanalytischen Regeln entsprach. Erinnern wir uns an die Worte Wittgensteins: »Man kann es nicht bemerken, – weil man es immer vor Augen hat« (Wittgenstein, PU §129). Auch das, was man immer vor dem inneren Auge hat, kann man irgendwann nur noch schwer bemerken. Es erscheint uns so »normal«. Und »normal« erscheint uns das, was wir verinnerlicht haben, was uns bekannt und vertraut ist.

Meine Hypothese für das »Verhalten« der solchermaßen »abstinenten« Patienten ist, dass es sich um Menschen handelt, die nicht mehr daran zu glauben vermögen, existentielle Beziehungswünsche könnten erfüllt werden, oder die sich einen solchen Glauben nicht mehr leisten können, da sie von zwei Seiten bedroht sind: Sie fürchten, wenn sie sich mit ihren existentiellen Bedürfnissen zeigen, vom Objekt in irgendeiner Weise missbraucht oder aber von den sich einstellenden Affektintensitäten überflutet zu werden. Affektüberflutung ist ein regelhafter Bestandteil eines vorangegangenen Traumas, welcher Art es auch sein mag.

Roussillon kommt offenbar zu einer ganz ähnlichen Hypothese:

> »Die Hypothese, die für mich immer deutlicher zu werden begann, war die, daß ihre Art zu assoziieren komplementär zu einem psychisch abwesenden Objekt zu sein schien und dazu bestimmt war, die enttäuschende Wirkung, welche die psychische Abwesenheit des Objekts hervor gerufen hatte, zu unterdrücken« (Roussillion 2009, S. 423).

Roussillon hält sich im Hinblick darauf, um welches »Objekt« es sich denn handeln könnte, das als abwesend erlebt wurde, etwas bedeckt. Er vermutet lediglich eine »Situation in der Vergangenheit«, »in der es keinen Antwortenden gab« oder »höchstens einen potentiell Antwortenden, der tatsächlich psychisch abwesend war« (ebd., S. 428).

Die Frage, die sich ergibt, ist ja, ob es sich bei jenem abwesenden Objekt um ein sogenanntes primäres Objekt handelt, also um die frühen Bezugspersonen des Analysanden oder um das Analytiker-Objekt. Vermutlich wohl um beide! In der analytischen Beziehung hat sich mutmaßlich eine frühe Beziehungsstruktur wiederholt, an die sich der Analysand längst angepasst und die er verinnerlicht hat. So ist es zu einer Wiederholung gekommen, und zwar deshalb – entsprechend auch die Hypothese Roussillons –, weil der Analysand noch gar nicht in der Lage war, bestimmte archaische Erfahrungen allein innerhalb der Sprache zu transportieren, sondern dabei auf die eigene Gestik und Mimik, auf das »non-verbale Vokabular« angewiesen ist. Die bisherige Sicht, der Wunsch des Analysanden nach dem Gegenüber-Sitzen sei darin begründet, dass er seine Analytikerin, *deren* Gestik und Mimik sehen möchte, wird damit erweitert. Hier geht es um den *non-verbalen Dialog*, in dem auch der Analysand *auf seine eigene Gestik und Mimik angewiesen ist, um sich verständlich zu machen.*

Den früheren Analytikern dieser Patienten ist es offenbar nicht gelungen, diese Notlage zu erkennen, weil das Verhalten der Analysanden zu den psychoanalytischen Regularien »passte«; so sind sie durch dieses Nicht-Erkennen für diese Analysanden zu einem psychisch abwesenden Objekt geworden. Und an dieser Stelle konnte dann ein unheilvoller Prozess einsetzen: Da es sich bei etlichen der von Roussillon beschriebenen Analysanden um Patienten oder um Psychoanalyse-Kollegen gehandelt hat, haben sie die Methode, diese Form der Abstinenz ihrerseits so verinnerlicht, dass sie keinerlei Kritik daran auch nur fühlen, geschweige denn üben konnten. Abstinenz war ihnen zu einer Selbstverständlichkeit geworden.

»Der harte Felsen«

Im Vorigen wurden erste Gründe beleuchtet, warum Debatten um das »richtige« psychoanalytische Vorgehen mitunter einen so intensiven, bisweilen rigiden und einengenden Charakter annehmen: Wir reden über etwas, das wir zutiefst verinnerlicht haben, das wir implizit wissen oder zu wissen meinen. Das heißt, dass wir häufig (noch) keine eindeutigen Worte dafür haben, so wenig, wie wir das Aroma eines Kaffees (das wir empfinden!) allgemeinverständlich beschreiben können. Gleichzeitig ist das, wofür wir keine Worte haben, was wir nur zu leben, d.h. in praktisches Handeln umzusetzen vermögen, so sehr ein Teil von uns, dass wir nicht einfach darauf verzichten können. »Warum handelst du so und so?« kann dann atmosphärisch auf uns wirken, sich *für uns anfühlen*, als bekämen wir Fragen gestellt wie: »Warum hast du blonde Haare? Warum hast du braune Augen? Warum bist du so groß?« Die Antwort kann nur sein: »Habe ich eben. Bin ich eben.« Wittgenstein hat das erkannt und sich getraut zu formulieren:

> »›Wie kann ich einer Regel folgen?‹ – wenn das nicht eine Frage nach den Ursachen ist, so ist es eine nach der Rechtfertigung dafür, daß ich so nach ihr handle.
> Habe ich die Begründungen erschöpft, so bin ich nun auf dem harten Felsen angelangt, und mein Spaten biegt sich zurück. Ich bin geneigt, dann zu sagen: ›So handle ich eben‹« (Wittgenstein, PU §217).

Allerdings: »So handle ich eben« steht *erst am Ende* der Begründungs- und Rechtfertigungskette. Bis dahin sind wir uns (und den anderen) zunächst Rechenschaft schuldig über jene Intentionen, die unser Handeln veranlasst haben, *auch wenn wir sie womöglich erst im Nachhinein wissen und ausdrücken können, weil sie uns zuvor nicht bewusst waren.* Erst dann stoßen wir – irgendwann – auf den »harten Felsen«.

Die Metapher des Felsens kennen wir auch von Freud, der vom »gewachsenen Fels« spricht (Freud 1937c, S.99) und damit »das Biologische« meint, welches »wirklich die Rolle des unterliegenden wachsenden Felsens« (ebd.)

spiele. Für Freud ist das jene Stelle der Unveränderbarkeit *im Patienten,*
z.b. der Peniswunsch oder der männliche Protest. Sei man als Analytiker zu
dieser Stelle vorgedrungen, sei man »rebus bene gestis« (ebd., S. 96) am Ende
seiner (analytischen) Tätigkeit. Wie auch immer man zu Freuds Definition
des gewachsenen Felsens stehen mag, ob man Anhänger seiner vermuteten
biologischen Ursache ist oder nicht, hier geht es um das Strukturelle, um die
Existenz eines solchen Felsens, *nach* »ordentlicher Erledigung der Angelegenheiten«. Auf einen solchen Felsen treffen *beide* Seiten.

»So handle ich eben« bekommt an der Stelle des harten Felsens die Bedeutung von »So bin ich eben«. Es sei noch einmal betont: Erst nachdem man in
einem selbstreflexiven Prozess und mit Unterstützung äußerer Betrachter die
eine oder andere Handlungsmotivation gesucht hat.

Uns ist dieses Problem nur allzu vertraut: Da sagen, tun wir etwas in
einer Behandlung, es scheint uns ganz selbstverständlich, und dann werden
wir – zum Beispiel im Rahmen einer Intervision gefragt: »Ja und warum hast
du das gesagt, gemacht, nicht gesagt etc.?« Und dann geht's los. Wir suchen
nachträglich nach Begründungen für unser Handeln, weil wir womöglich einer
Regel »blind gefolgt« sind.

> »Wenn ich der Regel folge, wähle ich nicht. Ich folge der Regel blind« (Witt-
> genstein, PU §219).

So folgen wir Regeln »blind«, wenn wir implizites Wissen anwenden, auch
implizites Beziehungswissen, das wir uns im Kontakt mit den Analysanden und unseren Kollegen über geraume Zeit hin erworben haben, ohne
dass wir es uns immer oder überhaupt schon explizit verdeutlicht haben.
Einer Regel »blind« zu folgen, bedeutet eben nicht: das eigene Handeln
nicht intendiert zu haben. Das ist die ausgesprochen feinsinnige Unterscheidung, die Wittgenstein eingeführt hat: Ob wir einer Regel folgen oder
ob wir nur in Übereinstimmung mit einer Regel handeln, das ist zu unterscheiden (Glock 2000, S. 295). Jemand kann auf die rote Ampel zufahren und abbremsen, weil er weiß, dass Rot das Signal zum Halten ist. Er
folgt einer Regel intentional, auch dann, wenn er gedanklich gerade ganz
woanders ist, überhaupt nicht über »Lichtzeichenanlagen« und ihre Bedeutung nachdenkt. Jemand kann auch auf die rote Ampel zufahren und
plötzlich bremsen, weil er auf der Karte etwas nachsehen will. Er handelt
in Übereinstimmung mit der Regel: »Bei Rot halten!«, ohne diese Übereinstimmung mit der Regel zu intendieren. Der besondere Witz an der

Wittgenstein'schen Konzeption ist nun, dass die Intentionalität nur virtuell bestehen muss (Glock 2000, S. 295), das bedeutet, derjenige, der einer Regel folgt, muss in diesem Moment nicht an die Regel gedacht haben und sich auf sie bezogen haben, sondern es ist nur erforderlich, dass er in der Lage war, sie heranzuziehen und sein Handeln zu rechtfertigen, und sei es eben nachträglich (ebd.).

Ist nun dies alles nur von akademischem, theoretischem Interesse? Oder hat es eine praktische Relevanz? Eine Relevanz für unsere psychoanalytische Arbeit?

Ich meine, der Aufwand, diese Gedanken zu verstehen, ist gerechtfertigt, weil er uns – insbesondere in der gegenseitigen Verständigung über unsere Arbeit – hilfreich sein kann.

Kehren wir dafür noch einmal zu dem von mir geschilderten Beispiel (S. 77) zurück:

In der Situation habe ich gehandelt und die Patientin zurückgerufen. Zwar habe ich darüber nachgedacht, dass das nicht mein übliches Vorgehen ist und es irgendwie auf die Patientin wirken kann, aber ich habe in diesem Moment nicht explizit »gewusst«, warum ich nun doch einen Termin finden und ihr anbieten wollte. Im Nachhinein habe ich mir die oben geschilderten Gründe formuliert. Die Regel, der ich damit gefolgt bin, lautet dann vielleicht so: »Wenn jemand nicht ausdrücken kann, wie schlecht es ihm geht, dann muss man ihm entgegenkommen.« Oder: »Wenn ich im Nachhinein merke, dass ich mit meinem Handeln nicht einverstanden bin, dann kann ich mein Handeln noch einmal verändern.«

Dabei geht es nun nicht unbedingt um explizit psychoanalytische Regeln, aber doch auch nicht nur um meine Privatmeinungen, sondern um eine soziale Praxis.

Die Interpretation jenes anderen Kollegen aber war, ich hätte gegen die Regel: »Man muss, insbesondere als Analytikerin/Analytiker, glaubhaft bleiben, indem man von dem, was man einmal gesagt hat, nicht mehr abweicht« verstoßen.

Wer hat nun Recht?

> »Einer Regel folgen, das ist analog dem: einen Befehl befolgen. Man wird dazu abgerichtet und man reagiert auf ihn in bestimmter Weise. Aber wie, wenn nun der Eine so, der Andere anders auf Befehl und Abrichtung reagiert? Wer hat dann Recht?« (Wittgenstein, PU §206)
> »Die gemeinsame menschliche Handlungsweise ist das Bezugssystem, mittels welchem wir eine fremde Sprache deuten« (ebd.).

Die Befolgung einer Regel ist nicht allein ein geistiger Akt, sondern ein *Vollzug*, eine soziale Praxis, die typischerweise innerhalb einer Gemeinschaft stattfindet[23], mit der man in Übereinstimmung handelt (Grayling 1999, S. 105).

»Wer sich an dieser Praxis beteiligt, wird danach beurteilt, ob er die Anforderungen der Regeln erfüllt« (Gebauer 2009, S. 142). Wenn wir einen klinischen Fall vorstellen, dann werden wir – ob uns das gefällt oder nicht – implizit auch immer danach beurteilt, ob wir in Übereinstimmung mit den in unsrer (Sprach-)Praxis geltenden Regeln handeln. Diese Beurteilung fällt meistens gar nicht so spektakulär aus, zeigt sich zum Beispiel auch daran, ob wir verstanden werden, was – in der Regel – dann der Fall ist, wenn wir die in diesem Sprachspiel üblichen Begriffe – Übertragung, Gegenübertragung, Konflikt etc. – benutzen. Wir teilen mit den Mitgliedern der Sprachgemeinschaft einen »überkommenen Hintergrund« (Wittgenstein, ÜG §94)[24], den wir aufgrund unserer Sozialisation in dieser Sprachgemeinschaft (zunächst durch »Abrichtung«) erworben haben. Dieser Hintergrund ist unser Fundament; der Boden, auf dem wir tätig sind, enthält die »Überzeugungen«, von denen wir als Analytikerinnen und Analytiker »geleitet werden«.

Was sich hier so martialisch (»Abrichtung«) oder abstrakt-distanziert (»Hintergrund«) anhört, ist Teil unserer Arbeitsfähigkeit und kann bisweilen zu einem Problem werden. Hinter diesen Ausdrücken verbergen sich auch solche Phänomene wie: Loyalität, Identität, Macht, Zugehörigkeit. Zwar teilen wir in einem bestimmten Rahmen einen gemeinsamen Hintergrund, dennoch gibt es auch Unterschiede. Nicht nur, dass wir ohnehin alle mit unterschiedlichen Biografien unseren Beruf ergreifen, wir haben auch ganz

---

23 Es sei hier der Vollständigkeit halber nur kurz darauf hingewiesen, dass die Frage, ob Wittgenstein eine Gemeinschaftsauffassung vertrat, derzufolge »Regelfolgen« *nur* innerhalb einer sozialen Gemeinschaft möglich ist, oder ob das Wesentliche am Regelfolgen nicht die »Vielzahl von Gelegenheiten der Anwendung ist« und nicht etwa »eine Mehrzahl von Sprechern« sei, diskutiert wird (Glock 2000, S. 299/300). Könnte Robinson Crusoe für sich allein Regeln erfinden und ihnen folgen? Die mögliche Antwort: Ja, weil er es schon in England gelernt hatte! Diese Diskussion kann aber hier vernachlässigt werden, weil Psychoanalyse – als Heilverfahren betrieben – die größtmögliche Sicherheit für ihre Patienten anzustreben hat, was anerkanntermaßen in einer wissenschaftlichen Gruppe eher gewährleistet ist (weshalb z. B. in der Medizin ethisch schwierige Entscheidungen nur noch innerhalb einer Kommission getroffen werden).

24 »Aber mein Weltbild habe ich nicht, weil ich mich von seiner Richtigkeit überzeugt habe; auch nicht, weil ich von seiner Richtigkeit überzeugt bin. Sondern es ist der überkommene Hintergrund, auf welchem ich zwischen wahr und falsch unterscheide« (Wittgenstein, ÜG §96).

unterschiedliche lehranalytische, supervisorische, didaktische Erfahrungen gesammelt, wir haben Psychoanalyse vor dem Hintergrund unserer jeweils unterschiedlichen Biografien und in unterschiedlicher Weise gelernt, wir haben uns Regeln angeeignet, d. h. erfahren und sie im Laufe der Zeit unserer Persönlichkeit entsprechend moduliert.

Psychoanalyse lernen

Was bedeutet es, Psychoanalyse zu »lernen«? Dass es da etwas zu lernen gibt, scheint eindeutig, handelt es sich doch bei dem psychoanalytischen Verfahren nicht um einen Alltags-Diskurs, sondern um eine sehr besondere Situation, ein »Kunstprodukt«, wie Balint sagt (Balint 1997a, S. 237).

Lernen besteht eben nicht nur aus »Abrichtung«! Diese stellt vielmehr den unvermeidlichen Anfang dar, eine vorerst nur (prozedurale) Aneignung *ohne* psychische Verinnerlichung. Diese aber muss folgen, soll sich das Subjekt zu einem aufgeklärten Subjekt entwickeln können. Vielerlei Konflikte ergeben sich aus der ungenügenden Berücksichtigung der Notwendigkeit beider Schritte oder gar deren Leugnung. Der Glaube an eine gewissermaßen intrinsische Entwicklung des Subjektes, das sich rein aus sich selbst heraus, ohne äußere Einflussnahme gesund entwickeln könnte, geht in der Praxis ebenso fehl wie die Annahme, dass durch hinreichend starke äußere Einflüsse jegliche innere Entwicklung des Subjekts gelenkt werden könne. In der Entwicklung eines jeden Menschen spielt das Bewältigen der Konflikte, die aus dem Aufeinanderprallen der extrinsischen und intrinsischen Tendenzen entstehen, das Erreichen eines diesbezüglichen Gleichgewichts eine gewichtige Rolle.

Es ist auch das Verdienst Balints, uns die Bedeutung des Begriffes »Lernen« plastisch vor Augen zu führen, indem er auf die zweifache Bedeutung dieses Begriffes hinweist, die zum einen in der »Aufnahme und richtige[n] Registrierung von Sinneseindrücken und intellektuellen Zusammenhängen« besteht (Balint 1997a, S. 236); ich würde das als die *ästhetische* Funktion des Lernprozesses bezeichnen. In diesem Teil des Lernprozesses geht es um die Aneignung dessen, was von außen kommt, von außen auf das Subjekt einwirkt. Der zweite Teil der Bedeutung des Wortes »Lernen« bestehe darin, »eine Fähigkeit zur Entfaltung zu bringen« (ebd.). Balint weist auf die Ursprungsbedeutung des Wortes hin, die in »erfahren« und »wissend machen« liege. Wer Erfahrungen macht, der lernt. Lernen bedeutet immer auch, sich mit dem, was man noch nicht kann, mit der Tatsache selbst (etwas nicht zu können) auseinanderzusetzen. Diese Anstrengung bleibt einem nicht erspart, wenn man etwas hinzugewinnen will. Sie lässt sich in den allerseltensten Fällen umgehen, auch wenn die moderne Medienwelt uns dieses vorzugaukeln versucht. Die gesamte mediale Welt scheint uns weismachen zu wollen, es gäbe so etwas wie einen Lernprozess »to go«. Sie scheint suggerieren zu wollen, Ansehen und Aneignung seien dasselbe. Dem ist aber nicht so. Aneignung, das Aufnehmen äußerer Sinneseindrücke und diese in die eigenen vorhandenen Kapazitäten zu integrieren, um sie als verlässliche Fähigkeit zu erfahren, ist nicht im »to go-Modus« zu haben, sondern stellt die eigentlich anstrengende Klippe dar. Der Lohn dieser Arbeit besteht in der Erstarkung des Ich.

»Lernen« so folgert auch Balint,

> »heißt also nicht nur Befehle introjizieren und als Über-Ich weiterbilden und kräftigen, im Gegenteil: ›Lernen‹ heißt im ursprünglichen Sinne »erfahren werden«, d.h. das Ich bereichern und entwickeln. Also gerade das, was sich seit langem als der eigentliche Zweck der psychoanalytischen Behandlung entpuppt hat. *Die Bewußtmachung des Unbewußten ist eben nur der eine Aspekt der analytischen Kur, der andere Aspekt ist die Stärkung des Ich*« (Balint 1997b, S. 243).

Die Bewusstmachung des Unbewussten steht dabei in den gleichen Diensten, in den Diensten des Ich, mit der Absicht, dieses zu stärken. Denn auch die Bewusstmachung des bis dahin Unbewussten bedeutet eine Aneignung, die Voraussetzung dafür ist, über »etwas« willentlich selber verfügen zu können.

Die Nagelprobe für das, was wir erlernt haben, besteht also immer in dessen praktischer Anwendung. Regeln auswendig zu lernen, ist etwas anderes, als diesen Regeln in der Praxis zu folgen.

Bis hierhin sind Analysanden, die den Beruf des Analytikers anstreben, und solche, die das nicht vorhaben, in einer vergleichbaren Situation. Dann aber trennen sich ihre Wege. Denn während beide zwar »Psychoanalyse« lernen müssen, muss die angehende Psychoanalytikerin auch das »Psychoanalysieren« lernen. Auf die anderen Unterschiede hatte ich in dem Kapitel über die Lehranalyse bereits hingewiesen.

Auch das Lernen des Psychoanalysierens geschieht zunächst durch »Abrichtung«, aber soll es ein kreatives Lernen werden, kann und darf es nicht auf dieser Stufe stehen bleiben.

Es gilt für uns alle, die Regeln, nach denen wir arbeiten, zu verinnerlichen, d.h. sich diese anzueignen, *ohne dabei die reflexive Position gegenüber diesen*

Regeln aus den Augen zu verlieren. Damit befinden wir uns aber in jener unhaltbaren Position des Pianisten, der sich während des prozedural verlaufenden Spielens plötzlich Gedanken macht, welchen Finger er nun wie auf welche Taste setzen soll. Täte er das, käme es vermutlich zum Abbruch des Spiels, weil eine chaotische Situation entstünde. Das bedeutet aber nicht, dass er auf diese Distanzierung verzichten könnte, nur eben mitten in einem Konzert ist sie fehl am Platz. Der Reflexionsprozess muss *vorher* stattfinden. Hat sich ein Pianist erst einmal eine bestimmte Spielweise angeeignet, ist er auf die Beobachtung von außen angewiesen, die ihm aus einer womöglich unproduktiven prozeduralen Schleife herauszuhelfen vermag, indem ihn beispielsweise jemand auf etwas hinweist, das er selber nicht mehr wahrnehmen kann.

Freud weist in der oben genannten Einführung darauf hin, dass die Regeln ihre jeweilige Bedeutung erst generieren müssen, und zwar im Laufe des Prozesses, d. h. *in ihrer praktischen Anwendung.* Damit liegt er ganz auf der Linie Wittgensteins, dem die Überdeterminiertheit von Regeln sehr bewusst ist:

> »[...] so kann man sagen, daß dem, was wir Regel eines Sprachspiels nennen, sehr verschiedene Rollen im Spiel zukommen« (Wittgenstein, PU §53).

Eine Regel kann unterschiedliche Funktionen haben:

> »Die Regel kann ein Behelf des Unterrichts im Spiel sein. Sie wird dem Lernenden mitgeteilt und ihre Anwendung eingeübt. – Oder sie ist ein Werkzeug des Spiels selbst. [...] Man lernt das Spiel, indem man zusieht, wie es andere spielen« (ebd., §54).

Für das Einüben des Sprachspiels »Psychoanalyse« werden uns also Regeln mitgeteilt. Dann erfolgt das Einüben und – wenn möglich – das Zusehen. Auch unsere psychoanalytische Ausbildung baut noch heute auf dieser Form, das Spiel zu erlernen, auf. Regeln lernen in Seminaren, Einüben in den eigenen Behandlungen. Das Zusehen geschieht in der recht unkomfortablen Position der gleichzeitigen Teilnahme und des emotionalen Involviertseins im Rahmen der eigenen Lehranalyse. Wie unsere Lehranalytikerin, unser Lehranalytiker mit uns umgegangen ist, in dieser oder jener Situation gehandelt hat, beeinflusst fortan unser inneres Regelwerk entscheidend und wird mit der Zeit zu unserem impliziten Wissen über die Technik der Psychoanalyse.

Aber zurück zum Einüben: Wir lernen in unserer Ausbildung, Regeln zu folgen, jenen Regeln, die das psychoanalytische Sprachspiel konstituieren und gestalten.

Besonders unsere Lehranalytikerinnen und Lehranalytiker üben einen großen Einfluss auf unser Leben und unser Berufsleben aus, sei es, dass man sich überwiegend positiv, sei es, dass man sich negativ auf sie bezieht. Wie Kinder, die heranwachsen, später selber Eltern werden und vieles so machen wie die eigenen Eltern, oder gerade nicht (»So wie meine Mutter will ich nicht sein!«) und dann mit Erschrecken merken, dass man an dieser und jener Stelle doch so gehandelt hat wie einst die Eltern. So geht es auch den Lehranalysanden auf dem Wege zum selbstständigen Analytikerdasein. Die einmal gewonnenen Überzeugungen lassen sich nicht so einfach abstreifen und Loyalitäten, seien sie nun negativ oder positiv getönt, bilden ein festes Band. Die »Gesetzestreue« gehört zu dem Boden, auf dem wir stehen.

Wenn wir in unseren Lehranalysen Erfahrungen gemacht haben, die unser Leben verändert, die uns geholfen, zutiefst berührt und erfüllt haben, die uns wertvoll sind – wie sollten wir diese in Zukunft vernachlässigen? Warum sollten wir das auch tun? Solche Erfahrungen haben in uns auch die von Freud genannten Überzeugungen und die Dankbarkeit entstehen lassen und womöglich den Wunsch, von diesen Erfahrungen etwas weiterzugeben.

Wenn wir in unserer Lehranalyse Erfahrungen gemacht haben, die uns zutiefst verstört, gequält, verletzt, die tiefe Wunden hinterlassen haben, die nur langsam wieder heilen – wie sollten wir diese in der Zukunft vernachlässigen? Sie lassen womöglich jene negative Loyalität entstehen (»So will ich aber später nicht sein!«) oder sie lassen uns allzu unbefriedigt und hungrig zurück, ohne dass wir es bemerken. Es ist der kindlichen Entwicklung und damit auch der regressiven Entwicklung inhärent, dass Loyalitäten stärker sein können als schlechte Erfahrungen (»So habe ich es erlebt, also muss es doch richtig gewesen sein!«). Das sind jene Verläufe, aufgrund derer man weitergibt, worunter man gelitten hat, weil man es doch für etwas Gutes gehalten hat und noch halten *muss*, sonst drohte ein schmerzlicher Verlust.

Ich glaube, wir täten gut daran, in unseren Diskussionen derlei Loyalitäten stärker zu beachten, auf sie Rücksicht zu nehmen, weil das Unfruchtbare und bisweilen auch Destruktive mancher Auseinandersetzungen darauf zurückzuführen sein könnte, dass sie missionarischen Charakter annehmen: Der Andere soll meine Überzeugungen teilen! Er aber kann das nicht. Wir können uns über die Begründungen und Rechtfertigungen der einzelnen Regeln, denen wir gefolgt sind, austauschen und diese diskutieren, nicht aber so leicht über den »Hintergrund«, unsere tiefen Überzeugungen, den Boden, auf dem wir stehen – schon gar nicht schnell. Eine Diskussion darüber kann sich, wie wir alle wissen – wenn überhaupt –, nur langsam und in der ganzen Freiheit eines selbstreflexiven Prozesses entwickeln. Wenn wir in unseren Diskussionen sicherer werden könnten, dass unsere unterschiedlichen Hintergründe, unsere unterschiedlichen Sozialisationen anerkannt würden, dann fiele es uns eventuell leichter, über diese auch zu sprechen. Die Vorstellungen von Tuckett in Bezug auf Kasuistiken gehen in diese Richtung (vgl. Tuckett 2007). Über den eigenen Hintergrund sprechen zu können, ohne ihn sogleich verteidigen zu müssen, sollte das Ziel sein. Denn eine sofort einzunehmende Verteidigungsstellung hindert uns, Unsicherheiten und Fragen preiszugeben, vielmehr zwingt sie uns in jene unselige Rechtfertigungsposition dessen, der verteidigen muss, was ihn doch selbst verunsichert oder was ihm nicht einmal bewusst ist.

Dabei scheint es mir für die Weiterentwicklung unserer Wissenschaft und unserer Profession unabdingbar zu sein, dass wir einen Rahmen finden, innerhalb dessen es möglich wird, über solch unterschiedliche implizite oder explizite Überzeugungen zu sprechen. Damit ist es gleichbedeutend, über die *reale,* nicht über eine ideale Praxis zu sprechen (Pflichthofer 2011a). Denn »wenn wir das Funktionieren von Regeln verstehen wollen, müssen wir Spiele nicht von den Regel*vorstellungen* her, sondern als eine *strukturierte Handlungspraxis* [kursiv durch D. P.] betrachten, die ihre Regeln im Handeln selbst vorbringt« (Gebauer 2009, S. 135). Auf die Psychoanalyse angewandt: Wenn wir verstehen wollen, was hilfreich ist, dann müssen wir uns mit dem beschäftigen und auseinandersetzen, was wir wirklich in unseren Praxen tun und nicht nur mit dem, was wir glauben dort tun zu müssen oder getan haben wollen.

In der Praxis von Psychoanalytikerinnen und Psychoanalytikern geschieht so einiges. Das Wenigste davon erscheint in der »offiziellen Literatur«: Es kommt vor, dass sie ihren Analysanden etwas schenken, ihnen zur Hochzeit Blumen schicken, ihnen zur Geburt ihres Kindes ein Püppchen schenken, ihnen während der Ferien ein Kissen von der Couch ausleihen, sie im Krankenhaus besuchen, sie zu Hause besuchen, wenn sie im Sterben liegen, sich im Urlaub anrufen lassen, ihnen in der Stunde etwas vorlesen, mit ihnen gemeinsam ein Lied singen, sich Fotos zeigen lassen, zum Geburtstag gratulieren. All dies scheint *auch* zur psychoanalytischen Praxis zu gehören. Und welch ein Reichtum könnte es sein, mehr darüber zu erfahren, wann, warum, bei wem, zu welchem Zeitpunkt, aus welchen Beweggründen all dieses jeweils geschieht und was daraus geworden ist. Nur, wir müssten eben einen Rahmen finden, um uns darüber verständigen zu können.

Gemeinsame Psychoanalyse-Regeln?

Nachdem wir bisher ausführlich der ersten eingangs gestellten Frage, woher wir denn wissen, wie wir einer Regel zu folgen und was wir in einer bestimmten Situation zu tun und zu lassen haben, nachgegangen sind, wollen wir uns nun der zweiten Frage zuwenden:

Wenn – wie eben beschrieben – doch davon auszugehen ist, dass wir jeweils einen unterschiedlichen Hintergrund aufweisen, unterschiedliche Überzeugungen erworben haben, ist zu fragen: Gibt es für uns alle nicht dennoch gemeinsame Regeln? Welche sind das? Welches sind gewissermaßen die psychoanalytischen Grundregeln, deren Nichtbefolgen zwar ein anderes Sprachspiel kreieren könnte, aber jenes der Psychoanalyse zusammenbrechen ließe?

Freud hat sich explizit dazu geäußert, welche Bestandteile existentiell zur Psychoanalyse gehören, was für das psychoanalytische Sprachspiel unabdingbar ist und wer sich – wenn er es befolgt – entsprechend Psychoanalytiker nennen darf und wer nicht:

> »Man darf daher sagen, die psychoanalytische Theorie ist ein Versuch, zwei Erfahrungen verständlich zu machen, die sich in auffälliger und unerwarteter Weise bei dem Versuche ergeben, die Leidensgeschichte eines Neurotikers auf ihre Quellen in seiner Lebensgeschichte zurückzuführen: die Tatsache der Übertragung und die des Widerstandes. *Jede Forschungsrichtung, welche die beiden Tatsachen anerkennt und sie zum Ausgangspunkt ihrer Arbeit nimmt, darf sich Psychoanalyse heißen, auch wenn sie zu anderen Ergebnissen als den meinigen gelangt* [kursiv durch D. P.]. Wer aber andere Seiten des Problems in Angriff nimmt und von diesen beiden Voraussetzungen abweicht, der wird dem Vorwurf der Besitzstörung durch versuchte Mimikry kaum entgehen, wenn er darauf beharrt, sich einen Psychoanalytiker zu nennen« (Freud 1914d, S. 54).

Da liegen die Verhältnisse klar: *Übertragung* und *Widerstand*, darin sah Freud die unverzichtbaren Elemente von Theorie und Technik der Psychoanalyse. Alles andere wäre ein anderes Sprachspiel und möge sich dann bitte nicht Psychoanalyse nennen, weil das einem Etikettenschwindel gleichkäme. Wie schon eingangs erwähnt: Die Aufmerksamkeit auf die Übertragung des Analysanden zu konzentrieren und seine Übertragungsbeziehungen zu deuten, sind zwei für das Sprachspiel Psychoanalyse *spezifische* und *existentielle* Kriterien, existentielle Regeln.

Der »Skandal«, den es beim Sprachspiel *Psychoanalyse* zu verkraften gilt, besteht darin, dass es sich bei Psychoanalytikerin und Analysand, insofern sie Teilnehmer an dem Sprachspiel sind, nicht um *gleichberechtigte* Partner handelt.

Natürlich ist hier zu fragen, was unter »gleichberechtigt« zu verstehen ist, denn auf den ersten Blick scheint der Analysand deutlich mehr Rechte zu genießen als die Analytikerin. So kann er seinen Gefühlen freien Lauf lassen, darf sich gar grob, unhöflich, aggressiv oder in anderer Weise unschön gegen die Psychoanalytikerin benehmen, ohne dass diese es ihm mit gleicher Münze heimzahlen dürfte. Er darf ihr gegenüber seine Liebe äußern, ohne dass sie – wenn sie denn so etwas fühlte – es diesem gleichtun dürfte. Der Analysand »scheint« mehr Rechte zu genießen, aber das ist natürlich immer eine Frage der Perspektive. Auf der anderen Seite könnte man die Sache auch so formulieren: Er *muss* (will er etwas von dem Prozess haben) seine Gefühle äußern, während sie das nicht zu tun braucht.

Also kommt man hier mit »mehr« oder »weniger« Rechten nicht weiter, denn es handelt sich schlicht um »unterschiedliche« Rechte, *und zwar nur innerhalb des Sprachspiels Psychoanalyse.*

Selbstverständlich genießen die beiden Protagonisten außerhalb dieses Prozesses die gleichen Rechte. Dass innerhalb aber *unterschiedliche* Regeln gelten, drücken wir bereits in der physischen Anordnung der beiden Körper deutlich aus – der eine liegt und sieht sie nicht, die andere sitzt und sieht ihn. Auch hier könnte man die gleiche unfruchtbare Frage aufwerfen, ob denn das Liegen eine Pflicht oder ein besonderes Recht ist.[25] Es wird eben von Analysand zu Analysand, von Zeitpunkt zu Zeitpunkt unterschiedlich empfunden und bewertet werden. Tatsache aber ist, dass die Regeln dies vorsehen. In der Tat scheint Freud an der Regel der Couch-Sessel-Anordnung – im Gegensatz zu anderen von ihm benannten Regeln – in besonderer Weise festgehalten zu haben (bis auf die Ausnahmen, wo er Psychoanalysen während eines Spazierganges durchführte, was aber meistens Lehranalysanden betraf und Gustav Mahler …), sodass es so scheint, als sei diese Regel ebenfalls für das psychoanalytische Sprachspiel konstitutiv.

> »Besonders viele Patienten sträuben sich gegen die vorgeschlagene Lagerung, während der Arzt ungesehen hinter ihnen sitzt, und bitten um die Erlaubnis, die Behandlung in anderer Position durchzumachen, zumeist, weil sie den

---

25 Zum Fußballspiel gehört auch der Schiedsrichter und es macht auch hier wenig Sinn, sich zu fragen, ob er nun mehr oder weniger Rechte als die anderen 22 Spieler hat. Er hat andere, die es von allen Beteiligten zu akzeptieren gilt, soll das Spiel stattfinden können.

Anblick des Arztes nicht entbehren wollen. Es wird ihnen regelmäßig verweigert« (Freud 1913c, S. 472/473).

Das »Sich-Sträuben« besonders vieler Patienten dürfte – unter anderem – mit der beträchtlichen Ambivalenz gegenüber der für den Prozess konstitutiven Asymmetrie zu tun haben, aber vielleicht auch mit der Vorahnung der von Roussillon so eindrucksvoll dargestellten Tatsache, dass wir im Liegen gewisser Möglichkeiten des non-verbalen Dialoges verlustig gehen, während andere hinzutreten können. Je nach Vorerfahrungen überwiegt mal die Wunsch- und Sehnsuchtsseite, mal die Seite der Angst. Durch das Couch-Sessel-Setting hält, gewissermaßen performativ, ganzkörperlich die Regel der Asymmetrie Einzug in das Behandlungszimmer, sodass sie sich schwerlich leugnen lässt, auch wenn es versucht wird:

> »Man kann sie [die Patienten] nicht daran hindern, daß sie sich's einrichten, einige Sätze vor Beginn der ›Sitzung‹ zu sprechen oder nach der angekündigten Beendigung derselben, wenn sie sich vom Lager erhoben haben. Sie teilen so die Behandlung in einen offiziellen Abschnitt, während dessen sie sich meist sehr gehemmt benehmen, und in einen gemütlichen, in dem sie wirklich frei sprechen und allerlei mitteilen, was sie selbst nicht zur Behandlung rechnen. Der Arzt lässt sich diese Scheidung nicht lange gefallen, er merkt auf das vor und nach der Sitzung Gesprochene, und indem er es bei nächster Gelegenheit verwertet, reißt er die Scheidewand nieder, die der Patient aufrichten wollte. Dieselbe wird wiederum aus dem Material des Übertragungswiderstandes gezimmert sein« (Freud 1913c, S. 472).

Eine schöne und eindrucksvolle Beschreibung der Ambivalenz. Offenbar möchte man zwischendurch dann doch lieber wieder auf »Augenhöhe« sein und natürlich dürfte es sich hier um das Material des Übertragungswiderstandes handeln. Es ist der – von uns erwartete Versuch – dem Spiel zu entkommen, zum Beispiel dann, wenn die Angst zu groß wird oder andere Gefühle zu intensiv zu werden drohen.

An dieser Stelle wird auch deutlich, wann für Freud »das Spiel beginnt«, nämlich mit der vereinbarten Zeit, egal, wie sich der Patient zu dieser Zeit verhält. Auch hier zeigt sich erneut, dass der Analysand durchaus das Recht hat, die Regeln nicht einzuhalten, der Analytiker aber diese immer im Blick zu behalten und anzuwenden hat. Mit Beginn seiner Stunde kann der Analysand zwar »so tun, als ob jetzt noch nicht Analyse wäre«, aber der Psychoanalytiker hält daran fest, »Jetzt ist Analyse!«, sofern nichts anderes vereinbart wurde. Die Asymmetrie bezieht sich also auf die in dem Sprachspiel geltenden

Regeln! Entsprechend zieht eins das andere nach sich: So gilt die Regel, die Analytikerin stehe dem Analysanden bei der Entwicklung, beim Verstehen, beim Deuten *seiner* Übertragungen zur Seite und nicht (jedenfalls in der Regel nicht …) umgekehrt. Es sind seine Übertragungen, die im Zentrum des gemeinsamen Prozesses stehen.

Es gehört zu den Besonderheiten des Zwei-Personen-Sprachspiels Psychoanalyse, dass es für die Beteiligten *unterschiedliche* Regeln vorsieht. Der Kern der Asymmetrie besteht in den Funktionen der Analytikerin, die von Laplanche so treffend zusammengefasst worden sind:

> »Hier werde ich drei Dimensionen vorschlagen, drei Funktionen des Analytikers und dessen, was er bewirkt: der Analytiker als Garant der Konstanz, der Analytiker als Steuermann der Methode und Begleiter des Primärvorganges; der Analytiker als Hüter des Rätsels und Provokateur der Übertragung. Die beiden ersten Funktionen verhalten sich korrelativ zueinander: Garant der Konstanz und Steuermann der Methode. Ohne sie keine Analyse und, noch genauer, ohne letztere keine Analyse« (Laplanche 1996, S. 191).

Diese Funktionen kommen eben der Analytikerin zu, nicht dem Analysanden, sie trägt für deren Ausüben die Verantwortung.

Die Asymmetrie[26] konstituiert Übertragungsprozesse der besonderen Art, weil sie in Beziehungen per se einen Regressionsreiz darstellt. Das gehört innerhalb einer Psychoanalyse zum Spiel, genauso wie die unbedingte Verlässlichkeit, mit der wir dem Analysanden zusichern, dass mit seiner Regression gut umgegangen wird, also sie zumindest *an keiner Stelle ausgenutzt, gar missbraucht wird.*

Asymmetrie, das Recht zur Übertragung, das Recht zum Widerstand, die Pflicht aufseiten der Analytikerin, diese – wenn möglich – zur Sprache zu bringen, in Sprache zu setzen, d. h. dem Analysanden Worte für das bis dahin Unaussprechbare *anzubieten* (und nicht aufzuzwingen), gehören zu den nicht veränderbaren, weil konstitutiven Grundregeln des Sprachspiels Psychoanalyse.

---

26 Laplanche spricht von »Dissymmetrie« (Laplanche 1996, S. 192).

II. Der »Witz des Spiels«

> »›Was will die Nadel, nach Norden gekehrt?‹
> Sich selbst zu finden, es ist ihr verwehrt.«
> (Goethe, *Sprüche*)

Verfolgen Psychoanalytikerin und Analysand dasselbe Ziel?

Zur Methode gehört für Laplanche das »ana-lysieren« (Laplanche 1996, S. 191), das Auflösen »aller psychischen, ich-haften, ideologischen und symptomatischen Bildungen« (ebd.). Geschieht dies, ist man un-verbunden. Unverbunden, weil man sich von inneren Objekten löst, und un-verbunden, weil notdürftig angelegte und notdürftig lindernde, aber immerhin lindernde und schützende Verbände abgelegt werden.

Weil der Mensch – lässt er sich auf dieses Spiel ein – Gefahr läuft, ganz unverbunden dazustehen, braucht es den notwendigen Gegenpart, das zweite unabdingbar konstitutive Element von Psychoanalyse. Nach Laplanche bietet sich der Psychoanalytiker als Garant der Konstanz an: »*containment* hat man dazu gesagt, Aufrechterhaltung: Konstanz von Anwesenheit, Konstanz einer Fürsorge, biegsame, jedoch aufmerksame Konstanz eines Rahmens« (ebd., S. 191/192).

Dieses sind Funktionen, die vertraut klingen, uns »prozedural« bekannt vorkommen, denn es sind durchaus Elternfunktionen.

Wann immer man von diesen Funktionen innerhalb der Psychoanalyse und Psychotherapie spricht, sieht man sich sehr schnell, man möchte fast sagen merkwürdigerweise, dem Vorwurf ausgesetzt, man wolle »der bessere Vater« oder »die bessere Mutter« für den Patienten sein, sodass man sich beeilt zu sagen, das wolle man natürlich nicht, nur eben den Patienten halten, seine Affekte »containen«. Anwesenheit, Konstanz, Fürsorge, das aufmerksame und biegsame Bereitstellen eines Rahmens sind jedoch allesamt Funktionen, die Eltern, die »gut genug« sind, ihren Kindern bereithalten, und damit erfüllen sie, was *für die psychische Entwicklung, für psychisches Wachstum notwendig gebraucht wird.*

Wie steht nun das Subjekt, wie steht der Mensch – lässt er sich auf das Ana-lysieren ein – dann da? Warum lässt er sich auf so etwas ein? Was ist der Sinn? Der Sinn ist der »Witz« des Spiels, der Grund, warum jemand sich in Psychoanalyse begibt, der Grund, warum wir sie betreiben. Diese Gründe können mitunter sehr unterschiedlicher Natur sein, aber man muss sich über sie verständigen, um wählen, um sich überhaupt entscheiden zu können.

> »Der Witz eines Spiels, das kann sein Zweck, sein Nutzen oder unsere Freude am Spiel sein. Den Witz eines Spiels nennt man, um anzugeben, *warum* es gespielt wird bzw. *warum* man einen bestimmten Zug vornimmt. […] Ob eine Handlung als Zug im Sprachspiel anzusehen ist, hängt davon ab, welchen *Witz* wir dem Sprachspiel – bzw. einer bestimmten Art es zu spielen – zuschreiben« (Schulte 2001, S. 154).

Wer den »Witz« des Sprachspiels *Psychoanalyse* kennt, der weiß, warum er es spielt und welche »Züge« sinnvoll sind und gegebenenfalls zu einem Erfolg führen können.

Dieses Spiel dient nicht dem Zeitvertreib, ist nicht zweckfrei, sondern geprägt von der Intention, sich als Lebensform, d. h. als eine bestimmte Haltung sich selbst und anderen gegenüber zu vermitteln. Der Analysand – so die Hoffnung – möge diese Lebensform verinnerlichen, um sie fortan, auch ohne die konkrete Anwesenheit seiner Analytikerin, anwenden zu können.

Mit dem Eintreten in das Spiel sind Hoffnungen, bestimmte Vorstellungen erreichbarer Ziele verbunden. Warum tritt ein Analysand, warum tritt die Analytikerin in dieses Sprachspiel ein? Welche Ziele verbinden die beiden mit diesem Unternehmen? Teilen sie überhaupt gemeinsame Ziele?

Um das herauszufinden, müssten sie eigentlich darüber sprechen können. Der eine müsste seine Ziele vortragen, die andere, welche Ziele *sie* mit *diesem* Verfahren für möglich hält, danach wären beide miteinander zu vergleichen. Sieht die Praxis so aus?

Aufseiten der Psychoanalytiker scheint es durchaus unterschiedliche Vorstellungen davon zu geben, worin der »Witz« einer Psychoanalyse besteht. Worin liegen ihre möglichen Ziele? Was soll erreicht werden? Darf die Analytikerin überhaupt etwas erreichen wollen?

Was die Ziele der Psychoanalyse angeht, so werden die unterschiedlichsten formuliert und verfolgt. Ich möchte hier nur einige wenige, vielleicht exemplarische, anführen:

Freud sieht bekanntermaßen verschiedene Ziele der psychoanalytischen Therapie vor, wobei besonders interessant erscheint, dass die Ziele für Lehranalyse und therapeutische Analyse unterschiedlicher Art waren und jene der Lehranalyse deutlich niedriger gesteckt waren, die aus »praktischen Gründen« nur »kurz und unvollständig sein« kann (Freud 1937c, S. 94/95).

> »[Ihr] hauptsächlicher Zweck ist, dem Lehrer ein Urteil zu ermöglichen, ob der Kandidat zur weiteren Ausbildung zugelassen werden kann. Ihre Leistung ist erfüllt, wenn sie dem Lehrling die sichere Überzeugung von der Existenz des Unbewussten bringt, ihm die sonst unglaubwürdigen Selbstwahrnehmungen beim Auftauchen des Verdrängten vermittelt und ihm an einer ersten Probe die Technik zeigt, die sich in der analytischen Tätigkeit allein bewährt hat« (ebd.).

Mithin besteht der »Witz« des Sprachspiels Lehranalyse in zweierlei:

Es dient zum einen der Beurteilung und Auswahl potentieller Kandidaten, hat also – im heutigen Jargon ausgedrückt – Casting-Charakter. Zum anderen geht es darum, den potentiellen Kandidaten zum Anhänger der Profession zu machen, ihn von der Existenz des Unbewussten zu *überzeugen* und ihn eben – abzurichten.

Die Ziele der therapeutischen Analyse benennt Freud in vielfältiger, kreativer und möglichst offen gehaltener Weise, als da – unter anderem – sind:

➤ »Bewußtmachung des bisher Unbewußten« (Freud 1896b, S. 381);
➤ »das Ich zu stärken, es vom Überich unabhängiger zu machen, sein Wahrnehmungsfeld zu erweitern und seine Organisation auszubauen, so daß es sich neue Stücke des Es aneignen kann. Wo Es war, soll Ich werden« (Freud 1933a, S. 86);
➤ »die Analyse soll die für die Ich-Funktionen günstigsten psychologischen Bedingungen herstellen, damit wäre ihre Aufgabe erledigt« (1937c, S. 96).

Als gewissermaßen negatives Ziel von Psychoanalyse, also worum es in einer Analyse gerade *nicht* gehen soll, beschreibt er das Folgende:

> »Man wird sich nicht zum Ziel setzen, alle menschlichen Eigenarten zugunsten einer schematischen Normalität abzuschleifen oder gar zu fordern, daß der gründlich Analysierte keine Leidenschaften verspüren und keine inneren Konflikte entwickeln dürfe« (Freud 1937c, S. 96).

Natürlich nicht. Viel eher ist wohl Gegenteiliges erwünscht: Leidenschaften zu erleben und dies überhaupt erst zu können.

Die Liste möglicher Ziele ist, wie gesagt, lang:

Die Triebtheorie verlangt die Aufhebung der symptombildenden Abwehr und die der Fixierung infantiler Triebobjekte, die Ich-Psychologie verlangt die Stärkung des Ichs, beides Ziele, die von Freud bereits genannt wurden.

Die kleinianische Analyse sieht das Ziel überwiegend im Erreichen, mindestens in einem zwischenzeitlichen Zur-Verfügung-Haben der depressiven Position, auch wenn man dieser immer wieder mal verlustig gehen kann. Es gilt, das Überdauern in der paranoid-schizoiden Position zu beenden, indem man sich den depressiven Ängsten stellt, die daraus resultieren, dass man sich durch das Objekt bedroht sieht, da man fürchtet, dieses könne einem dauerhaft und nachhaltig die eigene Aggression gegen eben dieses Objekt übel nehmen. Hier geht es insbesondere um die Reintegration eigener Anteile, derer man sich durch projektive Identifikation entledigt hatte, vornehmlich um aggressive Anteile, die man nunmehr in der Außenwelt erwartet. Letztlich geht es also darum, einen psychischen Zustand zu erreichen, der die Getrenntheit von Selbst und Objekt akzeptieren und wenn möglich sogar produktiv für sich nutzen kann, um eine realistischere Sicht auf sich und die Objekte[27] zu gewinnen.

Die Selbstpsychologie sieht ihr Ziel zunächst darin, die enttäuschten Selbstobjektbedürfnisse soweit es geht zu befriedigen, bis es dem Patienten möglich ist, die Selbstobjektfunktion der Analytikerin allmählich zu verinnerlichen.

Die Objektbeziehungstheorie sieht das Hauptziel in der Veränderung der internalisierten Objektbeziehungen.

Soll es den Patienten besser gehen?

Bei all diesen Zielen kann man natürlich wiederum die Frage anschließen: Und wozu?

Oder anders formuliert: Soll es dem Patienten subjektiv besser gehen, soll er sich besser fühlen oder soll er das werden, was wir als »psychisch gesund« definieren?

Auch hier handelt es sich keineswegs um eine rhetorische oder lediglich theoretische Frage, wie man an dieser und jener Fallkonferenz erkennen kann: Während einer Kasuistik stellte eine Kollegin den Fall eines schwer trau-

---

27 Mir scheint dieses Ziel insoweit etwas eindimensional, als ich glaube, dass zu einer realistischen Sicht auf sich und die Welt auch gehört, die aggressiven Anteile der *Objekte* akzeptieren zu lernen und ebenso auch die womöglich »guten« in sich. Aus meiner Sicht krankt an dieser Stelle die *Theorie*, die auch in sich nicht schlüssig ist. Denn wenn alle Menschen mit dieser Aggression in sich geboren würden, dann müsste sie zwangsläufig auch jeder nicht nur in sich, sondern auch in den äußeren Objekten wiederfinden.

matisierten Mannes vor, dessen traumatische Geschichte dazu geführt hatte, dass er von Schuldgefühlen besetzt ein gewissermaßen »abstinentes« Leben in weitgehender Askese zugebracht hatte. Er gönnte sich so gut wie nichts, war unfähig, sich in Konflikten zu behaupten, was ihn wiederum tief beschämte und seine Selbstverachtung steigerte. Zum Ende der Analyse blühte der Mann in gewisser Weise auf: Er kaufte sich erstmals im Leben eine ordentliche Matratze (obwohl er schon seit Jahren unter schweren Rückenschmerzen litt), er begann erstmals seit Jahrzehnten sich Reisen zu gönnen, er ging zusätzlich zu einer Feldenkrais-Therapie, in welcher er die für ihn bis dahin fast unvorstellbare Erfahrung machte, dass man sich schmerzfrei bewegen kann und darf. Er begann sich um seine Gesundheit zu kümmern, gab sein Geld nicht nur für andere, sondern auch für sich aus, kam an seinem Arbeitsplatz besser zurecht, hatte weniger Angst und Schmerzen. Der Patient war ausgesprochen dankbar für alles, was ihm die Analyse ermöglicht hatte, auch wenn er in den Stunden und auch dazwischen phasenweise sehr litt. Nach Beendigung der Kassenfinanzierung kam der Patient sehr niedrigfrequent weiterhin, lag auch dann auf der Couch. Ihm war es wichtig, die Möglichkeit zu haben, den Prozess noch fortzusetzen, nicht aufhören zu »müssen«, sodass er in der ihm möglichen Weise einige Stunden selber bezahlte. Auch in diesen Stunden war ein analytischer Prozess möglich, der Patient entdeckte noch weitere tiefliegende Konflikte. Trotz dieses Verlaufes, an dem aus der Sicht der behandelnden Kollegin durchaus noch allerlei unbefriedigend war, kam eine der zuhörenden Kolleginnen zu dem Schluss, dass die Analyse gescheitert sei, hauptsächlich, weil ihr das niedrigfrequente Setting und das Noch-nicht-Beenden der Analyse verdächtig und nicht regelkonform erschienen.

Emanuel Berman beschreibt ein ähnliches Beispiel mit umgekehrten Vorzeichen:

> »Vor noch nicht so langer Zeit stellte ein weltbekannter Analytiker in einem analytischen Institut einen Fall vor. Die Darstellung war rhetorisch gekonnt, die Erklärungen von Psychopathologie und Übertragungsmustern faszinierend, die Zuhörerschaft sehr interessiert. Ein Großteil der lebhaft und differenziert geführten Diskussion im Anschluss an den Vortrag drehte sich um konzeptuelle Fragen. Nur ein Teilnehmer stellte, etwas zögerlich, eine einfache Frage: ob sich die Situation des Analysanden verbessert habe. Der Vortragende schien durch die unerwartete Frage etwas in Verlegenheit gebracht und gab eine komplexe Antwort. Dies übersetzten die meisten Zuhörer sich als Indiz dafür, dass es dem Analysanden – nach mehrjähriger Analyse – bisher nicht besser ging. Später tauchte in den informellen Gesprächen der Teilnehmer untereinander eine Beobachtung immer wieder auf: dass das Thema ohne diese eine respektlose

Frage wohl gar nicht zur Sprache gekommen wäre. Ein anderer weltbekannter Analytiker antwortete bei einer Diskussion im Internet zu einem von ihm in einer bedeutenden Zeitschrift erschienenen Artikel, auf ähnliche Infragestellungen: ›Dass Leute sich besser fühlen? Gehört das nicht zu den Dingen, die Pharmafirmen versprechen?‹« (Berman 2011, S. 83)

Geht es jemandem besser, wenn er die depressive Position erreicht hat, oder verfolgen wir damit das Ideal von einem »ordentlichen« Menschen? Geht es ihm besser, wenn Unbewusstes bewusst geworden ist? Woher wollen wir das wissen? Schließlich gab es ja auch einen Grund dafür, dass es bisher, also bis zum Beginn einer Analyse, unbewusst geblieben ist. Geht es ihm besser, wenn sein Ich wieder mehr Entscheidungsfreiheit hat? Es mag ja Menschen geben, die zufriedener leben, wenn man ihnen mehr vorschreibt, was zu tun ist, und sogar Freud selber ging davon aus, dass ein Teil der »Vatersehnsucht«, also die nach dem Lenker und Denker, dem man nur zu folgen braucht, lebenslang bestehen bleibt. Dennoch nehmen wir an und erwarten, der mündige Mensch, jener, der für sich Verantwortung übernehmen kann und die *innere Freiheit hat*, seine Entscheidungen zu treffen, sei auch der glücklichere oder zumindest zufriedenere.

Was könnte als »kleinstes Gemeinsames« »hinter« diesen Zielen stecken?

Joseph und Anne-Marie Sandler fassen das Ziel der Psychoanalyse wie folgt zusammen:

»Der Analytiker will dem Patienten dabei helfen, seine von infantilen Wünschen bestimmten Selbstanteile, die unangenehme Konflikte verursacht haben und im Laufe der Entwicklung bedrohlich geworden sind, schließlich zu akzeptieren. […] Mit anderen Worten: ein wichtiges Ziel der Analyse ist es, dem Patienten zu ermöglichen, sich mit seinen früher inakzeptablen Seiten anzufreunden, mit bisher bedrohlichen Wünschen und Phantasien gut umgehen zu können« (J. Sandler/A.-M. Sandler 1985, S. 801).

Diese Definition hat das Zeug dazu, einen »common ground« zu bilden. Ich vermute, die meisten von uns könnten sich einer solchen Zielformulierung anschließen. Implizit vermittelt diese Formulierung, dass es durchaus darum geht, sich subjektiv wohler fühlen zu können. Die Sandlers gehen davon aus, dass es einem besser geht, wenn die – zum Teil unbewusste – Selbstverachtung nachlässt, d. h. in dem Sprachspiel *Psychoanalyse* geht es auch und durchaus zentral um den *Erwerb von Toleranz,* sich selbst und den anderen gegenüber; letzteres ist ohne ersteres vermutlich nicht wirklich möglich. Hierin liegt auch ein Teil der besonderen Bedeutung der

Psychoanalyse als individuelles und als Gemeinschaftsprojekt und hierin liegt auch ihr (und man erschrecke nun nicht) erzieherischer Aspekt. Es genügt ein kurzer Blick auf die weltpolitische Lage, um sich schnell darüber im Klaren zu sein, dass die Wurzel verschiedener, hartnäckiger, schlimmer und tödlicher Konflikte im Mangel an Toleranz für das Fremde, das Andere, das »Nicht-so-wie-wir« besteht. Ich möchte auch an dieser Stelle deutlich formulieren, dass Toleranz nicht mit Gleichgültigkeit zu verwechseln ist. Gleichgültigkeit ist die Fortsetzung der Verachtung, nur in einem anderen Gewand.

»Spielzüge«

Wesentliche Spielzüge haben im Sprachspiel *Psychoanalyse* die Form von Deutungen. Wie bei Zügen innerhalb anderer Spiele, geht es auch hier darum, den richtigen Zeitpunkt, die richtige Auswahl und die richtige Ausführung des Spielzuges zu finden.

Weil die Sandlers sich »ihr Ziel« formulieren können, also den »Witz des Spiels« für sich verstanden haben, können sie auch die notwendigen »Züge« herausarbeiten:

> »Um das zu erreichen, muß der Analytiker durch seine Deutungen und die Art, wie er sie dem Patienten anbietet, eine Atmosphäre der Toleranz für das Infantile, Perverse, Lächerliche herstellen, eine Atmosphäre, die sich der Patient als Haltung sich selbst gegenüber aneignen, die er mit dem Verstehen, das er zusammen mit dem Analytiker erworben hat, internalisieren kann« (ebd.).

Auch in dieser Formulierung ist implizit Vieles enthalten, zum Beispiel, dass die Achtung, die Toleranz, der Respekt für das andere zunächst *von außen* kommen muss. Man wird damit nicht geboren, so wenig, wie man mit Selbstverachtung geboren wird. Selbstverachtung ist besonders im Leben und in der Therapie von traumatisierten Patienten der *erworbene* »Fels«, an dem sich »der Spaten ein ums andere Mal zurückbiegt«, der aber dennoch in mühevoller Kleinarbeit abzutragen ist, soll sich die Hoffnung vom »besseren Leben« erfüllen. Zudem weisen auch die Sandlers noch einmal darauf hin, dass das *Wie* der Deutungen die Atmosphäre bestimmt. Die Züge im Sprachspiel *Psychoanalyse* bestehen in den Deutungen; wie erfolgreich sie sind, bemisst sich eben – wie bei anderen Spielen auch – nicht danach, ob sie strukturell oder inhaltlich korrekt ausgeführt werden, sondern der Erfolg eines Zuges hängt vom richtigen Zeitpunkt und von der Art und Weise der Ausführung ab. Die »Strategie« bestimmt den Vollzug der Züge. Das heißt aber auch umgekehrt: Wer einen Zug in einem Spiel macht, der verfolgt ein Ziel, sei es ihm auch unbewusst, denn erst wenn man dem Spiel einen »Witz«, ein Ziel zuschreiben kann, kann man überhaupt einen »Zug« machen. Solange man den »Witz« des Spiels nicht verstanden hat, kann man lediglich Bewegungen machen, aber keine »Züge« vornehmen. Selbst wenn jemand zufällig die Dame auf dem Schachbrett »richtig« bewegt, d.h. den Regeln entsprechend, so ist es doch kein »Zug«, sondern lediglich die Bewegung einer Spielfigur, solange er das Ziel des Spieles nicht verstanden hat. Wenn jemand »Arzt« spielt, dann kann er – einen weißen Kittel tragend – anordnen: »Schwester, Labor!« Wenn er keine Ahnung hat, was er mit »Labor« meint und beabsichtigt, ist es kein »Zug« im Arzt-Sprachspiel, sondern lediglich eine (verbale) Bewegung.

»Was ist das Ziel der Psychoanalyse?«, fragt Arnold C. Cooper in seiner Arbeit *Psychoanalytischer Pluralismus. Fortschritt oder Chaos?* und fasst einige mögliche Antworten als sich stellende Fragen zusammen:

> »Sollte der Analytiker überhaupt Ziele haben, beinhalten sie immer eine medizinische Absicht? Wollen wir heilen? Besteht das Ziel der Psychoanalyse in der Entwicklung von Freude und Kreativität oder im Erreichen des normalen Niveaus menschlichen Unglücks? Fördern wir die Selbsterforschung und die Neugierde um ihrer selbst willen? Wahrscheinlich gehen wir davon aus, daß irgendwelche psychischen Veränderungen stattfinden sollten – egal welche? Können wir zwischen analytischen und therapeutischen Zielen unterscheiden? Welche Kriterien haben wir dafür? Inwieweit sind wir durch die bewussten Ziele des Patienten gebunden?« (Cooper 2002, S. 62)
> »Bedeutet die Psychoanalyse die Suche nach der Wahrheit, und wenn das so ist, um welche Art von Wahrheit handelt es sich? Repräsentiert psychische Realität in adäquater Weise die Wahrheit?« (ebd., S. 64)

Zu jeder dieser Fragen könnte man einen eigenen Aufsatz, wenn nicht ein ganzes Buch schreiben und natürlich ließen sich noch viele weitere Fragen anschließen.

> »Manche dieser Fragen mögen vielen trivial erscheinen oder dumm vorkommen, aber irgendwo auf der Welt gibt es durchaus Gruppen von seriösen Psychoanalytikern, für die jede dieser Fragen sehr wichtig, sogar entscheidend ist. Je nachdem, wie man sie beantwortet, kann man so unterschiedliche Varianten der Psychoanalyse konstruieren, daß es schwer fallen würde, sie noch auf einen gemeinsamen Nenner zu bringen« (ebd.).

Nein, ich finde diese Fragen ganz und gar nicht trivial, im Gegenteil. Ich empfinde eher Erleichterung, dass sie einmal so explizit und wertfrei (!) dastehen, als wirkliche Fragen. Und die stellt einer, der sowohl Past Vice-President der IPA als auch Past President der APA und Herausgeber des *International Journal of Psychoanalysis* für Nordamerika ist, langjähriger Professor, Lehr- und Kontrollanalytiker, also jemand, von dem man annehmen kann, dass er allerlei klinische Pluralität kennen gelernt hat. Die meisten von uns würden wohl mehrere der dort genannten Ziele bejahen können, bis eventuell auf diejenigen, die den Anspruch, völlig tendenz- und wunschlos Psychoanalyse zu betreiben, sehr ernst nehmen. Diese dürften – ganz streng genommen – keinerlei Ziel verfolgen. Um das ganz deutlich zu sagen: Ich finde jedes dieser Ziele legitim, jedes dieser Ziele hat einen Wert für sich, auch die Haltung, überhaupt kein Ziel zu verfolgen. Mir geht es an dieser Stelle darum, dass wir zum einen – wollen wir unsere Wissenschaft erhalten und fördern – die jeweiligen Ziele, die einer haben kann, *explizit* und öffentlich machen, sie uns und anderen bewusst machen. Zum anderen halte ich es dann auch für notwendig, die Öffentlichkeit auf die potentiellen Patienten auszudehnen. Nach dem, was ich zu den psychoanalytischen Spielregeln ausgeführt habe, hat der potentielle Analysand das Recht, von seiner potentiellen Analytikerin darüber aufgeklärt zu werden, welche Absichten, persönlichen Ziele sie mit dem Prozess der Psychoanalyse verbindet.

Ist die Psychoanalyse ein Heilverfahren?

Cooper schreibt an anderer Stelle, dass wir Psychoanalytiker alle

> »was immer wir sonst sein mögen – den Anspruch erheben, ein Heilberuf zu sein, unabhängig davon, ob wir psychische Strukturen oder gestörtes Verhalten heilen, einen Zuwachs an Autonomie erzielen wollen oder ob wir meinen, daß Heilung ein Nebenprodukt der Suche nach Selbsterkenntnis sei« (Cooper 2002, S. 70).

An dieser Stelle bin ich mir nicht so sicher, ob wirklich alle den Anspruch haben zu heilen.[28] Zudem gilt es auch, sich darüber zu verständigen, wann denn jemand als geheilt oder mindestens als »heiler« gilt als zuvor. Aber Cooper hat natürlich völlig Recht damit, dass *im Prinzip* und im Allgemeinen ein solcher

---

28 So heißt es etwa bei Donald Meltzer: »Begriffe wie ›Krankheit‹ und ›Heilung‹ werden zugunsten einer rein metapsychologischen Sicht aufgegeben« (Meltzer 1995a).

Anspruch besteht und die Patienten sich in der Regel deswegen an uns wenden. Die wenigsten kommen beschwerdefrei in unsere Praxis, und geben als ihr Therapieziel an, dass sie sich gerne selber etwas besser kennen lernen möchten, obwohl das natürlich vorkommen kann. Diejenigen Analytiker, die innerhalb des vertragsärztlichen Versorgungssystems arbeiten, sind ohnehin an die Tatsache des Heilberufes gebunden. Im Fragenkatalog zum Ergänzungsbericht für den Gutachter heißt es explizit: »Welche Zielvorstellungen verbindet der Therapeut mit der im Bericht dargestellten Therapie?« oder für den Erstantrag wird gefordert: »Es muß ein Zusammenhang nachvollziehbar dargestellt werden zwischen der Art der neurotischen Erkrankung, der Sitzungsfrequenz, dem Therapievolumen und dem *Therapieziel* [...].« Hier ist die Sache also klar: Zum einen beantragt man eine Psychoanalyse als *Therapie*, zum anderen wird erwartet, dass man für diese ein Ziel mindestens formulieren kann.

Es mag sich wieder etwas anders verhalten, wenn man nicht innerhalb des kassen- oder privatärztlichen Versorgungssystems arbeitet. Aber hier hielte ich es dann für eine ethische Pflicht, sollte man sich nicht als Vertreterin eines Heilberufes verstehen, dieses dem Patienten vor Beginn einer Analyse mitzuteilen. Er hätte nach meinem Verständnis ein Recht darauf, im Vorfeld so etwas zu erfahren, wie zum Beispiel: »Für mich steht nicht die Linderung oder Heilung Ihrer Symptome im Vordergrund. Für mich verfolgt das Verfahren Psychoanalyse das Ziel X (oder eben gar keines). Es kann sein, dass sich dabei auch Ihre Symptome bessern, aber für mich, meine Arbeit und für mein professionelles Selbstverständnis spielt das keine so große Rolle.«

Die anderen kämen mit einer ernst genommenen Pflicht zur Aufklärung durchaus auch in eine schwierige Lage. Sie müssten zum Beispiel etwas in der Art sagen: »Ich verstehe meinen Beruf durchaus als Heilberuf, d.h. ich möchte unter anderem, dass es Ihnen nach Abschluss der Behandlung besser geht. Nur leider kann ich Ihnen das nicht garantieren, denn es hängt weder allein von mir, noch allein von Ihrem bewussten Willen ab. Das Problem, mit dem wir es hier neben anderen zu tun bekommen werden, ist, dass Ihre unbewussten Absichten, Wünsche, Impulse, Überzeugungen etc. dem Heilungswunsch einen Strich durch die Rechnung machen können. Es kann sogar sein, dass es Ihnen zwischendrin viel schlechter geht als jetzt, denn wenn das Verfahren bei Ihnen funktioniert, dann stören wir mindestens ein Gleichgewicht, das Sie doch bis hierhin gebracht hat.«

Nehmen wir – mit der Absicht etwas zu heilen – gar einen traumatisierten Menschen in Analyse, dann müssten wir ihm zu Beginn vielleicht Folgendes mitteilen:

»Wenn Sie sich hier auf meine Couch legen und wenn Sie sich in einen psychoanalytischen Prozess begeben, dann werden Sie Schlimmes erleben. Sie werden etwas von den schrecklichen Ereignissen Ihrer Vergangenheit zu fühlen bekommen und das Schlimme wird sein, dass Sie in dem Moment, in dem Sie es hier spüren, das Gefühl haben, dass das alles in der Gegenwart geschieht. Es wird sich für Sie manches Mal so anfühlen, als täte ich Ihnen etwas Furchtbares an oder als hätten Ihre Eltern noch heute die Macht, Ihnen etwas anzutun, selbst dann, wenn Ihre Eltern gar nicht mehr leben sollten. Sie werden seelische Schmerzen spüren, die Sie vermutlich schon einmal hatten, aber an die Sie sich nicht bewusst erinnern können. Das Ganze wird Sie sehr viel Kraft kosten und erschöpfen. Sie werden viel Energie und auch Selbstdisziplin brauchen, um das durchzuhalten, und sich vielleicht so manches Mal fragen, warum Sie sich darauf eingelassen haben. Ich sollte Ihnen vielleicht auch gleich dazu sagen, dass eine schmerzhafte Schwierigkeit darin besteht, dass man – einmal angefangen – nicht so ohne Weiteres wieder umkehren kann. Es ist ein bisschen wie bei dem Märchen mit dem Geist aus der Flasche: einmal herausgelassen, bekommt man ihn nicht so leicht wieder hinein.«

Und dann geht es weiter: Je nach persönlicher Auffassung von der therapeutischen Aufgabe könnten wir hinzufügen: »Ich kann Ihnen nicht einmal versprechen, dass es gut ausgeht. Ich kann Ihnen nur sagen, dass ich mich nach Kräften bemühen werde, Ihnen zu helfen und Sie bei diesem schwierigen Prozess nicht allein zu lassen. Leider wissen wir beide jetzt noch nicht, was da wirklich auf uns zukommt. Aber wenn Sie sich darauf einlassen, dann sollen Sie dabei nicht allein gelassen werden.«

Das wären die von Laplanche genannten Faktoren: »Konstanz von Anwesenheit, Konstanz einer Fürsorge, biegsame, jedoch aufmerksame Konstanz eines Rahmens« (Laplanche 1996, S. 191/192).

Natürlich ließen sich noch zahlreiche andere Formulierungen finden und jede Kollegin, jeder Kollege würde für sich wichtige Bestandteile hinzunehmen, andere weglassen. Es geht aber darum, sich solche Formulierungen einmal bewusst zu machen, weil sie eben auch zur Wahrheit unserer Praxis gehören.

»Die Seele der Übertragung«

Laplanche nimmt den Begriff des Wohlwollens ernst: »›das Wohl, das Gute‹, des anderen ›wollen‹, ohne je zu behaupten, es zu kennen, ohne den Patienten zu manipulieren und sei es zu seinem vermeintlichen Besten« (Laplanche 1996,

S. 193). Demnach dürfen wir – unter den genannten Voraussetzungen – das Wohl unserer Patienten wollen. Schreiben wir vernünftigen Eltern, jenen, die »gut genug« sind, nicht ähnliche Wünsche für ihre Kinder zu? Wie kann man das Wohl des anderen wollen, ohne zu wissen, worin es besteht? Vermutlich nur, indem man das »Wohl des anderen« imaginiert, was natürlich aus dem eigenen Selbstbezug heraus geschieht, und sich zugleich für die Entwicklung des anderen offen hält, denn was dem Dreijährigen als Wohl gilt, muss es für den Zehnjährigen schon lange nicht mehr sein. Was gut für ihn ist, das wird sich – das kommt uns bekannt vor (!) – erst nachträglich entscheiden.

Aber – wenn wir versuchen mit uns ganz ehrlich zu sein: Ist es wahr, dass wir nicht doch manchmal »manipulieren«, bewusst oder unbewusst steuern? Ist es nicht vielleicht doch bisweilen so, dass wir – denkend, das für den Patienten Gute zu kennen – ihn mehr oder weniger sanft in diese Richtung drängen? Ich glaube, diese Frage ist zu bejahen und in manchen Therapien kommt ihr eine existentielle Bedeutung zu. Man denke an jene Fälle, in denen Patienten – gewissermaßen vor unseren Augen – selbstdestruktiv agieren. Sollen wir sie gewähren lassen, dabei zusehend? Ich fürchte, dieses wäre eine schreckliche Wiederholung ohne neuen Ausgang. Sicherlich: Nicht alle Patienten kommen mit einer solchen (unbewussten) Frage in Analyse, aber es gibt sie, und dann gilt es, zu antworten und auch gegebenenfalls ein solch destruktives Agieren zu unterbinden, zu ihrem tatsächlich »Besten«. Wir dürfen allerdings keine Dankbarkeit erwarten, so wenig wie bei einem Kind, und wir müssen unser Tun verantworten, auch dann oder um so mehr, wenn sich unser Eingreifen als schädlich herausstellen sollte.

Ich vermute, nicht eben wenige von uns sitzen bisweilen mit dieser inneren Haltung hinter der Couch: wenn notwendig, eine bessere psychische Mutter, ein besserer psychischer Vater für den Patienten zu sein, in dem Sinne, dass das Ganze am Ende einen besseren Ausgang nimmt (der durchaus zulässt, dass man zwischendurch einen schlechten Vater, eine schlechte Mutter abgibt, wenn man dafür die Verantwortung übernimmt). Warum sollten wir auch wollen, dass der Patient mit uns lediglich die schlechten Erfahrungen wiederholt, die er bereits einmal gemacht hat, ohne dass eine bessere Lösung gefunden wird? Ich glaube, es ist an dieser Stelle wichtig zu unterscheiden: Man kann sich darum bemühen, bessere Entwicklungsbedingungen bereitzustellen, als der Patient sie ursprünglich hatte, aber man darf nicht davon ausgehen, dass es zwangsläufig so kommt, nur weil man sich darum bemüht. Was der Patient daraus »macht«, was er davon »nehmen« und »verdauen«, produktiv werden lassen kann, das können wir nicht erzwingen.

Und so besteht auch für Laplanche die »Seele der Übertragung« in der Wiedereröffnung dieser ursprünglichen Beziehung, deren Kennzeichen eben die Asymmetrie ist, die wir als zentralen Bestandteil des Sprachspiels *Psychoanalyse* ausfindig gemacht haben. Die »Seele der Übertragung« liegt in

> »einer ursprünglichen Beziehung, in der der Andere Vorrang hat gegenüber dem Subjekt. Eine Wiedereröffnung, denn die ganze Bewegung der Subjektbildung ist ja aus der Schließung hervor gegangen, die genau die Verdrängung ist, die Bildung der Instanzen, das Ins-Innere-Verlegen des Anderen und seine Einschließung als Unbewußtes« (Laplanche 1996, S. 191).

Darin besteht das – wirklich sehr seltene, überaus wertvolle Angebot der Psychoanalyse: in der Wiedereröffnung dessen, was bereits – unbefriedigend – verschlossen war. Diese Schließung verursacht – wenn sie unter traumatischen Umständen zustande kam – sehr hohe psychische Kosten, weil sie nur möglich ist, indem der Betroffene auf die Entwicklung eines Teils seines Selbst verzichtet. Winnicott spricht davon, dass der Mensch in einem solchen Fall, »durch Einfrieren der verfehlten Situation« versucht, sein Selbst gegen ein spezifisches Umweltversagen zu schützen (Winnicott 1997a, S. 188). Mit diesem *Einfrieren* gehe aber die – zunächst unbewusste – Hoffnung einher, dass Umstände eintreten, unter denen es sich lohnen könnte, die verfehlte Situation wieder aufzutauen, dass es sich lohnen könnte, diese bis zu einem gewissen Grad noch einmal zu erleben (»unverbunden dazustehen«), da nun eine Umwelt vorhanden ist, die sich bereit zeigt, »eine angemessene, wenn auch verspätete Anpassung zu vollbringen« (ebd., S. 191). Winnicott folgt – wenn auch mit etwas allgemeineren Worten wie zum Beispiel dem der »heutigen Umwelt« – dem Bessere-Eltern-Konzept, ohne dass es anstößig oder narzisstisch aufgebläht wirken würde. Wie anders sollte man die Redeweise von einer »heutigen Umwelt«, die »sich angemessen anpasst« (ebd., S. 188 u. 191) verstehen? Man ist eine bessere »Mutter«, wenn man beispielsweise nicht tot ist oder nicht anderweitig abwesend, wenn man psychisch anwesend ist. Man ist ein besserer »Vater«, wenn man nicht Alkoholiker ist, wenn man dem psychischen Wachsen des »Kindes« mit Freude und Stolz entgegenblicken kann und es nicht aus dem Gefühl, selber bedroht zu sein, klein halten muss, weil man es nur als einen narzisstischen Angriff erleben kann. Diese Liste ließe sich natürlich beliebig erweitern. Aber was Eltern zu Eltern macht, die »gut genug« sind, und Analytiker zu Analytikern, die »gut genug« sind, das ist ihre Fähigkeit, über sich und ihre Kinder, respektive Patienten und über ihre Beziehungen zu diesen nachzudenken. Diese *selbstreflexive*

Fähigkeit, die Fähigkeit zur inneren Triangulation unterscheidet »normale« und auch »normal ab-und-zu-schlechte« Beziehungen von traumatisierenden, in denen der Täter sich fast immer so benimmt, als ob nichts geschehen wäre. Das konnten wir schon von Ferenczi lernen:

> »Die Freimachung der Kritik, die Fähigkeit, eigene Fehler einzusehen und zu unterlassen, bringt uns aber das Vertrauen der Patienten. *Dieses Vertrauen ist das gewisse Etwas, das den Kontrast zwischen der Gegenwart und der unleidlichen, traumatogenen Vergangenheit statuiert,* den Kontrast also, der unerlässlich ist, damit man die Vergangenheit nicht mehr als halluzinatorische Reproduktion, sondern als objektive Erinnerung aufleben lassen kann« (Ferenczi 1933, S. 306).

Auch wenn Ferenczis Behandlungen leider zum Ende seiner Tätigkeit hin ausgeufert sind, so ist dieses doch kein angemessener Grund, seine fortschrittlichsten Gedanken, seine mutigen Ideen zu ignorieren. Dass seine technischen Experimente am Ende womöglich für seine Patienten gar schädlich waren, das dürfte eben unter anderem auch sehr viel damit zu tun haben, dass er keinen Rahmen mehr hatte, innerhalb dessen über all dieses gewinnbringend hätte gesprochen werden können. So fehlte ihm das kollektive Korrektiv, welches ihm bei seinem Prozess der Selbstreflexion hätte helfen können. Wir werden auf die Notwendigkeit eines solchen Rahmens im nächsten Kapitel ausführlich zu sprechen kommen.

Welches Ziel man also auch immer mit dem Sprachspiel Psychoanalyse verfolgt, es ist meines Erachtens wichtig und auch eine ethische Notwendigkeit, sich dieses Ziel bewusst zu machen und im Gespräch mit einem potentiellen Patienten mindestens abzugleichen, inwieweit dessen Zielsetzungen mit den eigenen zu vereinbaren sind.

Dazu gehört auch die Frage, ob es einer Psychoanalytikerin darum gehen darf zu heilen.

Wenn es einem um Heilung geht, dann schließt sich natürlich unmittelbar die Frage an, worin diese denn besteht. Freud gibt uns darauf eine Antwort:

> »Der geheilte Nervöse ist wirklich ein anderer Mensch geworden, im Grunde ist er aber natürlich derselbe geblieben, d.h. er ist so geworden, wie er bestenfalls unter den günstigsten Bedingungen hätte werden können. Aber das ist sehr viel« (Freud 1916–17a, S. 452).

Heilung bedeutet in diesem Verständnis, *Entwicklung zuzulassen, zu fördern, sie wohlwollend zu begleiten,* einen unter ungünstigen Umständen womöglich abgebrochenen Prozess wieder in Gang zu bringen, das Verschlossene wieder zu öffnen.

Jeder, der so etwas einmal erlebt hat, auf dieser oder jener Seite, wird bezeugen können, dass das sehr viel ist.

III. Das Wagnis der Selbstreflexion – Versuch der Verständigung

»Erkenne dich! – Was soll das heißen?
Es heißt: sei nur! Und sei auch nicht!«
(Goethe, *Sprüche*)

Andere Aspekte sehen – sich zeigen

Zurück zur Notwendigkeit eines Rahmens, der in unserem Beruf bei dem unabdingbaren Prozess der Selbstreflexion hilfreich sein könnte.

Und zu einigen »Spielregeln« kollegialer wissenschaftlicher Diskussionen.

Wulf Hübner hat in seiner umfassenden Arbeit *Der Weg der Selbstreflexion* den Versuch unternommen, »für die verschiedenen wissenschaftlichen Disziplinen einen gemeinsamen begrifflichen Rahmen bereitzustellen« (Hübner 1976, S.9), und das schließt die Disziplin »Psychoanalyse« mit ein. Ich möchte im Folgenden kurz einige seiner für unseren Zusammenhang bemerkenswerten und weiterführenden Gedanken erläutern.

Ausgehend vom Wittgenstein'schen Aspektsehen (vgl. Pflichthofer 2011b) beschreibt Hübner zwei mögliche Aspekte des Sehens: Das eine Mal werde ein Gegenstand durch eine konventionelle und umgangssprachliche Wiedergabe beschrieben (»Ich sehe dies«), »indem man die gesellschaftlich anerkannten oder üblichen Wahrnehmungsschemata aktualisiert« (Hübner 1976, S. 152), das andere Mal, beim Sehen eines Aspektes fällt einem an einem Gegenstand etwas auf.

> »Daß es ein Aspekt war, den man gesehen hat, kann nur verstanden werden im Unterschied zu dem, wie man oder ich den Gegenstand gewöhnlicherweise wahrnehme, oder schwächer formuliert: im Unterschied zu anderen, sonst wahrgenommenen Aspekten« (ebd.).

Dies impliziert auch die spezifische Notwendigkeit eines Rahmens, denn dieser organisiert u. a. die »üblichen Wahrnehmungsschemata«. Der Rahmen hat auch die Funktion zu fokussieren, Bedeutung zu geben. Er fungiert also als eine Art Deutungsschema, Deutungsschablone, indem er eine besondere Interpunktion schafft.

Der Satz: »Die Milch von der Anna schmeckt.« bekommt durch eine andere Interpunktion einen anderen Rahmen und damit auch eine andere Bedeutung: »Die Milch, von der Anna schmeckt.«, jedenfalls für denjenigen, dem das alte Verb »schmecken« für »probieren« noch geläufig ist. Hört man diesen Satz nur, dann wird es also darauf ankommen, wie genau er betont wird und wer unter den Zuhörenden noch die andere Bedeutung des Wortes »schmecken« kennt, denn der hat unter Umständen die Möglichkeit, einen anderen Aspekt an dem Satz wahrzunehmen.

Der Rahmen sorgt immer für ein Diskrepanz-Erleben, dessen einfachste Form in der Dichotomie von Innerhalb/Außerhalb besteht. Hängt ein »leerer« Rahmen an der Wand, dann werden wir unweigerlich dem »Innen« eine besondere Aufmerksamkeit schenken, und weniger dem Außen. Es handelt sich hier um eine weitere Konvention, um eine der Wittgenstein'schen *Lebensformen*, nach der wir es gewohnt sind, dass dem »Inneren« eines Rahmens eine besondere Bedeutung gegeben werden solle.

Noch komplizierter wird es, wenn man sich die Frage stellt, ob der Rahmen tatsächlich etwas eigenes, »Drittes« ist oder ob er mehr dazu tendiert, dem Inneren oder Äußeren zuzugehören. Gehört der Bilderrahmen noch zum Bild, oder nicht? Streng genommen gehört er nicht zum Bild. Dass wir dennoch das Gefühl haben, »dieses Bild« nur genau »mit diesem Rahmen« aufhängen zu wollen, hat mit dessen latenter Funktion der »Deutungsanweisung«, des Deutungsschemas zu tun. Der Rahmen, der um ein Bild platziert ist, liefert eine erste Interpretation.

Um die praktische Bedeutung dieses und der folgenden theoretischen Gedanken, z. B. für kollegiale klinische Falldiskussionen zu verdeutlichen, möchte ich auf das oben beschriebene Fallbeispiel (vgl. S. 77) eingehen, wo ich – möglicherweise[29] entgegen der üblichen psychoanalytischen Konventionen – meine Patientin zurückgerufen und etwas zuvor Vereinbartes rückgängig gemacht habe.

Der Kollege, der sich nach der Fallvorstellung dazu äußerte, hatte sich – wie andere Kollegen auch – auf üblicherweise geltende psychoanalytische

---

[29] Dies ist, wie gesagt, Teil des Problems, weil wir über so wenig Kenntnis der *wirklichen*, praktisch ausgeübten Konventionen verfügen.

Konventionen gestützt. Ich hatte einen Rahmen abgesteckt: kein Termin vor den Ferien, ohne mich an diesen zu halten.

Wir geraten hier an eine besonders spannende Stelle der Diskussion. Hatte ich mich nicht an »den« (welchen?) Rahmen gehalten?

Ein Rahmen kann mit dem Eingerahmten in einem »gefühlten« Gleichgewicht stehen, zum Beispiel so:

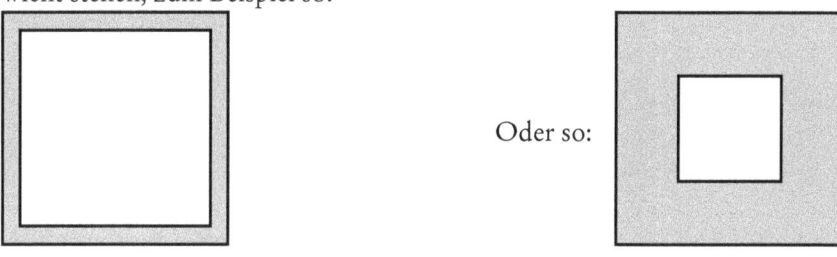

Oder so:

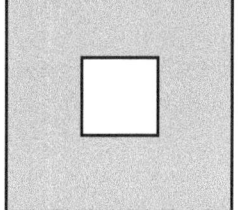

Aber er kann auch, relativ gesehen, überdimensional werden und das Gefühl entstehen lassen, das Eingerahmte werde erdrückt:

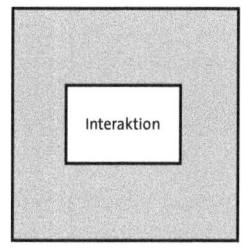

Für die Psychoanalyse stellt sich die Frage, ob der Rahmen etwas gänzlich außerhalb Stehendes ist, *innerhalb* dessen die psychoanalytischen Interaktionen stattfinden, also etwa so:

Oder so:

Oder aber so:

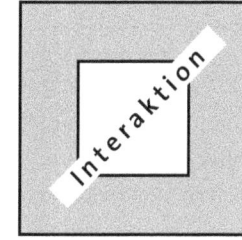

Wir haben es also in der Diskussion mit zwei unterschiedlichen Wahrnehmungen zu tun, die wissenschaftstheoretisch als »invariant« gelten. An dieser Stelle, so Hübner, geht es um die »Identifikation des Wahrnehmenden«.

> »Denn das Bemerken eines Aspekts an Gegenständen die gewöhnlicherweise anders wahrgenommen werden, unterscheidet ihn [den Wahrnehmenden, D.P.] von den anderen, und er kann sich dieser ›Erfahrungen‹ nicht sicher sein, so daß, wenn man so will, seine Identität infrage gestellt ist. […] Was ich sehe, und was auch jeder andere sehen kann, wird von mir eben noch ›anders gesehen‹. Und das ist *mein* Problem. *Mein* Aspektbemerken ist Ausdruck von *mir* [Hervorh. i.O.], oder von meiner seelischen oder geistigen Situation, […] ist Ausdruck meines Erlebnisses« (ebd., S. 153).

Es wird also – kurz gesagt – persönlich. Indem man einen »unkonventionellen« Aspekt wahrnimmt, unterscheidet man sich von den anderen, die gerade auf den konventionellen Aspekt konzentriert sind. Dies ist in der Regel verunsichernd, ggf. auch Scham auslösend. Man steht, »gefühlt«, allein da, jenseits der konventionellen Wahrnehmungsschemata. Man hat (den Konventionen nach) gefühlt »falsch« oder zumindest »nicht richtig« gehandelt, nicht »das Richtige« gesehen.

Die Situation, die hier beschrieben wird, könnte man aber auch mit dem Begriff »reframing« bezeichnen, der u. a. im Neurolinguistischen Programmieren (NLP) und in der systemischen Familientherapie als terminus technicus eine Rolle spielt. Ein neuer Rahmen, eine neue »Interpunktion« generiert eine zusätzliche Bedeutung. Das Wahrnehmen eines neuen, »unkonventionellen« Aspektes schafft ein solches Verändern des Rahmens und gibt damit einen neuen Deutungshinweis: »Man könnte es doch auch so sehen …« Ein Abwehrmechanismus mag – für sich genommen – unverständlich, gar verrückt wirken, in den Rahmen seiner Bedeutung gestellt, bekommt er einen (anderen) Sinn.

Tatsächlich ist auch jede gelungene psychoanalytische Deutung ein »reframing«, stellt einen neuen Rahmen zur Verfügung. Das vorher wenig oder gar nicht Beachtete wird in den Mittelpunkt gestellt und es ergibt sich eine neue Sichtweise.

Derjenige, der einen eher unüblichen Aspekt an einem Gegenstand bemerkt, gibt damit auch etwas *von sich* preis, und zwar deutlich mehr als jener, der den eher »konventionellen« Aspekt wahrnimmt. Und wer wäre besser darin geschult, das zu bemerken und zu berücksichtigen, als wir Psychoanalytikerinnen und Psychoanalytiker? Wir sind ziemlich gut darauf eingestellt, dass – wann immer jemand etwas Untypisches, Besonderes etc. bemerkt oder zur Sprache bringt – er (auch) etwas von *sich* sagt. Natürlich trifft das auch auf denjenigen zu, der den »üblichen« Aspekt zur Sprache bringt, doch der andere befindet sich in der defensiveren Position. Die Augen richten sich zunächst auf ihn.

> »Konsequenterweise spricht jemand, der diese [seine ›Seherlebnisse‹, D.P.] zu vermitteln sucht, *über sich* [Hervorh. i.O.], bzw. seine Sehgewohnheiten und anderen Seherlebnisse. Allgemeiner gefaßt: er stellt das Stück seiner Vorstellungen (Kant: ›Anschauungen‹) oder auch seiner Biographie zur Verfügung, das ihn – in seinem Verständnis – zu dem aktuellen Seherlebnis geführt hat« (ebd., S. 153).

Jeder, der einen klinischen Fall vorstellt, teilt also konsequenterweise auch etwas von sich mit. Mit Biografie ist hier weniger eine Daten- oder Ereignissammlung gemeint, sondern die je persönliche Werdens- oder Bildungsgeschichte. *Wie* wir geworden, *was* wir erlebt haben, bestimmt ebenfalls unseren Deutungsrahmen.

Diese Tatsache ist uns durchaus bewusst, bisweilen hemmt sie uns auch. Wir wollen vielleicht nicht *zuviel* von uns mitteilen, fürchten uns vor den mutmaßlichen Fragen in den Kollegenköpfen: »Was mag das mit ihr zu tun haben, dass sie an dieser Stelle so und so (so ungewöhnlich?) handelt oder, noch schlimmer, handeln muss?« Die Frage, was es mit mir zu tun habe, wenn ich jene Patientin in der Situation zurückgerufen habe, ist an sich völlig legitim, angemessen und durchaus notwendig, allerdings nur dann, wenn sie in einer wirklich wertfreien, d.h. wissen wollenden arglosen Form gestellt und nicht subtil rhetorisch getarnt wird

Man kann die geschilderte Szene schlicht *Enactment* nennen, nur, das allein führt an dieser Stelle noch nicht weiter: Ein *Enactment* beruht bekanntermaßen auf *unbewussten* Handlungsmotivationen, über die man ohnehin immer erst Auskunft geben kann, *nachdem* sie geschehen sind. Neben den unbewussten Handlungsmotivationen gab es hier auch solche der bewussten Art, und über die kann ich – wenn ich damit beginne, einen Fall vorzustellen – zunächst nur Informationen, Beschreibungen geben. Zum Beispiel: Ich spürte nach dem Telefonat eine Beunruhigung, sodass ich Impulse bekam, etwas Helfendes, die Not Linderndes zu tun. Ich spürte eine Art »schlechtes Gewissen«, sie zunächst abgewiesen zu haben. *Dass* das so ist, *dass* ich solche Impulse und dazugehörige Gefühle habe, hat womöglich etwas mit der Art und Weise der Patientin, aber ganz gewiss auch mit *mir* zu tun. Es mag sein, dass mir Aspekte meines Handelns, die zu diesem Zeitpunkt noch unbewusst waren, inzwischen bewusst geworden sind. Über die kann ich nun ebenfalls sprechen. Andere mögen mir vielleicht erst während der Falldiskussion bewusst werden, was ja doch auch ein erwünschter Sinn der Sache ist. Allein, es scheint mitunter in unseren Diskussionen eine Tendenz zu geben, die möglicherweise entdeckten unbewussten Motivationen *über* die bis dato bewussten zu stellen und diese als die *eigentlichen* anzusehen. Das hätte zur Folge, dass derjenige, der einen Fall vorstellt, von vornherein auf verlorenem Posten stünde. Ihm würde – in einer solchen Situation – abgesprochen, damals, also zum Zeitpunkt der Interaktion *auch* vernünftige bewusste Motive für sein Handeln gefunden zu haben, da man sein manifestes Tun als Abwehr der unbewussten Motive verstünde. So *kann* es, *muss* es aber nicht zwangsläufig sein. In dieser Weise zu einem Kalkül geronnen, funktioniert psychoanalytisches und wissenschaftliches Denken nicht mehr.

Denn in der Tat bleibt ja die Frage offen, wo in der oben vorgestellten Geschichte das *Enactment* beginnt. Auch das ist wieder eine Frage des Rahmens. Beginnt es an der Stelle, an der ich zurückgerufen habe? Dieses ist eigentlich per definitionem ausgeschlossen, da mir mein Rückruf nicht »unterlaufen« ist, sondern eine bewusst getroffene Entscheidung war. Auch waren mir einige Motive für diesen Rückruf bewusst. Nur hat es *daneben* auch noch unbewusste Motive dafür gegeben. Es gilt das oben Gesagte.

Nun ein anderer Aspekt, ein »reframing«: Man könnte die Fallgeschichte auch so verstehen: Das Enactment hat begonnen, *indem* ich die Patientin beim ersten Telefonat vertröstet (eine andere »Lesart« wäre »abgewiesen«) habe, denn dieses Vertrösten geschah spontan, ohne lange zu überlegen, zwar mit dem rationalisierenden Motiv »keine Zeit«, aber doch sichtlich auch gesteuert von einer unbewussten Dynamik. Dann ließe sich die Geschichte so weiterlesen: Mein anschließender Rückruf war *Ergebnis* eines Reflexionsprozesses und das Auflösen eines *Enactments* (und vielleicht einer Wiederholung aufseiten der Patientin), zu dem dann auch gehörte, meinen Rahmen (»keinen Termin mehr vor den Ferien«) zu verändern. Anders formuliert: Die Bereitschaft, meinen Rahmen gegebenenfalls auch zu verändern, wäre dann Bestandteil meines psychoanalytischen Rahmens.

Dieses Beispiel zeigt, wie sehr wir von unserem Deutungsrahmen abhängig sind und wie irritierend das Sehen eines »unkonventionellen« Aspektes sein kann, für *beide* Seiten.

Die von Hübner hier angestellten Überlegungen gelten im Prinzip für alle Fälle von Aspektsehen, also immer dann, wenn jemand an einem Gegenstand etwas anderes als die meisten oder ihn anders als üblich wahrnimmt, und sie gelten in besonderer Weise, wenn wir über psychoanalytische Behandlungen sprechen. Hier gerät die Kollegin, die einen Fall vorstellt, bisweilen a priori in einen moralisch eingefärbten Rechtfertigungszustand (oder erlebt sich so), was unter anderem mit unserer von Sandler zu Recht kritisierten Neigung zu tun hat, sich während klinischer Diskussionen zu »supervidieren« (Sandler 2003, S. 22). Eines der wesentlichen Ziele unserer klinischen Diskussionen sollte es aber sein, einen Rahmen zu schaffen, innerhalb dessen eine für unseren Beruf zwingend notwendige Betätigung möglich werden kann: jene der Selbstreflexion.

Dabei unterscheidet Hübner sehr genau zwischen der Selbstreflexion als »argumentativer Handlung«, also einer intersubjektiven Handlung zwischen mir und den anderen und einem »bloßen Vor-sich-hin-denken« (Hübner 1976, S. 158). Derjenige, der in einen selbstreflexiven Prozess innerhalb eines »öffentlichen« Rahmens eintritt, gibt sich – wie oben erläutert – in ganz anderer Weise preis, als jener, der nur vor sich hin denkt. Seine »Pflichten« bestehen hier in dem Darlegen der Gründe für sein Verständnis, d. h. aber nicht, dass seine Gründe auch die der anderen sein müssen, er muss sie jedoch so darlegen können, dass sie für die anderen nachvollziehbar und verstehbar werden. Diese Aufgabe kommt – in der Regel – zunächst dem, der den Fall vorstellt, in besonders exponierter Weise zu.

Daher beansprucht, wer sich zeigt, den nötigen Respekt vor diesem Vorgang an sich, und er muss ihn auch beanspruchen dürfen. Denn er stellt sich im selbstreflexiven Prozess zunächst in den Mittelpunkt. Dennoch kreieren gute klinische Diskussionen einen Rahmen, innerhalb dessen *alle daran aktiv Beteiligten ihrerseits in einen selbstreflexiven Prozess einzutreten vermögen.* Nur so kann aus fehlplatzierter, verdeckter oder offener Supervision[30] echte kollegiale Diskussion erwachsen.

Wie kann so etwas aussehen?

»Das Verfahren von Selbstreflexion ist zentriert um die Frage: Warum redet jemand so, wie er es tut?« (Hübner 1976, S. 24)

Natürlich gehören auch die Fragen dazu: Warum *denkt* jemand so, wie er es tut? Warum *handelt* jemand so?

Es geht also um den Prozess der Vermittlung von je eigenem Verstehen. Vermittelt werden sollte dabei – in unserem Falle – das Verständnis, das eine

---

30 Mit der Supervision verhält es sich ähnlich wie mit dem Deuten: Man muss dafür einen expliziten Auftrag erhalten, etwa: »Ich möchte mich bei Ihnen in Analyse, respektive Supervision begeben.«

Kollegin von einer bestimmten Patientin, in einer bestimmten Situation mit dieser – gewonnen hat. Dieses, *ihr* Verständnis, möchte sie im Rahmen der Falldiskussion ihren Kolleginnen und Kollegen vermitteln und darüber hinaus ihr Verstehen selber verstehen, eben im Prozess der Selbstflexion. Hübner benennt für diesen Verständigungsprozess drei maßgebliche Schwierigkeiten:

1. Die Unbeweisbarkeit von Verständnissen (ebd., S. 165)
2. Die Notwendigkeit eines vorgängigen gemeinsamen Interesses an Verständigung (ebd., S. 164)
3. Die Tatsache, dass Selbstreflexion ein »einsamer Prozess« und nicht zu erzwingen ist (ebd., S. 182)

Hat die Kollegin Recht? – Beweisen kann sie es jedenfalls nicht

Stellt eine Kollegin einen Fall vor oder schildert eine Behandlungssituation, dann ist es ihr unter anderem darum zu tun, den anwesenden Kolleginnen und Kollegen *ihr* damaliges und jetziges Verständnis der geschilderten Situation zu vermitteln. Sie schildert eine womöglich ungewöhnliche Situation, ungewöhnlich deshalb, weil Sie – aufgrund ihres Verständnisses des Erlebten – zum Beispiel ungewöhnlich interveniert hat. Die Kollegen hören ihr dabei zunächst zu. Aber *wie* tun sie das? Mit welcher Haltung? Darauf wird es – unter anderem auch – ankommen, wenn der Prozess der Verständigung und der von jedem Teilnehmer zugleich mitzuvollziehenden Selbstreflexion gelingen soll.

Nun können alle Anwesenden sich fragen, ob das Verständnis der Situation, das die Kollegin gewonnen hat, richtig oder falsch ist.

Hübner arbeitet heraus, dass eine solche Fragestellung unsinnig sei, weil

> »[…] selbst dann, wenn jemand von der Falschheit dessen, was er bemerkt hatte, mittlerweile überzeugt sein mag, kann die Tatsache, *daß* [Hervorh. i. O.] er sich etwas vorgestellt hatte, nicht in Zweifel gezogen werden. […] Wenn ich nachher sehe, daß ich etwas nicht oder nicht richtig verstanden habe, so kann doch das, was ich verstanden habe, wenn ich überhaupt etwas verstanden habe, nicht falsch gewesen sein: ich habe dann etwas anderes verstanden.[…] Gleichgültig, wie ›unsinnig‹ eine Verständnisartikulation auch immer *scheinen* [kursiv durch D. P.] mag, sie muß als ›Auskunft des Akteurs über sich selber‹ akzeptiert und ernst genommen werden« (Hübner 1976, S. 166).

Nein, diese Sätze bedeuten nicht, dass man sich der Pflicht, sein Verständnis, sein Tun oder Unterlassen zu rechtfertigen, entziehen kann oder dass es gar kein »richtig« oder »falsch« mehr gäbe. Die Äußerung des Akteurs – und das ist im Rahmen einer Diskussion *jeder, der spricht*, nicht nur wer eine Behandlung vorstellt – muss begründet werden, damit sie für die anderen – zumindest potentiell – nachvollziehbar wird. *Zugleich* hat das, was der jeweilige Akteur sagt, Anspruch darauf, ernst genommen zu werden.

> »Richtig ist, daß jede beliebige Meinung über den Text als Meinung des Interpreten ernst genommen werden muß, weil sie u.U. einen relevanten Aspekt an dem Text[31] aufdeckt. Richtig ist aber auch, daß jede Äußerung auf ihre Adäquatheit hin sich überprüfen lassen muß« (ebd., S. 167).

Aus der Sicht Hübners wird sich dann im Verlaufe der Diskussion entscheiden, ob man eher über den Interpreten als Handelnden oder über »den Sinn seiner Artikulation«, also »den sachlichen Gehalt seiner Verständnisbehauptung« (ebd.) spricht.

In beiden Fällen aber gehe es darum, Verständnisse zu vermitteln: »Ich verstehe X so, weil ...«

Im Falle einer klinischen Diskussion bilden die anwesenden Kolleginnen und Kollegen eine »Interpretationsgemeinschaft«, die sich gegenseitig und jeweils auch sich selber Rechenschaft über ihr (bisheriges) Verständnis der beschriebenen Situation geben. »Die Pointe dieses Vorschlags: Die Frage nach der Wahrheit [...] verschiebt sich auf die Frage nach der Angemessenheit des Praxisverständnisses der Interpreten« (ebd., S. 167).

Hier geht es also um ein genuin dialektisches Geschehen, das uns abverlangt, die theoretische Offenheit einer Situation zu ertragen: Die Äußerungen der interpretierenden Kollegin können nicht einfach mit »richtig« oder »falsch« etikettiert werden, bedürfen aber dennoch einer Rechtfertigung seitens der Interpretin. Diese muss in der Lage sein, ihr praktisches Verständnis der Situation zu beschreiben und *ihren* Deutungs- und Handlungsrahmen darzulegen. Im Gegenzug müssen die anderen bereit sein, sich zunächst einmal auf ihren Rahmen einzulassen, um die Angemessenheit ihres Verständnisses beurteilen zu können. Danach oder zugleich können diese wiederum *ihren* jeweiligen, vielleicht mehr oder weniger differierenden Rahmen danebenstellen.[32]

Die Situation ist als »theoretisch« offen zu beschreiben, weil wir hier ers-

---

31 Unter einem »Text« ist in unserem Fall der klinischen Diskussion auch die Erzählung einer Behandlungssequenz zu verstehen.
32 Die Überlegungen von Tuckett zur Einschätzung psychoanalytischer Kompetenz im Rahmen der Ausbildung (»Ist wirklich alles möglich?«) scheinen mir in eine ähnliche Richtung zu weisen (Tuckett 2007).

tens von einem »Idealfall« sprechen, der in der Realität in dieser reinen Form selten eintreten wird, denn wir tendieren eben doch sehr zu der dichotomen Einteilung in richtig/falsch, die vermeintlich Sicherheit verspricht. Außerdem ist sie als »theoretisch« zu bezeichnen, weil in der Praxis der jeweilige Kollege, die jeweilige Kollegin *für sich in der entsprechenden aktuellen Behandlungssituation eine Entscheidung zu treffen hat und trifft,* bei welcher sie bestimmte Optionen erörtert und verwirft, um sich schließlich zu entscheiden.

Dieses ganze Verfahren ist außerordentlich wichtig, weil es die Voraussetzung für die Weiterentwicklung einer Wissenschaft bedeutet.

Hübner versteht entsprechend den Aufbau von Wissenschaft

> »als systematische Reflexion über die den Individuen ›immer schon‹ zukommenden Fertigkeiten des Redens und Handelns, zu dem Zweck, Verständigung, Verstehen und Handlungserfolg ›erzwingbar‹ zu machen: aus einem naturwüchsigen soll ein stets aktualisierbares Können werden« (ebd., S. 168).

Vielleicht ist es für uns an dieser Stelle günstiger, anstelle von »erzwingbar« von »wiederholbar« oder »gegebenenfalls in der Praxis regelhaft anwendbar« zu sprechen. Auch hier handelt es sich um eine idealtypische Vorstellung. Aber die Ausläufer davon finden wir dort wieder, wo der Lauf der Zeit und die Praxis uns Psychoanalytikerinnen und Psychoanalytikern ein solches »stets aktualisierbares Können« vermacht haben, wie z. B. in der Beherrschung der Technik von Übertragung und Gegenübertragung. Beide, einst »naturwüchsig«, sind inzwischen so weit verstanden worden, dass sie sich wie eine technische Regel anwenden lassen. Aber die Probleme, von denen hier die Rede ist, stellen sich eben an jenen Stellen, wo etwas noch nicht in »aktualisierbares Können« übergegangen ist, wo wir es noch mit »Naturwüchsigkeiten[33]«, d. h. auch individuellen spontanen Reaktionen zu tun haben. Denn »die Reflexion über einen bemerkten Aspekt geht ja nicht über den Regelfall, sondern über ein Abweichen vom ›normalen‹, bereits artikulierten und gesellschaftlich legitimierten ›Sehen‹« (ebd., S. 166).

Die Probleme treten auch in Falldiskussionen eher dort auf, wo jemand einen – vom Üblichen eher abweichenden – Aspekt beschreibt, wenn er eine Sicht vorträgt, die bis dato in keine Theorie einer gängigen Praxis eingeordnet

---

33 Auch aus Freuds Behandlungspraxis, auf die ich im nächsten Kapitel ausführlicher eingehen werde, sind uns etliche solcher »Naturwüchsigkeiten« bekannt. Zu diesen gehörte auch der »ärztliche Takt«, der doch auch – wenn nicht bloßer Intuition – bestimmten Modellen folgt. Entscheidend ist, solche praktischen »Naturwüchsigkeiten« nicht auf Dauer aus der Theorie auszuschließen, nur weil sie scheinbar nicht hineinpassen.

werden kann. In dem Moment, da das geschehen ist, liegt das Neue, Unge-
wohnte zwar als – wenn auch unter Umständen sehr individuelle oder einma-
lige – Praxis vor, aber die Frage steht im Raum, ob »es sich lohnt«, darin einen
»neuen Aspekt« zu sehen und sich entsprechend damit zu befassen, oder ob
es schlicht als Unsinn, unprofessionell oder »unanalytisch« zu verwerfen sei –
womit dann allerdings auch der Prozess der Verständigung gescheitert wäre.

Ein Beispiel zur Verdeutlichung der praktischen Relevanz:

Nehmen wir an, ein Psychoanalytiker berichtet im Kollegenkreis davon, wie
er einer Analysandin etwas geschenkt hat. Er tut dies, indem er sein Verständnis
des bisherigen Behandlungsverlaufes mitteilt und indem er seine Gründe für
diesen Schritt darlegt. (Ich werde auf diesen Fall im Kapitel über Geschenke
zurückkommen). Nun kann man sich vorstellen, dass einige Kollegen von
diesem Verhalten derart befremdet sind, dass sie nur noch bedenklich den Kopf
schütteln und dem Kollegen raten, sich doch vielleicht einmal in Supervision
zu begeben, weil er offenbar tieferliegende Probleme habe, die ein solches
Verhalten hervorrufen, denn es sei mit dem gegenwärtigen Stand der Technik
nicht vereinbar. Andere mögen irritiert sein, aber neugierig: »Warum hat er das
gemacht? Und was ist daraus geworden? Würde ich so etwas auch tun? Habe
ich schon mal …?« Ob und inwieweit die Kollegen dem Verständnis des Vor-
stellenden folgen wollen und können, ist eine offene Frage. Es geht aber darum,
ob das Ansinnen des schenkenden Kollegen als solches ernst genommen wird,
man ihm seine Gründe zugesteht, was wohl eher nicht der Fall ist, wenn man
ihm eine Supervision empfiehlt. Letzteres ist problematisch, weil es wie eine
Art berufsgesellschaftlicher Sanktion wirken kann (»Der schenkt seinen Analysandinnen was.«) und weil damit nicht nur dem Kollegen etwas zugemutet
wird, sondern auch ein unter Umständen wichtiger Aspekt von Praxis nicht
mehr diskutiert werden kann (läuft es schlecht, dann wird der betreffende Kollege so etwas in Zukunft vielleicht lieber nicht mehr »öffentlich« sagen). Dann
aber geht viel verloren, viele Fragen werden dann gar nicht mehr diskutiert:
Was genau fällt eigentlich alles unter ein »Geschenk« seitens der Analytiker?
Wie groß darf der »Wert« sein und worin bemisst sich eigentlich der Wert?
Könnte es sein, dass wir bisweilen »schenken«, ohne es zu bemerken? Oder
dass wir »heimlich« schenken (zum Beispiel ein paar Minuten unserer Zeit)
usf. Ganz zu schweigen von der Frage, ob es für diese Analysandin, nach Lage
der Dinge und in dieser Beziehung, nicht einfach gut und hilfreich war. Aber
da stoßen wir ganz schnell ins Zentrum vor, denn dann müssen wir uns über
das jeweilige Verständnis vom Ziel des Sprachspiels Psychoanalyse einigen?
Will es denn überhaupt hilfreich sein? Worin besteht das Hilfreiche?

Denn natürlich geht es an dieser Stelle nicht darum, eine neue Regel der »Technik« zu postulieren, wie etwa: Ist ein Patient in der Situation X, dann ist es sinnvoll, ihm etwas zu schenken. Beim Akt des Schenkens – wenn er denn erst gemeint ist – handelt es sich nicht um eine »Technik«, die eingesetzt wird, *um* etwas Bestimmtes zu erreichen (dann wäre es kein Schenken mehr), sondern um eine individuelle, persönliche Maßnahme. Hieran knüpft sich lediglich die Frage, ob *so etwas* in einer Psychoanalyse erlaubt ist, ob ein solches Handeln in das Sprachspiel integrierbar ist oder ob es das Spiel zunichte macht. Um diesen Punkt dürfte sich dann auch die zu erwartende Diskussion drehen, denn es wird sicher unterschiedliche Positionen geben.

Gewinnbringend für eine Wissenschaft und für ihre Weiterentwicklung ist eine solche Situation, wenn man die entstehenden Widersprüche wirklich aushalten kann und nicht eine der beiden Positionen hinauszudrängen versucht (weder praktisch noch theoretisch noch durch psychische Mechanismen). Damit können bestehende Widersprüche bewusst bleiben. Darin steckt wohl eine echte Herausforderung wie auch ein möglicher Gewinn für unsere Profession. Wir brauchen – sehr schematisch gesprochen – *beide* Positionen: Die eher »restaurative« oder »konservative« und die eher »progressive«. Die Position, welche eine einmal gewonnene Praxis beibehalten und erhalten möchte, zum Beispiel aus Sorge darum, dass sonst die Identität der Psychoanalyse, ihr Wesen und damit ihre Zukunft bedroht sein können, diese Position braucht es genauso dringend wie jene, die Veränderungen der Praxis für notwendig hält. Beide brauchen sich gegenseitig, als Widerstand, der zu eigenen Identitäten verhilft, als Widerstand, der kreatives Denken erzeugt, so, wie der Schwimmer den Beckenrand nutzt, um sich von diesem abzustoßen und Fahrt aufzunehmen.

Sandler schreibt von einem »durchaus notwendigen konservativen Trend in der Psychoanalyse, grundsätzlich psychoanalytische Thesen zu stützen und zu schützen, ein Trend, der eine wichtige stabilisierende Funktion hat«. Man könne aber auch die psychoanalytische Theorie als ein Denksystem verstehen, das sich von Anfang an in einem kontinuierlichen, organischen Entwicklungsprozess befand (Sandler 1983, S. 598). Und dann könnten wir die Frage anschließen, warum wir das, was wir für ein Ziel von Psychoanalyse halten, nämlich das Zulassen und Fördern von Entwicklung, nicht auch für unsere Wissenschaft gelten lassen sollten. Naturgemäß führen Entwicklungen zu Spannungen, in unsrem Falle zu »Spannungen in der Theorie«, denn »jede neue Definition, jeder Gewinn an Präzision übt wiederum Druck auf andere Aspekte der Theorie aus« (ebd.).

Wie innerhalb der therapeutischen Situation ist auch innerhalb der Theorie der Rahmen eine Art Fixum, eine Marke, anhand derer Veränderungswünsche und gar bereits »heimlich« eingetretene Veränderungen deutlich werden können.

Klinische Falldiskussionen – Angriffe auf die Identität?

Zurück zu den klinischen Falldiskussionen, den kollegialen Gesprächen, die wir als Versuch der Verständigung betrachten wollen. Mit »Verständigung« ist gemeint, dass sich die Anwesenden über ihr jeweiliges Verständnis von etwas austauschen. Ein Versuch ist es immer, weil ein Akt der Verständigung »gleichbedeutend [ist] mit der Realisierung einer idealen Sprechsituation« (Hübner 1976, S. 174). Das Besondere einer solchen Gesprächssituation, ihre besondere Schwierigkeit liegt darin, dass *in ihr überhaupt erst die Bedingungen hergestellt werden müssen, an welche ihr Gelingen geknüpft ist* (ebd.). Das bedeutet, dass *innerhalb* einer solchen Diskussion bestimmte Voraussetzungen *vollzogen* werden müssen (ebd.):

➤ die Beteiligten müssen bereit sein, ihr Vorverständnis infrage stellen zu lassen,

➤ es muss gesichert sein, »daß die Zustimmung zu oder Ablehnung von vorgebrachten (Wortgebrauchs- oder Handlungs-)Vorschlägen nicht sanktionsbedingt gegeben« (ebd.) wird, d. h. niemand darf dazu überredet bzw. gezwungen werden, auch nicht durch subtile Mittel wie beispielsweise die Androhung des Verstoßes aus der Gemeinschaft (»das ist ja unanalytisch …«).

Innerhalb solcher Diskussionen können dann sowohl theoretische als auch praktische Konflikte behandelt werden. Von einem »theoretischen Konflikt« kann gesprochen werden, wenn miteinander unverträgliche Behauptungen, Meinungen über Tatsachen sich gegenüberstehen, zum Beispiel die Meinungen: »Der Säugling ist von Geburt an neidisch auf die Brust« vs. »Neid entsteht im Übermaß durch übermäßige Versagung« oder »Es gibt einen Todestrieb« vs. »Einen Todestrieb gibt es nicht«. »Praktische Konflikte« hingegen sind solche, »wo miteinander unverträgliche Ziele und/oder Handlungen vorgeschlagen werden« (ebd., S. 175), zum Beispiel: »Jede Stunde, die ein Patient versäumt muss bezahlt werden, egal aus welchen Gründen er sie versäumt« vs. »Es gibt Situationen, in denen es sinnvoll bzw. notwendig erscheint, von der sonst üblichen Regel des Ausfallhonorars abzuweichen«. Im ersten Fall geht es darum, sich über ein gemeinsames Wissen oder ein gemeinsames theoretisches Verständnis zu verständigen, im zweiten Fall darum, gemeinsame oder eben unterschiedliche Handlungen und Ziele zu erkennen und zu akzeptieren. Zweifellos sind theoretische und praktische Konflikte eng miteinander verwoben, da praktisches Handeln auf dem Boden einer bestimmten (ggf. auch unbewussten) Theorie gründet, und umgekehrt, eine bestimmte Theorie auch ein bestimmtes Handeln nach sich zieht. Jemand, der von der Tatsache des angeborenen Neides oder dem Wirken des Todestriebes *wirklich* überzeugt ist, wird an bestimmten Stellen auch zu anderen therapeutischen Handlungen (d.h. auch Deutungen) kommen. Gerade deshalb ist es sinnvoll, sich in theoretischen Diskussionen jeweils auch über die praktische Relevanz einer Frage zu verständigen, wie auch umgekehrt ein bestimmtes praktisches Vorgehen (zum Beispiel der Verzicht auf ein Ausfallhonorar) auf einen theoretischen Boden gestellt werden sollte.[34] Psychoanalytikerinnen und Psychoanalytiker kommen an dieser Stelle nicht umhin, sich auch darüber zu verständigen, welche sie als die Ziele ihres Verfahrens ansehen, ob sie den psychoanalytischen Prozess als einen therapeutischen Prozess betrachten, was sie in einem solchen Falle unter »therapeutisch« verstehen, ob sie zum Beispiel die Vorstellung haben, dass es ihren Analysanden am Ende besser gehen soll, oder ob »Heilung ein Nebenprodukt von Psychoanalyse« ist (Jiménez 2009, S. 37). So kann es geschehen, dass man mit ein und derselben Handlung unterschiedliche Ziele verfolgt oder aber ein gleiches Ziel mit unterschiedlichen Handlungen zu erreichen sucht. Entscheidend ist dabei, dass wir einen Rahmen finden, innerhalb dessen wir unsere jeweiligen individuellen Vorstellungen von dem, was wir mit »Psychoanalyse« verbinden, was wir als ihr »Ziel« verstehen und »publik« machen (sei dieses »Ziel« auch ein idealtypisches, von dem wir gleichzeitig wissen, dass es in der Reinform nicht zu haben sein wird, aber immerhin …).

Hier kommen wir zu den Zielen einer kollegialen Diskussion, den Zielen von klinischen Fallkonferenzen oder theoretischen Diskussionen: Idealerweise verfolgen solche Debatten zwei parallele Ziele:

---

34 Verzichtet man auf das Ausfallhonorar, reicht als Motiv nicht aus, sich »besser« fühlen zu wollen, weniger Schuldgefühle haben zu müssen, etc., sondern es braucht eine theoretisch begründbare Vorstellung, warum dieser Verzicht für den Patienten und den Prozess förderlich sein könnte. Dieses wiederum ist dann neben die berechtigten Interessen der Analytikerin zu stellen. Entscheidend ist aber die mindestens interne Offenheit, zu diesen Motiven zu stehen.

Jeder einzelne, der in einen solchen Prozess eintritt, möchte sich mit den anderen verständigen, und zwar über *sein* und über *ihr* jeweiliges Verständnis der Situation.

Zugleich möchte jeder einzelne auch *sich selber* verstehen.

Diese beiden Prozesse können in einer *Angleichung* wie auch in der *Abgrenzung* bestehen. Die einen verändern ihr bis dahin bestehendes Verständnis von etwas in Richtung des »neuen« Aspekts oder der eine lässt wieder von dem »neuen« Aspekt ab, bzw. man grenzt sich ab, indem man seines bis dahin bestehenden und womöglich abweichenden Verständnisses sicherer wird. (»Nein, so möchte ich in meinen Behandlungen nicht vorgehen.« oder »So eine Deutung würde ich an dieser Stelle nicht geben.« usf.).

Noch einmal: Das Gelingen des Verständigungsprozesses hängt nicht davon ab, dass am Ende alle die gleiche Meinung haben, sondern davon, ob man sich die jeweiligen Verständnisse verständlich, d. h. nachvollziehbar gemacht hat, den anderen und sich selbst gegenüber. Zugleich ist davon auszugehen, dass sich eine solche Diskussionsgemeinschaft von Fall zu Fall – zumindest implizit – auch auf gemeinsames Verständnis einigt. Darum haben solche Diskussionen – trotz bestehender Unterschiede – identitätsstiftenden Charakter. Ob der Verständigungsprozess gelingt, wird davon abhängen, wie weit das *wirkliche Interesse* daran reicht, oder ob es sich um eine Art »Scheindiskussion« handelt, weil es nicht gelungen ist, die eingangs erwähnten Voraussetzungen innerhalb der Diskussion herzustellen. So handelt es sich etwa um eine Scheindiskussion, wenn eine Gruppe von Analytikern, die sich gut kennen, wie beispielsweise die Mitglieder einer Arbeitsgruppe, Falldiskussionen benutzt, um – eigentlich oder nebenbei – persönliche Konflikte auszutragen.

Der Verständigungsprozess ist an zwei Stellen gefährdet: aufseiten des Einzelnen, des jeweiligen Akteurs, und aufseiten der Gemeinschaft (Hübner 1976, S. 180).

Der einzelne Akteur kann – wenn er sich auf den Prozess der Selbstreflexion einlässt – unter Umständen durch ein neu eintretendes Selbstverständnis stark verunsichert werden, nämlich dann, wenn das neue Selbstverständnis in sehr großem Widerspruch zum bisherigen Leben steht, d. h. wenn er sich gezwungen fühlte, bisherige Lebenskonzepte zu verändern. Nun wird das im Rahmen von Falldiskussionen nicht so dramatisch ausfallen, aber dennoch sollten wir zum Beispiel die oben beschriebenen Loyalitäten nicht unterschätzen. Wenn wir uns in klinischen Darstellungen zeigen, dann teilen wir, so hatte es vorhin geheißen, etwas von unserer Biografie mit, und zwar im Besonderen von *unserer psychoanalytischen Biografie*. Wir teilen etwas darüber mit, wie wir psychoanalytisch aufgewachsen sind, wozu unsere gesamte Ausbildung zählt und natürlich im Besonderen die Erfahrungen in unserer Lehranalyse, die – so habe ich oben ausführlich dargelegt – einen Großteil des professionellen Bodens bildet, auf dem wir stehen. Ob nun dafür dankbar oder weniger dankbar, einen solchen Boden verlässt man nicht ohne Weiteres, weil er ein Teil der persönlichen Identität geworden ist.

Die zweite Gefährdung des Verständigungsprozesses entsteht aufseiten der Gemeinschaft und hat eine ganz ähnliche Wurzel:

Die Mitglieder einer Gemeinschaft könnten ihrerseits nicht bereit sein, ein bis dahin bestehendes Verständnis neu zu überdenken, da sie »an einer bestimmten theoretischen Position, Schule etc., die ihnen zur ›Heimat‹ geworden ist« (ebd., S. 181), festhalten.

> »Dann ist der Akteur genau in der Lage dessen, dem zur Vermittlung seines Verständnisses (Protestes) kein Argument zur Verfügung steht, das bei ihnen Gehör fände, die ihm dazu, wenn man so will, verholfen haben. Nicht, daß die anderen sein Aspektbemerken nicht verstünden! Sie können es nicht verstehen wollen, es sei denn sie änderten ihr ›Leben‹« (ebd., S. 181).

Hier entstünde dann die Situation, dass ein Kollege, der innerhalb einer Diskussion sein Selbstverständnis mithilfe der Kollegen vertiefen konnte, das aber von dem »üblichen Verständnis« (man denke an den schenkenden Analytiker) zu stark abweicht, nicht auf Gehör stößt, weil die Gemeinschaft sich in *ihrer Identität* bedroht sieht.

Verstehen – »halb Denken, halb Seherlebnis«

Damit kommen wir zur dritten und letzten von Hübner genannten Schwierigkeit des Verständigungsprozesses: der Tatsache, dass Selbstreflexion eine einsame Handlung und nicht erzwingbar ist.

Verstehen, auch das Sich-selbst-Verstehen hat *Erlebnis*-Charakter. »Man kann nicht sagen, jemand habe drei Stunden lang verstanden« (ebd., S. 182), es geschieht einem. Obwohl gewisse vorbereitende Maßnahmen erforderlich sind, um in die Situation zu kommen, verstehen zu können, gibt es keinerlei Maßnahmen, die zwangsläufig dazu führen, dass man versteht. Verstehen sei, »halb ein Denken« (weil eben intellektuelle Maßnahmen erforderlich sind) und »halb ein Seherlebnis« (ebd.) insofern es uns passiert, zustößt: »In keinem Fall kann der Redende seinen oder seine Zuhörer dazu zwingen ›ihm zu folgen‹, d.h. sein vorgetragenes Verständnis zu einem Teil ihres reflektierten Selbstverständnisses zu machen, ihr bisheriges Verständnis zu modifizieren« (ebd., S. 184).

Das Verstehen obliegt jedem Einzelnen, wenngleich er es nicht einmal für sich selber erzwingen kann. Er kann sich lediglich darum bemühen. Es gibt keinerlei Garantien dafür, dass sich Verstehen einstellt. Insofern sind beide Seiten, jeweiliger Sprecher und jeweiliger Hörer, als »einsam« zu bezeichnen (ebd., S. 185). Anders formuliert: Das Verstehen ist ein unkontrollierbarer Prozess, in dem beide Seiten voneinander abhängig sind. Und ist einmal Verständigung oder ein Akt von Selbstreflexion, d.h. von Selbstverständnis gelungen, dann handelt es sich bei dem Erreichten um einen »höchst labilen ›Zustand‹, der, muß er verteidigt werden, als infragegestellter eigentlich schon wieder verschwunden ist« (ebd., S. 186).

So ist die Lage, dennoch nimmt das praktische Leben seinen Gang. Dies führt Hübner dann zu folgendem Ergebnis: »Die Selbstreflexion kommt nie zu einem Abschluß. Aber: man ist gezwungen, tragfähige Entscheidungen zu treffen« (ebd., S. 186).

Das ist eine Tatsache, die sich immer wieder bewusst zu machen lohnend ist, weil sie einem ebenfalls abverlangt, einen Widerspruch, einen inneren Konflikt auszuhalten, ohne sich nach einer Seite hin zu verschließen. Denn weder darf dieses Bewusstsein dazu führen, dass man handlungsunfähig wird, nichts mehr tut, weil der selbstreflexive Prozess nicht zum Abschluss gekommen ist (wobei paradoxerweise ja auch das Nicht-Tun ein Tun werden kann), noch darf es zu einem Man-kann-alles-machen-Fatalismus führen.

Für uns heißt das: Was immer wir in unseren Behandlungen tun und sagen oder unterlassen, es ist gut möglich, dass wir zu einem späteren Zeitpunkt zu der Überzeugung kommen, es – aus aktueller Sicht – anders zu machen. Ebenso ist es möglich, dass sich immer jemand findet, der es anders sehen bzw. machen würde. Entscheidend ist, dass man seine Handlungen begründen kann, auch, wenn man selber diese Begründungen vielleicht später nicht mehr gelten lassen würde. Wir können es nicht mit Gewissheit »richtig« machen, wir können uns immer nur um den bestmöglichen Ausgang, jenen, den wir dafür halten, bemühen. Dafür brauchen wir die Verständigung mit unseren Kollegen und einen Rahmen für das Erlebnis der Selbstreflexion.

Zum Schluss möchte ich zu unserem Beispiel zurückkehren: Ich hatte die Frage aufgeworfen, wer denn nun Recht hat: Der Kollege, der mich als unzuverlässig interpretierte oder ich, die die Patientin zurückrief. Nach dem nunmehr Diskutierten lässt sich sagen, dass diese Frage ins Leere läuft. Sie lässt sich nicht beantworten, weil es sich hier um zwei unterschiedliche Weisen des Verstehens meines Tuns handelt. Der Kollege hat mein Zurückrufen anders verstanden als ich. Man kann allerdings sagen, dass an dieser Stelle ein Verständigungsprozess zwischen ihm und mir gescheitert ist. Gescheitert, weil es nicht gelungen ist, die notwendigen Bedingungen für ein gegenseitiges Verstehen zu schaffen. Eine der genannten Bedingungen war, dass alle Beteiligten bereit sein müssen, ihr jeweiliges Vorverständnis für eine Weile zu suspendieren und infrage zu stellen. Dies ist erkennbar nicht gegeben, wenn eine Seite *für sich* die Ansicht vertritt: »Hier liegt auf jeden Fall X vor« (»Die Analytikerin hat sich bereits in der ersten Minute als unzuverlässig erwiesen.«), diese Ansicht aber nicht mit der »Gegenseite«, also der Seite, die ein anderes Verständnis der Situation hat, diskutiert.

Es ist – soweit meine Erfahrung reicht – ein nicht eben seltenes Phänomen, dass gerade die Diskussion »brisanter Stellen« während eines Fallvortrages aus der eigentlichen Diskussion hinausverlagert wird, zum Beispiel in die Kaffeepausen oder in anderweitig gemütliches Beisammensein. Kritik an den Ansichten und Auffassungen anderer Kollegen lässt sich natürlich in einem solchen Rahmen viel leichter äußern (und das erfüllt auf seine Weise auch eine wichtige Funktion, weil es sich dabei um »Erprobungsfelder« handelt, ob denn andere Kolleginnen und Kollegen die Sache vielleicht genauso betrachten wie ich). Doch, so förderlich derartiges »Durcharbeiten« auch ist, keinesfalls sollte es die Diskussion unterschiedlicher Auffassungen ersetzen. Denn natürlich sitzt man in der Pause eher mit »Gesinnungsgenossinnen und -genossen« zusammen, um seine mühsam erworbenen Identitäten zu schützen. Eine diskursive Weiterentwicklung in dem angeführten Sinne: *gemeinsame* Reflexion und Selbstreflexion – diese Linie wird im oben genannten Fall erst gar nicht verfolgt.

Nachdem nunmehr das Modell eines Rahmens entwickelt ist, innerhalb dessen eine produktive, kreative, förderliche Diskussion und Verständigung denkbar wird, wollen wir uns jetzt einmal dem uns vertrauten »Regelwerk« Freuds, unserem psychoanalytischen Erbe, genauer zuwenden.

IV. Freuds Spielregeln

»Mensch mit menschlichen Gefühlen,
Mit erhobnem Haupt und Herzen,
Festlich, reinlich schier gekleidet,
Tritt er in des Vaters Halle.«
(Heinrich Heine, *Hebräische Melodien*)

Die Idealisierung des väterlichen Gesetzes ...

Bei der Rezeption des Freud'schen Regelkanons gibt es aus meiner Sicht immer zwei Besonderheiten: Die eine besteht in dem bereits im ersten Kapitel erwähnten Phänomen, dass eher die strengen, rigiden Aspekte in Freuds *theoretischen* Ausführungen zur Behandlungstechnik hervorgehoben werden, während die bei Freud (in der Praxis) auch vertretene andere Seite eher im Hinter- oder Untergrund zu wirken scheint. Kaum eine Autorin, kaum ein Autor einer wissenschaftlichen Arbeit, die sich nicht in Freuds Schriften zu vergewissern suchen. Seine Texte sollen den Grund legen, auf dem man praktizieren kann. Dabei scheint es so zu sein, als halte man insbesondere jene naturwissenschaftlich eingefärbten, mitunter streng und unnachgiebig anmutenden Textpassagen für den tragfähigsten Boden. Denn wie sonst ist es zu erklären, dass unter den zahlreichen Metaphern, die Freud verwendet, sich jene der »Spiegelplatte« und des mitleidlosen »Chirurgen, [...] der alle seine Affekte beiseite drängt«, mit am hartnäckigsten gehalten haben, und das zum Teil in einer Weise, als liege in ihnen eine Art existentielle Essenz der Psychoanalyse.

Manche von Freud aufgestellte Regeln haben heute den Status von psychoanalytischen Gesetzen. An ihrem Einhalten bemisst sich scheinbar die psychoanalytische Identität. Wer dazugehören will, muss sich diese Regeln zu eigen machen. Andere sind im Laufe der Zeit »unter den Tisch« gefallen, wie zum Beispiel die Altersbegrenzung, derzufolge nur Patienten, die deutlich jünger als 50 Jahre sind, psychoanalytisch behandelt werden sollten.

Dabei stellt sich die höchstinteressante Frage, warum einige der Regeln diesen, andere jenen Weg genommen haben, wenn man so will, der Verdrängung anheimgefallen sind.

Eine besondere Eigenheit der Freud-Rezeption besteht darin, dass einige seiner Postulate und Regeln geradezu »religiösen« Charakter[35] angenommen zu haben scheinen.

Wie kann das geschehen, zumal in einer Wissenschaft wie der Psychoanalyse mit ihrem aufklärerischen Anspruch?

Bekanntermaßen war Freud selber der Überzeugung, es müsse in der damaligen jungen psychoanalytischen Bewegung einen »Führer«, »ein Oberhaupt« geben[36], um die sich neu gründende psychoanalytische Gemeinde zusammenzuhalten und vor Gefahren zu schützen.

Die Vermutung liegt nahe, dass diese Ursprünge der psychoanalytischen Bewegung ihre Ausläufer bis in die Gegenwart haben. Ich werde am Ende dieses Kapitels noch einmal darauf zurückkommen.

In seiner Arbeit *Massenpsychologie und Ich-Analyse* weist Freud darauf hin, dass späterhin auch eine Idee oder »ein Abstraktum« (Freud 1921c, S. 109) an die Stelle des Führers treten könne, mit der Funktion, die einzelnen Individuen untereinander zu verbinden. Regeln haben also, da sie häufig auch bestimmte Ideen beinhalten, identitätsstiftenden Charakter. Möglicherweise ist hierin ein Grund für die bisweilen aufkommende Rigidität und Unbeweglichkeit in der Anwendung von technischen Regeln zu sehen. Die Regeln und Gesetze, die in diesen Anschauungen enthalten sind, sollen die Funktion der einstmaligen Führungsfigur übernehmen, d. h. in der Handhabung dieser Regeln bilden sich auch persistierende Übertragungseinstellungen in Bezug auf die einstmalige Führungsfigur ab, die bekanntlich von früheren Wünschen und Ängsten mitbestimmt werden. Wenn frühe Ängste und Wünsche mit im Spiel sind, dann sind Spaltungen nicht fern, und so wundert man sich nicht, wenn auch wir – aufgeklärt wie wir sind – es mit den dazugehörigen Prozessen von Idealisierung und Entwertung zu tun bekommen. So wie einst die Führungsfigur können nun die an ihre Stelle getretenen Regeln und vermeintlichen Gesetze idealisiert oder entwertet werden.

So wäre dann auch zu erklären, wie die Einstellung, psychoanalytische

---

35 Freud selbst spricht in seinen Vorlesungen von der Grundregel, als »heiliger Regel« (Freud 1916/17a, S. 298).

36 »Auch war ich nicht mehr jugendlich, sah einen langen Weg vor mir und empfand es als drückend, daß mir in so späten Jahren die Verpflichtung, Führer zu sein, zugefallen war. Ein Oberhaupt, meinte ich aber, müsse es geben. Ich wußte zu genau, welche Irrtümer auf jeden lauerten, der die Beschäftigung mit der Analyse unternahm, und hoffte, man könnte viele derselben ersparen, wenn man eine Autorität aufrichtete, die zur Unterweisung und Abmahnung bereit war« (Freud 1914d, S. 85).

Regeln hätten den Status eines von der Analytikerin unabhängigen Gesetzes[37], dem auch diese sich – ist der Prozess in Gang gekommen – zu unterwerfen hat, entstanden sein mag.

So schreibt Krejci:

> »Auch wenn die Elemente des Rahmens von ihm selbst [dem Analytiker, D.P.] vorgegeben werden, bindet der Vertrag den Analytiker genauso wie den Patienten. Die Bestandteile des Vertrages, wenn dieser einmal geschlossen ist, stehen nicht mehr in seiner Verfügungsgewalt« (Krejci 2009, S. 400).

Beim ersten Lesen war ich geneigt, dem ersten Satz vorbehaltlos zuzustimmen, bei näherem Hinsehen und weiterem Nachdenken erscheint mir daran doch etwas unstimmig. Ausgehend von der von Anfang an bestehenden Asymmetrie zwischen Analytikerin und Analysand, scheint mir doch die Analytikerin gebundener zu sein, z.B. in dem Punkt, dass das Recht auf Kündigung des Vertrages eher aufseiten des Patienten liegt. Der Patient darf die Behandlung jederzeit abbrechen, die Auswirkungen im umgekehrten Fall hingegen dürften um ein Vielfaches schlimmer ausfallen, weshalb der Analytikerin die größere Verantwortung, den Vertrag einzuhalten, obliegt.

Im zweiten Satz scheint mir dann jene Haltung vorzuherrschen, die den Rahmen als Gesetz versteht, dem sich auch die Analytikerin zu unterwerfen

---

37 Bezeichnenderweise wird an dieser Stelle – in Anlehnung an Lacan – auch gern vom »väterlichen Gesetz« gesprochen. Interessant, dass diese Anschauungen auch von Männern begründet worden sind, die Väter haben sich also zunächst selbst zu Gesetzgebern ernannt, welche dem angeblich gesetzlosen Zustand zwischen Mutter und Kind ein Ende bereiten. Noch ein Wort zu Lacan und möglichen Idealisierungen in der Psychoanalyse: In einem ergreifenden kleinen Büchlein schreibt Lacans Tochter Sybille über die Beziehung zu ihrem Vater. Dort heißt es gleich zu Beginn: »Als ich geboren wurde, war mein Vater schon nicht mehr da. Ich könnte sogar sagen, daß er bereits woanders war und nicht mehr wirklich mit meiner Mutter zusammen lebte, als ich gezeugt wurde. [...] Ich bin die Frucht der Verzweiflung – manche werden sagen: des Begehrens, aber ihnen glaube ich nicht« (S. Lacan 2001, S. 15). Zur Zeit ihrer Geburt zeugte ihr Vater eine weitere Tochter, mit einer anderen Frau und verließ die Familie.

Sibylle Lacan traf ihren Vater gelegentlich zu einem Essen in einem Restaurant. Einmal, zu Hause auf dem Balkon sehnsüchtig auf ihn wartend, sieht sie ihn aus einem Stundenhotel für Leute »aus den besseren Kreisen« (ebd., S. 27) kommen. Sie ist verletzt und enttäuscht. Sie liebt ihren Vater, so scheint es aus allen Zeilen hervor, aber sie ist unglücklich, fühlt sich zurückgesetzt, von ihm nicht als Tochter gesehen und behandelt. Sie wird schwer depressiv und beginnt eine Analyse, die ihr nicht hilft. Mit ihrer zweiten Analytikerin, Madame P., ging es besser, aber: »Das Ärgerliche ist, daß sich im Laufe der Jahre die Indizien mehrten, daß sie die Geliebte meines Vaters war. Als ich dessen sicher war, verließ ich sie auf der Stelle« (ebd., S. 33).

habe, eine Haltung, wie sie auch Winfried Trimborn explizit vertreten hat (Pflichthofer 2011).

Pacta sunt servanda heißt es bei den Juristen, aber natürlich dürfen Verträge mit beiderseitigem Einverständnis auch verändert werden. Anders verhält es sich mit Gesetzen. Diese bilden eine dritte Instanz, können nicht – auch wenn zwei sich einig sind – einfach außer Kraft gesetzt werden. Die beiden, die sich einig sind, können dann nur gemeinsam gegen das Gesetz verstoßen.

Die Gefahr besteht darin, in Extreme zu verfallen, zu idealisieren und sich dem idealisierten Objekt, das z. B. die Gestalt des väterlichen Gesetzes annehmen kann, zu unterwerfen oder aber die andere Seite – die väterlichen Gebote und Verbote – schlechterdings zu ignorieren. Die Geschichte der Psychoanalyse ist voll von solchen Stürzen in das eine oder andere Extrem. Im Falle der Entwertung, des Ignorierens des väterlichen Gebotes und der fehlenden Übernahme der Verantwortung kann sich die Spaltung fortsetzen, indem in der Theorie der Schein der Unterwerfung gewahrt wird, während in der Praxis die Entwertung munter vorangeht.

Krejci sieht die von Freud verfassten Regeln als sein Anliegen,

»Standardbedingungen für die analytische Kur zu schaffen. Wohlwollende Indifferenz und Abstinenz des Analytikers gehörten zu Freuds Zeiten zu den Rahmenbedingungen. Über die Indifferenz denken wir heute anders, aber auch heute darf der Analytiker keine persönliche Beziehung zu seinem Patienten eingehen, und beide sollten es vermeiden, sich außerhalb der Sitzungen bei sozialen Anlässen zu treffen« (Krejci 2009, S. 400).

Das besonders Interessante an dieser Formulierung ist die Verortung der wohlwollenden Indifferenz und Abstinenz in Freuds Zeiten. Diese Formulierung soll hier beispielhaft stehen für ein doch vertrautes und häufig gefühltes inneres oder äußeres Argument, dass wir in der Tradition Freuds handeln, gemäß seiner Theorie und den Regeln für die Praxis, die er aufgestellt hat. Jedenfalls ist es bis heute so, dass sich die allermeisten wissenschaftlichen Arbeiten, in denen Haltungen begründet werden, auf Freud berufen. Auch die Sorge, die heutige Psychoanalyse könne zu viel von ihrem eigentlichen Kern verlieren, sich anderen Therapieformen zu sehr angleichen, findet ja ihre Wurzel in der Freud'schen Tradition, die uns ein Anliegen ist und erhalten bleiben soll.

Es klingt ein bisschen so, als würde die Autorin dazu aufrufen, sich auf die Haltungen, die damals Geltung hatten, zu besinnen. Denn die Formulierung »zu Freuds Zeiten« (und eben nicht *seit* Freuds Zeiten) impliziert das Gefühl, als sei es heute nicht mehr so. Und tatsächlich, in Bezug auf die Indifferenz heißt es weiter, dass wir heute eine andere Sicht verträten, hingegen habe sich an unserer Einstellung zu den persönlichen Beziehungen zwischen Analytiker und Analysand laut Krejci seit damals nicht viel verändert.

»Wohlwollende Indifferenz« und Abstinenz aber, gehörten offenbar damals wie heute in dieser Ausschließlichkeit vor allem in der *Theorie* zu den Rahmenbedingungen. Besonders in den Anfängen der Psychoanalyse hat man es gerade mit der sexuellen Abstinenz leider und erschreckenderweise nicht sehr genau genommen! Eben der schmerzlichen Erfahrung dieser Tatsache verdankt sich ein Großteil der technischen Regeln Freuds, und – so meine These – auch ein Teil unseres Umganges mit diesen Regeln.

Die technischen Ratschläge schlicht als väterliches Gesetz zu verstehen, greift zu kurz und entspricht nicht Freuds ursprünglichem Anliegen.

So beschreibt Leo Stone schon 1961 sein Anliegen,

> »den Eindruck abzubauen, diese aphoristischen Äußerungen Freuds – die richtig aufgefaßt, immer noch von unschätzbarem Wert und, wie immer aufgefaßt, immer noch von außerordentlicher autoritativer Kraft sind – seien als buchstäblich zu nehmende, unveränderliche und umfassende Feststellungen intendiert« (Stone 1973, S. 102).

Auch Krutzenbichler und Essers, die sich in ihrem klugen und mutigen Buch mit dem »Problem« der Liebe in der Psychoanalyse so instruktiv auseinandersetzen, sehen darin ein Missverständnis (Krutzenbichler/Essers 2002, S. 93). Freud selber zeigte sich eher unangenehm überrascht und befremdet über die Art und Weise, wie die Gefolgsleute seine Ratschläge aufgenommen haben, wie aus einem Brief an Ferenczi vom 04. Januar 1928 hervorgeht:

> »Denn meine seinerzeit gegebenen Ratschläge zur Technik waren wesentlich negativ. Ich hielt es für das Wichtigste herauszuheben, was man nicht tun soll, die der Analyse widerstrebenden Versuchungen aufzuzeigen; fast alles, was man positiv tun soll, habe ich dem von Ihnen eingeführten ›Takt‹ überlassen. Dabei erzielte ich aber, daß die Gehorsamen die Elastizität dieser Abmahnungen nicht bemerkten und sich ihnen, als ob es Tabuverordnungen wären, unterwarfen. Das mußte einmal revidiert werden, allerdings ohne die Verpflichtungen aufzuheben« (Freud/Ferenczi 1996d, S. 170).

Da haben wir es also: Freud selbst spricht von Unterwerfung und der Aufrichtung eines Tabus. Der Gehorsam ist ihm – einerseits – zu weit gegangen. Andererseits verwundert die Titulierung »Abmahnungen«, die aber doch auf die tiefere Motivation dieses Regelwerkes hinweist.

... und seine Entwertung

Das Bedürfnis, solche »Abmahnungen« zu verfassen, dürfte auf die gerade durch und durch unabstinente Haltung seiner drei »Kronsöhne« oder »Thronfolger« zurückgehen und diesen gegolten haben, wie Krutzenbichler und Essers ebenfalls herausarbeiten. Jung, Jones, Ferenczi, alle sind sie eine sexuelle Beziehung zu ihren Patientinnen eingegangen, und, noch schlimmer, haben zum Teil währenddessen scheinbar weiter »Psychoanalyse« mit diesen Frauen betrieben!

Die Analysandin als Geliebte

1905 nimmt Ernest Jones Loë Kann in psychoanalytische Behandlung, ein Jahr später leben sie »als Mann und Frau zusammen: Jones war einfach bei ihr eingezogen« (Appignanesi/Forrester 1994, S. 309). 1908 geht Jones mit Loë Kann nach Kanada, wo sie sich als verheiratet ausgeben und Jones in erheblichen moralischen Verruf gerät. Eine Patientin beschuldigt ihn, mit ihr sexuellen Verkehr gehabt zu haben, »um ihr gut zu tun«. Jones zahlt offenbar 500 Dollar[38] an die Patientin, um sie zum Schweigen zu bringen (ebd., S. 310 u. 698), was er vor Freud zunächst verschweigt. Er habe Unterstützung seitens der Ärzteschaft bekommen, woraufhin die Patientin versucht habe, ihn zu erschießen. Schließlich klagen noch zwei Ehemänner gegen Jones, deren Ehen offenbar während der Analyse zerbrachen (ebd.).

Eine weitere Analytiker-Patientin-»Liaison«: Jung geht 1908 eine Liebesbeziehung mit Sabina Spielrein ein, was er ebenfalls vor Freud geheim hält.

Diese Liebesbeziehung hindert Jung auch nicht daran, über Spielrein als Patientin mit einer »psychotischen Hysterie« auf dem Internationalen Kongress für Psychiatrie und Neurologie zu berichten und ihren »Fall« in seinem Buch zu veröffentlichen (Krutzenbichler/Essers 2002, S. 45). Die Affäre kommt Freud erst 1909 durch Emma Jung zu Ohren. Er, Jung, verleumdet Spielrein in schändlichster Weise[39], und Freud nimmt seinen Thronfolger in Schutz. Es ist

---

38 Das soll aus einem Brief an Putnam hervorgehen (Appignanesi/Forrester 1994, S. 698).

39 »[...] eine Patientin, die ich vor Jahren mit größter Hingabe aus schwerster Neurose herausgerissen habe, hat mein Vertrauen und meine Freundschaft in denkbarst verletzender Weise enttäuscht. Sie machte mir einen wüsten Skandal ausschließlich deshalb, weil ich auf das Vergnügen verzichtete, ihr ein Kind zu zeugen. Ich bin immer in den Grenzen des Gentleman

das böse Weib, das den armen hilf- und wehrlosen, aber doch völlig ehrenhaften Mann verführt. Freud schreibt Jung jenen berühmten Brief, in dem er mitteilt, selber das eine oder andere Mal »a narrow escape« gehabt zu haben. Dennoch scheint dieses Ereignis dazu beigetragen zu haben, dass Freud Jones im Juni 1909 mitteilt, ihm schwebe vor »ein kleines Merkbuch mit Anleitungen und Regeln für die Technik zu schreiben« (Jones 1962, S. 275).

Die Geliebte und die Tochter der Geliebten als Analysandin

1909 nimmt Sándor Ferenczi Gizella Palos in Analyse, die seit 1904 seine Geliebte ist! Und das offenbar u. a., weil sie sich nicht entschließen kann, sich von ihrem Mann scheiden zu lassen. Freud ist darüber informiert. Die Tochter Gizellas, Elma Palos, leidet nach dem Suizid ihres Freundes an Depressionen, Ferenczi nimmt auch sie in Analyse, was er Freud am 14. Juli 1911 mitteilt:

> »Frau G. [Gizella, D. P.] dankt Ihnen für die Grüße und erwidert sie herzlich. Denken Sie sich, ich entschloss mich, ihre Tochter (Elma) in psychoanalytische Behandlung zu nehmen; die Zustände sind eben unerträglich. Einstweilen geht die Sache und die Wirkung ist günstig. Sie muß natürlich viel mehr von mir reden als andere Patienten, aber es stellt sich heraus, daß das kein absolutes Hindernis ist« (Freud/Ferenczi 1993, S. 402).

Freud meldet Bedenken an:

> »Ich grüße Sie und Frau Gizella herzlich und wünsche Ihnen viel praktischen Erfolg bei der neuen Unternehmung mit Frl. Elma, fürchte freilich, daß es bis zu einem gewissen Punkt gut gehen wird und dann gar nicht. *Opfern* [Hervorh. i. O.] Sie dabei nicht zuviel von Ihren Geheimnissen aus zu großer Güte« (ebd., S. 403).

Na ja. Ein entschiedener Einspruch sieht anders aus. Freud sollte Recht behalten. Geopfert hat Ferenczi Grundregeln der Psychoanalyse. Denn am 3. Dezember 1912 schreibt er an Freud:

---

ihr gegenüber geblieben, aber vor meinem etwas zu empfindsamen Gewissen fühle ich mich doch nicht sauber, und das schmerzt am meisten, denn meine Absichten waren immer rein gewesen. Aber Sie wissen ja, daß der Teufel auch das Beste zur Schmutzfabrikation verwenden kann« (Freud/Jung 1991, S. 100). Das bedarf keines weiteren Kommentars!

»Die Dinge nehmen einen rascheren Verlauf als ich es mir vorstellte. Die kühle Überlegenheit des Analytikers konnte ich Elma gegenüber nicht bewahren, und ich gab mir Blößen, die dann unvermeidlich zu einer Art Annäherung führten, die ich nicht mehr als Wohlwollen des Arztes oder des väterlichen Freundes hinstellen kann. [...] Analytisch betrachtet muß ich mir die Sache so vorstellen, daß Elma in dem Moment für mich gefährlich wurde [sic. D.P.], als sie – nach dem Selbstmorde des jungen Mannes – unbedingt jemanden brauchte, der sie stützt und der ihr aus der Not *hilft* [Hervorh. i.O.]. Ich tat das nur zu gut – wenn ich auch einstweilen mit Anstrengung meiner Zärtlichkeit Reserve auferlegte. Aber die Bresche war geschlagen – und jetzt zieht sie allem Anscheine nach siegreich in mein Herz ein« (ebd., S. 428).

Freud rät Ferenczi daraufhin, die Behandlung zu unterbrechen und zu ihm nach Wien zu kommen. Was folgt, ist eine heillose Geschichte, in der sämtliche Regeln über Bord geworfen werden, eine Geschichte von Grenzüberschreitungen, Indiskretionen und Verrat.

Freud schreibt in der Angelegenheit einen Brief an Gizella mit der Bemerkung, dass man »als Frau bereit sein muß, seine Opfer mit Undank vergolten zu sehen« (ebd., S. 430). Am 31. Dezember 1911 teilt Ferenczi Freud mit, dass er gedenkt, Elma zu heiraten.

Ferenczi trägt Freud die Analyse von Elma an, die dieser widerwillig zu übernehmen bereit ist (Freud/Ferenczi 1996a, S. 30). Fortan erstattet er Ferenczi Bericht über den Verlauf der Behandlung. Ferenczi seinerseits unterrichtet Freud über die Inhalte der Briefe Elmas, die diese an Ferenczi schreibt, »da Elma die Neigung hat, Dinge zu verstecken, richtiger: anderwärts zu offenbaren«, »im Interesse ihrer Analyse« (ebd., S. 35). Elma möchte offenbar wissen, ob Freud Ferenczi etwas über ihre Analyse berichtet. Freud beendet die Analyse – offenbar gegen Elmas Willen – Ostern 1912; sie kehrt nach Hause zurück. Nun benimmt sich Ferenczi ihr gegenüber »freundlich und liebenswürdig, aber zurückhaltend« (ebd., S. 76). Er fühlt »die große Veränderung« in sich, von der »seinerzeitigen Sexualüberschätzung blieb kaum etwas bestehen« und er vermag nun »den kolossalen Wertunterschied zwischen Elma und Gizella richtig abzuschätzen« (ebd.). Genau genommen kann und will Ferenczi sich aber nicht entscheiden. Weder möchte er auf die »zärtliche und durchgeistigte Verbindung« (ebd., S. 80) zu Gizella verzichten noch auf die Jugendlichkeit von Elma. Er ist sich sogar der Freundschaft Gizellas gewiss, wenn er deren Tochter heiraten sollte, sei doch ihre »Liebes- und Opferfähigkeit schier grenzenlos« (ebd.). Elma denkt weiterhin an die zukünftige Ehe mit Ferenczi, von der sie ihm nur »die angenehmsten Vorstellungen gestehen will« (ebd., S. 82).

Daher schlägt Ferenczi vor, sie erneut in Analyse zu nehmen, worauf Elma sich neuerlich einlässt, aber offenbar, um es ihm recht zu machen und die erhoffte Eheschließung nicht zu gefährden. Man mag sich gar nicht vorstellen, wie es in den Beteiligten psychisch zugegangen sein muss, und so erlebt Ferenczi: »Doch die erste Stunde, die wir heute nahmen, zeigt sie so kolossal gehemmt, daß ich mich auf einen längeren Zeitraum gefaßt mache« (ebd.).

Wen wundert's? Und nun fordert er »für die Dauer der Kur die absolute Unterbrechung aller Beziehungen (die ärztliche ausgenommen)« (ebd.). Schließlich offenbart Ferenczi in diesem Brief an Freud das eigentliche Motiv dieser neuerlichen »Analyse«: Es handelt sich ganz offenbar um eine Art Test. Nur, was wird getestet? Die Fähigkeit, sich preiszugeben, sich vollständig zu unterwerfen? Jedenfalls legt der Ton der Sprache dies nahe:

> »Sie muß sich entschließen, mit mir frei und ungehemmt zu reden, ihre Widerstände einzugestehen. Tut sie das nicht, so bin ich fest entschlossen, auf sie endgiltig zu verzichten. Ich kann vernünftigerweise nicht anders handeln. Natürlich will ich mit ihr höflich und freundlich vorgehen, wie es ja auch meine ärztliche Pflicht ist, so daß es doch nicht ausgeschlossen ist, daß, wenn das Analyseergebnis die Verwirklichung des Planes nicht verhindert, aus der Sache am Ende doch etwas wird« (ebd.).

Es ist schon etwas verstörend: Ausgerechnet der Mann, der so klug und einfühlsam über die Wirkung des Inzestes auf das Kind und vor allem über die Wirkung der Schuldgefühle schreibt, die das Kind auf sich nimmt, weil die Erwachsenen die Verantwortung für ihre Taten nicht zu tragen bereit sind, ausgerechnet dieser Mann begeht einen analytischen Inzest, für den er jegliche Verantwortung abzulehnen scheint. Und das alles vor Freuds Augen, mit dessen Wissen, denn sämtliche hier zitierten Äußerungen stammen aus Briefen an ihn.

Nicht nur, dass er die Tochter seiner Geliebten als Patientin in Analyse nimmt, nicht nur, dass er mit dieser Patientin eine Liebesbeziehung eingeht, nicht nur, dass er dem nachfolgenden Analytiker seiner ehemaligen Patientin Inhalte aus deren Briefen mitteilt (und dieser sie liest und offenbar nicht unterbindet, derartiges zu tun), nicht »nur« das, nein, danach macht er sie wieder zu seiner Patientin, um auf diesem Wege alles über ihr Innenleben zu erfahren. Es scheint so zu sein, dass Ferenczi seiner Gegenübertragung verfallen ist und diese sich »merklich abgekühlt« hat, als Elma nicht mehr seine Patientin war. Allerdings war ihm die Patientin, als die Tochter seiner Geliebten, vorher gut bekannt, so muss man sich fragen, ob hier nicht eine Gegenübertragung vorlag, oder vielmehr Übertragungen Ferenczis. Als Elma zurückkommt, spürt er seine Distanziertheit und sucht die Gründe dafür in einer Neurose Elmas, die sie ihm nun endlich »eingestehen« solle. Und es wird noch schlimmer:

Elma erzählt Ferenczi – im Rahmen dieser sogenannten Analyse – dass sie auf der Straße von einem jugendlichen Verehrer angegangen worden sei, den sie energisch zurückgewiesen habe. Die Erzählung richtet bei Ferenczi allerlei an:

> »Aus der Art aber, in der sie mir den Vorfall berichtete, sah ich, daß sie mir und sich selbst nicht alles eingestehen kann, was in ihr vorgeht. Rasch entschlossen erklärte ich ihr das am folgenden Tage und sagte ihr mit Bestimmtheit, daß von einer Verlobung nicht die Rede sein kann, solange sie sich nicht zur offenen (analytischen) Aussprache entschließt. Kann sie das nicht, so stelle ich alle weiteren Versuche ein und betrachte die Angelegenheit für erledigt. [...] Gelänge es mir, sie zur rückhaltlosen Ehrlichkeit mir und sich selbst gegenüber zu erziehen, hätte ich also eine gewisse Garantie dafür, daß sie in der Ehe verläßlich und nicht das Spielzeug dunkler Triebe sein wird, so könnte aus der Sache immer noch etwas werden, vorausgesetzt, daß sie wollen wird« (ebd., S. 88/89).

Es ist schon recht gut ersichtlich, dass aus der »Sache« wohl eher nichts mehr werden wird, auch dadurch, dass es nun eine »Angelegenheit« oder eben »Sache« geworden ist. Die eventuelle zukünftige Ehefrau soll also auf der Couch auf Herz und Nieren geprüft werden, eine Art Treuetest auf psychoanalytisch. Ferenczi wechselt die Schauplätze nach Belieben, es entsteht die totale Regelkonfusion. Sie soll auf der Couch alles sagen, die totale Offenheit. Bezeichnenderweise setzt er das »analytische« der Aussprache in Klammern, er kündigt *in der Realität* die Lösung der Verlobung an. Das ständig mitschwingende Machtgefälle, nicht zwischen Arzt und Patientin, sondern zwischen Mann und Frau wird offenbar. Wieso darf er sie in dieser Weise »testen« und sie ihn nicht?

Freud ist über diesen Brief offenbar sehr beruhigt: »Ich glaube, Sie haben jetzt die einzig richtige Technik gefunden, und ich bin sehr froh darüber« (ebd., S. 90).

Zu dieser »Technik« gehört auch, dass Ferenczi mit Gizella (zur Erinnerung: Mutter der Patientin, ehemalige Geliebte und zukünftige Geliebte und Ehefrau Ferenczis) spricht, um die Aussagen, die Elma in der »Analyse« über ihre Mutter macht, zu verifizieren (ebd.)! Ferenczi zeigt sich erbost, Elma würde seit ihrer Rückkehr aus Wien nur »obstruieren«, hätte in der ganzen Zeit »nie ordentlich gearbeitet«, sondern »ihre alten Verführungskünste anzuwenden gesucht«, und den Entschluss zu heiraten realisieren wollen (ebd.). Da ist sie wieder: die verführende Frau, die, den Sirenen gleich, den wehrlosen Analytiker in den Abgrund zu ziehen sucht.

Jetzt, an dieser Stelle, plötzlich, gesteht Ferenczi ihr ein, dass er in der ersten Analyse große Fehler begangen habe, »indem er ihre zumeist neurotische Annäherung für wirklich« hingenommen habe, aber *jetzt* sei er sich ganz sicher, so »daß sie endgültig darauf verzichten muß, mich zum zweiten Mal vom richtigen analytischen Weg zu ›verführen‹« (ebd., S. 108/109). Das kommt dem Tenor von Jungs Brief über Spielrein schon recht nahe.

Ferenczi sagt Elma, dass die Aussichten auf eine Ehe mit ihm denkbar schlecht seien, er ihr aber zur Verfügung stehe, wenn sie als »*Kranke*« [Hervorh. i. O.) zu ihm käme. Wenig später heißt es im Brief an Freud: »Der Fall Elma ist nichtsdestoweniger ganz erledigt« (ebd., S. 133). Ganz erledigt ist »der Fall Elma« erst im Jahr 1912.[40]

Kurz zuvor, Ende des Jahres 1911, hat offenbar Jung erneute Abstinenzprobleme, denn er wird von Freud getadelt, »noch nicht die nötige Kühle in der Praxis erworben« zu haben (Freud/Jung 1991, S. 212). Offenbar konnte sich Jung auch bei Frau C. (Elfriede Hirschfeld, die auch bei Freud in Analyse war) (Krutzenbichler/Essers 2002, S. 61) nicht zurückhalten.

In demselben Brief steht auch – aus gegebenem Anlass – die bemerkenswerte Aussage Freuds: »Der Aufsatz über die ›Gegenübertragung‹, der mir notwendig scheint, dürfte allerdings nicht gedruckt werden, sondern müsste unter uns in Abschriften kursieren« (Freud/Jung 1991, S. 213).

Hier also ein erneutes Zeugnis der Spaltung in das, was öffentlich kundgetan werden kann, und jenes, was ebenso wichtig erscheint und einer fast konspirativ anmutenden Geheimhaltung bedarf.

Es ist dies die Zeit, in der Freud seine – für die Öffentlichkeit bestimmten – technischen Regeln niederschrieb!

Für das Verständnis der Rezeption von Freuds Regeln zur Technik ist es unabdingbar, diesen Hintergrund mit einzubeziehen. Die Abstinenz-Regel ist nicht in erster Linie zum Schutze der Patientin errichtet worden, dieses nur in zweiter oder dritter Linie. Sie sollte zuallererst dem Schutze von Freuds wichtigstem Kind, der Psychoanalyse, zugleich auch dem Schutze des Psychoanalytikers[41] dienen, der, ganz unschuldiges Opfer seiner Triebe, dem sire-

---

40 Der genaue Zeitpunkt ist unklar, weil der entsprechende Brief Ferenczis ausnahmsweise ohne Datum ist.
41 Diese waren eben damals fast ausschließlich männlich, was sowohl auf die Theoriebildung als auch auf die Praxis einen nicht unerheblichen Einfluss haben dürfte.

nenhaften Weib ausgeliefert ist. Zu oft entschuldigte Freud seine männlichen Kollegen, zu oft rief er die Frauen zu den nötigen »Opfern« zugunsten des Mannes auf, als dass man etwas anderes annehmen könnte.[42] Die väterlichen »Machtworte« sind an diesen Stellen ausgeblieben, wo sie doch sehr notwendig gewesen wären, denn genau genommen reden wir hier über ein psychoanalytisches Sodom und Gomorrha.

Das väterliche Gesetz scheint eine pervertierte Umformung zu erfahren. Statt dass der Vater der Tochter als Dritter bei der Lösung aus der Dyade mit der Mutter und auf dem Weg in die Autonomie behilflich ist, wird eine neue Gleichung aufgemacht: weg von der Mutter = sexueller oder narzisstischer Besitz des Vaters.

Freuds Sorge scheint damals noch viel mehr dem zu gelten, was solche »Mésalliancen« für den Ruf der Psychoanalyse bedeuten würden, als dem, was sie in der Psyche der Betroffenen anrichten.

Das väterliche Gesetz ist ein Segen, ebenso wie das der Mutter. Aber das ist es nur, wenn es real konsequent und mit Güte eingehalten wird, und nicht, eo ipso, qua Idealisierung. Diese Idealisierung scheint sich in Spuren bis heute zu halten. Wie sind sonst solche Sätze, wie der des so klugen und kreativen Analytikers André Green zu erklären:

> »Nun weiß man ja, daß der Inzest zwischen Vater und Tochter viel verbreiteter ist als der zwischen Mutter und Sohn und *daß ersterer wohl weniger Schäden hinterläßt* [kursiv durch D.P.]. Kann man aber im Falle eines Inzest zwischen Mutter und Kind überhaupt von Gewalt sprechen, wo doch ein derartiger Akt dem Sohne oder der Tochter kaum aufgezwungen wird und von ihnen gar

---

42 So schreibt Freud an Jung, nachdem dieser ihm einen reuevollen Brief in der »Spielrein-Affäre« (Jung am 21. Juni 1909) geschrieben hatte: »Sie aber bitte ich jetzt nicht zu stark in die Zerknirschung und Reaktion zu gehen. Denken Sie an das schöne Gleichnis von Lasalle von der zersprungenen Eprouvette in der Hand des Chemikers: ›Mit leisem Stirnrunzeln über den Widerstand der Materie setzt der Forscher seine Arbeit fort‹. Kleine Laboratoriumsexplosionen werden bei der Natur des Stoffes, mit dem wir arbeiten, nie zu vermeiden sein. Vielleicht hat man die Eprouvette wirklich nicht schräg genug gehalten oder zu rasch erwärmt. Man lernt so, was von der Gefahr am Stoff und was an der Handhabung liegt« (Freud/Jung 1991, S. 114). Einerseits diminuierend (»kleine«) andererseits doch erkennend (»Explosionen«) verortet Freud den »Widerstand« der Materie allerdings nur in der Triebhaftigkeit der Analysandin. Der gefahrvolle Stoff und dessen Handhabung beziehen sich hier noch nicht auf das Innenleben des Analytikers, der lediglich mit »leisem Stirnrunzeln« seine Arbeit fortzusetzen hat. Für die Öffentlichkeit aber schreibt er: »Damit steht es für ihn [den Analytiker, D.P.] fest, daß er keinen persönlichen Vorteil aus ihr [der Übertragungsliebe D.P.] ziehen darf. Die Bereitwilligkeit der Patientin ändert nichts daran, *wälzt nur die ganze Verantwortlichkeit auf die eigene Person* [kursiv durch D.P]« (Freud 1915a, S. 318).

ersehnt oder provoziert wird? Meiner Auffassung nach muß man hier trotz Zustimmung des Partners von Gewalt sprechen, und selbst dann noch wenn die Initiative scheinbar vom jüngeren Teil des Paares ausgeht [...]« (Green 2003, S. 279).

Woher weiß *man*, dass der Inzest zwischen Vater und Tochter weniger Schäden hinterlässt? Wofür soll eine solche Behauptung gut sein?

Und woher kommt das angebliche Wissen, der Inzest sei, und wir sprechen hier vom *realen* Inzest, nicht von einer ödipalen Phantasie beim Kind, vom Kind gewollt, gar ersehnt und werde ihm »kaum aufgezwungen«?

Meines Erachtens ist das eher ein Ausläufer der Idealisierung des väterlichen Gesetzes, so, als sei dieses einfach durch seine Benennung bereits etwas unkritisierbar Gutes. Auch das väterliche Gesetz fällt nicht einfach vom Himmel, sondern, wie jedes Gesetz, muss es erarbeitet und gelebt werden, damit es Gültigkeit erlangen und behalten kann.

Aus meiner Sicht handelt es sich um ein dramatisches Missverständnis der von Freud entdeckten infantilen Sexualität. Sie heißt nicht umsonst »infantile« Sexualität, denn – wie Freud auch herausgearbeitet hat – ist diese in physiologischer wie auch in psychologischer Hinsicht eine unreife Form, nicht mit jener der Erwachsenen zu vergleichen. Sie beruht auf bestimmten infantilen Sexualphantasien, zum Teil noch primärprozesshafter Natur, wie z. B. die Kloaken-Phantasie. Ich würde es auch für ein großes Missverständnis halten, wenn man annähme, die ödipale Tochter, die ihren Vater heiraten und ein Kind mit ihm haben möchte, hat die konkret sinnliche Vorstellung und den Wunsch, mit ihm Geschlechtsverkehr haben zu wollen. Das Kind, das die Tochter mit ihrem Vater zu haben phantasiert, ist kein Ergebnis eines solchen Aktes, sondern kommt einfach »irgendwoher«.[43]

Sie möchte den Vater heiraten, ja, sie möchte ihn (vielleicht) ganz für sich, die Erste in seinem Leben sein und die Mutter in die zweite Reihe drängen. Wir wissen, dass das Drama eines solchen Konfliktes darin besteht, dass das Mädchen die Mutter natürlich nicht verlieren will.

Die Sicht Greens liegt mehr auf der Ebene der Identifikation mit dem Ag-

---

43 Wenn es in den Kindern tatsächlich schon so früh Vorstellungen der erwachsenen Sexualität gäbe, dann bräuchte es eigentlich keine Sexualaufklärung mehr. Aber dem ist nicht so, wie wir wissen. Das infantile Sexualleben besteht aus unreifen anatomischen und physiologischen Verhältnissen, »Überlebseln« aus dem aus der Erwachsenenumwelt Wahrgenommenem, dem, was den Kindern von den Erwachsenen zu sehen gegeben wird, den sich darum rankenden Phantasien und dem Versuch, sich einen Reim darauf zu machen.

gressor, die Ferenczi so meisterhaft herausgearbeitet hat (es ist eine bittere Ironie dieser Geschichte, dass Ferenczi sein Wissen nicht auf sich anwenden konnte). Das Kind muss schuld sein, weil es anders nicht sein kann. »Ich bin schuld, denn er (oder sie) kann nicht schuld sein! Ich habe es wohl so gewollt.«

Auch die Geschichte der Psychoanalyse enthält – wie andere Geschichten – Widersprüche. Sie gründen unter anderem darauf, dass auch wir uns unsere guten Elternobjekte erhalten wollen, es zutiefst schmerzhaft und verunsichernd ist, auch *deren* Beschädigungen wahrzuhaben und anzuerkennen. Dies vermag vielleicht ein wenig zu erhellen, warum es bis heute so schwer ist, Grenzüberschreitungen zu benennen und anzuerkennen. Denn jede solcher Grenzüberschreitungen geschieht sowohl zum großen Schaden der Patienten als auch der Analytiker und der gesamten Profession.

Jeder Analysand, jede Analysandin ist abhängig und – wie einst das Kind seinen Eltern gegenüber – in einem hohen Maße loyal, eben auch, weil er/sie in unterschiedlichem Maße dringend auf das gute Elternobjekt angewiesen ist, also wird man dieses Objekt schützen. Womöglich fühlen auch wir uns in unserer Wissenschaftsgeschichte immer wieder auf solche guten Objekten angewiesen, sind deshalb bereit, sie zu schützen und zu verteidigen, manchmal auch über das vernünftige Maß hinaus, weil der Schaden so unerträglich scheint. Vielleicht sitzt auch uns zudem die alte Angst Freuds im Nacken, unser gemeinsames Kind, die Psychoanalyse, könnte Schaden nehmen.

Dies würde vielleicht auch die Intensität so mancher Affekte bei Fallvorstellungen erklären, in denen Kolleginnen oder Kollegen etwas »Unübliches« aus ihrem praktischen Tun berichten (z. B. ein Telefonat, eine Extra-Stunde, eine Stundenverlängerung, etc.). Bisweilen kann man dann beobachten, dass es auf der einen Seite so starke Affekte gibt, als hätte die Kollegin etwas ganz Unerhörtes getan, und auf der anderen Seite, schon bevor oder während man von einem Fall berichtet, eine ebenso starke Angst, als hätte man etwas so Dramatisches getan, dass man sich schon aus der Community ausgeschlossen wähnt. Hier handelt es sich möglicherweise um Affektverschiebungen dergestalt, dass die Intensität dem aktuellen Geschehen – dem aktuellen Fallvortrag – nicht ganz angemessen scheint, sodass diese ihre Wurzel woanders haben muss. Vielleicht reicht diese Wurzel bis in die frühesten Tage unserer Wissenschaft, in der es wahrlich genügend Ereignisse gab, die starke Affekte erklären und rechtfertigen würden. Bis heute währt die Angst, ob dieses Berufes und der damit verbundenen Phantasien, persönlich diskreditiert zu werden.

Psychoanalytische Regeln dienen nicht nur der Schaffung des Rahmens und der Regulation des Miteinanders innerhalb der therapeutischen Situation, nicht selten transportieren sie auch spezifische Ideen, Vorstellungen und Werte. Sie enthalten implizite Weltanschauungen, die dann an eine Regel geheftet werden können, welche ihrerseits im Laufe der Zeit eine gewisse Umformung oder Neubetonung erfährt. Als hier kurz vorgestelltes Beispiel mag die Regel »Die Kur soll in der Entbehrung – Abstinenz – stattfinden« dienen, die fast immer unvollständig wiedergegeben wird. Freuds Zusatz »soweit dies möglich ist« wird meistens unberücksichtigt gelassen. Die Schwierigkeit mit dieser Regel liegt in der oben kurz wiedergegebenen Geschichte von Grenzüberschreitungen. Denn natürlich meinte Freud mit Abstinenz durchaus die sexuelle Abstinenz, das Inzest-Tabu, das klare Verbot, mit einem Patienten eine sexuelle Beziehung einzugehen. Aber – wie er selber schreibt – nicht nur dies. Die Vermischung hat offenbar zu einer speziellen Rezeption der sogenannten Abstinenzregel beigetragen, auf die ich noch zu sprechen kommen werde. Der Absolutheitsanspruch gilt eben für die persönliche oder sexuelle Beziehung zwischen Analytiker/Analytikerin und Patient/Patientin, in jeglicher Kombination. Da in der psychoanalytischen Gemeinde das Wissen um die erfolgten Verfehlungen in der Geschichte natürlich latent vorhanden ist, wird diese Regel – mit Recht – zu den Grundpfeilern des psychoanalytischen Rahmens gezählt. Die Vehemenz, die häufig mit ihr verbunden ist, verdankt sich vermutlich eben diesem Wissen, dem Wissen darum, wie verführbar der Mensch ist oder anders formuliert, dem Wissen, wie brüchig das väterliche Gesetz sein kann. Diese Vehemenz hat sich im Weiteren auch an andere mögliche Befriedigungen in der Kur geheftet, obwohl Freud explizit sagt, »ich meine dabei nicht [...] die Entbehrung von allem, was man begehrt, denn dies würde wohl kein Kranker vertragen« (Freud 1915a, S. 313).

In der Folge gilt dann die auferlegte Entbehrung nicht mehr nur als Mittel zum Zweck, sondern *ist* bereits für sich genommen der Zweck. Die darunter liegende, unbewusst gewordene Idee könnte zum Beispiel jene sein, nach der Schmerz und Entbehrung zu einem besseren Leben verhelfen, eine in der protestantischen Ethik nicht unbekannte Figur.

In Freuds Schriften lassen sich allerlei Regeln finden. Angela Köhler-Weisker und die Arbeitsgruppe des Sigmund-Freud-Institutes Frankfurt haben 249 formulierte Regeln ausfindig machen können. Im Folgenden möchte ich einige der bekanntesten seiner Spielregeln wiedergeben, wobei die Liste keinesfalls einen Anspruch auf Vollständigkeit erhebt (249 sind einfach zuviel für dieses Buch), aber auch aus der kleinen Auswahl wird die zuvor erwähnte Eigenheit der Rezeption Freud'scher Regeln deutlich werden. Im Weiteren will ich mich dann anhand der verschiedenen Regeln mit jenem tiefgreifenden Problem befassen, das aus meiner Sicht der Psychoanalyse bis heute inhärent ist (und ihr gelegentlich ordentlich zu schaffen macht), der unvermeidbaren Diskrepanz zwischen Theorie und Praxis. Diskrepanzen zwischen Behandlungstheorie und -praxis entstehen, weil eine Theorie der Behandlung immer normativ und abstrakt ist. Die Frage aber, welche Maximen in einer bestimmten Situation zu beachten sind, hängt von der Interpretation der konkreten Situation ab. Auch bei der Anwendung von Gesetzen im »Alltagsleben« verhält es sich so: Wir sind geneigt, dem jeweiligen Gesetz in seiner abstrakten Form zuzustimmen, aber es muss sich im konkreten Handeln bestätigen lassen, bewähren.

Die Diskrepanzen sind unvermeidbar, weil es in Bezug auf menschliches Verhalten so viele unbekannte Variablen gibt, dass eine Theorie so gut wie nie vollständig in der Praxis aufgeht. Die entscheidende Frage aber bleibt, wie man mit dieser Diskrepanz umgeht. Dieses *Wie* dürfte auch von der jeweiligen Konstitution des psychoanalytischen Über-Ichs abhängen. Die Strenge des Über-Ichs hängt nach Freud sowohl von der Konstitution des Es ab, von dem das Über-Ich seine Besetzungsenergie abzieht, als auch von dem Ausmaß der nach außen eingeschränkten Aggressionen: »Je mehr ein Mensch seine Aggressionen meistert, desto mehr steigert sich die Aggressionsneigung seines Ideals gegen sein Ich« (Freud 1923b, S. 321). Nun liegt der Gedanke nicht fern, hinter der einen oder anderen sehr rigiden Handhabung von Regeln oder auch hinter den darunter liegenden Ideen verberge sich eine solche mehr oder weniger sublimierte Aggressionsneigung.[44] Wir sind in unserem Beruf zu einer sehr beträchtlichen Einschränkung unserer Aggressionen gezwungen, müssen also eine erhebliche »Kulturleistung« erbringen. Und, wir sind »allzumal Menschen«, d.h. es würde uns – von außen betrachtet – eher nicht verwundern, wenn solchermaßen unterdrückte Aggressionen ihre Kanäle fänden.

In diesem Kapitel soll es nun explizit um die Diskrepanz zwischen den von Freud in der Theorie aufgestellten Regeln und seinem Verhalten in der Praxis gehen, soweit dieses aus heutiger Sicht für uns noch greifbar ist. Der erste, der auf diese Diskrepanzen ausführlich hingewiesen hat, war Cremerius, der Freud bei seiner Arbeit »über die Schulter schaute« und am Ende seines eindrucksvollen Werkes zu folgendem Resümee gelangt:

---

44 Stone schreibt dazu (etwas angriffslustig): »[...] denn für einen ängstlichen oder sadistischen oder zwanghaften Menschen hat eine Regel offenbar eine andere Bedeutung als für ein nicht derart belastetes Individuum« (Stone 1973, S. 67). Stone weist hier auf die individuelle Wurzel des Umganges mit Regeln hin. Daneben scheint es mir auch wichtig, die kollektive Wurzel, also hier die Fehltritte, narzisstische und Macht-Missbräuche, die leider auch zur Geschichte der Psychoanalyse zählen, mit zu berücksichtigen.

»Ich möchte gerade diesen Punkt hervor heben, den Punkt nämlich, daß die Weiterentwicklung und Entfaltung der psychoanalytischen Technik wie die der Psychoanalyse als Wissenschaft vom Menschen gerade aus den Überschreitungen der Regeln und aus der offenen, wahrhaftigen Darstellung dessen erfolgt, was wirklich in den Stunden geschehen ist. Das hat all jenen von uns, die zur Einhaltung der Spiegel-Abstinenz-Passivitäts-Haltung erzogen worden waren, eine echte Befreiung gebracht. Es hat die qualvollen Jahre beendet, in denen wir einem Ideal nachstrebten, das wir nicht erreichen konnten. Wir erlebten es als Unvermögen und Schuldgefühle« (Cremerius 1990, S. 362).

Darüber hinaus stellt Cremerius fest, dass die eigene Arbeit durch den Blick in Freuds Praxis nicht unbedingt leichter wird, so, wie es eigentlich immer schwieriger wird, wenn man entdeckt, dass das Sicherheit versprechende Ideal in der Wirklichkeit auch seine Schattenseiten hat.

Mir ist es bei der folgenden Gegenüberstellung zwischen den theoretischen Regeln Freuds und seiner wirklichen Praxis im Besonderen um folgenden Aspekt zu tun:

Das Verleugnen der Diskrepanz zwischen Theorie und Praxis kann zu einem großen Verlust für eine Wissenschaft werden, weil auf diese Weise Angelegenheiten aus der Praxis, empirische Erfahrungen, seien sie nun gut oder schlecht, keinen Eingang in die Theorie finden können. Meiner Vermutung nach hat die frühe Trennung in eine »offizielle« Theorie und eine eher »inoffizielle« Praxis ihren Niederschlag in uns allen gefunden. Hilfreich an der Betrachtung der diesbezüglichen Diskrepanz könnte sein, dass wir daran miterleben können, wie Freud selbst sich innerhalb dieser Spannung eingerichtet hat. Ihm selbst scheint eine technische Rigidität eher fremd gewesen zu sein: »Ich rücke mit den Dingen herum, probiere und verändere hier und dort, nicht ganz ohne neue Spur« (Freud 1986, S. 361/362). Rigidität hätte ihn am Ausprobieren und Forschen gehindert, was doch sein größtes Anliegen war.

Nicht immer war der zum Teil auch laxe Umgang mit Regeln vorteilhaft: So kann man wohl sagen, dass Freud bisweilen, wenn er in der entsprechenden Stimmung war, eine echte »Plaudertasche«, um es höflich zu formulieren, bisweilen schmerzhaft indiskret war. Der Briefwechsel mit Ferenczi legt zum Teil trauriges Zeugnis von der Indiskretion beider ab. Auch über die Analyse Anton von Freunds, später »Toni« genannt, berichtet Freud relativ ausführlich an Ferenczi.

Spätere Analysanden erzählen ebenfalls von »Klatsch und Tratsch« während der analytischen Sitzungen. So berichtet Kardiner, Freud habe gelegentlich über Kollegen, die bei ihm in Analyse waren, gesprochen, zum Beispiel über

Oberndorf, gegen den er etwas zu haben schien, weil der die Deutungen nur widerwillig annahm (Kardiner 1979, S. 83). Blanton zufolge habe Freud zu ihm über Ferenczi nach dessen Tode gesprochen (Blanton 1975, S. 61) und über Karen Horney habe er gesagt, sie sei »fähig, aber böswillig – gemein« (ebd., S. 59). Daneben hat Freud offenbar hin und wieder über Persönliches gesprochen, auch über seine Kinder (Kardiner 1979, S. 91). So erzählte er Kardiner von seiner Trauer über den frühen Verlust seiner Tochter Mathilda und wie sehr er unter dem Einfluss ihres Todes stehe (ebd.).

Freud beantwortete durchaus Fragen, auch persönliche Fragen, jedenfalls dann, wenn sie ihm gelegen kamen. So fragte Kardiner ihn eines Tages, was er von sich als Analytiker halte. Die bemerkenswerte Antwort sei folgende gewesen:

»Ich bin froh, daß Sie mich fragen, denn offengestanden interessiere ich mich nicht sehr für therapeutische Probleme. Ich bin heute viel zu ungeduldig. Ich habe mehrere Nachteile, die mich zum großen Analytiker ungeeignet machen. Einer davon ist, daß ich zu sehr der Vater bin. Zweitens bin ich die ganze Zeit mit theoretischen Problemen beschäftigt, so daß ich bei jeder Gelegenheit an meinen eigenen theoretischen Problemen arbeite, anstatt auf die therapeutischen zu achten. Drittens habe ich nicht die Geduld, Leute lange zu halten. Ich werde ihrer müde und möchte meinen Einfluß ausbreiten« (Kardiner 1979, S. 81).

Nun aber zu den Freud'schen Spielregeln im Einzelnen, ihrer theoretischen Formulierung und ihrer Auslegung in der Praxis:

Behandlungsindikation

Erziehbarkeit

Ob man für eine psychoanalytische Behandlung geeignet ist, bemisst sich daran, ob man noch erziehbar ist (vgl. Freud 1905a, S. 21).[45]

Um für eine psychoanalytische Therapie geeignet zu sein, bedarf es eines gewissen Maßes an psychischer Plastizität und Flexibilität und auch eines gewissen Maßes an Beeinflussbarkeit. Gerade letztere liegt sehr in der Nähe zur

---

45 Im Folgenden werden die in seinen Arbeiten verstreut liegenden Äußerungen Freuds nicht wortwörtlich, sondern sinngemäß zitiert.

Suggestibilität, von der die psychoanalytische Beeinflussung abzugrenzen Freud ein großes Anliegen war. Aber dennoch scheint es ohne Beeinflussung auch nicht zu gehen, was sich in den Termini Erziehung und Erziehbarkeit abbildet, die Formung und Bildung *von außen* beinhalten.

Die Dinge lagen für Freud klar auf der Hand: Unbewusstes ist nicht ohne Grund unbewusst und der Patient wehrt sich entsprechend, wenn man darangeht, Teile seiner unbewussten Welt ins Licht des Bewusstseins zu holen, was – ebenfalls völlig klar – nun mal mit erheblicher Unlust verbunden ist, die der Mensch zu vermeiden trachtet.

»In diesen Konflikt im Seelenleben des Kranken greifen Sie nun ein; gelingt es Ihnen, den Kranken dazu zu bringen, daß er aus Motiven besserer Einsicht etwas akzeptiert, was er zufolge der automatischen Unlustregulierung bisher zurückgewiesen (verdrängt) hat, so haben Sie ein Stück Erziehungsarbeit an ihm geleistet« (Freud 1905a, S. 24/25).

Zwar wird als agens movens die Einsicht hoch bewertet, dennoch muss der Patient offenbar zu etwas »gebracht« werden, zum Beispiel auch dazu, frühmorgens sein Bett zu verlassen (ebd.), trotz erheblicher diesbezüglicher Unlustgefühle. Mithin muss sich der Patient auch zu etwas bringen *lassen*, auch dazu, einsichtig zu sein. Warum sollte er – nun plötzlich – Einsicht zeigen, wenn sie doch mit schmerzhaften Affekten verbunden ist?

»Es ist also für jeden Menschen schwer, sich aus der ihm beinahe zur Natur gewordenen Unmündigkeit herauszuarbeiten«, heißt es bei Kant (1784) in dem schon eingangs erwähnten Text mit dem Titel: *Was ist Aufklärung?* Aufklärung sei »der Ausgang des Menschen aus seiner selbst verschuldeten Unmündigkeit«.

Wir würden Kant in puncto Selbstverschuldung vermutlich widersprechen, denn dass wir unser Leben als physiologische Frühgeburt beginnen und die Mittel unseres Verstandes zunächst entdecken und erwerben müssen, kann man uns kaum vorwerfen, ebensowenig unsere Beschränkungen, die auf unbewussten Überzeugungen und Konflikten beruhen. Unsere Unmündigkeit, i. e. Abhängigkeit, ist uns nicht »beinahe« zur Natur geworden, sondern sie *ist* zunächst einmal unsere Natur, von der es sich wieder zu trennen gilt.

Dies ist dann aber in der Tat irgendwann eine Sache des Mutes oder, anders formuliert, der Überwindung von Angst. Denn wir alle erleben in unserer Arbeit, dass in vielen Fällen das neu erworbene Selbstverständnis, die neu gewonnenen Einsichten noch nicht ausreichen, um einen neuen Weg zu gehen, sich zu getrauen, sich seines *eigenen Verstandes zu bedienen*. Denn je früher die »Störung«, also je früher die Entwicklung eines Menschen in seiner – unverschuldeten, physiologischen – Unmündigkeit, in seiner vor-sprachlichen Zeit gestört worden ist, sei es mit Absicht, aus Unwissenheit oder infolge eines Unglücksfalles, desto mächtiger sind seine Introjekte, desto größer die Angst, sich von diesen zu trennen, desto größer die Abhängigkeiten von diesen. Anders formuliert: Je früher ein Kind damit konfrontiert wird, sein Selbst aufgeben zu müssen, um sich die Liebe seines Objektes zu erhalten oder sich sein Objekt als ein »gutes« zu erhalten, desto schwerer wird es, dieses Selbst wieder zurückzuerobern.

Denn so abhängig und hilflos wir auch in unseren ersten Monaten sind, so gewaltig ist doch auch die Kraft in uns, ein Selbst zu werden. Die aktuelle Säuglingsforschung hat dafür zahlreiche anschauliche Beispiele. Aber ein Säugling kann diese Kraft nicht gegen ein viel stärkeres Objekt aufrecht erhalten, im Gegenteil, er braucht ein Objekt, einen bedeutsamen Erwachsenen, der diese Kraft in ihm fördert und nicht zerschlägt oder ins Leere laufen lässt. Die Förderung heißt auch, dem Kind dabei zu helfen, die Lustgefühle wie auch die unvermeidlichen Unlustgefühle auszuhalten, zu ertragen (und sie von den vermeidbaren zu unterscheiden), ohne zu viel an innerer Freiheit einzubüßen.

Wenn man davon ausgeht, dass diese Kraft in einem Menschen wieder zu erwecken ist – vermutlich kommen nur solche von sich aus in eine Therapie oder Psychoanalyse, die darauf hoffen –, dann ist es die Aufgabe der Analytikerin, diese Kraft zu fördern und den Patienten geradewegs zu *verführen,* einen Entwicklungsprozess wieder aufzunehmen. Eine wesentliches weiteres *agens movens* besteht also in der Übertragung (ein Begriff, der Kant noch nicht zur Verfügung stand), in dem Komplex von ungesättigten Gefühlen, deren Sättigung man sich durch einen anderen bedeutsamen Menschen erhofft. Die Übertragung liegt vor der Einsicht. Jene kann diese ermöglichen oder auch gerade verhindern.

»Erziehbarkeit« würde also bedeuten, dass ein Mensch seine Hoffnungen (noch einmal) an einen anderen hängt, diesem Vertrauen schenkt, und darauf setzt, dass der es gut mit ihm meint. Erziehbarkeit bedeutet gleichermaßen *Wunsch* wie *Notwendigkeit,* sich beeinflussen zu lassen. Erziehbarkeit meint also auch, fähig zu sein, Übertragungen auszubilden. Nach allem, was wir wissen, kann das eigentlich jeder Mensch, er hat genau genommen keine andere Wahl. Es ist aber die Hauptangelegenheit der Psychoanalyse, diesen Schatz zu heben: die Übertragungen zu erkennen, zu verstehen, sich entfalten zu lassen, zum richtigen Zeitpunkt zu deuten und sie für die Entwicklung des Patienten zu nutzen.

Alter

Besonders in den späteren Jahren war es Freud sehr wichtig, junge Kolleginnen und Kollegen in Lehranalyse zu nehmen, um seiner neu gegründeten Wissenschaft und Behandlungstechnik zu einer möglichst raschen und weiten Verbreitung zu verhelfen.

Was die psychische Beweglichkeit und die »Erziehbarkeit« im Alter angeht, zeigte sich Freud skeptisch. So lässt sich in seinen Ratschlägen nachlesen:

> Personen, deren Alter nahe bei 50 Jahren liegt, sind in der Regel nicht mehr erziehbar. Zudem weisen sie in der Regel eine zu geringe Plastizität seelischer Vorgänge auf. Außerdem könnte sich aufgrund der langen Vorgeschichte und des resultierenden Materials die Dauer der Behandlung ins Unabsehbare verlängern. Jugendliche Personen, noch vor der Pubertät, sind hingegen ausgezeichnet zu beeinflussen (vgl. Freud 1905a, S. 21).

Freud scheute sich nicht, auch sehr junge Patienten, Kinder und Jugendliche in Analyse zu nehmen. So ist in einem Brief an Ferenczi von einem zehnjährigen Jungen mit Zwangsstörung zu lesen, der offenbar bei Freud in Behandlung war (Freud/Ferenczi 1993, S. 79). In dem Briefwechsel mit Fließ ist von einem Zwölfjährigen die Rede, den Freud in Therapie nehmen wollte, der dann aber doch nicht gekommen ist (Freud 1986) und von einem 13-jährigen Mädchen, das sich bei Freud in Therapie befindet. Dieser Fall scheint ihn sehr zu interessieren, weil »die mir auch einmal das oberflächlich zeigt, was ich sonst unter überlagernden Schichten freizulegen bemüht bin. Ich brauche dir nicht zu sagen, daß es genau das Nämliche ist« (Freud 1986, S. 458).

Charakter: »Lumpen« und »wertvolle Menschen«

> Patienten mit einem zu geringem Bildungsgrad und einem nicht hinreichend verlässlichen Charakter sollte man nicht in psychoanalytische Behandlung nehmen.
> Gleiches gilt für Patienten, die keinen Leidensdruck spüren und nur auf Wunsch oder Drängen ihrer Angehörigen kommen (vgl. Freud 1905a, S. 21)

Freud empfand seine neue Methode als etwas Wertvolles. Ihm war sehr bewusst, dass sie aufgrund des hohen zeitlichen, psychischen und finanziellen Aufwandes zunächst nur für sehr wenige Menschen infrage kommen würde. In der Beurteilung der Charakterzüge eines Menschen war Freud nicht eben zimperlich und immer wieder einmal liest man in seinen Schriften von »wertvollen« Menschen, die eine psychoanalytische Behandlung verdient hätten. Offenbar war es Freud wichtig, sich *innerhalb* einer psychoanalytischen Behandlung von moralischen Wertmaßstäben zu lösen, *vorher* aber legte er diese durchaus an.

So schreibt er an seinen jungen Kollegen Edoardo Weiss, von dem später noch die Rede sein wird, unmissverständlich über dessen Patienten: »Der zweite Fall, der Slowene, ist ein offenbarer Lump, der Ihre Mühe nicht wert ist. Unsere analytische Kunst versagt bei solchen Leuten [...]« (Freud/Weiss 1970, S. 48).

»Der Slowene« hatte offenbar schon viele Menschen hintergangen und schließlich erfuhr sein Analytiker, dass er bei seinem Vater ein viel höheres Honorar angegeben, als sein Analytiker tatsächlich verlangte, und den so gewonnenen Rest in die eigene Tasche gesteckt hatte. Es ist offenkundig, dass er sich mit einem derartigen Verhalten die Sympathien Freuds grundsätzlich verscherzt hatte.

Über einen anderen Patienten, dessen Analyse offenbar von Weiss beendet wurde, schreibt Freud ebenso unmissverständlich: »Es ist mir ganz recht, daß Sie mit Dr. A. abgebrochen haben. Der Mann taugt doch zu nichts« (Freud/Weiss 1973, S. 42).

Der zweite Patient, von dem Weiss Freud berichtet, ist hingegen ein sehr gebildeter Mann, der seine geliebte Frau, die an einer Depression litt, durch einen Suizid verloren hatte. Der Patient habe alles für die Genesung seiner Frau getan, aber leider ohne Erfolg. Hier fällt Freuds Charakterurteil nun gänzlich anders aus:

> »Der erste, Herr D., ist offenbar ein wertvoller Mensch, verdient, noch weiter behandelt zu werden, und hat wohl auch gute Chancen. Er scheint sich Ihnen noch nicht völlig erschlossen zu haben [...]. Indes sind 6 Monate noch keine lange Zeit, und es kann noch werden. Vielleicht zeigen Sie ihm zu viel Ungeduld und therapeutischen Ehrgeiz, anstatt sich nur auf seine persönliche Eroberung zu verlegen. Also ich meine: keine Terminsetzung« (Freud/Weiss 1973, S. 47/48).

Freud scheint bei den als »wertvoll« eingestuften Patienten eher geneigt, Geduld und Nachsicht walten zu lassen. Aber wem ist diese innere Haltung, mit der wir gegenüber Menschen, die uns sympathisch sind, mehr Nachsicht und Verständnis haben, wirklich fremd?

Auch interessant ist die Formulierung »Eroberung«, die Freud gelegentlich anwendet. Gerade in der Anfangszeit einer analytischen Behandlung kommt dieser Aufgabe eine nicht zu unterschätzende Bedeutung zu. Der Patient soll an die Person des Arztes »attachiert« werden und Freud hat dabei offenbar im Sinn, dass der Analytiker dieses »Attachment« durchaus aktiv beeinflussen kann und muss. Erst wenn sich der Patient hinreichend gebunden fühlt, wird, aus Sicht Freuds, eine gute Analyse möglich sein. Diese Ansicht würde jener, die von Beginn an mit sogenannten tiefen Deutungen arbeitet und negative Übertragungsaspekte sofort bearbeitet, etwas zuwiderlaufen. Davon abgesehen scheint es für Freud eher sehr schwierig gewesen zu sein, starke negative Übertragungen auszuhalten und mit ihnen zu arbeiten.

Kontraindikationen

> Die Psychoanalyse sollte nicht in solchen Fällen angewandt werden, in denen ein rasches Eingreifen zur Beseitigung bedrohlicher Zustände notwendig ist, wie z. B. bei schweren Formen der Anorexie (vgl. Freud 1905a, S. 22).
> Patienten mit Psychosen und schweren Verstimmungs- oder Verwirrtheitszuständen sollten ebenfalls nicht mit der klassischen psychoanalytischen Methode behandelt werden. Es könnte allerdings möglich werden, auch solche Erkrankungen zu behandeln, wenn man geeignete Abänderungen des Verfahrens entwickelt hat (vgl. ebd.).

In einem Brief an Fließ heißt es, relativ martialisch: »Die Patientin, die ich durch 14 Tage behandelt habe und dann als Paranoia beiseite geschoben habe, hat sich seither in einem Hotelzimmer erhenkt« (Freud 1986, S. 451).

Acht Jahre später schreibt Freud in einer ähnlichen Angelegenheit an Ferenczi: »Frau Marton heute gesehen. Es ist eine ausgewachsene Paranoia und wahrscheinlich jenseits der Grenze therapeutischer Beeinflussung; doch darf man sie behandeln und kann jedenfalls von ihr lernen« (Freud/Ferenczi 1993, S. 53).

An dieser Stelle wird auch deutlich, dass einige der Regeln, die Freud aufgestellt hat, sich in erster Linie an noch Unerfahrene richten; sie sollen ihnen ein erstes orientierendes Instrumentarium an die Hand geben. Freuds eigener Forscherdrang veranlasst ihn immer wieder zu Experimenten, die ethische Frage stand dabei eher im Hintergrund. Zu sehr war er immer wieder darauf aus, neue Erfahrungen zu machen. So auch in diesem Fall.

Denn nach Freuds Ratschlag nahm Ferenczi die Behandlung der besagten Dame auf:

»Ich erlaube mir, Ihnen über den Fortgang der Analyse bei Frau Marton (Paranoia) zu berichten. [...] Der therapeutische Erfolg ist bei Frau Marton gleich
Null. Sie hat die Psychoanalyse einfach in ihr Wahnsystem eingeflochten und
verdächtigt mich, ich habe sie im Dienste ihrer Feinde ausgehört« (Freud/
Ferenczi 1993, S. 55).

Und Freud macht in seiner Antwort noch einmal deutlicher, warum er
Ferenczi dennoch zugeraten hatte, die offensichtlich paranoide Frau
in Analyse zu nehmen. Einmal mehr wird spürbar, dass Freuds Interesse mehr der Theorie als der therapeutischen Praxis galt, was er selber
gegenüber engeren Kollegen immer wieder zum Ausdruck brachte: »Lassen
Sie sich durch das Ausbleiben des Erfolges im Falle der Paranoia Frau
Marton nicht anfechten. Erfolg ist da keiner zu holen; aber wir brauchen
diese Analysen, um endlich zum Verständnis aller Neurosen zu kommen«
(ebd., S. 56).

Vorbereitung und Einleitung der Behandlung
– Vierzehn Tage zur Probe und Aufklärung

Patienten, von denen wenig bekannt ist, sollte man zunächst für zwei Wochen
in »Probebehandlung« nehmen (vgl. Freud 1913c, S. 455).

Vor Beginn der Behandlung sollten keine langen Vorbesprechungen darüber
abgehalten werden (vgl. ebd., S. 456).

Da es sich bei der Psychoanalyse um einen langandauernden Prozess handelt,
ist man verpflichtet, den Patienten darüber in Kenntnis zu setzen, bevor er sich
endgültig für die Behandlung entscheidet (vgl. ebd., S. 462).

Überhaupt ist es würdiger und zweckmäßiger, den Patienten vor Beginn der
Behandlung auf die möglichen Schwierigkeiten und Opfer der psychoanalytischen Therapie hinzuweisen (vgl. ebd., S. 462).

Auf den Wunsch, den Beginn der Analyse aufzuschieben, sollte man sich eher
nicht einlassen (vgl. ebd., S. 456/457).

Die Grundregel soll dem Patienten gleich zu Beginn der Behandlung mitgeteilt
werden (vgl. ebd., S. 468).

Diese Regeln schienen sich in Freuds Praxis bewährt zu haben. Von der
Probebehandlung ist immer wieder zu hören. Viel soll vorher nicht ge-

redet werden, aber doch das Notwendige! Bei den Regeln, die sich mit der Aufklärung des Patienten über die Therapie beschäftigen, haben wir erneut jenes Phänomen vor uns, dass bestimmte Ratschläge weniger rezipiert worden sind, es jedenfalls in die neuere Zeit nicht geschafft haben. Freud macht sich hier relativ stark dafür, den Patienten, soweit möglich, über die, wir würden heute sagen, »Risiken und Nebenwirkungen der Behandlung« aufzuklären. Hier kann man heute in die in Kapitel I beschriebenen Schwierigkeiten geraten, wenn Anfang und Ende des Spiels nicht klar erkennbar, eher ineinander verschwommen sind. Wer das Vorgespräch bereits zur Analyse zählt, kann – streng genommen – nicht mehr über die Behandlung aufklären, da sich eine solche Intervention nur schwer mit der völlig offen gehaltenen Situation verträgt. Man gerät dann in lauter Denkschleifen, welche die Übertragungsprobleme betreffen: »Wenn ich dem Patienten jetzt sage, dass eine solche Behandlung mit Schwierigkeiten verbunden ist, auf welchen neurotischen Boden fällt meine Bemerkung? Was hat das für Auswirkungen auf die Übertragungsbeziehung? Wie sehr komme ich damit der Abwehr des Patienten entgegen? Wie sehr beeinflusse ich ihn damit?« All diese Fragen haben innerhalb eines analytischen Prozesses hohe Berechtigung und Bedeutung, und vor allem: Sie sind nicht vorab zu beantworten. Dennoch halte ich es – so wie Freud – für notwendig, den Patienten im möglichen Rahmen aufzuklären. Für Freud war das nicht so problematisch, weil seine Einteilung des Prozesses offenbar – grob schematisch – drei Phasen trennt: das Vorgespräch, in dem man über praktische Dinge und eben Schwierigkeiten und mögliche Probleme spricht, die Probebehandlung und schließlich die eigentlich psychoanalytische Behandlung. Durch diese klare Aufteilung scheint Freud die Freiheit gewonnen zu haben, den Patienten relativ offen über einige Unvermeidlichkeiten aufzuklären, und er ging damit – von heute aus gesehen – relativ weit:

> »Schenkt einem der Patient vorab viel Vertrauen, nimmt man dieses dankend entgegen, bereitet ihn aber auch darauf vor, dass diese Einstellung wohl bei den ersten größeren Schwierigkeiten in der Behandlung schwinden wird. Dem Misstrauischen sage man, dass er ruhig misstrauen dürfe und es sich dabei um eine Symptom wie jedes andere handele (Freud 1913c, S. 458).

Nimmt man eine Episode aus den Briefen an Edoardo Weiss, dann scheint Freud der Ansicht gewesen zu sein, dass eine frühzeitige Aufklärung über eine möglicherweise später einsetzende negative Übertragung hilfreich sein könnte. Offenbar diente aus seiner Sicht eine solche Aufklärung der zukünftigen Erhaltung des Arbeitsbündnisses, denn wenigstens könne sich der Analytiker später auf diese Aufklärung berufen und so mindestens dem Vorwurf des Vertrauensbruches entgehen.

Weiss berichtete Freud von einem Patienten, der zu Beginn der Behandlung schwer depressiv und suizidal war, offenbar Kind einer sehr sadistischen Mutter. Dieser war er allein ausgesetzt, da sein Vater starb, als der Patient fünf Jahre alt war. Der Patient entwickelte im Verlaufe der Analyse, als bisher Verdrängtes bewusst wurde, starke Anfälle von Bronchialasthma. Insgesamt besserte sich der Zustand im Folgenden aber deutlich und die Analyse wurde zunächst beendet. Der Patient heiratete und erlitt erneut schwere Asthmaanfälle, als seine Frau schwanger wurde, woraufhin er die Analyse bei Weiss erneut aufnahm. Dieses Mal brachte die Analyse wenig Besserung, stattdessen entwickelte der Patient eine heftige negative Übertragung, die Weiss damals offenbar als intensiven Hass gegenüber der Mutter verstand.

Freud schrieb ihm:

»Ihre Auffassung ist gewiß die richtige. In der Erklärung lassen Sie nur das treibende Motiv: Rachsucht aus. Wie die Situation ausgeht, ist nicht sicher zu sagen; hoffentlich behalten Sie die Oberhand. Oft findet man sich, wenn es soweit gekommen ist, zu schwach. Der einzige Schutz in solchen Fällen ist das rechtzeitige Vorhersagen und Ankündigung der Schwenkung zur Enttäuschung, so daß man nachher ruhig erinnern darf, man habe es ja gewußt, und dann unbeirrt abwarten kann bis [der] Patient sich ausgetobt hat. Hat man die Vorhersage versäumt, so darf man sich nachher ordentlich plagen und kommt in eine nachteilige Position, weil das Eingeständnis des eigenen Interesses die Rachsucht des Patienten anfacht. […] Ein therapeutisches pis aller ist es, daß der Patient sich durch Schimpfen auf Arzt und Analyse gesund macht und auch das muß man ihm erwähnen« (Freud/Weiss 1973, S. 61/62).

Weiss behielt nicht die Oberhand; im Gegenteil. Das Asthma verschlimmerte sich derart, dass der Patient ein Lungenemphysem entwickelte und in ein Krankenhaus eingewiesen werde musste. Er brach die Analyse, voller Wut, ab und Weiss sah ihn nie wieder. In seiner späteren Reflexion über diesen Fall gelangte Weiss zu der Annahme, dass er dem Patienten seine starke unbewusste Eifersucht auf den Sohn hätte deuten sollen.

Freuds Rat ist sehr interessant. Zwar rät er dringend dazu, den Patienten »vorzuwarnen«, dass seine Idealisierung des Therapeuten irgendwann einmal in das Gegenteil kippen könne, aber offenbar nicht, um dessen Wut und Hass auf den Analytiker zu vermeiden. Im Gegenteil: Freud gesteht den Patienten das Ausleben ihrer aggressiven Gefühle gegenüber dem Analytiker ausdrücklich zu, da dies heilsam sei. Oberflächlich gesehen könnte man das lediglich als Effekt der Katharsis verstehen, allein, das griffe aber zu kurz. Edoardo Weiss hat anhand dieses Falles etwas Wichtiges verstanden: Das Bedürfnis der Patienten, in der Übertragung die Befriedigung unerfüllter Kinderwünsche zu suchen, *bezieht sich auch auf die negative, feindselige Übertragung* und daher ist es notwendig, den Patienten nach durchaus richtigen, aber kränkenden oder Aggression auslösenden Deutungen, das Recht einzuräumen, die entstehende Wut gegenüber dem Analytiker auch auszudrücken. Dann wird ein anderer Aspekt als der bloß kathartische wirksam, denn dabei geht es bekanntermaßen schlicht um die Abfuhr des Affektes, irgendwie, irgendwohin. Es kommt allein darauf an, dass der Affekt den Körper als ein bewusster Ausdruck verlassen kann. Bei dem hier beschriebenen Übertragungsmodell ist entscheidend, dass dieser Ausdruck innerhalb einer Objektbeziehung geschieht, innerhalb einer Objektbeziehung, die qua Übertragungsgesetzen eine ähnliche Gefühlsqualität hat, in der ähnliche Machtverhältnisse vorherrschen wie in der damaligen bedeutsamen Objektbeziehung. Oder, um in einem anderen Bild zu sprechen: Der Zauber der Übertragung kann nur durch einen adäquaten »Gegenzauber« aufgelöst werden.

Vielleicht hatte Freud bei dem Rat einer so gearteten Aufklärung Ähnliches im Sinn, wie ich es unter dem Punkt »Erziehbarkeit« versucht habe zu entwickeln: dass es nämlich eine Art unbewussten Wissens darüber gibt, was man braucht, was gut für einen wäre, *selbst wenn das gerade aktuell bewusste Gefühl massiv dagegenspricht.* Das würde bedeuten, dass man sich durch eine solche Aufklärung mit diesem unbewussten Wissen verbündet, alltagssprachlich formuliert:

»Hör zu, ich bin mir ziemlich sicher, dass deine Gefühle eines Tages umschlagen werden, du wütend sein wirst, mich vielleicht hassen wirst, auch, wenn du dir das im Moment nicht vorstellen kannst. Ich weiß auch, dass ein Teil von dir auf einen solchen Moment wartet, in dem du endlich toben kannst, in dem du deinem Vater, deiner Mutter, anderen wichtigen Menschen gegenüber endlich all die Affekte ausdrücken kannst, die du immer unterdrückt hast, aus Angst, jene dann endgültig zu verlieren, oder aus Angst, dann abgründig schlecht zu sein und für immer zu bleiben. Sollte das so kommen, wirst du mich damit nicht in die Flucht schlagen, ich werde dir durchaus etwas entgegenzusetzen haben. Aber es wird weder dich noch mich zerstören!«

Verstrickungen – Analytiker und Patient kennen sich bereits

Eine vorangegangene andere Therapie oder eine frühere Bekanntschaft zwischen Therapeut und Patient haben ungünstige Folgen für den Verlauf der Behandlung, da die Patienten in diesen Fällen bereits mit einer »fertigen Übertragungseinstellung« kommen und der Therapeut so nicht die Möglichkeit hat, die Entwicklung derselben von Anfang an zu beobachten (vgl. Freud 1913c, S. 456/457).

Nimmt man die Ehefrau oder das Kind eines Freundes in Analyse, sollte man gewahr sein, dass einen die Behandlung vermutlich die Freundschaft kosten wird. Dieses Opfer kann aber notwendig sein, wenn sich kein vertrauenswürdiger Kollege finden lässt (vgl. ebd.).

Es ist inzwischen, dank etlicher mutiger und aufwendiger Arbeiten, allgemein bekannt, dass Freud sich an diese Regel nicht eben zwingend gehalten hat, und ich möchte hier nur einzelne Beispiele kurz anführen. Den interessierten Lesern sei zu diesem Thema noch einmal das Buch von Sebastian Krutzenbichler und Hans Essers empfohlen, die viele erschütternde Beispiele aus den Verstrickungen der damaligen Zeit beschreiben.

Da wäre zum Beispiel Loë Kann, ehemalige Patientin und dann Geliebte von Ernest Jones, die an Nierensteinen, Unterleibsschmerzen und einer ausgeprägten Morphinsucht litt. 1912 nahm Loë Kann ihre Analyse bei Freud auf. Erneut gibt es einen regen Briefwechsel und Freud schreibt an Jones über dieses »wertvolle, besonders kostbare Wesen« (ebd.). Erneute Indiskretionen: Loë Kann beschwert sich bei Jones über Freud, der erstattet Bericht über das Gelesene an Freud (ebd.). Loës Briefe an Jones bleiben irgendwann aus und Freuds Briefe werden zwar weniger, aber er berichtet dennoch über den Fortgang der Analyse! Schließlich beginnt Jones erneut eine sexuelle Affäre, dieses Mal mit Loës Dienstmädchen Lina, wovon Loë offenbar erfährt (ebd., S. 314). Sie gerät in eine Krise und schreibt Freud einen Brief, in dem sie ihn bittet, ihr ein Vater zu sein (und Freud scheint durchaus väterliche Gefühle für sie zu hegen; vgl. auch Fußnote 42, S. 150): »Ich will jetzt beten um eine weiche Stelle in Ihr Herz? Nachdem Ihre Tochter verheiratet ist, wollen Sie mir einmal raten wie ein Vater seine Tochter?« (ebd., S. 315) Ein junger Amerikaner gleichen Nachnamens (Herbert Jones) betritt die Bühne als Loës Geliebter, »Jones II«. Jones I beeilt sich unterdes Freud mitzuteilen, dass er sich wegen seiner sexuellen Beziehung zu Lina »nicht sehr schuldig fühle« (ebd.). Freud rät Jones »standhaft auszuharren«, wenngleich er offenbar in Bezug auf »Jones II« mehr wusste als »Jones I«.

Herbert Jones, Jones II, lag währenddessen auf der Couch bei Ferenczi und natürlich schrieb man sich … Schließlich und endlich heiraten Loë und Jones I, im Beisein von Rank, Ferenczi und Freud! Es hat in diesem Fall durchaus nicht den Anschein, als hätten die freundschaftlichen Beziehungen hier gelitten. Wie es allerdings um die Analysen und inneren Entwicklungen bestellt war, wissen wir nicht.[46]

Es ist sicher zu berücksichtigen, dass es zu Beginn der Entwicklung der Psychoanalyse nur wenige Analytiker gab, weshalb diese untereinander alle bekannt waren. Wollte man eine analytische Ausbildung machen, dann waren die Chancen groß, dass man seinen Analytiker (es gab nur wenige Analytikerinnen) schon aus anderen Zusammenhängen persönlich kannte. Viele Schwierigkeiten und Gefahren, welche die zu nahen Konstellationen mit sich brachten, waren noch nicht bekannt. *Daneben* spielten aber auch narzisstische Faktoren, zu denen auch persönliche Überschätzungen und männlicher Chauvinismus gehörten, die Vermischung von »Personalpolitik« mit Therapie und vor allem massivste Indiskretionen eine erhebliche Rolle beim Scheitern solcher Behandlungen. Viele Analytiker schienen noch nicht im Entferntesten dazu in der Lage, mit der Macht, die ihnen die psychoanalytische Beziehung qua Übertragung und Regression verlieh, wirklich verantwortungsvoll umzugehen, d. h. sie nicht für eigene Zwecke zu missbrauchen.

Auch hier scheint es so zu sein, dass Freud die aufgestellten Regeln am ehesten an den Anfänger gerichtet sehen will. Schon in der Formulierung wird deutlich, dass für Freud die Vermeidung einer früheren Bekanntschaft oder gar einer Verwandtschaftsbeziehung noch keine absolute Regel war, wie sie es heute für uns ist, nicht zuletzt, da wir aus den tragischen Verstrickungen von damals gelernt haben. Insofern ist diese Regel ein gutes Beispiel dafür, wie Theorie und Technik sich erst mit wachsender Erfahrung weiterentwickeln können. Natürlich mag es so gewesen sein, dass sich »kein vertrauenswürdiger Kollege« hat finden lassen, nur, wer hat das entschieden? Die Gefahr ist groß, dass der

---

46 Nebenbei bemerkt, hat Freud sein Herz durchaus auch an Loë Kann verloren. So schreibt er an Ferenczi: »Ich habe diese Loë außerordentlich lieb gewonnen und bei ihr ein sehr warmes Gefühl mit voller Sexualhemmung wie selten vorher (dank dem Alter wahrscheinlich) zustande gebracht. Leider macht mir das Kind große Sorgen, an denen Sie ihn (E.[rnest] J.[ones]) noch nicht teilnehmen lassen sollen« (Freud/Ferenczi 1996a, S. 235). Offenbar war das mit der »vollen Sexualhemmung« auch mal anders, aber anders als viele seiner Schüler war Freud offenbar deutlich disziplinierter. Interessant auch der Zusatz »noch«. Offenbar war die Mitteilung eines Analytikers über seine Patientin an den Analytiker des Ehemannes dieser Patientin und von dort an den Ehemann nicht ausgeschlossen. »Stille Post« unter Psychoanalytikern.

eigene (unbefriedigte) Narzissmus zu einer solchen Entscheidung führt, und dass das »Opfer« zur Rationalisierung von intimer Neugier herhalten muss. Freuds Umgang mit dieser Regel war jedenfalls alles andere als eindeutig, so wie auch der Rat, den er Weiss zu geben versuchte.

Weiss' ältester Sohn hatte gerade die Schule abgeschlossen, wollte Medizin studieren, um Analytiker zu werden, und fragte seinen Vater, ob dieser ihn in Analyse nehmen könne. Diese Frage reichte Weiss an Freud weiter und dieser antwortete:

> »Was die Analyse Ihres hoffnungsvollen Sohnes betrifft, so ist das gewiß eine heikle Sache. Bei einem jüngeren Bruder möchte es leichter gehen, bei der eigenen Tochter ist es mir gut geraten, bei einem Sohn hat es besondere Bedenken. Nicht, daß ich direkt vor einer Gefahr warnen könnte; es kommt offenbar alles auf die beiden Personen und ihr Verhältnis zueinander an. Die Schwierigkeiten sind Ihnen bekannt. Ich würde mich nicht verwundern, wenn es Ihnen trotzdem gelänge. Es ist für den Fremden schwer zu entscheiden. Ich würde Ihnen nicht dazu raten und habe kein Recht, es Ihnen zu untersagen« (Freud/Weiss 1973, S. 91).

Dieser Rat lässt die Leserin mit einigen Fragezeichen zurück. Warum ist es gerade beim ältesten Sohn eine »heikle Sache« und bei dem jüngeren Bruder weniger? Bei einer Tochter scheint es auch weniger schwierig zu sein. »Es kommt offenbar alles auf die beiden Personen und ihr Verhältnis zueinander an.« Dann bräuchte es eine solche Regel eigentlich nicht. Bei bestimmten Personen und bestimmten Verhältnissen kann es funktionieren. Aber ist das nicht in jeder psychoanalytischen Behandlung so? Dennoch haben wir gelernt, dass es sinnvoll und geboten ist, »bestimmte Verhältnisse« von vornherein auszuschließen, sowohl zum Schutze der beiden Beteiligten als auch zum Schutze der psychoanalytischen Situation sowie der Beziehungen außerhalb dieser Situation.

Auch bei herkömmlichen »gewöhnlichen« Spielen, bei denen die Emotionen aller Beteiligten hohe Wellen schlagen können, hat man sich daran gewöhnt, dass sowohl die Grenzen zwischen Spiel und Nicht-Spiel deutlich erkennbar sein und unbedingt eingehalten werden müssen, und dass die Beteiligten auch nach dem Spiel noch eine ganze Weile lang unter dem Eindruck dieser Emotionen stehen, die einen privaten Umgang nach dem Spiel erschweren können. Es ist zum Beispiel äußerst unüblich, dass eine Mannschaft nach dem Spiel ausgerechnet mit dem Schiedsrichter ein Bier trinken geht. Und der Staat gibt jedes Jahr viel Geld aus, um die diversen Fangemeinden voneinander zu separieren, wohlgemerkt alles Menschen, die vermutlich in ihrem Umgang außerhalb der

Spielsituation miteinander zurechtkommen könnten. Ausgerechnet in der Psychoanalyse hat man lange geglaubt (und daran festgehalten, obwohl man es schon hätte besser wissen können), dass man auf die strikte Trennung von privater Bekanntschaft und therapeutischer Situation verzichten könne.Und ausgerechnet Freud, der sich wie bis dahin kein anderer mit der Wirksamkeit und der Macht des Unbewussten befasst hat, war an dieser Stelle plötzlich der Meinung, ein Analytiker, der nur Fähigkeiten genug besitze, könne diese Macht bezwingen. Wie anders könnte man sonst seine Unschlüssigkeit in dieser Frage und sein Vorgehen verstehen?

1916 tritt Ferenczi erneut an Freud heran, mit der Bitte, ihn noch einmal zu analysieren. Zu diesem Zeitpunkt standen die beiden aber schon lange in einem sehr persönlichen und privaten Austausch. Da für Freud die analytische Situation offenbar – wie schon dargelegt – eine durch Rahmen und Regeln abgrenzbare Situation war, konnte er sich bezüglich der dann geltenden Regeln gegenüber Ferenczi wie folgt äußern:

> »Da Sie es so wollen – und wenn Ihr Schicksal es gestattet, werde ich Ihnen also von Mitte Juni an zwei Stunden täglich reservieren. Ich hoffe Sie auch sonst viel zu sehen, und eine Mahlzeit wenigstens sollen Sie täglich bei uns nehmen. Die Technik wird jedenfalls erfordern, daß außerhalb der Stunden nichts Persönliches besprochen wird« (Freud/Ferenczi 1996b).

So einfach ist das also? Nein, es ist überhaupt nicht einfach.

Wir wissen gerade auch aus der Beziehung zwischen Freud und Ferenczi, dass sich die beiden damit keinen Gefallen getan haben. Es ist Ihnen nicht gelungen, sich zu entscheiden, welche Art von Beziehung sie miteinander haben wollen. So schreibt Ferenczi nach der eigentlichen Beendigung des Analyse-Abschnittes:

> »Lieber Herr Professor, ich weiß, daß ich nicht mehr das Recht habe, mit Ihnen wie mit meinem Arzte zu sprechen, daß ich nicht frei und zusammenhanglos sprechen, sondern meine Worte an der Realität messen müsste. Ich kann es mir nicht versagen, noch ein letztes Mal (ist es wirklich das letzte Mal?) eine Stunde zu nehmen« (Freud/Ferenczi 1996b, S. 230).

Es folgt ein langer Brief, in dem er über sein Innenleben Auskunft gibt, mit dem Gefühl, er *schreibe* Dinge, die er in der Analyse nie habe *sagen* können (ebd., S. 232).

Freud will Ferenczi nach eigenem Bekunden nicht auf eine Antwort warten lassen und schreibt einen eher kurz gefassten Brief, in dem er – mit Verlaub

– doch deutlich genervt wirkt, wenn er u. a. Goethe zitiert: »Man spricht vergebens viel, um zu versagen; der andere hört von allem nur das Nein« (ebd., S. 239).

Es war bei weitem nicht die letzte »Analysestunde«, die Ferenczi sich im wahrsten Sinne des Wortes genommen hat. Aber auch Freud hatte eine klare Entscheidung nicht treffen können. Zwar hat er sich eher zurückgehalten, war – wie aus den vielen Briefen an Ferenczi ersichtlich ist – bemüht, nicht mehr die Stellung des Analytikers gegenüber Ferenczi einzunehmen. Dieser war es eher, der auch innerhalb des Briefwechsels nie wirklich von der ehemals psychoanalytischen Beziehung zu Freud getrennt scheint und Freud nie aus der Rolle seines Psychoanalytikers entlassen hat. Immer wieder bot er sich ihm mit seinem ganzen psychischen Leben, mit Überlegungen über seine eigene Psychodynamik und unbewussten Konflikten, zu Deutungen an. Freud war es wiederum nicht möglich, hier auf einer klaren Trennung zu bestehen. Letzten Endes ist den beiden diese Unklarheit, diese nicht vollzogene Trennung zwischen analytischer Situation und privater Beziehung, zum Verhängnis geworden. Besonders in den letzten Jahren des Briefwechsels kann man geradewegs mitverfolgen, wie Ferenczi – möglicherweise auch unter dem Regressionsdruck seiner schweren Erkrankung – immer tiefer in eine verzweifelte, teils anlehnungsbedürftige, sehnsuchtsvolle, teils starke negative Vater-Übertragung geriet. Freud fand keine Mittel diese aufzulösen, da beide keinen Rahmen und keine Regeln mehr hatten, mit denen eine Bearbeitung möglich gewesen wäre.

Freud dürfte dieses Problem mit etlichen seiner Lehranalysanden gehabt haben. Anders als bei den therapeutischen Analysen kommt es eben nach dem Ende von Lehranalysen fast regelhaft zu einer irgendwie gearteten kollegial-persönlichen Beziehung. Die Frage, was diese Tatsache eigentlich von beiden Beteiligten erfordert, vor welchen Problemen sie stehen, hat bis heute nichts von ihrer Aktualität verloren. Ich werde im letzten Kapitel dieses Buches ausführlicher darauf eingehen.

Zeit und Geld

Die Honorarfrage soll zu Beginn der Therapie geklärt werden (vgl. Freud 1913c, S. 464).

Die Bezahlung soll nach kürzeren regelmäßigen Zeiträumen erfolgen (zum Beispiel monatlich) (vgl. ebd.).

Man sollte nicht unentgeltlich behandeln, auch nicht Kollegen oder deren Angehörige, auch, wenn diese Regel scheinbar gegen die ärztliche Kollegialität verstößt. Aber hierbei ist zu bedenken, dass eine Gratisbehandlung durch einen Psychoanalytiker ganz anderen finanziellen Umfanges ist als die eines anderen ärztlichen Kollegen (vgl. ebd., S. 465).

Die Stunden werden vermietet. Jeder Patient bekommt eine Stunde des Arbeitstages zugewiesen und bleibt für sie haftbar, auch wenn er sie nicht benutzt (vgl. ebd., S. 458).

Der Patient ist berechtigt, die Behandlung jederzeit abzubrechen (vgl. ebd., S. 462).

Im Falle von länger andauernden körperlichen Erkrankungen kann die Behandlung unterbrochen und die Stunden können anderweitig vergeben werden. Der Patient wird wieder in Behandlung genommen, sobald er wieder dazu in der Lage und eine andere Stunde für ihn gefunden ist (vgl. ebd.).

Die Behandlung findet an sechs Tagen der Woche statt, d. h. täglich außer an den Sonntagen und den großen Festtagen (vgl. ebd.).

Für leichtere Fälle und weit fortgeschrittene Behandlungen sind auch drei Behandlungstagetage pro Woche ausreichend (vgl. ebd.).

Es kann nötig sein, einem Patienten länger als die übliche Stunde Zeit zu geben, weil einige solcher Verfassung sind, dass sie fast die gesamte eigentliche Zeit benötigen um »aufzutauen« und mitteilsam zu werden (vgl. ebd., S. 460).

Bereits auf den ersten Blick fällt auf, dass Freud zu den Rahmenbedingungen Zeit und Bezahlung der Psychoanalyse verhältnismäßig viele und genaue Regeln beschrieben hat.

Die meisten von ihnen sind sehr bekannt und werden auch heute noch – trotz deutlich veränderter Lebensbedingungen – als unumstößliche Regeln im Sinne eines Gesetzes, das es unbedingt zu befolgen gilt, angewandt. Freud ist auch heute noch *die* Autorität, die herangezogen wird, wenn – und das häufig mit intensiven Affekten – die Fragen von Stundenfrequenz und Ausfallhonorar diskutiert werden. Sowohl in den Diskussionen unter Psychoanalytikern als auch im Behandlungszimmer kann es bei diesen Themen hoch hergehen, können u. U. Behandlungen abgebrochen werden. Es lohnt sich also, sich die Regeln und deren Rezeption bis heute einmal genauer anzusehen. Einigermaßen Einigkeit dürfte in Bezug auf die drei erstgenannten Regeln bestehen. Die Honorarfrage muss zu Beginn der Therapie geklärt werden, das gebietet auch die sich einstellende oder zunehmende Abhängigkeit des Patienten, dessen Verhandlungsspielraum bei einer späteren Klärung noch stärker eingeschränkt wäre, als er es zu Beginn der Therapie ist. Natürlich betrifft diese Frage nur diejenigen Patienten, die ihre Analyse aus eigener Tasche bezahlen, also in der Praxis hauptsächlich die Lehranalysanden, jedenfalls in Deutschland, wo der Stundenpreis für diejenigen Patienten, deren Stunden über die Krankenkasse abgerechnet werden, festgelegt ist. Allerdings – und das wird vielleicht bisweilen »übersehen« oder geleugnet – würde es auch bei kassenfinanzierten Analysen zur Klärung der Honorarfrage gehören, dem Patienten das von seiner Kasse bezahlte Stundenhonorar mitzuteilen. Mir scheint, hier schleicht sich bisweilen eine vielleicht zunächst unmerkliche Zweiteilung ein, indem der Privatpatient, sei es über die Rechnung für seine Kasse oder für ihn persönlich, Kenntnis über das Honorar seiner Analytikerin erlangt, der gesetzlich versicherte Patient dieses aber häufig nicht erfährt, es sei denn, er fragt direkt nach. Tatsächlich aber gelten die »Spielregeln« für alle und so müsste jeder Patient über das Honorar aufgeklärt werden.

Auch darüber, dass die Bezahlung in kürzeren, d.h. überschaubaren Abständen erfolgen sollte und dass ärztliche oder psychologische Kolleginnen und Kollegen nicht kostenlos behandelt werden, herrscht noch eine gewisse Einigkeit. Hier liegen die kleineren Tücken dann bisweilen im Detail: Welche Frist gewährt man dem Patienten für die Bezahlung der Rechnung? Auch da gibt es kleine Unterschiede: Während die Therapiekosten des gesetzlich versicherten Patienten zunächst anteilig, aber zu einem festgelegten verlässlichen Zeitpunkt von der jeweiligen kassenärztlichen Vereinigung überwiesen werden, verhält es sich bei dem privat versicherten Patienten häufig schon anders. Viele Patienten halten an der bei anderen medizinischen Leistungen angewandten Gewohnheit fest, das Honorar erst zu bezahlen, wenn sie die Kosten von ihrer Kasse erstattet bekommen haben. Unterschiedlich kann auch die Art der Bezahlung gehandhabt werden, aber eben wieder nur bei den privat versicherten oder den anderweitig privat zahlenden Patienten: Wird auf einer Barzahlung bestanden, oder wird die Überweisung des Rechnungsbetrages gefordert? Wenn bar bezahlt wird, bekommt der Patient die Zahlung dann in irgendeiner Form quittiert? Die Regelung schafft häufig Raum für allerlei Inszenierungen: Wie bezahlt der Patient? Mit welcher Geste? Gibt er der Analytikerin das Geld »nackt« oder umhüllt durch einen Umschlag? Gibt er es ihr in die Hand? Wie greift sie danach? Wird es irgendwo abgelegt? Muss der Patient das Geld passend mitbringen? Oder muss die Analytikerin Wechselgeld parat haben? Ist die Scheingröße festgelegt (etwa wie an der Tankstelle: Keine 500-Euro-Scheine!)? Was, wenn ein Patient – nur mal so – das Honorar in Ein- oder Zwei-Eurostücken mitbringen würde? Was wäre, wenn ein Patient ein anderweitiges »Tausch-geschäft« vorschlagen würde, wie es beispielsweise in Krisenzeiten durchaus vorgekommen ist, zum Beispiel Brennholz für eine analytische Stunde? (Ehebald 1978, Pflichthofer 2011c)

Also, der Umgang mit dem konkreten »Baren« lässt allerlei Spielräume, die einem über den bargeldlosen Zahlungsverkehr »erspart« werden, jedenfalls in der konkreten interaktionellen Ausgestaltung.

Exkurs: Stundenmiete – Auf die Spitze getrieben

Nun, trotz dieser Finessen scheint es hier nicht allzu viele Unklarheiten in der Regelauslegung zu geben. An diesem Punkt scheint die Einigkeit jedoch schon aufzuhören, denn als nächstes erscheint die Frage der sogenannten »Stundenmiete«. Diese Miete ist in jedem Falle zu zahlen, auch wenn der Patient die Stunde nicht wahrnimmt. Und jetzt befinden wir uns inmitten der Untiefen um die Regelungen zum Ausfallhonorar, die bei uns – wie Frank Blohm es in seinem Aufsatz so treffend und offen beschreibt – immer wieder Unbehagen auszulösen vermögen (Blohm 2011).

Bis zu der offenen, öffnenden, nicht normativen Arbeit von Frank Blohm war es nur der Aufsatz von Meinhard Korte, der sich explizit und ausführlich mit der Thematik des Ausfallhonorars beschäftigt hatte. Diese Tatsache ist schon für sich genommen bemerkenswert. Korte vertritt in seinem Aufsatz »Die vakante Sitzung« jene oben beschriebene Ansicht, der Rahmen symbolisiere das väterliche Gesetz: »Eine Veränderung der Vereinbarungen aus nichtanalytischen Gründen kommt tendenziell einem Außer-Kraft-Setzen des Gesetzes gleich« (Korte 2003, S. 264).

Meines Erachtens gehört dies hier auch zu der oben ausführlich beschriebenen Idealisierung des »väterlichen Gesetzes«, in der Weise, dass diesem *per se* die Macht des Richtigen, Guten zugeschrieben wird. Kortes Aufsatz vermittelt atmosphärisch, dass es eine klare, über jeden Zweifel erhabene Regelung bezüglich vakanter Sitzungen geben könne, diese durch die Freud'sche Tradition begründet sei und daher – scheinbar – auch zu keinerlei inneren Konflikten im Analytiker führe. Aus Kortes Sicht scheint die Sache klar: Der Patient bezahlt für jede Stunde, auch für die, die er nicht wahrnehmen kann. Auf die Gründe, innere oder äußere Motive kommt es dabei nicht an, die seien ohnehin nur schwer voneinander zu unterscheiden. Äußere Gründe für ein Nichterscheinen könnten den inneren gerade recht kommen. Als Abweichung von dieser Regel gestattet Korte sich und seinen Patienten eine Reduktion des Honorars, wenn die Patienten finanziell schlecht gestellt sind. Er lässt es sich nicht nehmen, die Ausführungen Freuds zu diesem Punkt vollständig wiederzugeben, sie bilden seine Referenzgröße. Und in der Tat scheint es sich bei der von Korte vorgeschlagenen Regelung um eine – zumindest theoretisch – allgemein anerkannte Variante zu handeln. Wenn äußere Lebensumstände den Patienten am Kommen hindern, dann sei dies eine besonders gute Möglichkeit für die Reflexion der Bedeutung von Abhängigkeit in der Biografie des Patienten. Hier zeigt sich, dass derjenige, der solche spezifischen Regeln aufstellt und vertritt durchaus ganze theoretische »Programme« transportiert. Die Berufung auf Freud, »der auch schon … habe«, dient dann – so meine Vermutung – häufig dem Verstärken der Berechtigung dieses persönlichen theoretischen Programms (»Schon Freud hat es so vorgeschlagen, dann muss es richtig sein«).

Dies ist auch ein Beispiel für die Begrenztheit, und manchmal auch Fragwürdigkeit, einer 1:1-Übertragung von Regeln, die vor über 100 Jahren gegolten haben, auf die aktuelle Zeit. Nicht alles muss verändert oder angepasst werden, um mit den modernen Verhältnissen Schritt halten zu können, aber auch nicht alles lässt sich konservieren. Es gilt, gerade ein Maß zu finden für die Bewahrung des Althergebrachten und die notwendige Beförderung neuer Reflexionsprozesse. Dies kann auch als ein dialektischer Prozess verstanden werden, worin das »Alte« »aufgehoben« ist, im Hegel'schen Sinne. Eine Regel für gut zu befinden, nur weil Freud sie empfohlen hat und weil sie vor 100 Jahren vielleicht ihre Stärke hatte, und diese von aktualisierenden reflexiven Überlegungen auszuschließen, hat den Beigeschmack von Unterwerfung. Die Regeln, welche Freud beschreibt, beziehen sich auf Lebensumstände, die galten, als Patienten sich bei ihm in Analyse begaben. Die Umstände sind in dieser Form heute selten bis nie anzutreffen: Die Analysen waren – in der Regel – deutlich kürzer als heute, d. h. sie dauerten einige Monate. Häufig kamen Patienten, um einen »Abschnitt« Analyse zu machen, sie reisten eigens dafür nach Wien. Meistens handelte es sich um finanziell recht gutsituierte Menschen. Beides führte dazu, dass diese Patienten sich ganz dem analytischen Geschehen und eventuell noch dem gesellschaftlichen und kulturellen Leben Wiens hingaben, aber nicht nebenbei noch einen beruflichen oder familiären Alltag bewältigen mussten, wie er heute vom modernen Menschen gelebt wird. Heute muss sich der Termin für die Analyse in ein kompliziertes System einfügen, in Studium, Job, um das Studium zu finanzieren, Arbeit, Privatleben, womöglich noch Hobbys, andere Interessen etc. Bei Patienten, die zu einem Erstgespräch kommen und sagen, sie wollten sich jetzt nur voll und ganz auf die Analyse konzentrieren und alle anderen Aktivitäten einstellen, bestehen eher erhebliche Zweifel an der Indikation. Psychoanalyse war zu Freuds Zeiten eine äußerst exklusive Angelegenheit. Die damaligen Rahmenbedingungen, zum Beispiel auch solche für die Betreuung der weiblichen Patienten (ich werde darauf zurückkommen), lassen sich nicht mehr einfach in die heutige Zeit übertragen.

Frank Blohm nimmt sich in seiner Arbeit des bei vielen Kolleginnen und Kollegen spürbaren Unbehagens an, das sie überkommt, wenn eine Rechung über ein Ausfallhonorar zu schreiben ist. Wie kommt es, dass eine scheinbar völlig klare Regelung, wenn sie sich dann aktualisiert, bisweilen zu erheblichen inneren Konflikten, auch in der Analytikerin führt? Blohm gibt diesem Unbehagen Raum, spürt ihm nach, dass doch die scheinbar klaren Regeln (ebd.) in den Hintergrund rücken sollen. Diskussionen um das Ausfallhonorar haben eine sehr spezielle Tendenz: Meistens scheint der außenstehende, gerade nicht so betroffene Kollege wesentlich weniger Schwierigkeiten zu haben, auf der Bezahlung eines Ausfallhonorars zu bestehen, als derjenige, der sich gerade in einer solchen Situation befindet und unter schleichendem Unbehagen leidet.

Was zum Beispiel, wenn ein Patient während einer Analyse eine schwere Erkrankung erleidet, vielleicht gar im Krankenhaus liegt und Wochen lang nicht kommen kann? Er muss dann, gemäß der Korte'schen Regel alle Stunden bezahlen. Korte gibt sich so, als sei das für ihn kein Problem, da er auf sicherem theoretischem Boden stehe.

Und was, wenn ein Patient schwer an Krebs erkrankt, ihm eine Operation mit anschließender Strahlen- oder Chemotherapie bevorsteht (und so etwas geschieht in der Realität)? Nach der Korte'schen Regelung kann

> »jeder Patient selber entscheiden, ob er die vereinbarten Sitzungen weiterhin reserviert haben möchte. Die Möglichkeit, den Vertrag jederzeit zu kündigen, stellt nicht nur einen notwendigen Freiraum dar, sondern macht auch das Risiko deutlich, das der Psychoanalytiker trägt, u. U. von heute auf morgen vier unbezahlte Wochenstunden zu haben« (Korte 2003, S. 272).

Man kann sich leicht vorstellen, wie zynisch das in den Ohren eines solchermaßen betroffenen Patienten klingen *kann*. Wenn dann seine Enttäuschung oder seine Wut noch entsprechend gedeutet wird, kann das analytische Verhängnis seinen Lauf nehmen. Möglicherweise ist es der Anfang vom

Ende einer analytischen Behandlung, es kann – aus meiner Sicht – aber auch schlimmstenfalls auf eine Retraumatisierung hinauslaufen. Wie soll ein Patient – zumal vielleicht psychisch schwer beeinträchtigt – jene psychische Akrobatik vollziehen, die nötig wäre, um noch glauben zu können, die Analytikerin interessiere sich wirklich für seine Realität, *äußere wie innere*? Es mag ja sein, dass kein Weg umhinführt, die Analyse zu unterbrechen, einfach, weil ein Patient die Kraft nicht aufbringen kann, dreimal in der Woche in die Praxis zu kommen. Aber es dürfte wohl sehr darauf ankommen, wie eine solche Unterbrechung eingebettet ist, ob die Beziehung so ist, dass Kompromisse vorstellbar sind oder der Patient einfach zu hören bekommt: »Wie Sie ja wissen, haben Sie natürlich die Möglichkeit, den Vertrag zu kündigen.« Eine sehr teuer erkaufte Freiheit!

Solchermaßen angewandte Regeln geraten in die Nähe von: »Es ist ja nur zu deinem Besten!«, ein Satz, den der Patient als Kind vielleicht auch gehört hat, wenn er unter ihm unverständlichen Erziehungsmethoden seiner Eltern gelitten hat. Tatsächlich schreibt auch Korte: »Grundlage für die Beachtung dieser Gesetzmäßigkeiten ist daher, dass sich die Vereinbarungen nur an dem orientieren, was dem Patienten für seine Analyse nützt« (Korte 2003, S. 264).

Woher nun also weiß man, was einem Patienten nützt? Bevor sich eine Antwort auf diese Frage finden lässt, muss man sich aber vielleicht erst einmal darüber im Klaren sein, was denn der Analytikerin nützt. Es macht einen erheblichen Unterschied, ob man eine solche Regel vertritt und beispielsweise sagt: »Wenn Sie einmal eine Stunde nicht wahrnehmen wollen oder können, dann müssen Sie diese dennoch bezahlen. Das Bezahlen ist von den Gründen für Ihr Fernbleiben unabhängig, denn es dient der Sicherung meines Einkommens, weil ich das Risiko von Fehlterminen – aus verschiedenen Gründen – nicht auf mich nehmen will.« Damit wären wir wieder bei der Aufklärung, die zu Beginn der Analyse stattfinden soll. In der könnte es dann heißen: »Da die Erfahrung zeigt, dass es dazu kommen kann, dass innere Widerstände, die Ihnen unter Umständen gar nicht bewusst sind, Sie am Kommen hindern, ist es für mich und für Ihre Therapie wichtig, meinerseits nicht von diesen Widerständen abhängig zu werden. Zudem kann ich es mir in diesem Beruf schlicht auch nicht leisten, mein Einkommen von den gerade aktuellen Widerständen meiner Patienten abhängig zu machen.«

Der Satz, dass der Patient die Freiheit habe, den Vertrag doch jederzeit zu kündigen, kann eine sadistische Note erhalten, weil er suggeriert, es ginge jetzt auf einmal nur noch um die äußere Realität. Dieser Satz leugnet die doch bisweilen (und wir begrüßen diese sogar oftmals als einen notwendigen Schritt) verzweiflungsvoll erlebte Abhängigkeit des Analysanden, *in der er gerade nicht die innere Freiheit hat, den Vertrag »plötzlich« zu kündigen!*

»Sie können jederzeit gehen!« kann natürlich eine Entscheidungsfreiheit zum Ausdruck bringen, wenn das Gegenüber auch wirklich die Möglichkeit hat. Aber wer diesen Satz zu jemandem sagt, der – sagen wir – von dort aus nur in eine gefahrvolle Situation zu gehen hätte, spielt die Macht dessen aus, der sich hier freizügig gibt, wohl wissend, dass der andere über diese Freiheit nicht wirklich verfügt. Man stelle sich eine Szene zwischen einem Chef und seinem Angestellten vor, der sich mit einer Zusatzaufgabe nicht sogleich abfinden mag. »Sie können auch gehen!« »Ja«, sagt sich der 55-jährige Angestellte, »in die Arbeitslosigkeit!« Was für eine Wahl!

Meines Erachtens ist eine Wurzel für unser Unbehagen am Ausfallhonorar genau diese Stelle, an der sich der Analysand – durch die Übertragung, die wir fördern – in einer ausgeprägten Abhängigkeit befindet, in der ihm die Freiheit, die er am Anfang noch gehabt haben mag (auch, wenn es sich dabei um eine Pseudoautonomie handeln mag), nicht mehr zur Verfügung steht. Wir spüren, dass wir mit dieser Abhängigkeit, und d. h. Verletzbarkeit, gut umgehen müssen, ohne uns unsererseits manipulieren zu lassen. Und das ist oft genug gar nicht einfach.

An den Stellen, an denen ein Ausfallhonorar fällig wird, kann der Analysand ja nicht umhin, unter Umständen schmerzvoll, wahrzunehmen, dass die analytische Beziehung auch einen geschäftlichen Anteil hat, eben keine private Beziehung ist. Die schmerzvolle Enttäuschung an dieser Stelle gilt es anzuerkennen, ebenso wie die Tatsache, dass die analytische Beziehung nicht allein in einer geschäftlichen aufgeht. Auch der zum Beispiel chirurgisch tätige Arzt hilft einem Patienten und wird dafür bezahlt, dennoch wird während der Operation kaum das Konto des Chirurgen im Vordergrund stehen, sondern er will seine Sache so gut wie möglich machen. Und wie wäre das erst, wenn der Chirurg seinen Patienten schon viele intensive Monate lang kennte?

Kortes Satz, *die Vereinbarungen hätten sich nur an dem zu orientieren, was dem Patienten für seine Analyse nütze,* fällt aus meiner Sicht in jene Widersprüchlichkeit, über die zu diskutieren mein Anliegen ist: Denn dieser Satz widerspricht der *theoretisch* festgelegten Haltung, der neutralen und tendenzlosen Analytikerin. Wie kann sie – und das im Vorhinein, nämlich dann, wenn die Regeln zu Beginn der Analyse mitgeteilt werden – wissen, was dem Patienten für seine Analyse nützt. Unsere Regeln beruhen auf Annahmen und auf inzwischen vielen Erfahrungen. Dennoch dürfte es so sein, dass es Bereiche gibt, in denen die Menschen Unterschiedliches brauchen und dafür sollten die Regeln Raum geben.

Auch das Wort »Vereinbarungen« hat schon einen gewissen Beigeschmack, denn die Regeln, die zu Beginn mitgeteilt werden, ergeben sich ja nicht aus einer Verhandlung, in welcher der zukünftige Analysand seine Wünsche mit einbringen könnte. Wünsche, die von den Regeln abweichen, würden sogleich gedeutet werden. Vielmehr handelt es sich bei den von Korte so verstandenen Vereinbarungen um die *Allgemeinen Geschäftsbedingungen*. Nur unter diesen vorab aufgestellten *Bedingungen* kommt der Vertrag zustande. Der Patient kann akzeptieren, oder nicht.

Es bleibt immer noch die offene Frage, woher wir denn wissen wollen, was dem Patienten nützt? Nach meiner Erfahrung ist es zur Beantwortung dieser Frage notwendig, auf den Patienten zu hören, und zwar sowohl auf seine bewusste als auch auf seine unbewusste »Sprache«, auf all das, was er uns im Laufe der Zeit mitteilt. Das heißt aber, erst im Laufe der Zeit können wir eine Ahnung davon bekommen, was diesem Patienten nützt. So, wie vorhin beschrieben, halte ich es für notwendig, dem Patienten zu vertrauen, d. h. seinen Wünschen nach Heilung, nach Besserung Gehör zu schenken. Auch das analytische Leben besteht nicht nur aus negativen therapeutischen Reaktionen. Nach meiner Erfahrung gibt es in den Patienten häufig eine Seite, in der sie wissen, was gut und förderlich für sie ist, selbst wenn sie dagegen zu einem anderen Zeitpunkt oder mit einer anderen Seite protestieren. Wenn an der Vorstellung von der Kraft der Introjekte etwas dran ist, dann ist dies die Stelle, an welcher der Patient gewissermaßen in der Lage ist, seiner Analytikerin »Tipps« zu geben, wie sie ihm helfen könnte, sich von der Macht seines Introjektes zu befreien. Dann befindet man sich auf dem Pfad des operationalen Umgangs mit Regeln, wie Cremerius ihn schon 1984 beschrieben und gefordert hat:

> »Was von uns gefordert wird, wenn wir analytisch arbeiten, ist nicht, Regeln einzuhalten, sondern Funktionen auszuüben, d. h. operational vorzugehen – Funktionen auszuüben, die für diesen Patienten, in diesem Moment der Übertragungs/Gegenübertragungskonstellation hilfreich sein können. Eine dieser Funktionen ist zu gegebener Zeit *auch* die Versagung. Aber sie darf kein Prinzip sein« (Cremerius 1984, S. 795).

Zwar sind unsere Regeln im Laufe der Zeit weiterentwickelt worden und bilden einen Grundriss dessen ab, was »in der Regel« hilfreich ist, aber das eine oder andere kann sich unter Umständen für einen Patienten als nicht förderlich herausstellen. Dann können Behandlungen für beide Seiten in verzweiflungsvolle Sackgassen geraten. Die Analytikerin will, zumindest unterschwellig, dass der Patient die Regeln als etwas Gutes, z. b. als das gute väterliche Gesetz, anerkennt, und deutet alle dem zuwiderlaufenden Äußerungen des Analysanden als potentiell destruktiv, während der Analysand verzweifelt darum bemüht ist, ihr zu erklären, dass er sich diesem Gesetz allenfalls unterwerfen könne, da er es *für sich* nicht als förderlich empfinde. Wenn dann die Analytikerin nicht in die Position derjenigen geraten will, die von ihrem Analysanden eine Unterwerfung verlangt, geht der circulus vitiosus in die nächste Runde.

Um sich Klarheit darüber zu verschaffen, dass das scheinbar genaue Einhalten einer Regel nicht per se konstruktiv sein muss, könnte man folgenden Fall – gewissermaßen mit umgekehrten Vorzeichen der Macht bzw. des Gefühls – konstruieren:

Der Analysand zahlt in aller Gemütsruhe – sich scheinbar an die (äußeren) Regeln haltend – ein Ausfallhonorar nach dem nächsten, schlicht, weil er genug Geld hat und es sich leisten kann. Zugespitzt könnte ein sehr reicher Mensch sich – ich sag's mal böse – »eine Analytikern halten«, d. h. er zahlt ihr das volle Honorar und nimmt die Stunden wahr, zu denen er Lust und Zeit hat. Es ist unschwer anzunehmen, dass sich die Analytikerin schnell zutiefst entwertet vorkommen dürfte, vielleicht als eine weitere Angestellte in seinem Imperium.

Würde sich die Psychoanalytikerin dauerhaft auf so etwas einlassen? Wohl kaum. Dennoch, die bloßen, gewissermaßen »rohen« Regeln sehen auch eine solche Möglichkeit vor.

In dieser Ausprägung kommt das in der Praxis wohl nicht vor, aber die dezentere Variante findet sich durchaus (vgl. Focke 2010): Der Patient zahlt ganz selbstverständlich, scheinbar ohne Affekte das Ausfallhonorar, weil ihm der Urlaub, unabhängig von seinem Analytiker wichtig ist. Er lässt sich diese Demonstration seiner Unabhängigkeit etwas kosten, hält sich scheinbar an die äußeren Regeln. Wir aber spüren dennoch, dass dieser Patient Regeln unterläuft, nämlich implizite Beziehungsregeln.

Denn vermutlich haben wir doch alle beim Hören eines solchen Vorgehens seitens des Patienten das Gefühl, dass er da etwas mit seinem Analytiker »macht«. Er demonstriert vielleicht, so kommt es mir vor, wie degradiert man sich fühlt, wenn die Behandlung auf eine reine Geschäftsbeziehung reduziert zu sein scheint. In dem Beispiel, das Focke beschreibt, hat es den Anschein, als wolle der Patient deutlich machen, dass ihm dieser Aspekt gar nichts ausmache, er versucht die Geschäftsbeziehung »umzudrehen«. Ich finde dieses Beispiel so interessant, weil der Patient gewissermaßen den Finger in die Wunde legt. In jene Wunde, die entstehen kann, wenn man sich auf die »reine« Regel zurückzieht. Denn, auch wenn der Patient sich scheinbar an die Regel hält, so »behandelt« er hier seinen Analytiker in bestimmter Weise. Das für diesen Patienten zu diesem Zeitpunkt noch nicht Einsehbare besteht ja eben darin, dass weder der Analytiker zu ihm noch er zu seinem Analytiker eine »rein« geschäftliche Beziehung hat.

So gehen wir in der Regel doch eher davon aus, dass der Patient kommen möchte und nicht »einfach so« für eine abgesagte Stunde Geld bezahlen will.

Dennoch: Wir als Analytikerinnen und Analytiker geben die Regeln vor, nicht der Patient. Dieser kann ihnen zustimmen und muss es tun, wenn er sich mit uns auf eine psychoanalytische Behandlung einlassen will.

Dann gilt es aber, dieses nicht zu leugnen, sondern anzuerkennen.[47]

Freuds Regel, der Patient könne jederzeit die Analyse beenden und müsse dann auch kein Honorar mehr bezahlen, möchte in der Theorie die Tendenzlosigkeit des Prozesses, die Zeitlosigkeit des Unbewussten berücksichtigen. Ist die Sache soweit erledigt, dann kann man aufhören. Wie sollte man den Zeitpunkt im Vorhinein festlegen können? Und dennoch tun wir das implizit fast permanent. Warum zum Beispiel werden die Stundenkontingente so häufig bis auf die letzte Stunde ausgeschöpft? Oder warum wird, wenn der Patient ein paar Stunden eher aufhören will, dieses überdurchschnittlich häufig als der Versuch gedeutet, die Abhängigkeit zu leugnen und der von außen diktierten Trennung autonom zuvorzukommen? Warum kann eine Analyse nicht auch nach 225, 263 oder nach 312 Stunden beendet sein, obwohl im Kontingent noch 15, 37 oder 38 Stunden offen sind?

Vielleicht, weil es fast immer noch etwas zu tun gibt, weil wir dem Gedanken anhängen, dass länger dauernde Analysen eine tiefergreifendere Veränderung mit sich bringen.

Vielleicht, weil wir im Laufe der Therapie innerlich eine Vorstellung gewonnen zu haben glauben, wann der richtige Zeitpunkt zum Beenden gegeben ist.

Vielleicht, weil wir es gewohnt sind, Stundenkontingente voll auszuschöpfen: Was man hat, das hat man.

---

47 So sagt der Therapeut im Film *The King's speech*, zu seinem Patienten, dem König: »Mein Haus, meine Regeln ...«.

Freud jedenfalls hat sich durchaus dazu in der Lage und ermächtigt gesehen zu erkennen, ob der Patient nun »zu Recht« geht oder aus inneren Widerständen heraus. Und er hat sich vorbehalten, in Fällen der letzteren Art zu intervenieren. So schreibt er an Weiss, nachdem dieser ihn bei einem Patienten, der abrupt die Analyse beenden wollte, um Rat gebeten hatte:

> »Ich glaube ihr Patient soll dem Wiederholungszwang nicht nachgeben und die Kur fortsetzen. [...] Dieser Abschnitt der Kur, Schuldgefühl und Sträuben gegen die feminine Einstellung zum Vater, ist natürlich die schwierigste. Ein Dauererfolg ist erst nach der Leistung dieser Arbeit möglich. Nicht ihn dem Dämon überlassen« (Freud/Weiss 1973, S. 54/55).

Das ist doch einigermaßen deutlich. Freud sah durchaus einen Unterschied in den äußeren und inneren Bedingungen der Regeln und rät hier eindeutig dazu, so zu intervenieren, dass man den Patienten nicht einfach gehen lässt. Damit setzt sich der Analytiker natürlich aus, denn er hat – außer der Beziehung – keinerlei Mittel den Patienten zu halten. *Deren* Tragfähigkeit und das Vertrauen von Analytiker und Analysand in sie entscheidet darüber, ob die Intervention Erfolg hat. Dieses sind die inneren Bedingungen, während, den äußeren nach, der Patient ohne Konsequenz die Behandlung einfach beenden könnte.

In einem anderen Fall schlug Freud Weiss die gewissermaßen paradoxe Intervention vor, die Behandlung zu unterbrechen, bevor die Patientin sie beenden kann (Freud/Weiss 1973, S. 87/88).

Es kann also, was Freuds *Praxis* angeht, durchaus nicht davon die Rede sein, dass er nicht eine innere Vorstellung davon hatte, wann eine Behandlung zu Ende gehen sollte und wann der Zeitpunkt eher unpassend ist, sowie darüber, ob sich das Fortführen einer Behandlung »lohnen« könne.

Die Frequenz

Die letzten drei bezüglich der Zeit und der Frequenz aufstellten Regeln Freuds gehören zu jenen, die im Laufe der Zeit verändert wurden bzw., in der Theorie zumindest, ganz und gar in Vergessenheit geraten sind.

In Zeiten, in denen die Frequenzfrage zur Identitätsfrage zu werden droht, die Frage, ob allein eine vierstündige Analyse noch eine richtige Analyse und die dreistündige »nur« noch eine Psychotherapie sei (gewöhnlich mit einer Intonation unterlegt, die deutlich machen möchte, dass ja eine Psychotherapie durchaus auch eine gute Sache sei, aber eben keine Psychoanalyse mehr)[48], mutet es doch verwunderlich an, warum der Streit nun gerade zwischen den Zahlen 3 und 4 geführt wird. Denn – nimmt man die Freud'schen Regeln nicht als Spielregeln, sondern als Gesetz – dann wird eine ordentliche Analyse an *sechs* Tagen in der Woche durchgeführt und nur am siebten wird geruht. Warum sind wir davon abgekommen? Warum machen wir keine sechsstündigen Analysen, die dann eben kürzer dauern, weil das Stundenkontingent schneller verbraucht wäre?

Nun könnte man sagen: »Ja, aber das ist ja heute so gar nicht mehr machbar!« Darauf ließe sich natürlich leicht (und polemisch) antworten: »Ach, jetzt auf einmal? Seit wann interessieren uns äußere Umstände? Nur, weil wir Sonnabends auch gerne frei haben?«

Ganz offensichtlich haben sich unsere Kenntnisse seit damals vermehrt und Freud lag es, wie wir gesehen haben, fern zu fordern, man solle sich nur auf das Alte berufen und auf Erfahrungszuwachs verzichten oder ihn ignorieren.

Das, was hier sehr polemisch klingen mag, soll lediglich auf das tiefgehende Problem einer irgendwie angreifbaren, weil willkürlich erscheinenden Theoriebildung hinweisen. An dieser Stelle kann deutlich werden, wie sehr veränderte Lebensumstände unsere Theorie und Praxis beeinflussen und wie sehr sich Theorien auch dazu eignen, Machtverhältnisse oder Hierarchien zu schaffen oder bereits bestehende zu konservieren. Wir haben heute andere Konzepte und würden einer verkürzten »Crash-Analyse« eher skeptisch gegenüberstehen.

Woher kommt die Begründung dafür, dass eine vierstündige Analyse eine »analytischere« Analyse ist als eine drei- oder gar zweistündige? Freud hat dafür jedenfalls keine Grundlage geboten. Die Frage nach der Frequenz wurde damals noch nicht zur Identitätsbildung herangezogen. Das erlaubte Freud auch die Erweiterung seiner Frequenzregel dahingehend, dass in einem fortgeschrittenen Prozess auch drei Stunden ausreichend sein können. Offenbar

---

48 Das Statement von Paula Heimann, in ihrem wunderbaren Aufsatz »Über die Notwendigkeit für den Analytiker mit seinem Patienten natürlich zu sein« zu diesem Thema lautet: »In diesem Zusammenhang möchte ich noch einen anderen Unsinn nennen. Er besteht in der Gleichung: fünf Stunden in der Woche sind Analyse; weniger als fünf sind Sünde. Ich erinnere mich hier an Willi Hoffer, der gewiß kein wilder oder häretischer Analytiker war: In einem Ausschuß, in dem die Kriterien für die Zulassung als Vollmitglied diskutiert wurden, erklärte er mit großem Nachdruck, er kenne Analytiker, die in einer einzigen Stunde pro Woche mehr analytische Arbeit leisten als viele andere mit fünf Stunden pro Woche. Das war natürlich nicht als Freibrief dafür gemeint, willkürlich die Zeit, die dem Patienten zusteht, zu kürzen [...]« (Heimann 1978, S. 219).

handelt es sich dann immer noch um eine Analyse, natürlich, denn ob etwas die Titulierung »Psychoanalyse« verdient, richtet sich nicht nach einer Frequenz X, sondern danach, ob ein Prozess entstanden ist, in dem sich beide Protagonisten mit (Gegen-)Übertragung und Widerstand reflexiv auseinandersetzen können. Dafür ist nach allem, was wir bisher wissen, eine zunächst höhere Frequenz sehr hilfreich, aber sie allein *markiert nicht den psychoanalytischen Prozess, sondern schafft zuträgliche Bedingungen.*

Aus der Sicht Freuds schien die Sechs-Stunden-Regel, mehr dem Motiv »Soviel-eben-in-eine-normale-Arbeitswoche-passt« entsprungen, aus ganz pragmatischen Gründen entstanden zu sein. Analysen dauerten nicht so lang wie heute und wenn ein Patient eigens dafür nach Wien reiste und sich dort für eine Weile aufhielt, dann sollte er so viele Stunden als möglich haben. Und je rascher die Stunden aufeinander folgten, desto eher stellte sich in der Regel ein Prozess ein.

Für Freud ließ sich überdies die Praxis so deutlich übersichtlicher gestalten. Zudem hatte er schon frühzeitig die »Montagskruste« bemerkt, etwas, das er seinerzeit eher als ein Hindernis für die Behandlung gesehen hatte, weil der Patient erst eine Weile zum »Wiederauftauen« benötigte. Heute sehen wir die Pausen, besonders die längeren Pausen zwischen den Stunden als eine wichtige und notwendige Möglichkeit an, den Umgang des Analysanden mit Trennungen, seine diesbezüglichen Phantasien und Affekte zu erforschen und zu bearbeiten. So ändern sich nicht nur die Zeiten, sondern mit ihnen auch die Praxis, nur die Theorien hängen bisweilen etwas nach.

Kommen wir nun zur letzten hier zu diesem Thema aufgeführten Regel, die – zumindest in der Theorie – nicht hat überleben können. Darüber, wie oft tatsächlich in der Praxis Stunden verlängert werden, ist wenig zu hören und zu lesen, und dies vermutlich nicht zuletzt deshalb, weil man Gefahr läuft, als unprofessionell, agierend oder anderweitig unreflektiert dazustehen.

Tatsächlich aber scheint Freud auf besondere Fälle Rücksicht genommen zu haben, auf jene Patienten, die einen ganzen Teil der Stunde brauchten, um anzukommen, gewissermaßen »kurfähig« zu werden. So behandelte er offenbar den ungarischen Schriftsteller Viktor von Dirstay, der zu den wenigen von Freuds Patienten gehörte, der über 1000 Stunden bei ihm in Analyse war, während einiger Zeit 90 Minuten am Tag, wie Ulrike May durch Auswertung von Freuds Patientenkalendern herausgefunden hat. Darüber hinaus behandelte Freud Dirstay äußerst hochfrequent, nämlich sechs, acht und manchmal gar zwölf Stunden in der Woche (May 2010). Offenbar hat Freud es hier so gehandhabt, dass die längere Dauer einer »Stunde« von vornherein eingeplant, also nicht spontan aus der Situation heraus entschieden war. Hier wurde schlicht der sonst übliche Rahmen verändert, an die Bedürfnisse angepasst. Diese Regel ist eben deshalb interessant, weil sie sich heute in der Theorie nicht mehr wiederfinden lässt, man in diesem Falle also ganz stillschweigend eine technische Regel Freuds zu Grabe getragen hat.

Regeln für die Patienten

Die Patienten sollen auf einem »Ruhebett« liegen, während der Therapeut hinter ihnen, für sie nicht sichtbar, Platz nimmt (vgl. Freud 1913c, S. 467).

Der Patient soll alles sagen, was ihm durch den Sinn geht. Er soll volle Aufrichtigkeit versprechen und nichts verschweigen, was ihm aus irgendeinem Grund unangenehm ist. Er soll alles sagen, auch dann, wenn es ihm unwichtig, unpassend oder unsinnig erscheint (vgl. ebd., S. 468).

Der Patient sollte sich nicht auf die einzelnen Sitzungen vorbereiten (vgl. ebd., S. 469).

Man sollte besonders darauf achten, dass Patienten sich nicht ins Intellektualisieren flüchten und beispielsweise allerlei psychoanalytische Literatur lesen, über diese nachdenken, ohne das intellektuelle Wissen affektiv auf sich anzuwenden (vgl. ebd., S. 386).

Er soll anderen, auch ihm nahestehenden Personen möglichst nichts oder wenig von der Therapie erzählen und möglichst wenige Personen zu Mitwissern machen (vgl. ebd., S. 470).

Während der Therapie soll der Patient keine lebenswichtigen Entscheidungen treffen, also solche über seine Berufswahl, wirtschaftliche Vorhaben, Eheschließungen oder Trennungen. Solche Entscheidungen soll er erst am Ende der Behandlung ausführen (vgl. Freud 1914g, S. 133; 1916–17a, S. 450).

Der Patient soll auf Ersatzbefriedigungen während der Therapie verzichten (vgl. Freud 1919a, S. 188).

Insgesamt scheint Freud weniger Regeln für den Patienten als für den Analytiker aufgestellt zu haben, wovon er zwei als essentielle Bestandteile des analytischen Prozesses angesehen zu haben scheint.

Soviel wir der gesammelten Literatur entnehmen können, stellten die beiden ersten Regeln, die »Ruhebett-Regel« und die »Grundregel«, zwei der wenigen dar, an denen Freud in der Tat sehr festgehalten hat, theoretisch wie praktisch. Bisher ist mir noch keine Beschreibung in der Literatur bekannt, in der davon die Rede war, dass ein Psychoanalysepatient Freuds über einen längeren oder kürzeren Zeitraum im Sitzen therapiert worden wäre.

Nicht umsonst ist die Couch zu *dem* Symbol der Psychoanalyse schlechthin geworden, heutzutage würde man sagen, sie ist unser aller »label«.

Claudia Guderian (2004) hat in ihrem eindrucksvollen Bildband und in ihrer wissenschaftlichen Arbeit Umfassendes zu diesem Arbeitsmöbel von Analysand und Analytikerin zusammengetragen. Man sieht also: Dieses Thema vermag ein interessantes Buch für sich allein zu füllen. Deshalb beschränke ich mich hier nur auf einige Details:

Die Couch Freuds war, einer mündlichen Überlieferung Martha Freuds an Marie Bonaparte zufolge, das Geschenk einer dankbaren Patientin, Madame Benvenisti (Gay 1989, S. 122)! Wir werden auf dieses delikate Detail psychoanalytischer (Vater)Geschichte in dem Kapitel über »Geschenke« zurückkommen. Vermutlich bekam Freud die Couch 1890 geschenkt und offenbar lag sie ihm sehr am Herzen, denn er emigrierte zusammen mit seiner Couch nach London.

Interessant ist in jedem Falle auch die Bezeichnung »Ruhebett«, die Freud in seinem Text wählt, auf welchem »der Kranke« »gelagert« werden soll. Es ist viel nachgedacht und geschrieben worden, über die Couch, ihren Sinn, die wachgerufenen Assoziationen, ihre Bedeutung. Für mich ist die »Couch-Sessel-Anordnung« immer auch eine konkret-körperlich performative Darstellung der wirksamen Asymmetrie dieser besonderen Beziehung gewesen. Und sie ist – in uns – immer anwesend, wie Roussillon in seinem wunderbaren Aufsatz herausarbeitet. Selbst wenn ein Patient nicht auf der Couch liegt, dann befindet er sich – so er sich in einer psychoanalytischen Praxis befindet – zumindest mit ihr zusammen im Raum. Jede Psychoanalytikerin, jeder Psychoanalytiker verinnerlicht die Couch als ein besonderes Symbol. Sie ist für uns kein Möbel wie jedes andere, sie gehört uns und wird doch von unseren Patienten in Besitz genommen. Hand aufs Herz: Wer legt sich in einer Pause nicht mal auf »seine« Couch? Freud hat es – folgt man den Erinnerungen von Paula Fichtl – offenbar getan:

»Nach dem Mittagessen richtet sie [Paula] dem Professor sein ›Platzl‹ auf der Analyse-Couch, klopft das weißbezogene Kissen [also mit eigenem Kissen!, D. P.] zurecht und faltet die Wolldecke am Fußende. Kaum hat Freud sich niedergelegt, kommt die getreue Jofie und räkelt sich auf Herrchens Schoß« (Berthelsen 1989, S. 38).

Bei Gay heißt es zur Freud'schen Couch:

> »Die berühmte Couch war eine Sehenswürdigkeit für sich. Sie war mit einem persischen Teppich, einem Schiras, bedeckt, Kissen türmten sich auf ihr, und über das Fußende war eine Decke für Patienten, denen es kalt war, gebreitet« (Gay 1989, S. 196).

Noch so ein Detail: Eine Decke für Patienten gehört offenbar dazu.

Die »Grundregel« ist die zweite Regel, an der Freud unabdingbar festhalten wollte. Die Aufklärung über die Grundregel, mit der er seine Patienten »von Anfang an« (Freud 1913c, S. 468) bekannt machte, ist noch heute in ihrer Differenziertheit vorbildlich.

In einer Fußnote beschreibt Freud, dass er mit »alles sagen« auch wirklich »alles« meinte, auch alles, was einem über andere Personen einfällt und bitte sehr mit den Namen! »Pour faire une omelette il faut casser des œufs« (ebd., S. 469). Freud beschreibt an dieser Stelle, dass aus seiner Sicht die Analyse eines Staatsbeamten daran gescheitert sei, dass dieser sich durch seinen Diensteid verpflichtet gesehen hat, bestimmte Dinge nicht mitzuteilen.

Wir halten also fest: Couch und Grundregel waren ein absolutes Muss für Freud, die Grundregel gar »heilig.« Während er bei so ziemlich allen anderen Regeln eine kreative Variabilität zuließ, diese beiden Punkte waren seine technisch-praktischen kategorischen Imperative.

Was aber natürlich nicht heißt – das habe ich im ersten Kapitel dargelegt –, dass sich nicht seitens des Analysanden auch gegen diese Regeln verstoßen ließe, *ohne* dass der Prozess sofort abbricht.

Freuds an dieser Stelle eher kategorische Ansicht verdankt sich vermutlich der Tatsache, dass er wohl das Wesen und die Bedeutung der Übertragung erkannt, ihr Ausmaß in der Technik aber noch nicht genügend berücksichtigt hatte, weil es schlechterdings damit noch nicht so viele Erfahrungen gab. Heute würden wir eher zu der Sicht tendieren, dass die Analyse des von Freud erwähnten Staatsbeamten – wenn sie denn überhaupt wirklich gescheitert war – eher daran gescheitert ist, dass ein wichtiger Punkt in der Übertragung des Staatsbeamten nicht hinreichend erkannt oder bearbeitet werden konnte. Wir würden hinter dem rationalisierungsfreundlichen »Diensteid« vielleicht tiefergehende narzisstische oder Loyalitätskonflikte vermuten und erforschen, oder eben, dass die schlichte »Lust«, etwas vorzuenthalten, eine Rolle spielen könnte, etc.

Die – relativ gesehen – wenigen Regeln für den Patienten liegen in einer salomonischen Mitte: Es sind nicht so viele, dass der Analysand sich umzingelt fühlen müsste, und es sind doch so viele, dass sie Struktur geben, ein Spielfeld entstehen lassen und – dass es etwas gibt, wogegen verstoßen werden kann!

Regeln für den Analytiker/die Analytikerin

»Attachment« – Den Patienten in Obhut nehmen

Erstes Ziel des Analytikers soll es sein, den Patienten an sich zu binden, zu »attachieren«. Dafür muss man dem Patienten Zeit lassen, ihm ernstes Interesse entgegenbringen, die anfänglichen Widerstände bearbeiten und beseitigen und bestimmte Missgriffe vermeiden (vgl. Freud 1913c, S. 473/474).

Von der Freud'schen Empfangswelt, die sich bisweilen doch sehr von heutigen Erstbegegnungen zwischen Analytikerin und Analysand unterschied, war bereits im ersten Kapitel die Rede. Die massiven missbrauchenden Übergriffe und Grenzverletzungen seitens der Analytiker haben offenbar zu einer starken Reaktionsbildung geführt, derart, dass die Abstinenz-Regel vollständig überdehnt worden ist und bisweilen ein kühles, auf den Patienten skurril bis unfreundlich wirkendes Behandlungsklima in die analytischen Praxen Einzug gehalten hat. Statt den Patienten an uns zu »attachieren« (interessant, dass Freud hier ein Fremdwort benutzen muss, als wolle er Distanz halten zu seinem eigenen Empfinden) scheint man manchmal eher die unbewusste Strategie zu haben, dass nur diejenigen, die sich durch ein derartiges Klima nicht in die Flucht schlagen lassen, überhaupt analysierbar sind. Diese Atmosphäre hat sich heute gar manchmal bis auf die Anrufbeantworter ausgedehnt.

Dieses »Abstinenz«-Klima, die Überdehnung des Begriffs und die Idealisierung dieser Haltung lassen sich nicht auf Freuds Behandlungspraxis zurückführen und durch diese rechtfertigen, auch nicht auf seine Theorie, denn wie dieses Kapitel zeigt, war er auch in der Theorie durchaus ambivalent, schwankend zwischen der Chirurgen-Spiegel-Anonymitäts-Figur und der erzieherisch, aufklärerisch einwirkenden Vaterfigur. Ihn auf eine dieser beiden Strukturen zu reduzieren, würde ihm und den komplexen Konflikten, in denen er sich bewegte, nicht gerecht werden.

Für die Profession der Psychoanalyse hat sich die Überdehnung der Abstinenzregel sicher auch schädlich ausgewirkt, sie kann jedoch verstanden werden als Folge multipler Grenzverletzungen und der diesbezüglichen

Angst. Damals wie heute sollte die Abstinenzregel auch vor der eigenen Triebhaftigkeit schützen. Wie auch sonst im Leben gilt innerhalb der Psychoanalyse die Faustregel: Je größer die Angst vor den unterdrückten Impulsen, je unsicherer die Impulskontrolle, desto rigider müssen die äußeren Strukturen ausfallen. Je größer die Angst vor dem ausufernden Es, desto strenger wird das Über-Ich.

Nun ist es sogar so, dass ein Patient einem solchen Klima etwas abgewinnen, Vertrauen in die reichlich ungewöhnliche Situation fassen könnte, wenn er seinerseits klarer erkennen könnte, wann denn das Sprachspiel Psychoanalyse beginnt und wann es aufhört. Der Fußballspieler weiß auch, dass er während des Spiels nicht herummeckern darf, sich also eine Zurückhaltung auferlegen muss, die von ihm im Alltag so nicht gefordert würde, aber er weiß auch, dass das zum Spiel gehört. Wie soll ein Patient sich aber einer Frau oder einem Mann anvertrauen, die/den er nicht kennt, der wenig Anstalten macht, auch nur minimale Freundlichkeitsgesten auszutauschen?

Krejci schreibt in ihrem schon erwähnten Aufsatz:

> »Der Entzug von unmittelbar geäußerter Teilhabe an dem, was der Patient mitteilt, wäre außerhalb des Rahmens grobe Unhöflichkeit und Zurückweisung. Innerhalb des Rahmens schafft er Spielraum für etwas Neues, was außerhalb der Beziehungserwartung des Patienten liegt, dafür aber Licht auf die Vorgänge wirft, die sich im Hier und Jetzt ereignen. Dabei ermöglicht die Einhaltung des Vertrages die Beziehung zur Realität außerhalb des Rahmens aufrecht zu erhalten, ohne daß darüber gesprochen werden muß« (Krejci 2009, S. 400).

Der Entzug von Teilhabe aber ist, wenn er außerhalb des Rahmens für eine Unhöflichkeit ausreichend ist, auch innerhalb des Rahmens eine! Manche von diesen Unhöflichkeiten müssen wir den Patienten wohl zumuten, aber gewiss nicht alle. Man denke an die oft beschriebenen (extremen) Beispiele von Patienten, die in der Analyse vom Tod eines nahen Angehörigen berichten oder denen am nächsten Tag eine schwere Operation bevorsteht oder dergleichen. Solches ohne ein Wort der Anteilnahme zu belassen, dürfte nur schwer zu positiven Übertragungen führen.

Das manchmal mantraartige Wiederholen, dass das, was so aussieht oder so wirkt, in Wahrheit ganz anders ist, scheut vor dem Konflikt zurück, der entsteht, wenn wir uns dem, was wir den Patienten zumuten, ihnen zum Teil auch zumuten müssen, stellen. »Der Patient erlebte mich kalt und abweisend, wie seine Mutter!« Ja, aber was, wenn sich die Analytikerin – qua ausgedehnter Abstinenzregel – wirklich kalt und abweisend benimmt (obwohl sie innerlich vielleicht ganz anders fühlt)? Und wenn er dieses zum Ausdruck bringt? Was würde dagegen sprechen, wenn man ihm sagen würde: »Ja, das kann ich verstehen, dass Sie mich so erleben!«

Auch ein verantwortungsvoller Chirurg behauptet nicht, dass der Schnitt gar nicht weh tut, im Gegenteil, er klärt den Patienten über die Gefahren und Risiken auf.

Auf welche Realität außerhalb des Rahmens, von der Krejci spricht, kann man sich beziehen, ohne darüber zu sprechen? Wenn der Patient keinerlei Referenzgröße hat, seine Analytikerin nur in dieser Realität innerhalb des Rahmens kennt, kann er sich auch nur auf diese beziehen.

Der sogenannte »Interaktionsvorbehalt«, der für die Konstituierung des psychoanalytischen Prozesses so wichtig ist, ist ja nur aus der Perspektive der Analytikerin ein Vorbehalt! Nur sie weiß, dass sie vielleicht einen (Sprech-) Aktions-Impuls verspürt, den sie zurückhält. Aus der Perspektive des Analysanden ist auch der Interaktionsvorbehalt, das Nicht-Reagieren auf seine Erzählung oder das nur sehr zurückgenommene Reagieren, eine Interaktion! Wir können im Analysezimmer, in dem alles bedeutungsschwanger ist, nicht nicht (re)agieren.

Zurück zur Praxis Freuds, in der er sich durchaus Mühe gegeben hat, seine Patienten zu »attachieren«, es gibt dafür zahlreiche Beispiele. Zwei davon, die Begrüßungsbriefe an Kardiner und an Helga Doolittle, hatte ich eingangs schon angeführt. Loë Kann ist vor Beginn ihrer Analyse von Freud geradezu mit Schmeicheleien umworben worden, die er ihr über ihren Ehemann Jones ausrichten ließ (Appignanesi/Forrester 1994, S. 311).

Auf scheinbar selbstverständlichem, manchmal auch weniger selbstverständlichem Wege versucht Freud, für seine Patientinnen und Patienten eine angenehme Atmosphäre zu schaffen. Bei der Verabredung einer Analyse scheint er sich noch an die üblichen gesellschaftlichen Gepflogenheiten und Höflichkeitsformeln zu halten. Zu diesen Gepflogenheiten gehörte es auch, einen Unterschied zwischen männlichen und weiblichen Patientinnen zu machen. Die weiblichen Patientinnen, die nach Wien angereist kamen und dort für einen gewissen Zeitraum allein wohnen sollten, bedurften einer besonderen Betreuung. Dies geht aus dem Briefwechsel mit Fließ hervor:

Dieser hatte ihm offenbar eine Patientin, »Fräulein G.«, von der hier gleich noch im Weiteren die Rede sein wird, avisiert und sich erkundigt, wie ein Aufenthalt in der Fremde für eine sehr junge, alleinreisende Frau zu bewerkstelligen sei, woraufhin Freud antwortet:

»Zur praktischen Frage: Auswärtige Patientinnen habe ich bisher in der Pension Vienna am Maximiliansplatz (Frankgasse 8), von einer Doktorwitwe gehalten, die sehr anständig ist, im Notfalle auch sich mit den Patienten etwas beschäftigt. Die Leute waren leidlich zufrieden; es gibt sicher auch elegantere Homes in der Nähe, die auch meine Nähe ist. Je nach der Natur des Falles sieht man sich veranlaßt eine einfache oder vornehmere Pflegerin aufzunehmen. Bei Frauen oder Mädchen wohl nicht zu umgehen« (Freud 1986, S. 421).

Etwas später schreibt er in Bezug auf »Frl. G.«: »Frl. G. wird wie alle fremden Patienten die nötige Unterstützung für Unterkunft und Wartung bei mir finden« (Freud 1986, S. 424).

Wir werden gleich sehen, was alles für Freud in dieser Frühphase der psychoanalytischen Behandlungen zur nötigen »Unterstützung und Wartung« zählte. Zunächst einmal bleibt festzuhalten, dass er es insbesondere dem »schwachen Geschlecht« so angenehm als möglich machen wollte: sichere Unterbringung und ein kurzer Weg zu seiner Praxis. Darüber hinaus wird deutlich, dass Freud seine Patientinnen »im Notfalle« ihren Affekten, ihrer möglichen passageren psychischen Zerrüttung, wie sie bei einem intensiven analytischen Prozess auftreten können, nicht allein überlassen wollte. Man mag nun von der Betreuung durch eine »Doktorwitwe, die sich etwas beschäftigt«, halten, was man will, aber es dürfte kaum einen Zweifel daran geben, dass dieser Umstand erheblich auf die Übertragungsbeziehung eingewirkt hat. Dies scheint Freud – ohne es damals schon so benannt zu haben – bewusst gewesen zu sein, denn der Ausdruck »die Nähe, die auch meine Nähe ist« scheint ein Wissen davon zu implizieren, dass sich der Übertragungsraum im wörtlichen Sinne ausdehnt und sich die Patientin, allein untergebracht (und das war für damalige Zeit sehr untypisch), doch wenigstens ein bisschen in seiner Nähe wähnen konnte. Die Tatsache, dass die Doktorwitwe, die von Freud ausgesucht wurde, ein Bindeglied zwischen Freud und der Patientin darstellt, tut dann noch ein Übriges.

Die Patienten und insbesondere die Patientinnen wurden also erwartet, das hieß auch, ihnen wurden bestimmte Bedingungen geschaffen, man gab sich eine gewisse Mühe. Natürlich war es Freud in dieser Zeit auch noch sehr darum zu tun, für seine Methode zu werben. Eine völlig neue und fremdartige Form der Behandlung, ein Mädchen oder ein junge Frau allein bei einem Mann, Reden über Sexuelles etc. all das drang so langsam an die Öffentlichkeit und dazu noch die Zumutung, die eine solche Therapie für einen Patienten bedeuten kann. All dieses brauchte ein Gegengewicht, einen tragenden Raum, zu dem eben auch verschiedene »Betreuungsmaßnahmen« zählten. Diese stellten zum einen einen gewissen Tribut an die gesellschaftlichen Gepflogenheiten (»Lebensformen«) dar, zum anderen waren es in gewisser Hinsicht auch »werbewirksame Maßnahmen« (die wir Psychoanalytikerinnen und Psychoanalytiker von heute kaum noch für notwendig zu halten scheinen), um den Patienten zu »attachieren«.

Auch der Empfang in der Praxis fiel bei weitem nicht so anonym oder steril aus, wie es dann in späteren Jahren häufig der Fall war. Das Wartezimmer (das sich noch heute in Wien in Augenschein nehmen lässt) war mit seinen Möbeln und dem Kachelofen durchaus gemütlich, und offenbar lag auf dem Tisch ein Album mit Familienbildern, das die Patienten durchblättern konnten (Kardiner 1979, S. 19). Man kann sich natürlich fragen, warum Freud ein solches Album im Wartezimmer auslegte.

Zurück zu der Betreuung von »Frl. G.«, das offenbar zuvor in stationärer Behandlung war und mit dem Freud so seine liebe Mühe hat:

> »[...] kam Freitag früh zurück und fand Frl. G in Begleitung von Frl. B. vor. Ich habe ihr heute die erste Lektion erteilt. Ich weiß von ihr natürlich noch nichts, als was Frl. B. mir erzählt hat. Sie ist noch ein ungehobeltes Stück Unglück, sieht nach Trotz und Verschlossenheit aus und ist mit einer dicken Anstaltspatina, die notwendig erst abgekratzt werden muß, bedeckt. Der Abstand gegen die Lebensbedingungen der Anstalt wird sie natürlich zunächst sehr unzufrieden machen. [...] Sie hat sich in einer der Pensionen eingemietet, die ich genannt, ist aber dort nicht zufrieden. Ich menge mich da aber wenig ein, denn an dem Versuch, ihre zum Teil neurotischen, zum Teil in Wien deplazierten Ansprüche zu befriedigen, würde ich mich erschöpfen. Das Beste wäre eine eigene Anstalt, die habe ich aber nicht« (Freud 1986, S. 424/425).

Hier werden die Grenzen der Betreuungsbemühungen Freuds deutlich. Einmal mehr, scheint er davon auszugehen, dass die unterschiedlichen »Sprachspiele« voneinander abgrenzbar sind. Indem Freud hier den neurotischen Anteil bemerkt, zieht er sich auch aus dem Alltagssprachspiel zurück (»Ich menge mich da aber wenig ein«). Deutlich wird zwischen den Zeilen auch die Besorgnis, offenbar schwerer kranke und agierende Patienten in einem rein ambulanten Setting halten zu können. Wir werden anschließend, wenn wir die praktische Durchführung der Abstinenzregel bei Freud betrachten, noch einmal auf »Fräulein G.« und den Betreuungsumfang, den Freud ihr angedeihen ließ, zurückkommen. So viel sei aber an dieser Stelle ruhig schon einmal vorweggenommen: »Fräulein G.« wird ihre Analyse als »hervorragender Erfolg« (ebd., S. 488) beenden.

Abstinenz – soweit sie nötig und möglich ist

»Die analytische Kur soll, soweit es möglich ist, in der Entbehrung – Abstinenz – durchgeführt werden« (vgl. Freud 1919a, S. 187).

Das bedeutet, dass der Analytiker dafür sorgen muss, dass das Leiden des
Patienten, welches der Motor für die Behandlung ist, kein vorzeitiges Ende
finden darf (vgl. ebd., S. 188).

Der Analytiker soll gegen Ersatzbefriedigungen energisch einschreiten (vgl.
ebd., S. 189).

Einiges muss man ihm allerdings gewähren, je nach der Struktur der Krankheit
und des Patienten (vgl. ebd.).

Der Patient soll nicht verwöhnt werden (vgl. ebd.).

Man soll sich den Chirurgen zum Vorbild nehmen und so wie er alle Affekte
zurückdrängen, auch das Mitleid, mit dem Ziel, die Operation so kunstgerecht
wie möglich zu vollenden (vgl. Freud 1912e, S. 380/381).

Therapeutischer Ehrgeiz ist ganz ungünstig (vgl. ebd.).

Die vom Analytiker geforderte Gefühlskälte hat den Zweck, seinen eigenen
Gefühlshaushalt zu schonen, und dem Patienten so die größtmögliche Hilfe
zukommen zu lassen (vgl. ebd.).

Der Psychoanalytiker soll für den Patienten so undurchsichtig sein, wie eine
Spiegelplatte (vgl. ebd., S. 384).

Der erste oben genannte Lehrsatz Freuds erfährt in der Wiedergabe häufig
eine zum Teil verhängnisvoll wirkende Verkürzung, wobei der kleine, aber
feine Zusatz »soweit es möglich ist« mitunter ignoriert wird. Als Freud
selbst die verkürzte Version in seinen *Bemerkungen zur Übertragungsliebe*
gebrauchte, fügte er bereits damals hinzu, dass dieser Grundsatz »weit über
den hier betrachteten Einzelfall hinausreicht und einer eingehenden Diskussion bedarf, durch welche die Grenzen seiner Durchführbarkeit abgesteckt
werden sollen« (Freud 1915a, S. 313). Mir scheint, dass wir mit eben dieser
Diskussion, welche *die Grenzen der Durchführbarkeit des Entbehrungsgrundsatzes* behandelt, bis heute beschäftigt sind. Mitunter läuft das Erweitern der Grenzen, der Entbehrungs-Grenzen, allzu schnell Gefahr, als nicht
mehr analytisch oder anderweitig anrüchig zu gelten.

Dabei hatte Freud in dieser Hinsicht einen klaren Arbeitsauftrag hinterlassen, der sich auf die Grenzen der Möglichkeit bezieht: »Wie weit es möglich ist [in der Entbehrung – Abstinenz – zu arbeiten, D.P.], bleibe einer detaillierten Diskussion überlassen« (Freud 1919a, S. 187).

Keine Rede also von einem zu jederzeit und für jedermann in gleicher Weise geltenden Gesetz! Und es geht weiter mit der begrifflichen Klärung des Abstinenz-Themas:

> »Unter Abstinenz ist aber nicht die Entbehrung einer jeglichen Befriedigung zu verstehen – das wäre natürlich undurchführbar –, auch nicht, was man im populären Sinne darunter versteht, die Enthaltung vom sexuellen Verkehr, sondern etwas anderes, was mit der Dynamik der Erkrankung und der Herstellung weit mehr zu tun hat« (ebd.).

Bei diesem »etwas anderen« handelt es sich aus Freuds Sicht um die *Verringerung der Triebkraft*, »die zur Heilung drängt« (ebd., S. 188). Es sei diese Triebkraft, nämlich der Heilungswunsch des Patienten (Freud 1912c, S. 325), auf die wir nicht verzichten können (Freud 1919a, S.188). Freud erinnert an dieser Stelle daran, es sei ursprünglich die *Versagung* gewesen, die den Patienten habe erkranken lassen, und dass seine Symptome nun die Funktion von Ersatzbefriedigungen hätten. Entsprechend habe sich die Aktivität des Arztes darauf zu richten, »gegen die voreiligen Ersatzbefriedigungen [...] energisch« einzuschreiten (ebd.). Auch hier gilt es, das Wort »voreilig« nicht zu überlesen, sondern ihm die Bedeutung beizumessen, die ihm gebührt. Denn unter anderem hat die Analytikerin die komplizierte Aufgabe, jene »voreiligen« Ersatzbefriedigungen von solchen zu unterscheiden, die das Leben angenehmer machen, wie beispielsweise gelungene Formen des Sublimierens. Nur davor hat Freud das Erinnern, Wiederholen und Durcharbeiten gesetzt.

Am Anfang allen neurotischen Übels steht die Versagung, wie Freud in *Über neurotische Erkrankungen* differenziert und ausführlich darlegt: Das Individuum drohe neurotisch zu werden, sobald ihm jenes reale (!) Objekt, welches bis dahin seine Liebesbedürftigkeit befriedigt habe, entzogen werde, ohne dass ein Ersatz in Sicht sei (Freud 1912c, S. 323). Die Versagung nun staue die Libido auf und der Mensch komme in die Situation ständig wachsender psychischer Spannung. Nun bleiben ihm zwei Möglichkeiten: entweder die Umsetzung der Spannung in »tatkräftige Energie« (ebd.), mit dem Ziel, endlich die reale Befriedigung der Libido zu erzwingen, oder der Verzicht, das Sublimieren, das Befriedigen nicht-erotischer Wünsche als

Ersatz. Dass im Leben offensichtlich beide Möglichkeiten vorkommen, sei geradezu der Beweis dafür, dass Unglück nicht zwangsläufig eine Neurose nach sich ziehe, und dass auch Versagung allein nicht über Gesundheit und Krankheit entscheide.

Die Wirkung der Versagung liege zunächst allein darin »daß sie die bis dahin unwirksamen dispositionellen Momente zu Geltung bringt« (ebd.). Ist sie nur hinreichend groß, dann wendet sich das Individuum mit seiner Libido von der Realität ab und dem – kontrollierbareren – Phantasieleben zu. Es folgt die Reaktivierung früher Wünsche, die Regression, die mit dem realen Leben in Konflikt gerät und deshalb sucht der Mensch sein Heil in Symptombildungen, welche *Ersatzbefriedigungen* darstellen (ebd., S. 324). So gelangt Freud zu den zwei Hauptsätzen der Neurosenlehre (ebd., S. 329):

1. Die Neurosen entspringen dem Konflikt zwischen dem Ich und der Libido.
2. Zwischen den Bedingungen der Gesundheit und jenen der Neurose bestehen keine qualitativen Unterschiede. Die Gesunden hätten dieselben Probleme bei der Bewältigung ihrer Libido, nur sei es ihnen besser gelungen (ebd.).

Aus diesen beiden Thesen wird deutlich, dass Freud die Neurose immer auch als Entwicklungsproblem, als Entwicklungskrise im Sinne einer *Versagungskrise* versteht. Entsprechend kann diese auch nicht behoben werden, indem man die anstehenden Entwicklungsaufgaben einfach »überspringt«. Kann ein Mensch Trennung nicht aushalten, dann ist die Lösung schwerlich darin zu finden, dass man ihm fortan jegliche Trennung erspart, sondern wohl eher darin, ihn psychisch so auszustatten, dass er Trennungen vielleicht nicht eben genießen, so aber doch aushalten kann. Dazu könnte beispielsweise gehören, auch die guten Seiten einer Trennung überhaupt erst einmal zu entdecken.

Unter Umständen wird der Mensch mit dem entsprechenden Problem versuchen, jegliche Form von Trennung oder wenigstens den zugehörigen Affekt zu vermeiden, indem er die von Freud genannten »Ersatzbefriedigungen« sucht. Dann gibt es scheinbar kein Problem mehr, mithin nur wenig Leidensdruck und also wenig zur Heilung drängende Triebkraft. So hält Freud auch das Vorgehen der »nichtanalytischen Nervenheilanstalten« für wenig hilfreich, da sie es den Patienten »möglichst angenehm« machten, sodass diese bei Schwierigkeiten im realen Leben gern wieder dorthin flüchten würden. In der analytischen Kur müsse eine solche Form von »Verwöhnung« unbedingt vermieden werden.

Diese Versagungs-Theorie hat im Laufe der Zeit ihre Zuspitzungen erfahren, eine der schärfsten durch Bion in dem viel zitierten Statement »Keine Brust, ein Gedanke«, welches wie kein anderes den Versagungsgedanken zu kultivieren scheint.

Auch dieses »Zitat«, welches eine wesentliche Theorie Bions zu kondensieren scheint, hat eine spannende Rezeptionsgeschichte. Mir ist es nicht gelungen, die Originalstelle ausfindig zu machen. Von Bion selbst scheint diese Kurzform nicht zu stammen.[49]

Aber er schreibt in Lernen durch Erfahrung:

> »Die Brust ist ein Objekt, das das Kind braucht, um mit Milch und guten inneren Objekten versorgt zu werden. Ich schreibe dem Kind kein Bewußtsein dieses Bedürfnisses zu, aber ich schreibe dem Kind eine Bewußtheit des *nicht* befriedigten Bedürfnisses zu. Wir können sagen, das Kind fühlt sich enttäuscht, wenn wir die Existenz eines minimalen Apparates voraussetzen, mit dem Versagung erfahren werden kann. Freuds Begriff vom Bewußtsein als ›einem Sinnesorgan für die Wahrnehmung psychischer Qualität‹ stellt einen solchen Apparat zur Verfügung« (Bion 1997, S. 80).

Hier nehmen wir an der Entstehung einer Theorie teil, gewissermaßen *in statu nascendi*. Denn Bion schreibt sehr zu Recht, dass es sich bei seiner Vorstellung um etwas handelt, das er dem Kind *zuschreibt*, nämlich, dass das Kind ein *Bewusstsein* für ein *nicht-befriedigtes* Bedürfniss hat, nicht aber für ein befriedigtes. Dieses ist eine Annahme Bions, für die er seine Gründe hat, aber es ist eine Annahme, die zur Prämisse für weitere Theoreme wird. Bion rekurriert auf den Freud'schen Begriff vom Bewusstsein, aber es ist für mich nicht ersichtlich, warum ein solches »Sinnesorgan für die Wahrnehmung psychischer Qualitäten« nicht auch die psychische Qualität »befriedigtes Bedürfnis« wahrnehmen sollte. Ich gehe an dieser Stelle so ausführlich darauf ein, weil es mir im Zusammenhang mit unserer Theorie der Versagung sehr wichtig erscheint, denn manchmal kann ich mich des Eindruckes nicht erwehren, dass die Theorie der Versagung, bzw. die der Versagung zugeschriebene Wirkung gelegentlich idealisiert wird. Zumindest sollten wir die Freiheit haben, die oft konzedierte positive Wirkung von Versagung hinterfragen zu dürfen. Versagung ist sicher ein Motor für Entwicklung, aber nur, wenn sie nicht so groß wird, dass sie zur Resignation

---

49 Ich danke Frau Gertrud Reerink herzlich für die Hilfe bei der diesbezüglichen Literaturrecherche.

führt, und wenn sie nicht allein dasteht. Man kann es nicht oft genug wiederholen, dass nach allem, was wir aus den verschiedensten Bereichen der Wissenschaft über die Entwicklung des Menschenkindes wissen, ein halbwegs stabiles Nebeneinander von (ohnehin nicht zu vermeidender) Versagung *und* Befriedigung förderlich zu sein scheint. Ein Abgleiten in das eine oder andere Extrem ist dagegen entwicklungshemmend. Ich könnte mir gut vorstellen, dass auch Bion das so gesehen hat, aber in seinem manifesten Text heißt es dann weiter:

> »Wir können sehen, daß die böse Brust, das heißt die ersehnte, aber abwesende Brust viel wahrscheinlicher als Vorstellung erkannt wird als die gute Brust, die assoziiert wird mit dem, was ein Philosoph ein Ding an sich oder als Ding in der empfundenen Gegenwart [thing-in-actuality] bezeichnen würde [...]. ›Gedanken sind lästig‹, sagte einer meiner Patienten, ›ich will sie nicht‹. Ist ein ›Gedanke‹ dasselbe wie die Abwesenheit eines Dings? Wenn da kein ›Ding‹ ist, ist ›kein Ding‹ ein Gedanke [no thing/nothing]? Und liegt es an der Tatsache, daß da ›kein Ding‹ ist, daß man erkennt, daß ›es‹ Gedanke/gedacht sein muß? (Bion 1997, S. 81/82)

Die Zuschreibung setzt sich nun ganz logisch fort: Da dem Kind ein Bewusstsein eines nicht-befriedigten Bedürfnisses, aber kein Bewusstsein für ein Befriedigungserlebnis zugeschrieben wird, muss folgerichtig die abwesende Brust »viel wahrscheinlicher als Vorstellung erkannt« werden.

Hier ist genau jene auch von Freud implizierte Theorie (Versagung als Motor der Entwicklung) kondensiert. Doch dieses ist nur die eine Hälfte der Wahrheit. Die volle Wahrheit würde sich in dem Nebeneinander zweier Sätze ergeben: Eine Brust – ein Gedanke, keine Brust – ein Gedanke. Es ist zunächst die Erfüllung, die das Fundament legt, auf welchem dann Entwicklung, auch aufgrund der unvermeidlichen Entbehrung, möglich wird.

Man kann sich doch fragen, ob Bions Patient tatsächlich *alle* Gedanken meinte, die ihm lästig sind, oder ob er vielleicht sehr viele »lästige« Gedanken hatte und nur wenige »gute«, sodass er »Gedanken« allgemein mit »lästig« gleichgesetzt hat. Denn genau genommen spricht nichts gegen eine andere Variante des schönen Bion'schen Wortspiels: thing – think.

Die moderne Hirnforschung scheint eher in die Richtung zu weisen, dass sowohl Versagung als auch Erfüllung zu Gedanken führen.

Aus dem klinischen Alltag ist bekannt, dass es manchen Kindern in misshandelnden, missbrauchenden und deprivierenden Verhältnissen gelingt, sich zu retten, indem sie sich in Phantasiewelten begeben, in denen sie sich einen

Bruder oder eine Schwester phantasieren oder gar eine gute Eltern-Figur, mit denen sie in einen inneren Dialog treten.[50]
Diese Figuren können zum Beispiel Träger von ganz bestimmten Werten sein, die denen der wirklichen Eltern des Kindes entgegenstehen. Neben der Voraussetzung, dass es für das Phantasieren solcher Geschichten einer bestimmte Form der kreativen Begabung (was man heute zu den sogenannten »Resilienzfaktoren« zählt) bedarf, findet man in der Geschichte solcher Patienten ziemlich regelmäßig *mindestens ein »gutes« Objekt*, sei es auch noch so fern, aber eines mit dem es die *konkrete Erfüllung* eines elementaren Bedürfnisses gegeben hat, und sei es auch noch so gering.

Es ist vielleicht an der Zeit, der Erfüllung *neben der Versagung* ihren angemessenen, nicht anrüchigen Platz in der Entwicklung eines Menschen und damit auch in der psychoanalytischen Therapie einzuräumen. Und wir hätten da mit Freud als *Praktiker* durchaus auch ein Vorbild ...

Seit Cremerius' Blick in die analytische »Werkstatt« Freuds und seit seiner schriftlichen Darstellung der starken Diskrepanz zwischen dessen technischen Schriften und seinem praktischen Handeln ist dieses Missverhältnis Teil der wissenschaftlichen Diskussion oder könnte es zumindest sein. Die Abweichungen sind zum Teil erheblich, man erinnere sich nur an die zu Beginn beschriebenen unsäglichen Grenzverletzungen, zum Teil scheinen sie aber auch durch Missverständnisse zustande gekommen zu sein, die sich unter anderem durch Anwendung des Sprachspielbegriffes erklären lassen. Freud schien damals eine höhere Flexibilität im Wechseln der unterschiedlichen Sprachspiele zu haben, sie sich jedenfalls zuzutrauen. Eben noch Analyse, konnte – nach dem Aufstehen von der Couch – oder manchmal auch zwischendrin, während der sogenannten »relaxed periods«, Alltagskommunikation angewandt werden. Diese wiederum spielte sich natürlich dennoch *innerhalb der Übertragung* das Analysanden ab und stellte häufig eine *Übertragungsbefriedigung* dar, eine, die Freud nicht nur bewusst war, sondern die er auch in einem bestimmten Rahmen für förderlich zu halten schien.

»Der Kranke sucht vor allem die Ersatzbefriedigung in der Kur selbst im Übertragungsverhältnis zum Arzt und kann sogar danach streben, sich auf diesem

---

50 Solche »imaginären Gefährten« sollen meistens zwischen dem dritten und sechsten bis siebten Schuljahr auftreten. Eine vorsichtige Schätzung auf ihre Prävalenz im Schulalter beläuft sich auf ca. 10 bis 20% in dieser Altersgruppe. Sie sollen bei Mädchen häufiger vorkommen als bei Jungen, tragen meistens einen Eigennamen und sind meistens in etwa so alt, wie das imaginierende Kind (s. dazu auch Habermas 1999, S. 268ff.).

Wege für allen ihm sonst auferlegten Verzicht zu entschädigen. Einiges muß man ihm ja wohl gewähren, mehr oder weniger, je nach der Natur des Falles und der Eigenart des Kranken« (Freud 1919a, S. 189).[51]

Es kommt also darauf an! »Offiziell« nur auf die »Natur des Falles und Eigenart des Kranken«, also, so würden wir heute sagen, auch auf die Schwere der Störung. Inoffiziell, und das durfte natürlich nicht geschrieben werden, kommt es auch auf die Eigenarten des Analytikers und auf die Sympathien an, die dieser für seinen Patienten empfindet.

Freud verhielt sich durchaus unterschiedlich zu seinen Patienten und Lehranalysanden. Manche wurden zu seinen Freunden, wurden fast in die Familie integriert, wie z. B. Marie Bonaparte, zu anderen bestand mehr Distanz.

Mit dem Aufrechterhalten der »Entbehrung«, »soweit es möglich ist«, ist jene Versagung von vorschnellen Möglichkeiten der Problembehebung und damit der Problemvertuschung gemeint. Auch wenn Freud die Problematik hier auf den Konflikt zwischen Libido und Ich eingrenzt, gilt seine latent enthaltene Theorie der Entwicklungskrise natürlich auch für sämtliche anderen inneren Konflikte und Entwicklungsaufgaben. Deren Bewältigung kann gleichwohl misslingen, weil das Problem sehr groß ist oder/und weil die individuelle

---

51 In unserem Zusammenhang ist es von Interesse, dass der Text »Wege der psychoanalytischen Therapie«, ursprünglich ein Vortrag, der auf dem Fünften Internationalen Psychoanalytischen Kongress im September 1918 gehalten, im Sommer geschrieben wurde, und zwar im Hause Anton von Freunds in einem Vorort von Budapest, in dem sich Freud und seine Familie während dieser Zeit aufhielten. Diese Unterkunft und Gastfreundschaft von Freunds war durch Ferenczi vermittelt worden. Zunächst hatte Freud noch Bedenken gegen die Annahme des Angebotes gegenüber Ferenczi geäußert, da »die Basis der Beziehung das ärztliche Verhältnis zu seiner Frau sei« (Freud/Ferenczi 1996c, S. 71). In seinem Briefwechsel mit Arthur Fischer-Colbrie, von dem später noch ausführlich die Rede sein wird, heißt es freimütig: »Ich bin hier zu Gast bei befreundeten Patienten, die etwa so für mich sorgen, wie Du's in deinem letzten, ohne Antwort gebliebenen Brief vorgeschlagen hast« (Freud am 21.07.1918/Walder 2010, S. 130). Den Ausdruck »befreundeter Patient« dürfte es nach heutiger Regelauslegung gar nicht geben.
Im Februar 1918 litt von Freund nach einer Krebserkrankung an einer akuten Psychose (ebd., S. 134), fürchtet seinen baldigen Tod durch eine einsetzende Metastasierung. Wie sich später leider herausstellen sollte, waren diese Befürchtungen nicht unbegründet, denn tatsächlich erlitt von Freund ein Rezidiv und starb bald darauf nach qualvoller Zeit. Zuvor aber, im Februar 1918 nahm Freud von Freund mit der Diagnose einer »postoperativen Hypochondrie (Angsthysterie mit narzisstischem Inhalt)« (ebd., S. 138) in Analyse! Im September 1918 war von Freund also Patient gewesen, was Freud offenbar nicht hinderte, in dessen Villa bei Budapest zu wohnen. Auch von Freund wechselte, wie auch andere, die Rollen zwischen einem Mäzen der Psychoanalyse, einem Interessierten, dem Generalsekretär der Psychoanalytischen Vereinigung, dem Freund und dem Patienten.

Konstitution den Bewältigungsanforderungen (noch) nicht gewachsen ist. So heißt es am Ende dieser Arbeit zusammenfassend und wegweisend:

> »Die Pathologie konnte dem Problem der Krankheitsveranlassung bei den Neurosen nicht gerecht werden, solange sie sich bloß um die Entscheidung bemühte, ob diese Affektionen *endogener* oder *exogener* Natur seien. [...] Die Psychoanalyse hat uns gemahnt, den unfruchtbaren Gegensatz von äußeren und inneren Momenten aufzugeben, und hat uns gelehrt, die Verursachung der neurotischen Erkrankung regelmäßig in einer bestimmten psychischen Situation zu finden, welche auf verschiedenen Wegen hergestellt werden kann« (Freud 1912c, S. 330).

Welch ein Rückfall, den wir mitunter erleiden, wenn wir uns in eben solchen unfruchtbaren Diskussion verfangen, ob es »nur« um die innere psychische Realität des Patienten oder »nur« um eine äußere, konkrete Realität geht. Freud sieht die Aufgabe des Analytikers in diesem Punkt durchaus ganz ähnlich der von Eltern: dem Kind, dem Patienten dazu zu verhelfen, dass es/er den unvermeidlichen Aufgaben des Lebens gewachsen ist und dabei noch Freude am Leben hat. Wie sehr Freud das Analytiker-Dasein der Elternschaft bisweilen zuordnete und wie flexibel er im Blick auf Notwendigkeiten in der Therapie war, lässt sich auch an folgender Passage erkennen:

> »Ich glaube nicht, daß ich den Umfang der erwünschten Aktivität des Arztes mit dem Satze: In der Kur sei die Entbehrung aufrecht zu erhalten, erschöpft habe. [...] Wir haben es entschieden abgelehnt, den Patienten, der sich Hilfe suchend in unsere Hand begibt, zu unserem Leibgut zu machen, sein Schicksal für ihn zu formen, ihm unsere Ideale aufzudrängen und ihm im Hochmut des Schöpfers zu unserem Ebenbild an dem wir Wohlgefallen haben sollen, zu gestalten. Ich halte an dieser Ablehnung auch für heute noch fest [...]. Ich habe damals [...] allerdings den Eindruck empfangen, daß der Einspruch unserer Vertreter [...] allzu schroff und unbedingt ausgefallen ist. Wir können es nicht vermeiden, auch Patienten anzunehmen, die so haltlos und existenzunfähig sind, daß man bei ihnen die analytische Beeinflussung mit der erzieherischen vereinigen muß. [...] Aber dies soll jedes Mal mit großer Schonung geschehen, und der Kranke soll nicht zur Ähnlichkeit mit uns, sondern zur Befreiung seines eigenen Wesens erzogen werden« (Freud 1919a, S. 189/190).

Eines der großen Rätsel der Geschichte der psychoanalytischen Theorie und Technik ist, dass wir manchem gedruckten Teil der Freud'schen Praxis so viel mehr Gewicht zu schenken scheinen, als dem gelebten und wiederum manchen gedruckten Teilen nicht so viel. Der erste, der sein Augenmerk darauf ausführlicher richtete, war der schon mehrfach erwähnte Johannes Cremerius, der sich in einem bemerkenswerten Aufsatz daranmachte, Freud »bei der Arbeit über die Schulter zu schauen« (Cremerius 1990). Ein zweites Rätsel ist, wie es eigentlich dazu gekommen ist, dass die notwendige Abstinenz und Strenge in der analytischen Theorie und Praxis bisweilen eine derartige Verselbstständigung erfahren haben, dass es so scheint, als könne Psychoanalyse nur wirken und »gut« sein, wenn sie ein hinreichend unfrohes, versagendes, schmerzvolles, von unerfüllten Sehnsüchten und Wünschen bestimmtes Klima schaffe, in welchem der Patient lernen solle, sich mit den unvermeidlichen Schmerzen des Lebens auseinanderzusetzen, sie nicht zu leugnen, sondern in ganzer Ausprägung zu spüren und durchzuarbeiten.[52] Aber Schmerz und Versagung sind kein Selbstzweck. Sie sind oft unvermeidlich und sie bedürfen der Anerkennung, Durcharbeitung und – des Trostes. Aber es scheint oft eine untergründige Angst zu bestehen, die nach dem Motto wirkt: »Gibt man ihm erst den kleinen Finger, dann nimmt er gleich die ganze Hand.« Als würde Befriedigung und Erfüllung an bestimmten Stellen die Durcharbeitung von schmerzvollen und ängstigenden Affekten unmöglich machen. Wie in jedem Entwicklungsprozess ist zu viel, zu schnelle und zu fette »Nahrung« ungesund, gar keine aber mit dem Leben nicht vereinbar. Zu viel, ungesunde Verwöhnung macht abhängig, zu wenig macht ewig suchend und unzufrieden – und ebenfalls abhängig.

Bereits in den 60er Jahren machte sich der amerikanische Psychoanalytiker Leo Stone in seiner Arbeit über den psychoanalytischen Prozess auf, dem Missverständnis der vollständigen Entbehrung zu begegnen:

> »Es gehört zu den Aufgaben dieser Studie, deutlich zu machen, daß die innere formale Strenge der Situation ausreicht, um überflüssige, in der persönlichen Haltung des Analytikers begründete Versagungen zu kontraindizieren« (Stone 1973, S. 19).

Und weiter:

> »Überflüssig distanzierte und versagende Haltungen (die beim Patienten ebenso starke Furcht wie starke Bindung erzeugen können) tendieren dazu, einem künstlichen Element in der Übertragungsneurose Vorschub zu leisten, das in gewissem Sinne den regressiven Tendenzen gleicht, die bei Kindern auf-

---

52 Frei nach dem Grundsatz von Professor Crey aus der Feuerzangenbowle: »Met der Psöchoanalöse est es wie met einer Medizin – sä moß better schmecken, sonst nötzt sä nechts.«

treten können, denen die komplex integrierten Befriedigungen vorenthalten werden, die sie von ihren Eltern mit gutem Grund erwarten dürfen« (Stone 1973, S. 45).

Stone weist hier auf ein weiteres Missverständnis hin: Übermäßig versagende Haltungen sind eben keine »neutralen« Haltungen, sondern in besonderem Maße künstlich (jedenfalls möchte man von der Künstlichkeit solcher Haltungen ausgehen, sonst wäre die Versagung noch schmerzlicher). Hier gilt erneut, dass ein Interaktionsvorbehalt, zum Beispiel eine zurückgehaltene empathische Äußerung bei einem sehr dramatischen Ereignis im Leben des Patienten, nur aus *einer* Perspektive, derjenigen der Analytikerin, ein »Vorbehalt« ist. *Aus der Perspektive des Patienten ist es natürlich eine Interaktion!* Nämlich genau diese: Keine empathische Äußerung! Dann kann er sich daranmachen, sich das zu erklären. Diese Erklärung wird von der bisherigen Beziehung zur Analytikerin und von der Lebensgeschichte des Patienten abhängen. Stone schreibt weiter:

> »Während rein technische oder intellektuelle Irrtümer sich in den meisten Fällen korrigieren lassen, können Jahre geduldiger Arbeit zunichte gemacht werden, wenn es an einem kritischen Punkt des Prozesses nicht gelingt, die angemessene menschliche Reaktion zu zeigen, die jeder Mensch von einem anderen erwarten kann, zu dem er in tiefer Abhängigkeit steht« (Stone 1973, S. 46).

Hierin ist ein weiterer wichtiger Punkt berücksichtigt, die Abhängigkeit des Patienten, die sich ja gerade dann einstellt, wenn er sich auf den analytischen Prozess einlassen kann und dieser in Gang kommt. Eine solche – in der Regel zunehmende – Abhängigkeit des Patienten von seiner Analytikerin bedarf eines verantwortungsvollen Umganges damit, zu dem neben Verstehen und Deuten solcher Abhängigkeit bisweilen auch das Erfüllen von Erwartungen gehören kann, zum Beispiel einer Gratulation, eine Mitleidsbekundung, einer explizit geäußerten Sorge oder auch einmal eines ärztlichen Rates.

> »Es gibt Situationen, in denen es nicht genügt zu deuten, warum ein Patient sich nicht körperlich untersuchen lässt oder sich um Empfängnisverhütung kümmert. […] An den eigentlichen Zwecken, Zielen und Proportionen festzuhalten ist eine Sache; Techniken, die sich für die Erreichung dieser Ziele als notwendig erweisen können, durch ein allmählich, wenn auch unmerklich wachsendes historisches Vorurteil in eine Art intellektuelles Getto zu verweisen, eine ganz andere« (Stone 1973, S.27).

Dies halte ich für eine außerordentlich wichtige Bemerkung! Wir sollten uns wirklich alle Mühe geben, unsere eigene Theorie ernst zu nehmen. Wir reden und schreiben viel über die Individuation, die Separierung, über die Notwendigkeit, das Fremde im Anderen und in sich anzuerkennen und nicht zu leugnen, abzuspalten oder zu verfolgen. Da müssten wir auch fähig und willens sein, das Fremde in den unterschiedlichen psychoanalytischen Haltungen und Erwartungen zunächst einmal anzusehen, anzuhören, um dann zu entscheiden, ob man etwas davon zu seinem Eigenen zu machen bereit ist. Wenn nicht, dann bleibt es eben fremd, aber ohne Gettoisierung! Die könnte sich beispielsweise in subtilen Übertreibungen zeigen, wenn man die von Stone beschriebenen Ansichten als Aufruf zu einer obskuren »Selbstenthüllungsphilosophie« verstünde.

Aber es muss doch etwas dran sein, an der »Spiegel- und Chirurgenmetapher«, wenn diese immer mal wieder als scheinbares Kondensat psychoanalytischer Technik herhalten muss. Beide enthalten ein wichtiges Agens, dem man allerdings Gewalt antut, wenn man die Metapher gewissermaßen einfriert. Auch der Chirurg ist doch per se kein Mensch, der grundsätzlich bar jeder Mitleidsregung ist. Jeder, der schon einmal in einem Operationssaal gestanden hat, weiß, welche Überwindung es unter Umständen kosten kann, in die vor einem liegende unversehrte Haut hineinzuschneiden. Doch wie selbstverständlich muss man verschiedenste Gefühle überwinden, »beiseite drängen«, damit man die Operation durchführen kann. Aber davor und danach kann auch der Chirurg dem Patienten durchaus wieder mit einer anderen Haltung gegenübertreten als zum Zeitpunkt der Operation. Auch Deutungen können schneidenden Charakter haben, schmerzen und müssen bisweilen, um der Entwicklung willen, doch gegeben werden. Anderes muss zurückgehalten werden. Auch eine Mutter wird in bestimmten Fällen die große Sorge um ihr Kind zurückhalten, nicht äußern, wenn sie dazu in der Lage ist und das Gefühl hat, dass das Kind sich unter der Last dieser Sorge nicht so bewegen kann, wie es nötig wäre. Auch sie hält Gefühle zurück, um etwas möglich werden zu lassen. Aber dies sind punktuelle, wiederkehrende Zustände. Sie haben keinen Ausschließlichkeits- sondern einen »Sowohl-als-auch«-Charakter.

Die Spiegel-Analogie dient dem Schutz vor allzu großer Suggestion, solcher, die im Sinn hat, den Patienten zu manipulieren, ihn gar zu »seinem Leibgut« zu machen.

Stones Interpretation lautet:

> »Als Freud das ›Spiegel‹-Prinzip aufstellte, dessen Anwendung eine verständliche (aber nicht wünschenswerte) Verbreitung gefunden hat, hatte er freiwillig gegebene Informationen dieser Art [sehr persönliche Tatsachen aus dem Leben des Analytikers, D. P.] im Sinn (und in dieser Hinsicht stimme ich ohne Ein

schränkung mit dem Verbot überrein). [...] *Als reductio ad absurdum*: ich glaube nicht, dass die Entwicklung der Übertragungsneurose ernsthaft beeinträchtigt wird, wenn der Patient weiß, ob man seinen Urlaub in Südfrankreich oder England verbringt oder (lassen Sie mich einmal sehr kühn sein!) daß man vom Segeln ein bisschen mehr versteht als von Golf oder Bridge. Hingegen glaube ich, daß sie nicht selten gestört *wird*, wenn man beharrlich oder wiederholt die Antwort auf solche Fragen, über die ohnedies genügend spekuliert wird, willkürlich verweigert ohne einen spezifischeren oder angemesseneren Grund dafür zu haben als das allgemeine Prinzip, daß der Patient nicht alles über den Analytiker wissen darf oder der Analytiker keine Fragen beantwortet« (Stone 1973, S. 40).

Was für ein interessanter Gedanke, der hier von Stone entwickelt wird. Man kann die Spielregeln des Sprachspiels Psychoanalyse in der Tat sehr zuspitzen (wobei ich vermute, dass die wenigsten Kolleginnen und Kolleginnen dieses in der Praxis wirklich tun), und zwar so sehr, dass das »Kunstprodukt Psychoanalyse« (Balint 1997, S. 237) eine quasi-experimentelle Situation für das Erleben einer deprivierenden Situation abgeben könnte. Dann ließe sich beobachten, wie Menschen mit unterschiedlichen Geschichten in solch einer Situation reagieren. Die einen vielleicht zunächst mehr mit Wut, die anderen schneller depressiv, aber vermutlich die meisten – zumindest mit zunehmender Dauer des Vorganges – resignativ.

Was Stone hier fast en passant zu bedenken gibt, ist die wichtige Frage, inwieweit wir wirklich immer so sicher sein können, dass der Patient in der Analyse quasi seine Ursprungsübertragung entwickelt, eine »Höhlung« findet, in der er sein Gepäck ablegen kann, und dass nicht ein massiver Entzug von angemessener (Alltags-)Zuwendung noch zusätzliche extreme Gefühlseinstellungen schafft, also Gepäck *dazu*kommt.

Wir können aber wohl ziemlich sicher davon ausgehen, dass Freud nicht das Herstellen einer Deprivations-Situation im Sinn hatte.

Mit seinen eigenen »Spiegel-Platten-Eigenschaften« war es nicht so weit her. Sein Urlaubsziel war vielen seiner Patienten bekannt, manchmal reisten sie gar mit, um dort ein paar Stunden Analyse zu machen.

Vom Freud'schen Familienalbum im Wartezimmer war bereits die Rede.

Etliche Patienten waren über ihn vorinformiert, wenn sie zu ihm kamen, wie zum Beispiel Marie Bonarparte, die sowohl von seiner Krankheit und seiner Operation im Jahr 1923 erfahren hatte als auch, dass er verheiratet war, sechs Kinder und bereits Enkelkinder hatte (Bertin 1989, S. 281). Lehranalysanden waren ohnehin meistens gut über Freud informiert.

Und dann war da ja noch Jofie[53], Freuds geliebte Chow-Chow-Hündin, die auch nicht so recht in die Spiegel-Atmosphäre passen will. Jofie war, wie der andere Chow-Chow Lün Yu offenbar ein Geschenk Dorothy Burlinghams[54], einer späteren engen Vertrauten Anna Freuds.

Jofie war Freuds Liebling, lag ihm bei der Arbeit am Schreibtisch zu Füßen und saß beim Essen neben seinem Stuhl, alles weniger nach dem Geschmack von Martha Freud, die mit Hunden auf nicht so gutem Fuße stand. Jofie war bei den Analysen anwesend (»und hat auch sonst alles dürfen«) (Berthelsen 1989, S. 34, Blanton 1975, S. 61). Angeblich sei auch ihr Urteil über Besucher nicht unmaßgeblich gewesen. Solche, von denen sich Jofie unwillig abgewandt habe oder vor denen sie gar knurrend zurückgewichen sei, hatten es schwer. »›Wen die Jofie nicht mag, bei dem stimmt was nicht‹, hat der Professor immer gesagt – so erinnert sich Paula Fichtl« (ebd.). Eine sehr eigene Indikationsstellung ...

Offenbar kamen Jofie auch gewisse Aufgaben bei der Einhaltung des Rahmens zu. Ihr oblag es, das Ende der Sitzungen anzukündigen, indem sie bellend zur Tür lief und dennoch sei es Freud nur selten gelungen, seine Patienten pünktlich zu entlassen (Berthelsen 1989, S. 53).

Es konnte im Übrigen auch passieren, dass es während der Stunde an die Tür klopfte, weil sich schnell noch ein Gast der Familie verabschieden wollte. Selbstredend bekamen die Patienten dann auch mit, um wen es sich dabei handelte (Blanton 1975, S. 64).

Freuds Prinzessin

Immer mal wieder gab es »besondere Patienten«, wie zum Beispiel Marie Bonaparte, die sich 1925 bei Freud in Analyse begab. Zwischen den beiden scheint sich relativ rasch eine nahe Beziehung entwickelt zu haben. So habe Freud zu ihr gesagt:

---

53 Es existieren zwei Schreibweisen: Neben Jofie noch Jo-Fi.
54 Dorothy Burlingham kam 1925 mit ihren vier kleinen Kindern nach Wien, sie lebte von ihrem manisch-depressiven Mann getrennt. Sie machte eine Analyse bei Theodor Reik und dann bei Freud (!), zu dem sie auch ihre Kinder in Analyse gab (!). Später wurde sie zu einer vertrauten Freundin der Familie Freud. Ein weiteres Beispiel für die damalige Gestaltung postanalytischer Phasen, die offenbar dadurch möglich wurde, dass Freud das Sprachspiel als beendet ansah, wenn »Analytiker und Patient sich nicht mehr regelmäßig treffen«.

»Ich bin siebzig Jahre alt. Ich hatte immer ein gute Gesundheit, doch jetzt gibt es da ein paar Kleinigkeiten, die wollen nicht mehr so richtig ... Deswegen warne ich Sie: Sie dürfen sich nicht zu sehr an mich binden« (Bertin 1989, S. 285).

Marie habe darauf hin begonnen zu weinen und ihm ihre Liebe gestanden (ebd.). Freud habe darauf hoch erfreut reagiert: »Das mit 70 Jahren noch hören zu dürfen!« (ebd)

Was für eine Begrüßung einer offenbar intensiven Übertragungsliebe, die nicht so ganz einseitig gewesen zu sein schien, denn nach einiger Zeit habe Freud gesagt:

> »Sehen Sie, ich kenne Sie erst seit drei Wochen, und ich erzähle ihnen mehr als anderen nach drei Jahren ... Ich muß noch hinzufügen, daß ich kein guter Menschenkenner bin. [...] Nein, wirklich nicht. Ich schenke mein Vertrauen und bin dann enttäuscht. Vielleicht werden auch Sie mich enttäuschen« (ebd.).

Marie habe an dieser Stelle ihre Hand nach hinten gestreckt und Freud habe sie genommen (ebd.).

Nein, sie wird ihn nicht enttäuschen, der »Energieteufel« (Freud 1996d, S. 164) wird ihm und seiner Familie schließlich das Leben retten, als es darum ging, 1938 den mordenden Nationalsozialisten zu entkommen. Freud selber tat sich ob seines Alters, seiner Erkrankung und womöglich auch, weil er die reale Gefahr unterschätzte, schwer, Wien zu verlassen. Aber als Anna von der Gestapo verhaftet wurde, war auch Freud klar, dass er so schnell wie möglich das Land verlassen musste. Eine weitere der Nazi-Perfidien bestand in der Erhebung der sogenannten »Reichsfluchtsteuer«[55]. Die erpresserische Summe, die insgesamt von den Freuds verlangt wurde, konnten sie nicht zahlen. Marie Bonaparte war in diesen Tagen in der Nähe der Freuds geblieben und »zahlte, was zu zahlen war« (Gay 1989, S. 703). Gay setzt hier in einer Fußnote hinzu, es verdiene festgehalten zu werden, dass Freud peinlich genau das Geld zurückzahlte, sobald er dazu in der Lage war (ebd., S. 156). Marie Bonaparte soll dieses Geld dafür eingesetzt haben, den Nachdruck der *Gesammelten Werke* zu finanzieren, die ebenfalls von den Nazis zerstört worden waren (Bertin 1989, S. 345).

---

55 Die sogenannte »Reichsfluchtsteuer« soll 20% des Wertes des Besitzes der Emigranten betragen haben (Bertin 1989, S. 344) und das, nachdem in vielen Fällen den Betroffenen ihr Besitz von den Nazis bereits genommen worden war.

»»Ich glaube, unsere letzten traurigen Wochen in Wien vom 11. März[56] bis Ende Mai wären ohne die Anwesenheit der Prinzessin ganz unerträglich geworden‹, schrieb Martin Freud später voll Dankbarkeit. Sie brachte nicht nur ihr Geld und ihren Frohsinn mit, sondern auch ihre Unerschrockenheit: Als die SS kam, um Anna Freud zur Gestapo zu bringen, verlangte die Prinzessin, ebenfalls verhaftet zu werden« (ebd., S. 704).

Marie verbringt ihre Zeit in Wien unter anderem auch damit, zusammen mit Anna die Korrespondenz Freuds durchzusehen und rettet viele Dokumente, die er vor seiner Flucht nach England vernichten wollte. Als Freud auf seiner Reise nach England ist, macht er mit seiner Familie Halt in Paris, wo ihn Marie in Begleitung des Botschafters William C. Bullit am Bahnhof abholt. Freud ruht sich gemeinsam mit seiner Familie einen halben Tag bei ihr im Garten aus.

Aber noch einmal zurück zum Anfang dieser besonderen Beziehung zwischen Freud und seiner »Prinzessin«, wie er sie auch lange tatsächlich zu nennen pflegte, obwohl sie gerne Marie oder Mini genannt werden wollte (Bertin 1989, S. 285). Sie begann ihre Analyse mit zwei (!) Sitzungen am Tag. Freud gesteht ihr nach ihrer ersten Begegnung, dass er vor ihrem Erscheinen nicht mehr viel vom Leben erwartet habe (ebd.). Zu viele Schicksalsschläge hatten den tapferen Mann getroffen: der Tod seiner Tochter Sophie vier Jahre zuvor und zwei Jahre darauf der Tod von deren Sohn, Freuds geliebtem Enkel Heinerle, schließlich seine eigene schmerzhafte Krebserkrankung. Marie Bonaparte bescherte ihm offenbar neue Lebensfreude, so etwas wie wiedererwachende Hoffnung, ein Geschenk der besonderen Art, das die Analysandin ihrem Analytiker-Vater machen konnte. Denn umgekehrt hatte Marie in ihm den lange ersehnten idealen Vater gefunden. Nicht, dass sie ihn in dieser Form hätte suchen können, denn er übertraf offenbar ihre bewussten Erwartungen:

»Was für ein wunderbarer, einmaliger Mensch, wie es ihn lange nicht mehr gegeben hat und geben wird. Sein Wesen ist genauso bedeutend wie sein Verstand, und das tägliche Zusammensein mit einem solchen Menschen ist das wichtigste Ereignis in meinem Leben« (Bertin 1989, S. 286).[57]

Was für eine Liebe!

---

56 Am 11. März 1938 fand der Einmarsch der Nationalsozialisten in Österreich statt.
57 Dieses Zitat stammt aus einem Brief Marie Bonapartes an Dr. René Laforgue vom 30. September 1925. Celia Bertin hat für ihr Buch über *Die letzte Bonaparte* Einblick in die Briefwechsel zwischen Marie und Dr. Laforgue, zwischen Freud und Laforgue und zwischen Freud und Marie nehmen dürfen.

Aber Freud bewahrt – im Gegensatz zu etlichen seiner Schüler – die Contenance und die väterliche Position, während Marie voranstürmt: »Ich wage Freud zu sagen, daß er sexuell überdurchschnittlich sein muß.« Seine Antwort: »Davon werden Sie nichts erfahren. Vielleicht nicht zu sehr!« (Bertin 1989, S. 287) Ihm muss wohl auch manchmal etwas angst und bange geworden sein, ob der geballten Ladung Liebe und Idealisierung, die ihm da entgegenströmte. Aber er konnte es auch genießen.

Er plaudert mit ihr über seine Geldangelegenheiten, dass er 1918 all sein Geld verloren hat, 250 000 Kronen (ebd., S. 287). Und in der reichen Analysandin formt sich die Frage, die viele Analysandinnen und Analysanden bewegen dürfte: »Er zuwenig, ich zuviel. [...] Würde er mich behalten, wenn ich ruiniert wäre« (ebd., S. 287).

Sie versucht alles, was er sagt, aufzuschreiben. Sie hatte schon in ihrer Kindheit geschrieben und vertraut die *Fünf Hefte* aus dieser Zeit ihm, dem Analytiker-Vater, an.

Ihre Analyse endete 1929, wenngleich sie immer mal wieder für einige »Analyseabschnitte« nach Wien kam (ebd., S. 315). Darüber hinaus schien sie mehr und mehr zu einem Familienmitglied der Freuds zu avancieren. So hatte Freud im Sommer 1929 ein Haus in Berchtesgaden gemietet, in einer wunderschönen Landschaft, die ihn begeisterte und schlug ihr vor, ebenfalls dorthin zu kommen (ebd., S. 319).

Im Dezember 1936 besuchte Reinhold Stahl, Schriftsteller und Kunsthändler, Marie Bonaparte und bot ihr Briefe und Dokumente Freuds, die aus dem Nachlass des 1928 verstorbenen Wilhelm Fließ stammten, zum Kauf an. Frau Fließ habe die Papiere eigentlich der Berliner Nationalbibliothek geben wollen, aber 1936 gehörten Freuds Schriften schon zu denen, die verbrannt worden waren. Frau Fließ verkaufte sie an Stahl, der Angebote aus Amerika hatte, sie aber zuvor Marie anbot. 12 000 Francs für 250 Briefe (ebd., S. 340).

Als Freud vom Verkauf der Briefe erfuhr, war er sehr betroffen. Marie Bonaparte wollte diese Schriften für die Nachwelt retten und war überdies doch auch neugierig. Einige Briefe hatte sie nämlich durchaus gelesen ... (ebd., S. 341). Sie schrieb an Freud:

> »Sie selbst, lieber Vater, erkennen vielleicht Ihre eigene Größe nicht. Sie sind Teil der Ideengeschichte, wie zum Beispiel Plato oder Goethe. Was für ein Verlust wäre es für uns, für die Nachkommen, wenn Goethes Unterhaltungen mit Eckermann zerstört worden wären. [...] Und Sie selbst, lieber Vater, haben sich in ihrem schönen Werk gegen die Idealisierung von großen Männern um jeden Preis gewandt« (Bertin 1989, S. 341).

Dennoch bleibt sie nicht aus, die Idealisierung, bis heute nicht …

Es war Marie Bonaparte, die die Veröffentlichung der deutschen Ausgabe der Briefe an Fließ 1950 vorbereitete. Sie wird die Analyse-Tochter, die Freud bis in seinen Tod verbunden blieb. Selber Analytikerin geworden, soll sie diesen Beruf »auf wenig orthodoxe Weise« ausgeübt haben. Angeblich habe sie ihren Patienten einen Chauffeur mit einem ihrer Luxus-Autos geschickt und diese zu sich nach Saint-Cloud fahren lassen. Bei gutem Wetter habe eine Sitzung durchaus auch im Garten stattgefunden, während Marie, auf einer Chaiselongue hinter der Couch, ebenfalls liegend, häkelte …

Um weiter auf den Widerspruch zwischen veröffentlichten, besonders streng ausgelegten Regeln und Freuds tatsächlicher Praxis einzugehen, möchte ich mich im folgenden Exkurs mit einem heiklen Kapitel in der Psychoanalyse befassen: den Geschenken!

Exkurs: Geschenke

für den Psychoanalytiker/die Psychoanalytikerin

Geschenke, an sich eine schöne Angelegenheit, die das Leben oft freudvoller machen können, scheinen in unserer Zunft eher dazu angetan, ein leises Schaudern zu erzeugen, schon, wenn bloß die Rede davon ist.

Allein die bekannte Frage: »Wie ist denn Ihr Umgang mit Geschenken?« ist eine, wie sie wohl sehr spezifisch für unseren Berufsstand ist. Obwohl wir natürlich alle auch in unserem Alltagsleben einen wie auch immer gearteten »Umgang« mit Geschenken pflegen, stellt man im Alltag doch eher selten die Frage: »Und wie gehst du mit Geburtstagsgeschenken um?«

Hinter dem Begriff des *Umganges* verstecken sich in der Regel zwei hauptsächliche Fragen, erstens: »Nehmen Sie Geschenke von Patienten an?« und zweitens: »Deuten Sie das Geschenk?« Diese Fragen können dann in verschiedenen Versionen miteinander kombiniert werden: »Nehmen Sie das Geschenk an und deuten danach?«, »Nehmen Sie das Geschenk an und deuten nicht?«, »Nehmen Sie es nicht an und deuten (dann den Wunsch etwas schenken zu wollen und die Gefühle, die bei dem Analysanden entstehen, wenn sein Geschenk als solches nicht angenommen wird)?« oder »Nehmen Sie das Geschenk nicht an und deuten auch nicht?« Die Variationen sind zahlreich.

Und was heißt es eigentlich, ein Geschenk anzunehmen, wann ist es »angenommen«? Doch wohl kaum dadurch, dass man es in die Hand nimmt. Was ist nötig, damit ein Geschenk als angenommen betrachtet werden kann? Gemeinhin und dann in der Psychoanalyse?

Mit Geschenken in der psychoanalytischen Situation hat es also etwas Besonderes auf sich, sie führen eine Art Dasein im Dunkeln, denn über sie lässt sich nur sehr schwer und mühsam etwas in der (öffentlichen) psychoanalytischen Literatur finden. Sicher, sie finden hie und da, in diesem oder jenem Behandlungskontext Erwähnung, aber selten schaffen sie es, ein Hauptsujet eines psychoanalytischen Aufsatzes zu werden.

Vor langer Zeit, nunmehr zehn Jahren, haben Ann Kathrin Scheerer und Jan Philipp Reemtsma auf der DPG-Tagung 2001 in Düsseldorf (bezeichnenderweise mit dem Tagungstitel: »Psychoanalyse und Alltag«) einen wunderbaren gemeinsamen Vortrag mit dem Titel: »Deuten in der Analyse und im Alltag« gehalten, in dem sie sich – wie ich finde – auf eine sehr berührende und kluge Weise des Themas »Geschenke« annahmen. Jedenfalls ist mir dieser Vortrag in bleibender Erinnerung geblieben und ich werde später ausführlich darauf zurückkommen.

Zunächst aber wollen wir erneut einen Blick in Freuds Praxis und auf seinen *Umgang* mit Geschenken werfen. Da lässt sich zuerst einmal, gewissermaßen vorab, zusammenfassend feststellen, dass dieser Umgang erstaunlich alltäglich, wir würden heute sagen, unreflektiert wirkt. Es scheint, als habe Freud es schlicht genossen, beschenkt zu werden (auch zu schenken), im Kleinen wie im Großen. Relativ üblich – jedenfalls offenbar unanstößig – scheinen Abschiedsgeschenke gewesen zu sein.

Im Großen, wie bereits erwähnt: die Couch! Auch sie scheint eine Art Abschieds- bzw. Dankbarkeitsgeschenk gewesen zu sein, von einer ehemaligen Analysandin. Gay zufolge befindet sich unter den Aufzeichnungen, die Marie Bonaparte für eine Freud-Biografie zusammengetragen hatte, folgender Eintrag: »Madame Freud teilte mir mit, daß die analytische Couch (die Freud nach London mitnahm) ihm von einer dankbaren Patientin, Madame Benvenisti, ungefähr 1890 geschenkt wurde« (Jones papers, Archieves of the British Psycho-Analytical Society London, zit. n. Gay 1989, S. 122). Nun, 1890 dürfte es sich bei Madame Benvenisti noch nicht um eine klassische Analysepatientin gehandelt haben, sodass die Verhältnisse, was Geschenke anging, noch einfach lagen. Dennoch ist es immerhin ein interessantes Detail in der Geschichte der Psychoanalyse, dass die Couch, die gewissermaßen mit Freud in die Emigration gegangen ist, das Geschenk einer Patientin ist.

Die Patienten erwiesen sich als durchaus einfallsreich, was ihre Geschenke

anging, d. h., sie versuchten Freud etwas zu schenken, was ihrer Meinung nach
zu ihm passte und sie lagen wohl nicht immer schlecht damit, was auch nicht so
recht zum gänzlich undurchsichtigen Spiegelplattenanalytiker passen will, denn
von diesem dürfte doch eigentlich nicht bekannt sein, was er mögen könnte,
nicht einmal *dass* er überhaupt etwas mögen oder sich gar freuen könnte.

So erfahren wir aus den Briefen an Fließ:

> »Die vierte Patientin gestern verabschiedet, im herzlichsten Einvernehmen, im
> besten Zustand, mit der Böcklinauswahl als Abschiedsgeschenk; ein Fall, der
> mir das größte Vergnügen gemacht hat und der vielleicht fertig ist. Es ist heuer
> alles gut gegangen« (Freud 1986, S. 455).

Bei der »Böcklin-Auswahl« so erfahren wir aus der Fußnote, handelt es
sich um eine recht wertvolle Ausgabe, vermutlich um *Eine Auswahl der*
hervorragendsten Werke des Künstlers in Photogravüren (1892–1901), die
zum Zeitpunkt des Geschenkes die letzterschienene, dritte Folge des Werkes
war (ebd.). Man darf vielleicht davon ausgehen, dass die Patientin durchaus
wusste, dass Freud mit einer solchen Ausgabe »etwas anfangen«, also sich
daran erfreuen konnte.

Ebenso, wie bei folgendem Geschenk, von dem wir aus dem Briefwechsel
mit Ferenczi erfahren:

> »Das Gedränge bei mir hält an, acht oder neun Analysen täglich, drei Personen
> ›angestellt‹ bis sie darankommen. (Ich hoffe, Sie haben Ihr Honorar ordentlich
> erhöht.) Es geht mir ganz gut dabei, nur die Tabakabstinenz ist mit solcher
> Arbeit nicht vereinbar. Gestern hatte ich die letzte Zigarre verraucht, war seit-
> her böswillig und müde, bekam Herzklopfen und eine Steigerung der seit den
> schmalen Tagen bemerkbaren schmerzhaften Gaumenschwellung (Carcinom?).
> Da brachte mir ein Patient 50 Zigaretten, ich zündete eine an, wurde heiter, und
> die Gaumenaffektion ging rapid zurück. Ich hätte es nicht geglaubt, wenn es
> nicht so auffällig wäre« (Freud/Ferenczi 1996c).

In heutiger Zeit, in der uns die Gefahren des Rauchens viel bewusster sind,
wären wir womöglich geneigt, ein solches Geschenk in einer bestimmten
Richtung zu deuten. Freud ist offenbar auf Entzug und der Patient sorgt für
Nachschub (vielleicht auch, weil er keinen böswilligen, übel gelaunten Analytiker hinter sich sitzen haben möchte). Wie dem auch sei, für Freud kam
dieses Geschenk gerade recht. Sehr interessant ist an dieser Stelle ebenfalls,
wie sehr auch Freud dem Prozess der Leugnung erlegen ist, der doch relativ
typisch für Suchtkranke ist. Offenbar spürt Freud bereits zu dieser Zeit, dass

etwas in seinem Gaumen nicht in Ordnung ist, aber ... nach einer Zigarrette ist alles besser.

Bei einem weiteren Geschenk aus der Reihe der großen handelt es sich um das folgende: »Vorgestern hat mir ein Patient für die Heilung seines Masochismus eine Prämie von 10.000 K hinterlassen, mit der ich nun gegen Kinder und Verwandte den Reichen spiele. Ein ganz angenehmes Intermezzo« (Freud/Ferenczi 1996c, S. 133).

Eine Prämie also, für einen besonders guten Behandlungserfolg. An keiner der hier erwähnten Literaturstellen ist etwas von einem Skrupel, ob man denn so ein Geschenk annehmen dürfe, oder von einer etwaigen Ambivalenz zu lesen. Im Gegenteil: Freud scheint zu genießen, was er bekommt.

Von einem Geschenk der ganz anderen Art soll nun die Rede sein. Hier geht es nicht um einen konkreten Gegenstand, der Freud zum Geschenk gemacht wird, aber trotzdem um etwas, das einen lange gehegten Wunsch Freuds erfüllte: seine Ernennung zum Professor, bei der eine ehemalige Patientin eine nicht unerhebliche Rolle spielte.

Freud war bereits 1897 von einem dafür eingesetzten Komitee einstimmig vorgeschlagen, die Empfehlung war von der medizinischen Fakultät bestätigt worden, aber das Unterrichtsministerium unternahm nichts (Gay 1989, S. 159)! Ernst Kris sah in der Verzögerung der Ernennung die antisemitische Politik des Unterrichtsausschusses (Freud 1986, S. 244). Freud wartete und wartete, eine lange Zeit, bis zum Jahr 1902, als er feststellte, dass er noch lange warten könnte und von allein nichts geschehen würde. Da entschloss er sich, nun auch seine Verbindungen einzusetzen, »wie andere Menschenkinder auch« (ebd., S. 501). Er sucht seinen alten Lehrer Exner auf, der sich »so unliebenswürdig als möglich« gerierte, schließlich aber doch »etwas Dunkles von persönlichen Einflüssen, die bei seiner Exzellenz gegen mich [Freud] tätig seien« äußerte (ebd., S. 502). An dieser Stelle nun schaltete Freud offenbar seine ehemalige Patientin, Frau Elise Gomperz, »Frau des Hofrates Gomperz«, ein, die sich »sehr liebenswürdig der Sache annahm« (ebd.). Frau Gomperz suchte den Minister auf, man gab sich unwissend, es müsse ein neuer Vorschlag her. Also das Ganze nochmals von vorn. Freud schreibt an Nothnagel und Krafft-Ebing, der Vorschlag wird gemacht und eine weitere von Freuds – sich noch in Analyse befindlichen(!) – Patientinnen tritt in Aktion (ebd.), Marie von Ferstel, die Frau von Erwin Freiherr von Ferstel, dem späteren österreichischen Generalkonsul in Berlin. Frau von Ferstel trifft den zuständigen Minister auf einer Gesellschaft, ringt ihm ein Versprechen ab, bei dem offensichtlich mittels einer »kleinen Gabe« nachgeholfen wurde. In den Briefen an Fließ heißt es sarkastisch:

>[…] und ich glaube, wenn ein gewisser Böcklin sich in ihrem Besitz befände und nicht in dem ihrer Tante Ernestine Thorsch, wäre ich drei Monate früher ernannt worden. So wird sich Seine Exzellenz mit einem modernen Bild für die Galerie begnügen müssen, die er jetzt, natürlich nicht für die eigene Person, schaffen will« (ebd., S. 503).

Bei diesem »gewissen Böcklin« handelt es sich um das Gemälde »Burgruine«, das offenbar vom Minister begehrt wurde, aber nicht zu haben war, sodass Frau von Ferstel zur Unterstützung ihres Wunsches auf ein Gemälde von Emil Orlik, *Kirche von Auscha*, zurückgreifen musste, welches dann aber schließlich auch seine Dienste tat (ebd., S. 503).
Und so geschah es:

>[…] als der Minister zu Tische bei meiner Patientin war, machte er ihr gnädigst die Mitteilung, der Akt befinde sich schon beim Kaiser und sie werde die erste sein, der er von dem Vollzug der Ernennung Kunde gebe. Sie kam dann auch eines Tages strahlend – und einen pneumatischen Brief des Ministers schwingend zur Arbeit [!]. Es war also erreicht« (ebd., S. 503).

Dieses Mal ist Freud durchaus von ambivalenten Gefühlen erfüllt. Weniger, dass er die Hilfe seiner Patientin in Anspruch genommen hat, mehr davon, dass er sich vor dem in Österreich vorherrschenden Autoritätsdruck hat »verbeugen« müssen. Auf der anderen Seite gibt es ein gewisses Grämen, dass er den Schritt nicht schon drei Jahre früher unternommen hat (ebd.).
So viel zu den Geschenken, die Freud erhalten hat. Selbstverständlich handelt es sich hier nur um eine kleine Auswahl, Freud dürfte im Laufe seines Analytiker-Lebens viel mehr solcher Gaben von Patienten erhalten haben, für die zu einem Gutteil allein Marie Bonaparte verantwortlich ist, die nicht nur immer mal wieder den ständig kränkelnden psychoanalytischen Verlag rettete, sondern Freud auch mit den von ihm so geliebten Antiquitäten beschenkte (Gay 1989, S. 610) und der er und seine Familie wesentlich ihre Rettung vor den Nazis verdankten.
Und wie sieht das heute aus? Wie bereits eingangs erwähnt, gibt es über Geschenke wenig zu lesen. Ich vermute, so ziemlich jede Analytikerin, jeder Analytiker bekommt im Laufe der Zeit allerlei Geschenke angetragen. Was geschieht dann? Wulf Hübner schreibt in seinem Aufsatz »Analytische Geschenke und anderes«, manche Analytiker nähmen aus Prinzip keine Geschenke von Patienten, weil die damit in Verbindung gebrachte Verführungsabsicht im Rahmen der inneren Welt gedeutet werden müsse. Unterdessen würden die vielleicht mitgebrachten Blumen verwelken. (Hüb-

ner 2011, S. 118). Diese Metapher macht auf ein verhängnisvolles Agens in der Behandlung von Geschenken aufmerksam, nämlich das Verwelken des Mitgebrachten. Natürlich gibt es Geschenke, die konkret »haltbar« sind, deren Bedeutung aber dennoch »verwelken« kann, wenn ihre Annahme zu lange verzögert und nicht wirklich eindeutig ist. Wer kennt diese Situation nicht: Man hat sich viele Gedanken um ein Geschenk für jemanden gemacht, gesucht, gefunden, vielleicht gar selbst Hand angelegt und überreicht es voller innerer Vorfreude? Und dann fällt die spontane Reaktion womöglich sehr gedämpft aus und dem Schenkenden verdirbt (oder verwelkt) die Vorfreude im Gesicht. Tragischerweise nützt es dann auch nicht mehr viel, wenn der Beschenkte sich doch noch bemüht, seine – sich vielleicht auch erst später einstellende Freude deutlich zu machen. Der Moment ist unwiederbringlich vorüber, verpasst. Schlimmer noch: Er wird Spuren hinterlassen, bei beiden. Beim Schenkenden vielleicht die Angst, es das nächste Mal wieder nicht richtig zu treffen und in der Vorfreude enttäuscht zu werden, beim Beschenkten die Sorge, den Schenkenden wieder zu enttäuschen, sodass die ganze Angelegenheit ziemlich verkrampft werden kann.

Nun könnte es sein, dass etliche Kolleginnen und Kollegen auf dem Standpunkt stehen, dass die gelungene Deutung des Schenkens und des Geschenkes für den Patienten doch bedeute, dass Geschenk und Geste angenommen seien. Schließlich komme der Patient doch mit dem Auftrag zu der Analytikerin, dass sie seine unbewussten Wünsche und Impulse erfasse, verstehe und deute. Möglicherweise schließt sich hier ein Zirkel, denn es könnte sein, dass es Geschenke gibt, deren einzig richtige Deutung in ihrer gelungenen Annahme besteht. Eine solche führt dann auch die Anerkennung des Wunsches zu schenken und die damit verbundenen Gefühlseinstellungen mit sich, beim Schenkenden *und* beim Beschenkten.

Eine solche Annahme kann *auch* in einer zutreffenden, bekömmlichen und daher gelungenen verbalen Deutung bestehen. Aber, wie wir gleich in dem wunderbaren Beispiel von Ann Kathrin Scheerer sehen werden, kann eine gelungene Deutung auch eine ganz andere Form annehmen.

An dieser Stelle mag man einwenden, der Schenkungswunsch könne aus ganz unterschiedlichen Motiven herrühren. Vielleicht hegt der Analysand aggressive Phantasien gegenüber seiner Analytikerin und versucht, die Schuldgefühle auf diese Weise zu bekämpfen. Oder er will sie, wie oben beschrieben, zu etwas verführen. Er möchte ihr Lieblingspatient werden, indem er schöne Geschenke macht etc. Oder ein anderes beliebtes Beispiel: Blumen, die nach einer Weile einen unerträglichen Geruch im Raum hinterlassen. In solchen Fällen handelt es sich genaugenommen nicht um ein Geschenk im herkömmlichen Sinne, sondern tatsächlich um ein »trojanisches Pferd«.

Besonders schwierig wird es, wie meistens, wenn solche Deutungen »zu tief« (man könnte auch sagen, zu weit weg vom Bewusstsein des Schenkenden) gehen, sie können dann vom Analysanden nicht »verdaut«, d.h. nicht wirklich innerlich verstanden und angenommen werden. Er hat dann nur die Möglichkeit, sie zurückzuweisen (was vielleicht eine Verstärkung der Deutungsaktivität nach sich zieht) oder sich zu unterwerfen. Ich habe inzwischen viele Geschichten von Kolleginnen und Kollegen über abgewiesene Geschenke gehört, von Geschenken, die sie ihren Analytikerinnen und Analytikern, zum Beispiel auch zum Abschied, machen wollten oder gemacht haben und mit denen sie sich abgewiesen fühlten. Die Verletzungen an dieser Stelle sind mitunter groß und heilen schlecht.

Häufig wird damit argumentiert, die Psychoanalyse finde in einem symbolischen Raum statt, in dem konkrete Geschenke keinen Platz hätten. Sie sollen gewissermaßen durch die Deutungsaktivität der Analytikerin wieder auf den Boden des Symbolischen gestellt, quasi in das Symbolische zurückverwandelt werden. Natürlich sind viele Geschenke etwas »Konkretes«, stellen einen konkreten Gegenstand dar, wie zum Beispiel die Blumen oder ein Buch, aber sie sind doch *gleichzeitig auch Symbole!*

Wenn ein Kind seiner Mutter oder seinem Vater ein Bild malt, dann wissen Vater und Mutter, dass es sich nicht um das Frühwerk eines Picasso oder Rembrandt handelt, aber sie freuen sich dennoch, jedenfalls unter Umständen, über die Geste. Das Kind möchte etwas von sich geben, der Analysand auch.

Ich möchte nun auf den eingangs erwähnten Vortrag von Ann Kathrin Scheerer und Jan Philipp Reemtsma zurückkommen, in dem ein sehr berührendes Beispiel eines Geschenkes und seiner (wechselseitigen) Annahme beschrieben ist. Scheerer und Reemtsma erläutern die spezifische Macht, die eine Deutung dem Deutenden verleiht. Durch eine Deutung gehe eine Kommunikation zwar weiter, verändere sich aber in ihrer Art (Scheerer/Reemtsma 2001, S. 1). Durch diesen Umstand unterbreche eine Deutung die bisherige Kommunikation und verleihe dem Deutenden eine »spezifische Macht« (Reemtsma 2001[58], S.2), da sein Gegenüber gezwungen werde, ihm zu folgen oder sich zu wehren. Wer sich

---

58 Ann Kathrin Scheerer und Jan Philipp Reemtsma haben den Vortrag zu zweit gehalten. Ich beziehe mich daher immer namentlich auf diejenige/denjenigen der den entsprechenden Part innegehabt hat. Ich danke Frau Ann Kathrin Scheerer herzlich für die Überlassung dieses Vortragsskriptes!

nun in das analytische Setting begibt, habe von vornherein eingewilligt, dass dort gedeutet würde (ebd., S. 3). Es gehört – so können wir nun sagen – zu den besonderen asymmetrischen Regeln des Sprachspiels Psychoanalyse. Alles, was der Patient in der Analyse tue oder nicht tue, werde als kommunikativer Akt aufgefasst, der entsprechend gedeutet werden könne, eben auch ein Geschenk, das der Analysand seiner Analytikerin mache (ebd. S. 4). Allerdings, so Scheerer, gebe es »Grenzsituationen zwischen Alltag und Analyse – die Begrüßung und die Verabschiedung, die Wartezimmersituation, die Praxistoilette –, die der Analytiker wahrnehmen kann, aber sich von *Fall zu Fall* überlegen wird, ob und wie er sie als Angebot zur Deutung nimmt« (ebd., S. 5).

Wie verhält es sich nun mit den Geschenken im Alltag? Reemtsma zufolge hat ein Geschenk die Bedeutung von »Nicht kämpfen« (ebd., S. 8) und »Kein Machtkampf!«.

»Wo geschenkt wird, bleibt die Frage, wer der Mächtigere, Edlere, Würdigere ist, außen vor. Sie muß außen vor bleiben, weil sonst das Geschenk nicht funktionieren würde. Es wäre sonst – schenkte der weniger Mächtige dem Mächtigen – ein Tribut, mit dem er sich Frieden erkaufte. Das gibt es auch, aber Tribut ist kein Geschenk. Oder vom Mächtigeren zum weniger Mächtigen, wäre es eine jene verpflichtende Gabe oder ein ›Gefallen‹ […]. Damit das Geschenk Geschenk sein kann, muß in der Geste des Gebens und Annehmens die Frage nach dem Rang stillgestellt sein. Ist das nicht der Fall kann ein Geschenk zur Kränkung werden, den Charakter des Geschenks einbüßen« (ebd., S. 8).

Entsprechend bedeute dann das Geschenk an die Analytikerin »Nicht deuten!« (Scheerer 2001, S. 9) und könne so auch als ein Widerstand gegen das Bewusstwerden der Übertragung verstanden werden. Ein Geschenk, das angenommen werde, verschaffe hingegen Übertragungsbefriedigung (ebd.).

Da sind wir wieder, an der Wegscheide: Denn für diejenigen, die auf dem Standpunkte stehen, eine solche (Übertragungs-)Befriedigung habe in der Analyse keinen Platz, wird ein anderer Weg zu gehen sein, als für jene, die solche Befriedigungen für nährend und anderweitig heilsam halten.

Scheerer stellt die Frage: »Aber hängt es nicht von der Bedeutung des Geschenks ab, ob der Analytiker das reale Geschenk annehmen kann, oder nicht? Kann die Analytikerin ein Geschenk, das buchstäblich den – analytischen – Rahmen sprengt, annehmen?« (Scheerer 2001, S. 14)

Hieran möchte ich die Frage schließen, ob denn ein Geschenk wirklich den analytischen Rahmen sprengt, sprengen muss. Natürlich gibt es Geschenke, die den Rahmen sprengen, innerhalb wie außerhalb der Analyse. Dann sind es keine »guten« Geschenke, weil sie unter Umständen »zu groß« geraten oder »unpassend« sind und dann beschämen oder stark verunsichern und dergleichen. Wenn es aber Geschenke gibt, die »im Rahmen bleiben«, dann doch vielleicht auch solche, die im psychoanalytischen Rahmen bleiben. Man darf Analysanden da ruhig etwas zutrauen. Zum Beispiel kommt es eher selten vor, dass ein Analysand, sagen wir, Theaterkarten »für Sie und Ihren Mann« oder »für Sie und Ihre Frau« schenkt. Ganz offenbar haben die meisten ein Gespür dafür, dass man damit »irgendwie« aus dem Rahmen fiele.

Ferner kann man Geschenke – sehr grob – danach unterscheiden, ob sie mehr vom Schenkenden transportieren sollen, also dieser damit in besonderer Weise etwas »von sich« schenkt (gemalte Bilder, geschriebene Texte, selbstgebackener Kuchen etc. gehören in diese Kategorie) oder ob der Schenkende »für den anderen« schenkt, also versucht, das zu schenken, von dem er hofft, dass der Beschenkte es – unabhängig vom Schenkenden – gerne hätte, wenn also der Schenkende einen – wie auch immer gearteten – Wunsch des zu Beschenkenden spürt, selbst wenn dieser seinen Wunsch noch gar nicht bewusst formulieren könnte.

»Gute Geschenke«, so Hübner, »befriedigen einen Wunsch, der durch sie erst geweckt wird« (Hübner 1999, S. 73), von dem andere aber bereits etwas »wissen«. Dies würde bedeuten, dass »gute Geschenke« in gewisser Hinsicht materialisierte Deutungen sind, denn sie führen das Verständnis eines dem Beschenkten bis dahin unbewussten Wunsches mit sich. Hier gälte dann wie bei allen Deutungen: Sind sie »zu tief«, dann können sie leicht unverträglich werden. Nach dem bisher Gesagten, können wir nun einen Teil des Unbehagens, das die Analytikerin beim Thema »Geschenke« beschleicht, vielleicht besser verstehen.

Geschenke haben – unter Umständen – nicht nur die Bedeutung von »Nicht-Kämpfen«, sondern *sie können die Tendenz haben, die Deutungs-Situation umzukehren*. Sollte nämlich der Fall eintreten, dass der Analysand seiner Analytikerin ein »gutes Geschenk« macht, dann hat *er sie* richtig gedeutet (»Ich hatte gedacht, diese Musik könnte Ihnen gefallen …«)!

Und wenn er dann womöglich ihre Freude darüber in ihrem Gesicht sähe, dann wüsste er, dass er sie richtig gedeutet hat. So könnte der Analysand spüren, dass er wirklich etwas Bedeutsames zu geben hat.

Umgekehrt gilt das natürlich auch. Wenn er sie nicht richtig deutet, dann wird er auch davon etwas in ihrem Gesicht sehen. Es ist also sehr verständlich, um welch eine heikle Situation es sich hier – für beide Seiten – handeln kann.

Liebende machen sich auch besonders gerne Geschenke aus der ersten Kategorie, indem sie einander etwas »von sich« (ein Foto, ein Gedicht, ein Bild etc.) schenken und in dieser symbolisierten Form »sich selbst«, ihre Liebe, zum Geschenk machen. Das ist nun natürlich sehr prekär, weil nur Liebende auch wirklich ein solches Geschenk voneinander wollen. Also er von ihr, sie von ihm oder die Eltern von ihrem Kind. Prekär sind solche Geschenke, weil der Schenkende auf das Erstrahlen des Gesichtes des Anderen angewiesen ist, denn in diesem Strahlen drückt sich aus: das Liebesgeschenk ist angekommen und angenommen.

Schenken ist immer – ob in der Analyse oder im Alltag – ein zweiseitiger Prozess. Wenn ein Geschenk gelingen soll, dann braucht es im ersten Fall, in dem man in erster Linie etwas »von sich« schenkt eine beiderseitige Liebe, im zweiten Fall *zuvor* eine gute Deutung *des Schenkenden*, die einen (unter Umständen auch unbewussten oder zumindest vorbewussten) Wunsch des anderen aufnimmt, was sich dann in dem »guten«, also für denjenigen »passenden« Geschenk widerspiegelt. Auf der anderen Seite braucht es den entsprechenden Wunsch und die Fähigkeit, sich beschenken, also auch deuten zu lassen.

Beiderseitige Liebe! Man ist geneigt zu denken, dass dieser Fall per se in der Analyse auszuschließen ist. Aber wie so häufig im Leben kommt es auch hier darauf an! Es kommt darauf an, um welche Form, Spielart von Liebe es sich handelt.

In der Analyse wird diese Form wesentlich von der je aktuellen Übertragung mitbestimmt werden. Trotzdem haben wir, so Freud, »kein Anrecht, der in der analytischen Behandlung zutage tretenden Verliebtheit den Charakter einer ›echten‹ Liebe abzustreiten« (Freud 1915a, S. 317), denn jede Liebe, ob in der Psychoanalyse oder im übrigen Leben vorkommend, »normal« genannt, wiederhole die infantilen Vorbilder.

> »Die Übertragungsliebe hat vielleicht einen Grad von Freiheit weniger als die im Leben vorkommende, normal genannte, läßt die Abhängigkeit von der infantilen Vorlage deutlicher erkennen, zeigt sich weniger schmiegsam und modifikationsfähig, aber das ist auch alles und nicht das Wesentliche« (ebd.).

Wie wir von Ferenczi haben lernen können, ist es sehr wichtig, nicht in eine »Sprachverwirrung« zu geraten und die erwachsene »Sprache der Leidenschaft« nicht mit jener kindlichen »Sprache der Zärtlichkeit« zu verwechseln (Ferenczi 1933). Nicht, dass nicht beide in der Analyse vorkommen könnten, *antworten* können wir aber nur auf jene kindliche Sprache der Zärtlichkeit! Dieses ist eines der Hauptgebote psychoanalytischer Abstinenz.

Steht nun die Sprache der Leidenschaft im Vordergrund, so wird diese Liebe einen nicht minder tragischen Ausgang nehmen müssen, als andere enttäuschte Lieben. Aber eine enttäuschte Erwachsenen-Liebe ist etwas anderes und von anderer Konsequenz als eine enttäuschte Kinder-Liebe. Diese kann jene immer wieder nach sich ziehen. Die Arbeit in der Analyse betrifft daher das »infantile Vorbild«. Hier gilt es, den Versuch zu unternehmen, etwas zu verändern, und ja, auch den Versuch zu machen, dem Analysanden eine neue emotionale Erfahrung zu ermöglichen. Wir bemühen uns, einen Zugang zu dem Kind im Analysanden zu finden. »[...] also wir alle [,] tun das aus Liebe zu dem noch nicht sprachfähigen Kind im Patienten, dem traumatisierten Subjekt« (Hübner 2011, S. 122). Es wird auch darum gehen, die Liebe dieses traumatisierten Subjektes zu entdecken und – so man kann – anzunehmen. Und damit sind wir wieder bei den Geschenken angekommen.

Ein Geschenk der Leidenschaft (gesetzt, der Analysand kommt zum Beispiel mit einem Ring als Geschenk in die Analyse) werden wir – so denke ich – ablehnen müssen. Aus möglicherweise zweierlei Gründen: Zum einen, weil wir diese Liebe womöglich gar nicht erwidern (Falls ja, haben wir einen sehr komplizierten Fall vor uns, denn dann erwidern wir vielleicht innerlich, dürfen es aber als Analytiker äußerlich nicht. Hier gilt ein analytischer kategorischer Imperativ!). Zum anderen, weil wir das Kind im Patienten erneut allein, schlimmer noch, im Stich lassen würden. Die Sprache der Zärtlichkeit würde ein weiteres Mal nicht wirklich zur Sprache kommen können und das Schicksal seinen Lauf nehmen wie bisher.

Anders verhält es sich mit den Geschenken der Zärtlichkeit. Das Kind schenkt etwas »von sich« in der Erwartung, damit seine Mutter, seinen Vater zu erfreuen. Werden solche Geschenke in der Analyse abgewiesen, dann kann das, so denke ich, durchaus katastrophale Folgen haben. Denn solche Abweisungen werden als eine Abweisung der kindlichen Liebe empfunden, also auch des Kindes als Person. »Deine Liebe will ich nicht, sie ist mir nichts wert.« Das Kind hat aber nicht mehr und nicht weniger zu geben als diese, es ist sein Geschenk. Eine Zurückweisung wird in dem erwähnten »infantilen Vorbild« erhalten bleiben und vielleicht warten, dass die Angelegenheit einmal einen besseren Ausgang nimmt, zum Beispiel in einer (anderen) Analyse.

Kommen wir nun noch kurz zu den Geschenken aus der zweiten Kategorie, jenen, in denen es darum geht, ein »gutes Geschenk« »für den anderen« zu machen, also einen Wunsch aufgenommen zu haben. Solche Geschenke sind – wenn man so will – auf einer schon etwas höheren Reifungsstufe anzusiedeln, in jedem Falle auf einer, in der sich jemand Gedanken über jemand anderes und dessen innere Welt machen und von dieser etwas verstehen kann. Hier sind die Verhältnisse deshalb – vielleicht – nicht mehr ganz so prekär (was nicht heißt, dass es nicht auch hier zu erheblichen Kränkungen kommen kann), weil der Schenkende schon mehrere innere Möglichkeiten hat, mit Enttäuschungen zurechtzukommen. Solche Geschenke kommen also – in der Regel – erst in einem fortgeschritteneren analytischen Prozess vor. Sie kündigen unter Umständen auch an, dass sich etwas verändert, der Analysand sich weiterentwickelt hat. Die Begegnung in einem solchen Fall ist nicht mehr gar so asymmetrisch wie im ersten Fall. Es wird hier, wie oben beschrieben, auch sehr darauf ankommen, ob die Analytikerin bereit ist, sich in dieser Weise »deuten« zu lassen, etwas von sich, ihrer Freude über ein gelungenes Geschenk preiszugeben, sich »erkannt« oder schlicht »gemeint« zu fühlen. Denn wenn das Geschenk des Analysanden wirklich gelingt, wenn es sich um ein »gutes Geschenk« handelt, dann hat er *sie* erkannt und nicht einfach seiner Übertragungsfigur etwas geschenkt. Sie würde durch eine entsprechende Reaktion deutlich machen, dass sie sich auch gemeint fühlt. Folglich kann es sein, dass dies der Beginn des Abschiedes aus der Analyse ist!

Zum Abschluss dieses Exkurses möchte ich nun jenes Beispiel von Ann Kathrin Scheerer sprechen lassen:

»Ich nutze diesen Moment, auf ein Geschenk zu sprechen zu kommen, das ich meiner damaligen Analytikerin[59] gemacht hatte. Ihr, wie mir scheint, kunstvoller *und* mutiger Umgang damit hatte mir damals – als Patientin – unmittelbar wohlgetan und jetzt beschäftigt er mich aus professionellem Interesse. Ich war zu der Zeit neben dem Psychologiestudium auch als Sinologin aktiv und hatte in schwärmerischen Gedanken an sie während einer Chinareise, für die ich die Analyse unterbrochen hatte, was mir auch ein schlechtes Gewissen machte, ein Stück, wie ich fand, farblich zu ihr passender Seide gekauft. Es fiel mir nicht leicht, ihr dieses Mitbringsel zu geben und erst nach Wochen

---

59 Ann Kathrin Scheerer hat an dieser Stelle auch den Namen ihrer Analytikerin genannt, worauf ich nun, angesichts der Tatsache, dass ein Buch etwas anderes ist als die intimere Atmosphäre eines Vortrages, verzichte. Ich nenne diesen Umstand, weil ich ihn für bedeutsam halte. Üblichweise sind unsere Analytiker namenlos (»meine Analytikerin; mein Analytiker«), was viele Gründe haben dürfte. In diesem Falle drückt sich, jedenfalls habe ich es so verstanden, durch die Nennung und damit Personifizierung der Analytikerin (etliche, die sich damals im Raum befanden, kannten sie) eine große Dankbarkeit und Zuneigung seitens der Analysandin aus. Man wird gleich verstehen, warum.

des Redens, Deutens und schließlichen Verstehens dieser ›geheimen Überraschung‹ schaffte ich es, ihr das Päckchen mit dem Seidenstoff zu Beginn einer Stunde – mit Herzklopfen – zu überreichen. Ich war nicht mehr so naiv zu hoffen, dass ich ohne Analyse dieses acting-in (von dem ich aber noch nicht wusste, dass es so hieß) davonkommen würde, dafür hatte ich die Genauigkeit, die Verlässlichkeit und – was überhaupt sehr wichtig ist! – den ruhigen Spaß, den diese Analytikerin am Deuten hatte, schon zu gut kennen gelernt. Natürlich nahm ich mit allen zur Verfügung stehenden Sinnen wahr, wie sie auf dieses Geschenk reagierte. […] Ich konnte mich nicht beklagen, alles war in Ordnung, aber die latente Enttäuschung, die milde Aggression der notwendigen Deutung – ›du meinst nicht mich, aber ich verstehe, was du meinst …‹ – war mir fühlbar. Der Seidenstoff lag lang im analytischen Raum – im übertragenen wie realen Sinne – und war irgendwann verschwunden. Der Geburtstagstisch war irgendwann abgeräumt, das Thema ›Geschenk‹ und was es bedeutete war, vorläufig, erledigt.

Es vergingen viele Monate. Meine Analytikerin kündigte im Herbst an, dass sie im Frühjahr eine lange Arbeitspause machen würde, und ich stellte mich darauf ein, dass ich dann die Analyse, wiewohl eigentlich zu früh, beenden würde. Eines nachts träumte ich, dass ich mich verlaufe und helfende Wegweiser nicht entziffern kann, nicht erkennen kann. Ich assoziiere in der Analysestunde in geübter Weise, aber es bleibt alles irgendwie schal und unbefriedigend, bis die Analytikerin anregt, über ein, mein reales Nicht-sehen-können nachzudenken. Mir fällt nichts ein. Sie fragt, ob ich etwas nicht sähe, was mit ihr und mir zu tun haben könnte, was zwischen uns eine wichtige Rolle gespielt hätte. Es war eine große Spannung im Raum, ähnlich einer bevorstehenden ›geheimen Überraschung‹, aber ich verstand nichts. Tatsächlich wies die Analytikerin mich schließlich darauf hin, dass sie ein Kleid trug, das aus der Seide, die ich ihr geschenkt hatte, geschneidert war. Ich hörte ihre Worte, aber ich glaubte es noch immer nicht und musste mich umwenden, um es ›mit eigenen Augen‹ zu sehen, dass mein Geschenk auf die Analytikerin-Mutter eine Wirkung gehabt hatte.

Ich verstehe die Szene, die mich damals ungeheuer bewegte, jetzt, viele Jahre später und inzwischen auch aus professioneller Sicht auf zwei Ebenen: zum einen hat die Analytikerin mein Handeln handelnd beantwortet – natürlich nicht unter Vermeidung der Deutung, aber offensichtlich so viel ›treffender‹ als in Worten fassbar […]. Zum anderen enthält das Kleid eine klassische Abstinenzverletzung: die Analytikerin hat sich im Wortsinne ›etwas aus meinem Geschenk gemacht‹, ganz real. Sie hat damit in unsere Arbeit ein Element hineingebracht, das es mir unmöglich machte, die Realität zu übersehen, dass nämlich unsere analytische Beziehung beendet werden würde, und zwar aus realen Gründen. Ich verstehe erst jetzt, dass sie *mir* damit ein Geschenk gemacht hat, das mir den notwendigen Abschied nicht nur ermöglichte, sondern auch erleichterte – den notwendigen, weil unvermeidlichen analytischen und *realen* Abschied, so verstehe ich die Geste retrospektiv. Das Ende meiner Analyse fiel zusammen mit einer längeren Arbeitspause, die meine Analytikerin sich nahm, weil sie – wie ich im Nachhinein erfuhr – erkrankt war. An dieser Krankheit ist sie später gestorben« (Scheerer 2001).

Diese Schilderung spricht für sich und sie leitet über zur zweiten Geschenk-Variante.

Geschenke der Analytikerin/des Analytikers

Wie schon eingangs erwähnt, schätzte es Freud nicht nur, sich beschenken zu lassen, sondern offenkundig mochte er es auch zu schenken und war überhaupt ein großzügiger Mann.

Zunächst eine kleine Episode »außerhalb« einer Psychoanalyse:

Um 1905 wurde Freud von dem jungen Schweizer Dichter Bruno Goetz konsultiert, der zu jener Zeit in Wien studierte und unter Kopfschmerzen litt, gegen die kein Mittel half. Einer der Professoren von Goetz empfahl ihm Freud und schickte diesem einige Gedichte des jungen Autors. Freud empfing ihn, ließ sich nach und nach die Lebensgeschichte des jungen Menschen erzählen und kam dann zu dem Schluss, dass eine Analyse nicht indiziert sei. Er schrieb ein Rezept und brachte das Gespräch auf die Armut des Dichters.

»›Ja‹, sagte Freud, ›die Strenge gegen sich selbst hat auch etwas Gutes. Man darf sie nur nicht übertreiben. Wann haben Sie denn ihr letztes Beefsteak gegessen?‹ Dieses lag offenbar vier Wochen zurück. ›Das dachte ich mir so ungefähr‹, erwiderte Freud und dann wurde er ›beinahe verlegen‹, erinnerte sich Goetz, und gab ihm Ratschläge für eine Diät und einen Umschlag.

›Sie dürfen es mir nicht übel nehmen, aber ich bin ein ausgewachsener Doktor und Sie sind noch ein junger Student. Nehmen Sie dieses Kuvert und gestatten

mir heute ausnahmsweise einmal Ihren Vater zu spielen. Ein kleines Honorar für die Freude, die Sie mir mit Ihren Versen und Ihrer Jugendgeschichte
gemacht haben. Adieu, und sprechen Sie wieder einmal bei mir vor [...] Auf
Wiedersehen!‹. Als Goetz in sein Zimmer kam und den Umschlag öffnete fand
er darin zweihundert Kronen. ›Ich war‹, erinnert er sich, ›in einem so aufgewühlten Zustande, daß ich laut weinen mußte‹.

Das war nicht das einzige Mal, daß Freud jüngere Kollegen und sogar Patienten mit einem wohlangebrachten Geschenk unterstützte, das taktvoll angeboten
und dankbar angenommen wurde« (Gay 1989, S. 184/185).

In anderer Form machte Freud Geschenke, indem er – insbesondere Patientinnen – anbot, ihnen Geld zu leihen, wenn dasselbe noch nicht rechtzei-
tig in Wien eingetroffen war. Dazu gibt es gar ein ganz »offizielles«, weil in
einem Fallbericht dargelegtes Beispiel. Es findet sich bei »Zwei Kinderlügen«
(Freud 1913k):

Eine Patientin berichtete Freud von einer nachhaltigen Episode aus ihrer
Kindheit. Sie hatte vom Vater Geld erbeten, um Farben für das Bemalen von
Ostereiern zu kaufen, was ihr der Vater mit der Begründung, er habe kein
Geld, abschlug. Etwas später erbat sie Geld, um etwas zu einem Kranz für
die verstorbene Landesfürstin beizusteuern. Jedes Kind sollte etwas Geld
mitbringen, sie erhielt einen Betrag, den sie wechselte, und kaufte mit einem
Teil des Wechselgeldes die Farben, was sie aber leugnete. Die Sache flog (durch
Petzen des Bruders) auf »und der erzürnte Vater überlässt die Missetäterin der
Mutter zur Züchtigung, die sehr energisch ausfällt« (ebd., S. 423).

Als junge Frau scheut sie sich, von ihrem Mann Geld für ihren persönlichen
Bedarf zu verlangen. Während der Zeit, in der die Frau bei Freud in Analyse
ist, kommt es mitunter vor, dass die Geldsendungen des Ehemannes für den
Unterhalt in der fremden Stadt sich verspäten. Nachdem sie Freud dieses
berichtet, will er ihr »das Versprechen abnehmen, in der Wiederholung dieser
Situation die kleine Summe, die sie unterdes braucht, von mir zu entlehnen«
(ebd.). Die Patientin gibt dieses Versprechen, kann aber dieses Angebot nicht
annehmen und versetzt stattdessen in einer solchen Situation ihre Schmuck-
stücke. Im Weiteren erhellt sich mehr und mehr, warum sie von einem Mann,
vom Vater kein Geld annehmen konnte.

An dieser kleinen Episode ist so überaus interessant, dass Freud bisweilen
offenbar die Notwendigkeiten des Lebens höher einschätzt als die Übertragung.
Es schien ihm nicht statthaft, dass eine Frau in einer fremden Stadt, noch dazu
seine Patientin, ohne Geld ist. Er scheint sich – zumindest im Vorfeld – wenig
darum zu kümmern, was dieses Angebot – die darin enthaltene tätige Fürsorge

kann man ja durchaus auch als ein Geschenk betrachten, selbst wenn das Geld als solches zurückgegeben wird – was dieses Geschenk also in der Übertragung bedeutet. In diesem Falle nun wies die Patientin das Geschenk ab, weil innere Motive sie dazu verpflichteten.

Aber Freud machte auch ganz konkrete Geschenke, die bei seinen Patienten freudige und auch bedeutungsvolle Annahme fanden.

So bittet Kardiner Freud am Ende seiner Analyse, das ihm offenbar verfrüht erschien, weswegen er »einen gewissen Groll« verspürte, um eine Fotografie mit Unterschrift (!) (Kardiner 1979, S. 80). Freud schenkte ihm eine und schrieb darunter: »Dr. A. Kardiner zur freundlichen Erinnerung an seinen Aufenthalt in Wien – Sigm. Freud« (ebd.).

Smiley Blanton erhält ebenfalls ein Geschenk von Freud. In einer seiner letzten Stunden erwähnt Blanton, er spare, um sich dann die Ausgabe von Freuds Werken kaufen zu können. Am nächsten Tag überreicht ihm Freud seine gesammelten Schriften in vier Bänden mit den Worten: »Darf ich Ihnen eine Ausgabe meiner Bücher schenken?« Dabei habe Freud gesagt, dass in diesen Schriften alles Wesentliche der Psychoanalyse enthalten sei und er annehme, dass Blanton aus der Lektüre Gewinn ziehen werde (Blanton 1975, S. 37).

Zu dieser Zeit war sich Freud durchaus schon darüber im Klaren, dass solche Geschenke sich auf die Übertragung auswirken, aber das schien ihn – zumindest in bestimmten Fällen – nicht so zu stören, jedenfalls nicht abzuhalten.

Einen Tag später sagt er zu Blanton, seine Träume seien dunkler geworden. »Das kann nur eines bedeuten: in der Übertragung findet eine Veränderung statt. Wahrscheinlich ist dies auf das Buchgeschenk zurückzuführen. Sie können daraus ersehen, welche Schwierigkeiten Geschenke in der Analyse bereiten« (ebd., S. 38). Es ist dies auch eine Stelle, die einmal mehr deutlich macht, dass Freud offenbar doch sehr deutlich zwischen den Analysen von »Patienten« und solchen von Kollegen, die den Charakter einer Lehranalyse haben sollten, unterschied. Bei letzteren scheint er häufiger instruktive Erläuterungen gegeben zu haben.

Während eines anderen Abschnittes seiner Analyse bringt Blanton *Die Traumdeutung* mit in die Stunde und bittet Freud, sie ihm zu signieren, fügt aber hinzu, dass er verstehen könne, wenn Freud »so etwas« gewöhnlich nicht tue (ebd., S. 74). »Warum nicht? – für Sie?« lautet die Antwort und schreibt dann in das Buch: »Meinem lieben Dr. Smiley Blanton. 17-8-1935 – zur Erinnerung« (ebd.).

Geschenke der symbolischen oder der konkreten Art kamen also bei Freud durchaus vor. Wie steht es damit in der heutigen Zeit? Nun, zu lesen ist darüber noch weniger als über den ersten Fall, die Geschenke *von* Patienten.

Geschenke *an* Patienten scheinen also noch viel heikler zu sein. Dabei kommen sie vor und das wohl auch gar nicht so selten. Manche vielleicht nur in eher »versteckter Form«, wie zum Beispiel ein paar Minuten Zeit, indem wir die Stunde verlängern.[60] Genau genommen handelt es sich bei einer *gelungenen* Analyse in ihrer Gesamtheit immer um ein Geschenk (Pflichthofer 2011c). Bei der Psychoanalyse gibt es ja nun einmal keine »Geld-zurück-Garantie«; gezahlt werden muss, gleichwohl, ob sich der erwünschte oder erhoffte Erfolg einstellt oder nicht.

Nach der Bemerkung, dass jede berührende und gute menschliche Begegnung ein Geschenk sein und als solches empfunden werden kann, will ich mich hier nun doch mit den sehr »konkreten« Geschenken, die Analytiker an Patienten machen (können), befassen.

Das am wenigsten auffällige und damit unspektakulärste ist vielleicht wirklich die Verlängerung einer Stunde. Aber auch hier bleibt das Geschenk nur einigermaßen unspektakulär, wenn es eine bestimmte Größe (in diesem Falle: Dauer), nicht überschreitet. Wir wären bereits mitten in einer angeregten, vielleicht auch heftigen Diskussion, wenn eine Kollegin einen Fall vorstellen würde, in dessen Verlauf sie die Stunde – sagen wir um 30 Minuten – verlängert hat. So etwas kommt vor. Eine Lesart wäre, dieses Verhalten als Agieren der Analytikerin, als eine gelungene Manipulation seitens der Patientin zu verstehen, die ihre Analytikerin offenbar so sehr unter Druck gesetzt hat, dass diese nicht mehr in der Lage ist, den Rahmen zu halten. In diesem Verständnis wird die Psychoanalytikerin zu einer Art willfährigem Opfer des Unbewussten der Patientin und ihres eigenen Unbewussten. Eine andere Lesart ergäbe sich, wenn man der Psychoanalytikerin zutraute, dass sie diese Entscheidung, die Stunde zu verlängern, bewusst getroffen habe, weil ihr – in dem besonderen Moment – ein Beenden der Stunde nicht angemessen vorgekommen wäre.

Nun aber zu den »konkreten« Geschenken. Auch die kommen vor.

Eine befreundete Kollegin erzählte mir[61] von einem solchen Geschenk:

---

60 Auch dies ist wieder eine Stelle, an der sich zeigt, wie variabel das Regelverständnis und der Umgang mit Regeln ausfallen kann. Es mag diejenigen geben, die genau nach 50 Minuten oder der vereinbarten Zeit die Stunde beenden und diejenigen, die eine Stunde auch einmal verlängern, wenn sich der Patient zum Beispiel in einer sehr aufgewühlten emotionalen Situation befindet. *Wenn* man sich zum Verlängern der Stunde entschließt, handelt es sich in der Regel um »geschenkte Zeit«, jedenfalls habe ich noch nie von einer Kollegin oder einem Kollegen gehört, dass sie oder er dem Analysanden eine Verlängerung der Stunde in Rechnung gestellt hätte, was ja *theoretisch* möglich wäre.

61 ... und erlaubte mir, hier davon zu schreiben. Ich danke Etelka Hórvath-Höhling herzlich für diese schöne Episode.

Sie befand sich damals noch in therapeutischer Analyse, als ihr Kind geboren wurde. Ihre Analytikerin schenkte ihr zur Geburt ihres Kindes ein kleines Plüsch-Bärchen, sehr zur großen Freude und Rührung ihrer Analysandin, deren Kind mit dem Bärchen spielte. Inzwischen ist das Kind schon erwachsen und das Bärchen ist wieder in den Besitz der ehemaligen Analysandin übergegangen. Die damalige Analysandin ist inzwischen Kollegin und hat später entsprechend eine Lehranalyse gemacht. Ihre erste Analytikerin ist während dieser Zeit gestorben. Das Bärchen der Analytikerin-Mutter hat bis heute einen hohen emotionalen Wert.

Ich finde solche Beispiele unter anderem deshalb so interessant und relevant, weil sie ein wenig Licht auf die Dinge werfen, die, zuweilen in der Praxis (und eben nicht in der Theorie) vorkommend, als in besonderer Weise hilfreich und bedeutungsvoll erlebt werden. Es geht hier – man kann es vielleicht nicht oft genug sagen – nicht darum, Geschenken den Status »technischer Mittel« zuzumessen (was allein schon deswegen unsinnig ist, weil die Geschenke dann keine Geschenke mehr wären). Es sind eben keine technischen Mittel, sondern höchst individuelle, situationsbedingte, auf das jeweilige analytische Paar bezogene Ereignisse von besonderem Charakter. Mir geht es hier nur darum, darauf hinzuweisen, *dass es so etwas gibt*, auch in der psychoanalytischen Praxis, und dass Geschenke – unter gewissen Umständen – auch zu dem gehören, was Psychoanalytiker tun, um das Bonmot von Sandler noch einmal aufzugreifen. Es wäre doch wahrlich vermessen, von denjenigen Kolleginnen und Kollegen, die ihren Patienten schon einmal etwas geschenkt haben, anzunehmen, sie seien da einfach nur irgendwie »hineingeschliddert« und hätten sich nicht gut überlegt, warum und was sie unter Umständen ihrem Patienten zum Geschenk machen. Vermutlich handelt es sich fast immer um Geschenke mit hoher symbolischer Kraft und Bedeutung, die sie aus einer je aktuellen Übertragungssituation beziehen. Die Geschenke, von denen ich bisher gehört habe, von denen mir Kollegen erzählt haben, gehören allesamt in diese Kategorie. Es handelt sich um konkretisierte Symbole, wenn man so will, um Übergangsobjekte oder um den Versuch, solche wieder zum Leben zu erwecken. Geschenke von Therapeuten, zu denen doch auch wir Analytiker uns zählen, haben – wenn sie denn vorkommen – fast immer den Charakter von Übergangsobjekten, versuchen an diese zu erinnern, deren womöglich verschüttete emotionale Bedeutung wieder in die erlebte Gegenwart zu holen.

In der neueren Literatur findet sich dazu ein Beispiel in dem Buch von Helmut Thomä und Horst Kächele:

Die Autoren berichten von einem Analytiker, der einen 37-jährigen dissozialen, vorbestraften Mann in Therapie nahm. Der unehelich geborene Patient sei unerwünscht gewesen und früh abgeschoben worden. Zunächst in ein Säuglingsheim und später aufgrund seines Stotterns und häufigen Weinens in ein Erziehungsheim, wo er wegen seines Dialektes Außenseiter geblieben sei und dort eine furchtbare Zeit durchgemacht habe. Wegen eines Diebstahldeliktes sei er später, als Erwachsener, zu sechs Monaten Gefängnis verurteilt worden. Es folgte eine Zeit mit psychiatrischen Aufenthalten und psychopharmakologischen Behandlungen. Seine Zeichnungen hätten auf dem Niveau eines Zwölfjährigen gelegen, sein IQ bei 104. Eine zunehmende Suizidalität brachte ihn in eine analytische Psychotherapie (Thomä/Kächele 1997, S. 270ff.).

Innerhalb der Therapie erzählt der Patient seinem Therapeuten, dass seine Mutter seinen kleinen Spielzeugbären weggeworfen hätte, als er in das Erziehungsheim gekommen sei. Sie habe, so sagt der Patient, nicht begriffen, wie wichtig ihm dieser Bär war. Der Therapeut denkt in diesem Moment, dass die Mutter ihm sein Übergangsobjekt weggenommen habe.

In der Woche darauf überreicht ihm sein Therapeut ein kleines Päckchen mit den Worten:

> »›Es ist ja nicht derselbe wie von früher, aber vielleicht ist er auch lieb‹. Simon Y strahlt über beide Ohren, als ich ihm das Päckchen gebe. Er macht es nicht auf und geht still nach Hause«. In der Folgewoche erzählt Simon, wie sehr er sich über den kleinen Bären gefreut habe (›Was für eine nette Geste von Ihnen!‹)« (ebd., S. 276).

Der Kommentar des Therapeuten zu diesem Geschenk ist folgender:

> »Das Geschenk des kleinen Bären ist eine ungewöhnliche Intervention. Selbstverständlich habe ich lange darüber nachgedacht, ob ich das tun könne und ob ich damit nicht die Zuneigung des Patienten ›erkaufe‹. Schließlich habe ich es getan, weil ich meinte, daß es gut sei, daß der Patient ein sichtbares und deutliches Zeichen meiner Anwesenheit und meines Engagements habe, zumal die Behandlung nur einmal pro Woche stattfinden konnte. Der weitere Verlauf der Behandlung hat gezeigt, daß meine Handlungsweise richtig war: Die therapeutische Beziehung ist dadurch sehr viel fester geworden, was auch den therapeutischen Prozeß beeinflusst hat« (ebd., S. 277).

Das Besondere an diesem Beispiel ist, dass es veröffentlicht ist. Zwar bleibt der Therapeut anonym, aber es steht doch in dem renommierten *Lehrbuch der psychoanalytischen Therapie*. Wir könnten uns natürlich auf den Standpunkt stellen, dass es sich ja hier »nur« um eine »psychoanalytische Therapie«

und nicht etwa eine Psychoanalyse handelt. Die Argumentation ginge dann so weiter, dass »so etwas« in einer Therapie vielleicht vorstellbar sei, nicht aber in einer Psychoanalyse. Als wenn dadurch das aufgeworfene Thema aus der Welt geschafft wäre.

Denn es bleibt doch dabei, dass hier jemand für sich in Anspruch nimmt, mit seinem Patienten analytisch zu arbeiten, und uns mitteilt, dass er für sich gute Gründe hatte, dem Patienten dieses Geschenk zu machen. Er hatte das Gefühl, der Patient brauche etwas Bestimmtes, nämlich ein »sichtbares und deutliches Zeichen seiner Anwesenheit uns seines Engagements«.

Der Analytiker begründet seine Intervention außerdem retrospektiv, indem er zum Ausdruck bringt, die therapeutische Beziehung sei durch dieses Geschenk fester geworden. Das bringt ihn in eine gewisse Argumentationsdefensive, weil man an dieser Stelle natürlich die Frage aufwerfen kann, ob diese Verbesserung wirklich dem Geschenk zuzuschreiben ist und nicht vielleicht unabhängig davon, ob der anderen therapeutischen Bemühungen eingetreten wäre. Man kann aber wohl auf jeden Fall sagen, dass sich die Beziehung dadurch nicht verschlechtert hat und dass der Patient offenbar sehr berührt war und sehr dankbar auf dieses Geschenk seines Therapeuten reagiert hat.

Von wesentlicher Bedeutung ist für mich viel mehr, *dass* der Therapeut offenbar einen sehr starken Impuls gespürt hat, so zu handeln. Es war *seine bewusste* Entscheidung (was nicht ausschließt, dass es daneben auch im Analytiker unbewusste Gründe gegeben haben mag). Ich habe diesen Impuls bei dem Analytiker so verstanden, dass es sich um eine Art Restaurationsversuch, eine Wiedergutmachungsbemühung am Übergangsobjekt des Patienten, an der Fähigkeit, ein solches zu besitzen, handelt.

Winnicott zufolge ist das Besitzen-Können eines Übergangsobjektes schon ein Entwicklungsfortschritt[62], der aber, zum Beispiel im Falle einer traumatisierenden Trennung, wieder verloren gehen kann. So lesen wir bei Winnicott:

> »Wie wohl allgemein bekannt ist, tritt bei der Abwesenheit der Mutter oder einer anderen Beziehungsperson beim Kind keine sofortige Veränderung auf, da das Kind eine Erinnerung, ein geistiges Bild oder eine sogenannte innere Repräsentanz vor Augen hat, die eine gewisse Zeit lang lebendig bleibt. Ist die Mutter

---

62 »Ich muß noch sagen, daß es manchmal kein Übergansobjekt außer der Mutter gibt. Ein Kind kann in seiner emotionalen Entwicklung so gestört sein, daß es den Überganszustand nicht genießen kann, oder die Abfolge der gebrauchten Objekte wird unterbrochen« (Winnicott 1997a, S. 305). Und an anderer Stelle: »Das Kind kann sich eines Übergangsobjektes bedienen, wenn das innere Objekt lebendig, real und gut genug (nicht allzu sehr ›verfolgend‹ ist)« (Winnicott 1997b, S. 19).

jedoch über einen Zeitraum abwesend, der ein bestimmtes Maß, Minuten, Stunden oder Tage überschreitet, so verblasst die Erinnerung an die Repräsentanz. Gleichzeitig werden auch die Übergangsphänomene bedeutungslos, und das Kind ist unfähig, sie zu erleben« (Winnicott 1997b, S. 26).

Mit der guten inneren Repräsentanz der Mutter sterben – wenn man so will – auch die Übergangsobjekte. Sie sind ja deswegen *Übergangs*objekte, weil sie eine Verbindung halten sollen, zu einem bedeutsamen Objekt, das nicht verfügbar ist. Wenn es ein solches Objekt nicht (mehr) gibt, und zwar in der Innenwelt, dann wird auch die Verbindung überflüssig.

So gesehen könnte man auch sagen, dass die bisherige therapeutische Beziehung in dem oben beschriebenen Beispiel bereits so positive Effekte hat, dass der Patient überhaupt in der Lage ist, den kleinen Bären dankbar anzunehmen und ihm Bedeutung beizumessen. Der Analytiker macht in seinen, wie ich finde, sehr gelungenen und berührenden Worten deutlich, dass es nicht darum geht, etwas (ein wichtiges Objekt) einfach zu ersetzen. Das Verlorene bleibt verloren. Und doch: Das Neue ist vielleicht auch lieb!

Es handelt sich hier um ein »gutes« Geschenk im obigen Sinne. Der Analytiker hat einen Wunsch des Patienten aufgenommen und mit seinem Geschenk ein Bedürfnis befriedigt, von dem der Patient gar nicht (mehr) wusste, dass er es hatte. Das konnte er erst *fühlen* und *erleben*, als er das Päckchen seines Analytikers in den Händen nach Hause trug. Der kleine Bär ist eine Art materialisierte Deutung, Konkretes und Symbol zugleich, ein Übergangsobjekt eben.

Solche Geschenke entfalten die hier beschriebene volle Wirkung natürlich nur in einer sehr spezifischen Übertragungssituation. Sie beziehen ihre Wirkung, ihre Magie aus der Magie der Übertragung. Auch aus diesem Grund griffe der Einwand, ein solches Geschenk seitens des Analytikers falle nur aus dem Rahmen, es würde etwas vermeiden usw. zu kurz, denn es gilt vielmehr, den richtigen Rahmen zu erspüren, den richtigen Moment zu finden. Ein solches Geschenk kann, zu früh oder zu spät gegeben, bestenfalls bedeutungslos sein oder Unverständnis, Verwirrung und Verunsicherung auslösen.

Noch einmal: Es geht nicht darum, ein solches Geschenk in den Status einer neuen technischen Regel zu heben, nach dem Motto: Wie belebe ich die Übergangsobjekte meiner Patienten? Das Besondere ist, ihre sehr persönliche, spezifische Gestaltung. Indem der Analytiker im obigen Beispiel den Impuls verspürte, dieses zu tun, zeigte sich, dass das traumatisierte Kind im Patienten ganz offenbar einen Platz im Inneren des Analytikers gefunden hatte. Das ist kein technischer Vorgang! Er ist weder erlernbar, im technischen Sinne, noch anderweitig reproduzierbar. So etwas stellt sich ein oder nicht und hängt natürlich von der je individuellen Geschichte *beider* Beteiligter ab.

Nach allem, was wir inzwischen über den Menschen und Analytiker Freud wissen, gibt es wenig Grund zu der Annahme, dass er menschliche Alltagskommunikation oder gar Handlungen in seiner Praxis für grundsätzlich ausgeschlossen hielt. Dieses würde sich auch nur schwer mit der Vorstellung vertragen, die Freud mit Psychoanalyse verbindet: Entwicklung und Erziehung.

Erziehung – Angenommene Kinder

Es wird vorkommen, dass der Analytiker Patienten annimmt, die so haltlos und existenzunfähig sind, dass neben der analytischen Arbeit auch eine erzieherische hinzutreten muss (vgl. Freud 1919a, S. 190).

Auch bei den meisten anderen Patienten wird der Analytiker bisweilen die Funktion des Erziehers und Ratgebers ausüben müssen (vgl. ebd.).

Wenn dies notwendig wird, dann sollte dies mit großer Schonung geschehen, sollte der Analytiker dabei zum Ziel haben, dem Patienten zu einer Befreiung seiner selbst und zur weiteren Entwicklung zu verhelfen (vgl. ebd.).

Der Analytiker soll überhaupt bei allen seinen Bemühungen zu bessern und zu erziehen, die Eigenart des Patienten respektieren, um nicht die Fehler jener Eltern zu wiederholen, die durch ihren Einfluss die beginnende Unabhängigkeit ihres Kindes unterdrückt haben (vgl. Freud 1940a, S. 101).

Er soll tolerant sein, gegen die Schwächen des Patienten und muss sich in seinen therapeutischen Zielen beschränken können, die auch darin bestehen können, jemandem einen Teil seiner Leistungs- und Genussfähigkeit zurückzugeben, auch wenn dieser nicht vollständig geheilt werden kann (vgl. Freud 1912e, S. 385).

Der Analytiker soll den Patienten nicht zu seinem Leibgut machen, nicht das Schicksal des Patienten zu formen suchen, ihm nicht die eigenen Ideale aufdrängen und nicht den Versuch unternehmen, ihn zu seinem Ebenbild zu machen (vgl. Freud 1919a, S.190).

Kurz: Der Analytiker soll seinen Patienten nicht als Selbstobjekt verwenden.

Der Analytiker sollte sich bei seinen Interventionen vom Grad der Entwicklungsstörung leiten lassen. Manche Patienten befinden sich psychisch in einem so infantilen Zustand (wir würden heute sagen, sind so frühgestört), dass sie auch in der Analyse nur wie Kinder behandelt werden können (vgl. Freud 1940a, S. 101).

Freud benutzt interessanterweise den Terminus »Erziehung« recht oft im Zusammenhang mit der psychoanalytischen Therapie. Interessant deshalb, weil jedwede erzieherischen Impulse oder gar Interventionen heute als verpönt gelten. Wer den Eindruck erweckt, »erzieherisch« auf seinen Patienten einzuwirken, macht sich verdächtig, sich jenseits der analytischen Kultur zu bewegen. Erziehung bedeutet Führung und Formung eines Menschen, ihm zur Entfaltung und Entwicklung seiner persönlichen Begabungen und Anlagen zu verhelfen. Psychoanalytiker zucken vermutlich beim Wort »Führung« zurück, bewegt es sich doch nahe an Einflussnahme und birgt die Gefahr von Zwang und Manipulation. Dass wir den Begabungen und Anlagen in unseren Patienten zur Entwicklung verhelfen wollen, das könnten wir wohl unterschreiben, müssten uns aber sofort bemühen deutlich zu machen, dass diese nicht unser persönliches Anliegen, gar unser Wunsch sein könnte, denn das passte nicht zur interesseneutralen No-wish-no-desire-Analytikerin. Andererseits konnte man früher durchaus lesen, dass eine Analyse gut oder schlecht *geführt*[63] sei, aber dann war es eben die Analyse, die geführt wurde, und nicht der Patient. Das mag noch hingehen. Wie dem auch sei, Freud hingegen scheute sich nicht, das Wort »Erziehung« im psychoanalytischen Zusammenhang in den Mund zu nehmen und er scheute sich auch nicht, wenn es aus seiner Sicht notwendig erschien, danach zu handeln. Möglicherweise bezieht sich sein Kommentar gegenüber Kardiner, er sei zu sehr der Vater, auch auf diese Eigenschaft, erziehen und bessern zu wollen, aber er steht dazu. So schreibt er, nahe am Ende seines Lebens:

»Der Analytiker soll aber bei allen seinen Bemühungen zu bessern und zu erziehen die Eigenart des Patienten respektieren. Das Maß von Beeinflussung, dessen er sich in legitimer Weise getraut, wird durch den Grad der Entwicklungshemmung bestimmt werden, den er bei dem Patienten vorfindet. Manche

---

63 Zum Beispiel bei Morgenthaler: »Der Analytiker selbst hat, beinahe unausweichlich, ähnliche Ideale und Gewissensforderungen wie sein Analysand. Auch er möchte es recht machen. Auch er empfindet es als schmerzlich, wenn es ihm nicht gelingt, die Analyse so zu führen, wie er es sich gewünscht hat« (Morgenthaler 1990, S. 58).

Neurotiker sind so infantil geblieben, dass sie auch in der Analyse nur wie Kinder behandelt werden können« (Freud 1940a, S. 101).

Diese Sätze sind nach einer jahrzehntelangen Erfahrung mit Menschen und mit dem psychoanalytischen Verfahren niedergeschrieben worden. Sie bringen in fast selbstverständlich anmutender Weise etwas zum Ausdruck, das heute durchaus kontrovers diskutiert wird. Freud plädiert dafür, dass das Maß von Beeinflussung vom Ausmaß der Entwicklungsstörung abhängen kann, d. h. in unserer heutigen Terminologie: Bei den sogenannten »frühen Störungen« wird die Analytikerin weniger im Hintergrund bleiben können als bei reiferen neurotischen Patienten. Was mag es heißen, was mag es bedeuten, einen Erwachsenen, der psychisch so »infantil« ist, wie ein Kind zu behandeln? Infantile Phantasien, infantile Impulse und Gefühle finden sich regelmäßig im Zustand der Regression. Darin überträgt der Patient Ängste *und* Wünsche auf seine Analytikerin. Wird er nun – so wie Freud schreibt – von seiner Analytikerin auch wie ein Kind behandelt, kann es sich dabei um eine Wunscherfüllung handeln. Allerdings: Dies bedeutet nicht, dass die Analytikerin, nun in der Position der Mutter, allen Wünschen des Kindes nachkommt (Möglicherweise war dies eines der folgenschweren Missverständnisse, denen Ferenczi aufgesessen war.). Dies tut eine Mutter, die gut genug ist, mit ihren real kleinen Kindern auch nicht! Wer die Tatsache, dass man den Patienten wie ein Kind behandelt auf diese Weise versteht, sitzt dem gleichen Missverständnis auf, wie manche Eltern, die ihren Kindern alle Wünsche erfüllen wollen. Denn die Kinder haben – ebenso wie die erwachsenen Patienten – auch eine Art unbewusstes Wissen dessen, was für sie gut ist. Die Überwindung der ödipalen Konflikte hängt beispielsweise daran, dass dieses Missverständnis oder die »Sprachverwirrung« nicht entsteht. Das Kind, das seinem Vater oder seiner Mutter einen ödipalen Heiratsantrag macht, will den Vater oder die Mutter nicht wirklich heiraten. »Will nicht wirklich« bezieht sich auf das eben genannte unbewusste Wissen dessen, was »gut« für einen ist. Aktuell kann dieser Wunsch von den intensivsten Gefühlen getragen sein, aber daneben existiert der genauso starke Wunsch, der Vater oder die Mutter möge sich um Gottes Willen nicht auf diese Form der Verführung einlassen und Vater oder Mutter bleiben! Auch Patienten haben ein solches unbewusstes Wissen davon, was für sie in bestimmten Situationen, man könnte auch sagen, für einen bestimmten Teil ihrer Person, hilfreich sein kann. So kann man erleben, dass Patienten nach einer schweren regressiven Phase in der Therapie späterhin *darüber* sprechen können, wie sie sich und ihre Analytikerin erlebt haben. Dann kann man Sätze hören wie: »Es war für mich ganz wichtig, dass Sie in der und der Situation nicht meinem Wunsch nach XY entsprochen haben, auch, wenn ich zunächst eine ungeheure Wut auf Sie hatte.« Das heißt, diese Patienten haben eine Idee davon, was sie brauchen, um einen bestimmten inneren Konflikt zu lösen, eine Idee davon, was nötig ist, um eine einmal unterbrochene Entwicklung wieder aufzunehmen, und ich glaube, man tut als Analytikerin gut daran, diesem Wissen hin und wieder zu vertrauen. Dazu kann zum Beispiel die Erfahrung einer realen Grenzsetzung gehören, weil der Patient vorher vielleicht nie Gelegenheit hatte, eine solche Erfahrung zu fühlen, mit den resultierenden aggressiven Gefühlen nicht allein zu sein, sein Objekt nicht zu verlieren. Vermutlich werden wir es in der Zukunft mehr und mehr mit solchen Problemen zu tun bekommen, da unsere Welt – ganz im Gegensatz zu Freuds Zeiten – von multiplen Entgrenzungen geprägt ist, die nur scheinbar die Bedürfnisse der Menschen erfüllen. Denn die scheinbare Freiheit, die sie zu gewinnen glauben, ist in Wahrheit ein zunehmendes Gefangensein in der Welt der Omnipotenz, in der man zwangsweise allein zurückbleiben muss.

Aber nun zu den Freud'schen »Erziehungsmaßnahmen« in der Praxis: 1908 lernte der junge Medizinstudent Edoardo Weiss Freud persönlich kennen. Später entwickelte sich zwischen den beiden ein sehr interessanter Briefwechsel, in welchem Freud am ehesten die Rolle eines Supervisors oder eines Konsiliararztes einnahm. Weiss berichtete ihm von diesen und jenen Patienten und behandlungstechnischen Problemen, zu denen Freud Stellung nahm. Gelegentlich schickte Weiss auch Patienten zu Freud, wie z.B. Frau L.M., von der in einem Brief Freuds aus dem Jahr 1923 zu lesen ist:

»Frau L.M. hat diesmal wieder viel gelernt, ich hoffe auch dauernd profitiert. Einer gründlichen Erledigung der Neurose steht wohl die unerfreuliche Realität im Wege. Ich bin darum auch über ihre Zukunft nicht ganz ruhig. Neuerziehung, um ihren gräulichen Sadismus und ihr exzessives Wesen zu bändigen, schiene durchaus möglich, aber würde dauernde Beeinflussung durch lange Zeit beanspruchen« (Freud/Weiss 1970, S. 51/52).

»Der Patient hat in dieser Stunde viel gelernt!« ist ein Satz, den wir in heutigen Fallvorstellungen doch eher selten hören. Und Begriffe wie »Neuerziehung«, »Bändigung« und »dauernde Beeinflussung« noch viel seltener. Für Freud schien dergleichen aber eher zu den selbstverständlichen Zutaten einer psychoanalytischen Behandlung zu gehören. Er scheute offenbar auch nicht vor erzieherischen Interventionen zurück:

So gab er dem jungen Kollegen folgenden Rat:

»Aus den Träumen Ihrer Patientin ist zu erschließen, daß Sie Ihnen durchgehen will, und ich glaube, daß sie es auch tun wird. Ich würde ihr zuvorkommen und ihr eine Unterbrechung von etwa 6 Monaten vorschlagen mit der Bereitwilligkeit, sie dann wiederzunehmen, wenn sie es will und noch braucht. Ihr keine Heilung im Intervall versprechen, wohl aber den Eltern diese Möglichkeit andeuten, die es ihr nicht sagen sollen« (Freud/Weiss 1970, S. 87/88).

Leider erhalten wir dann keine näheren Erläuterungen dieses Vorschlages. Warum muss einem möglichen Analyseabbruch, der sich noch dazu durch einen Traum anzukündigen schien, zuvorgekommen werden? Warum muss die Aktivität dazu beim Analytiker liegen? Und dann die Formulierung: »Sie will Ihnen durchgehen.« Man könnte den Endruck gewinnen, dass Freud es hier für erforderlich hält – offenbar für beide Seiten – dass der Narzissmus des Mannes keinen Schaden nimmt. »Wenn hier jemand die Analyse beendet, dann bin ich es« scheint diese Intervention vermitteln zu wollen, aber es sind sicher die unterschiedlichsten Interpretationen möglich und jeder möge sich seine eigenen Gedanken über die Motivation eines solchen Eingreifens machen. Es ist jedoch in jedem Falle davon auszugehen, dass Freud die Rolle des Patriarchen, in welche er im Privatleben mehr und mehr hineingewachsen ist und die zum damaligen sozialen Rollenverständnis gehörte, auch als Therapeut nicht gänzlich ablegen konnte, wie es beispielsweise auch in folgendem Kommentar zum Ausdruck kommt: »[...] Kam Freitag früh zurück und fand Frl. G. [...] vor. Ich habe ihr eben die erste Lektion erteilt« (Freud 1986, S. 424).

Es ist aber davon auszugehen, dass jede Kollegin, jeder Kollege, der in heutiger Zeit eine solche Intervention vorstellen würde, es nicht leicht hätte, sie seinen Zuhörern bekömmlich zu machen. Dass solche Kommentare eher nicht mehr laut ausgesprochen werden, heißt nicht, dass sie psychisch nicht mehr existent wären.

Interessant ist in jedem Falle, dass Edoardo Weiss dem oben genannten Vorschlag Freuds, die Behandlung vorerst zu beenden, nicht nachgekommen ist, weil er der Meinung war, eine solche Zurückweisung wäre für die Patientin nicht erträglich, und weil er glaubte, dass sie, trotz aller Schwierigkeiten, mit ihm weiterarbeiten wollte. Außerdem kam Weiss seiner Patientin auch noch in einigen anderen Situationen entgegen, zum Beispiel indem er ihr erlaubte, sich gelegentlich in den Sessel zu setzen, statt sich auf die Couch legen zu müssen, ein Zugeständnis, das Freud in seinem Brief deutlich kritisierte. Außerdem begleitete Weiss sie einige Male auf die Straße, weil sie sich oft fürchtete, das Haus zu verlassen. Nach Weiss' Beschreibung haben sich diese Interventionen außerordentlich günstig ausgewirkt. Die Patientin machte große Fortschritte und konnte später ein offenbar erfüllteres Leben führen.

Diese kleine Episode ist auch deshalb interessant, weil Freud hier zu einem »strengeren« Vorgehen riet, Weiss aber das Gefühl hatte, mit Rigidität in diesem Falle nicht weiterzukommen, sondern eher Schaden anzurichten. Obwohl er ein junger Analytiker war und obwohl er Freud sehr schätzte und ihm dessen Rat außerordentlich wichtig war, besaß er Mut und Freiheit genug, seinen eigenen Weg zu gehen und etwas zu wagen.

Von einer ebenfalls drastischeren »Erziehungsmaßnahme« berichtet Freud in einem Brief an Ferenczi: »Dr. Spitz hat etwas den Großartigen gespielt, ist dafür mit Entziehung von drei Stunden gestraft worden und scheint es seither ernsthafter nehmen zu wollen« (Freud/Ferenczi 1993, S. 427).

Auch hier wie in dem anderen Beispiel, scheint Freud einer befürchteten Entwertung etwas entgegensetzen zu wollen. Das klingt ein bisschen nach »Wer nicht hören will, muss fühlen«. Statt lediglich zu deuten, greift er zu einer Strafe, von ihm selbst so bezeichnet.

Immer wieder scheint er sich in der Rolle des strengen, aber gerechten und liebevollen Vaters zu sehen. So legt er auch Ferenczi, der Ernest Jones in Analyse hat, ans Herz: »Es freut mich sehr, daß Jones gut einsetzt. Seien Sie streng und zärtlich mit ihm. Er ist ein sehr guter Mensch. Füttern Sie die Puppe, so daß eine Königin aus ihr werden kann« (Freud/Ferenczi 1993, S. 224).

Und 1913 schreibt er an Ferenczi über seine derzeitigen Patienten: »Ich bin jetzt mit meinen angenommenen Kindern überhaupt zufrieden« (Freud/Ferenczi 1996a, S.195)!

Eine in ihrer Schlichtheit bemerkenswerte und überraschende Äußerung Freuds zum kindlichen Narzissmus und seiner Auffassung zur Erziehung verdanken wir den Aufzeichnungen Smiley Blantons:

»Das wirklich geliebte Kind fühlt sich nicht minderwertig. Diese Einstellung hängt weitgehend von der Mutter ab. In den ersten Jahren kümmert sie sich vor allem um das Kind. Der Einfluß des Vaters ist im allgemeinen nicht besonders groß. [...] Der Wunsch des Kindes nach Aufmerksamkeit [...] ist nur ein abgeschwächter Wunsch nach Liebe. Nicht Aufmerksamkeit, sondern Liebe will das Kind. Natürlich muß das Kind zuweilen in die Schranken gewiesen werden. Doch wenn dies vor dem Hintergrund von Liebe geschieht, wird es keine schädlichen Folgen haben. Das fundamentale Prinzip der Psychoanalyse besteht in der Frage der Liebesökonomie. Das Problem der Erziehung besteht darin, dem Kind in richtigem Maße Liebe zukommen zu lassen. [...] Eine andere Schwierigkeit besteht darin, daß die Eltern von ihren Kindern erwarten, daß sie deren unerfüllte Wünsche realisieren – infantile Wünsche und Sehnsüchte« (Blanton 1975, S. 35/36).

Es bedarf vielleicht keiner gesonderten Erwähnung, dass Freuds Unterschätzung des frühen väterlichen Einflusses noch jener Zeit angehört, während wir das heute anders sehen. Offenbar hat sich Freud in vielen seiner analytischen Behandlungen aber durchaus an diese Sätze gehalten. Das fundamentale Prinzip der Psychoanalyse: eine Frage der Liebesökonomie!

Eine Vaterrolle besonderer Art nahm Freud zum Beispiel gegenüber einem bei Behandlungsbeginn 20-jährigen jungen Mann an, Arthur Fischer-Colbrie, der insgesamt 319 Stunden bei ihm war und mit dem er in den Zeiten der Unterbrechung durch den Krieg einen Briefwechsel unterhielt.[64] Und dieser ist in der Tat bemerkenswert:

Offenbar begab sich der 20-jährige Student der Anglistik und Germanistik Fischer-Colbrie im November 1915 aufgrund depressiver Zustände in Freuds psychoanalytische Behandlung. Es waren die Eltern, die bei Freud um eine Behandlung nachsuchten (Walder 2010, S. 110/111). Im Leben des jungen Arthur, eines Jungen »aus gutem Hause«, spielte der Vater offenbar eine sehr prominente Rolle. Er hielt bereits den Elfjährigen an, ein Tagebuch zu führen, dessen Eintragungen der Vater liest, korrigiert und bewertet (»vorzüglich«, »befriedigend«) (ebd., S. 107). Gleichzeitig ist der Vater theaterbegeistert und fungiert als Regisseur, Schauspieler und Autor an einer erfolgreichen Laienbühne. Als Arthur 16 Jahre alt ist, stirbt seine sechsjährige Schwester Grete an den Folgen einer Maserninfektion. Arthur beginnt sein Studium und erlebt schwere depressive Zustände und Heimweh; er gerät in eine Adoleszenzkrise und nimmt schließlich die Analyse bei dem damals 60-jährigen Freud im üblichen Setting, sechs Stunden die Woche, auf. Der erste Abschnitt der Analyse währt bis Juli 1916, umfasst 179 Stunden und wird dann durch die Einberufung zum Wehrdienst unterbrochen. Die Eltern baten Freud um ein ärztliches Attest, um den Sohn vor dem Wehrdienst zu bewahren, das er auch ausstellte, aber ohne das erwünschte Ergebnis. Arthur wird eingezogen und der Ernte-Verwertungszentrale in Lublin zugeteilt (ebd., S. 112), ein an

---

64 Dass wir von diesem Briefwechsel wissen, verdanken wir der bemerkenswerten Arbeit von Christiane Walder, die die bisher größtenteils unbearbeiteten Materialien des Nachlasses von Arthur Fischer-Colbrie durchgesehen und ausgewertet hat.

und für sich noch erträglicher Standort, doch Arthur leidet erneut an starkem Heimweh. Er schreibt in dieser Zeit der Trennung regelmäßig an Freud und dieser antwortet, ermuntert ihn weiterzuschreiben, »in kräftiger Stimmung auszuhalten« und wünscht ihm, dass er etwas »in der Empfindlichkeit abstumpft« (ebd., S. 125/126).

Im weiteren Briefwechsel geht es darum, ob und wann Fischer-Colbrie seine Analyse bei Freud wieder aufnehmen könne. Des Weiteren bezieht sich Freud auf das dichterische Vermögen seines jungen Patienten, zeigt sich interessiert und ermutigend.

Dennoch fällt es dem jungen Mann immer schwerer, das Warten auszuhalten; Freud schreibt ihm:

> »Ich höre mit großem Bedauern, daß Sie ungeduldiger Stimmung sind und nicht mehr aushalten wollen. Hoffe, es ist etwas Vorübergehendes. Die analytischen Grundlehren, die Realitäten des Lebens zu akzeptieren, nicht zuviel Logik vom Weltgeschehen zu fordern, sind Ihnen doch zutiefst eingeprägt, als daß Sie dagegen verstoßen könnten. [...] Ich bin jetzt auch zeitweise sehr unzufrieden, aber ich verspreche Ihnen, leistungsfähig zu bleiben, bis Sie zur Fortsetzung der Analyse herkommen. Natürlich auch ein Stückchen darüber hinaus« (Freud am 3. April 1918/ebd., S. 128).

Es ist bereits hier sichtbar, dass Freud aus einer väterlichen Position heraus schreibt. Von Neutralität keine Spur, sondern offenes Fordern, Mut-Machen und Mahnen. Zu der Zeit, als er diese Briefe an Fischer-Colbrie schrieb, hatte Freud selber zwei Söhne an der Front: Martin, sechs Jahre älter als Arthur Fischer-Colbrie, und Oliver, vier Jahre älter als Arthur, befinden sich an der italienischen Front, sein Sohn Ernst war gerade – nur kurzfristig – zu Hause, und der besorgte Vater schreibt am 18. Juni 1918 an Ferenczi:

> »Martin ist bei der Piaveoffensive, und es geht diesmal recht hart. Oli hat heute gerade Fiume passiert; ob es dann nach Dalmatien oder Albanien weitergeht, weiß er noch nicht. Ernst ist gestern von Abbazia zurückgekommen, kaffeebraun, aber nicht katarrhfrei, und will weiter kämpfen« (Freud/Ferenczi 1996c, S. 161).

Freuds Söhne scheinen so gänzlich anders mit der Situation zurechtzukommen, der waghalsige Martin ist womöglich gar eine Spur zu kriegsbegeistert und sieht noch als alter Mann die Zeit im Weltkrieg als »die glücklichste Zeit seines Lebens« an (zit. n. Schröter 2010, S. 108). Aber bei Arthur hat es

Freud mit einem ängstlich-zögerlichen, eher weichen Jüngling zu tun, dem er nach bestem Bemühen etwas väterliche Kraft zu spenden versucht. Der Ton, den er in seinen Briefen an seinen jungen Patienten anschlägt, unterscheidet sich in der Vertrautheit kaum von dem in den Briefen an seine Söhne. Darin muss er jedoch nicht zur Tapferkeit und zum Aushalten auffordern, davon scheinen sie genug zu haben. Aber in all diesen Briefen, auch in denen an Fischer-Colbrie zeigt sich Freud in seinem Verständnis der väterlichen Rolle: das Unvermeidliche tragen, nicht zu viel jammern, nicht zu viele Worte, alles gepaart mit einer bodenständigen Herzlichkeit.

Ein Brief, den er im April 1918 schreibt, beginnt mit der Anrede: »Lieber närrischer junger Freund!« (Walder 2010, S. 128) und weiter:

>»Auf deine freundlichen Anfragen antworte ich, dass wir noch alle leben, aber natürlich nicht sehr heiter sind. Zigarren soll es noch bis 1919 (Ende oder Anfang?) geben. Essen soll jedes Jahr mit der Ernte, an deren Verwertung Du mitarbeitest, wiederkommen. Es ist sehr lieb von Dir, dass DU so zärtliche Worte findest. Natürlich weiß ich, dass sie zu demselben Vater gehören, über den Du Dich im gleichen Brief beklagst. Ich hoffe, wenn Du erst Fähnrich heißest, gestaltet sich die ganze Situation erträglicher. Also halt tapfer aus.
>   Mit herzlichen Grüßen, Dein Vaterersatz Freud« (Freud am 28.04. 1918/ ebd., S. 128/129).

Was zeigt dieser kleine Brief nicht alles von dem Verständnis, das der inzwischen 60-jährige und erfahrene Freud von seiner Rolle als Analytiker hatte! Nicht nur, dass er auf die Fragen seines Patienten antwortet, er findet offene Worte für die ihm entgegengebrachten zärtlichen Gefühle. Solche Sätze findet man in den (erhaltenen) Briefen an seine Söhne eher nicht, vermutlich eben deshalb nicht, weil sie ihm bei diesen unnötig schienen. Freud nimmt die Vaterübertragung in einer Konkretheit an, wie das heute vermutlich nur wenige Analytiker gutheißen würden, zugleich weist er aber darauf hin, dass er glaubt, diese Gefühle gelten dem Vater von Fischer-Colbrie. Möglich, dass Freud an dieser Stelle irrt …

Er beendet den Brief mit einer weiteren Klärung: »Vaterersatz«.

Davon beflügelt wünscht sich Arthur offenbar, auch weiterhin mit dem vertrauteren »Du« angesprochen zu werden. Freud antwortet:

>»Lieber Arthur, Dein Humor ist ansteckend. Also werden wir die Kur auf dem Du-Fuß fortsetzen, und Du wirst Gelegenheit haben, alle Deine tollen Sprünge ungehemmt durch feierlichen Respekt in die Kur zu bringen. Es ist zwar nicht die gebräuchliche Technik, aber ich bezweifle nicht, dass ich sie mir in Deinem

Falle gestatten darf und dass sie zu Deiner Befreiung beitragen wird. Du kannst mich dann auch im Spott ebenso behandeln wie Deinen eigentlichen Patriarchen, und ich werde herzlich mitlachen« (Freud am 14.05.1918/ebd., S. 129).

Bei diesem »Du« bleibt es bis zum Ende ihres Kontaktes. Es kann kaum einen schöneren Hinweis geben, wie Freud sein Regelwerk verstanden wissen will: Gewinnbringend eingesetzt, aber auch veränderbar, wenn es der persönlichen Befreiung dient. Er konnte so handeln, weil er sich durch die Variation der Technik nicht gefährdet sah. Er konnte »mitspielen«, um seinem Patienten notwendige *Erlebnisse* zu ermöglichen. Freud fürchtete durch die Erfüllung dieses Wunsches keine abhängig machende Verwöhnung, er glaubte im Gegenteil daran, dass eine solche Erfahrung dem jungen Mann die nötige Trennung von einem Vater-Introjekt ermöglichte.

Über die etwa zweieinhalbjährige kriegsbedingte Unterbrechung hält Freud die therapeutische Beziehung zu seinem jungen Patienten mithilfe des Briefverkehrs aufrecht. Fischer-Colbrie beginnt im Januar 1919 mit dem zweiten Abschnitt seiner Analyse, die er im Juli nach 140 Stunden beendet. Danach folgt ein nur noch sporadischer Briefkontakt, in dem Arthur seinem Ersatzvater zum Geburtstag gratuliert oder ihn über seinen Werdegang auf dem Laufenden hält (ebd., S. 117). So informiert er Freud offenbar auch über das Erscheinen seines ersten Gedichtbandes im Jahr 1928, woraufhin dieser schreibt, dass er ihn sogleich bestellt habe, »um ihn zu fördern« (ebd., S. 122).

Der junge Autor ist angekommen. Es folgt eine letzte erhaltene Mitteilung Freuds aus dem Jahr 1929. Seine väterliche Aufgabe, dem jungen Studenten zu einem eigenständigen Leben zu verhelfen, scheint erfüllt.

Und: Zum Ende seines Leben pflegt Fischer-Colbrie sogar wieder die Gewohnheit des Tagebuchschreibens …

Freud ist hier nicht in eine Situation »hineingeraten«, es handelt sich nicht um ein Enactment, da ihm sein Vorgehen, die Änderung der »üblichen Technik« sehr bewusst ist. Es ist dies auch kein Vorgehen aufgrund mangelnder Erfahrung, sondern das Vorgehen eines sehr erfahrenen, reifen Mannes, Analytikers und Vaters.

Der junge Arthur Fischer-Colbrie ist auf seine Weise haltlos und wird von Freud, soweit das möglich ist, gehalten. Freud fungiert als Analytiker, Erzieher und Ratgeber. Das geschieht mit großer Schonung, allem gebotenen Respekt vor der Eigenart seines Patienten und mit der nötigen Toleranz gegenüber dessen Schwächen.

And it worked!

Aktive Technik?

Patienten mit schweren Phobien sollen dazu bewegt werden, sich den Objekten ihrer Phobien und der dann auftretenden Angst auszusetzen (vgl. Freud 1919a, S. 191).

Bei schweren Zwangserkrankungen soll der Analytiker nicht nur passiv zuwarten (vgl. ebd.).

Für den Fall, dass der Patient eine besondere internistische oder andere Therapie benötigt, sollte man diese, auch wenn man selber Arzt ist, nicht selber übernehmen, sondern der Patient sollte einen nicht analytischen Kollegen zu Rate ziehen (vgl. Freud 1913c, S. 471).

Man sollte dafür sorgen, dass weder die positive noch die negative Übertragung ein extremes Ausmaß erreichen, in dem der Patient für die Realität unzugänglich wird. (vgl. Freud 1940a, S.102).

Diese technischen Regeln Freuds gehören zu jenen, die heute eher in der Hintergrund getreten sind, d.h. sie gehören interessanterweise zu jenen »technischen Ratschlägen«, auf die man sich heute nicht einfach berufen kann, um zu vertreten, dass man seinen Patienten ermutigt, bzw. dazu »bewegt« hat, sich den Objekten seiner Angst auszusetzen. In öffentlichen Falldarstellungen ist von einer solchen »Aktivierung« des Patienten eher nichts zu hören, sodass man annehmen muss, dass diese technischen Regeln heute entweder als obsolet gelten, oder aber, dass man – sollten solche Interventionen vorkommen – vielleicht nicht öffentlich darüber spricht.

Die Entwicklung der »aktiven Technik« stammt bekanntermaßen von Ferenczi. Es sei an dieser Stelle noch einmal ausdrücklich mit dem häufig kursierenden Missverständnis aufgeräumt, der Begriff der aktiven Technik reduziere sich auf eine Aktivität der Analytikerin. Die Aktivität, die hiermit gemeint ist, bezieht sich zum größten Teil auf den Patienten!

> »Das war nun das Vorgehen [die Patienten wurden dazu gedrängt »sich aus dem sicheren Versteck ihrer Phobie herauszuwagen und sich versuchsweise der Situation auszusetzen«, D.P.], auf das ich eigentlich die Bezeichnung ›aktive Technik‹ angewendet wissen wollte, die also nicht ein tätiges Eingreifen des Arztes, als vielmehr ein solches des Patienten bedeutet, dem nunmehr außer der Einhaltung der Grundregel besondere *Aufgaben* auferlegt wurden« (Ferenczi 1921, S. 77).

Die Aktivität bezieht sich insofern durchaus auf beide Protagonisten, als die Analytikerin ihren Patienten dazu »drängen« muss. Ich komme gleich darauf zurück.

Ferenczi hat beschrieben, dass eines der hervorstechendsten Merkmale der psychoanalytischen Methode ihre *Passivität* sei (Ferenczi 1921, S.75). Der Analysand soll sich von seinen freien Assoziationen leiten *lassen,* die Analytikerin soll sich ihrer gleichschwebenden Aufmerksamkeit *hingeben.* Ratschläge, gar Verbote oder andere aktive Einflussnahmen sind nicht vorgesehen. Nun wird natürlich auch hier schnell deutlich, dass es eine vollständige Passivität nicht geben kann, denn bereits in dem Moment, in dem die Analytikerin etwas aufgreift oder deutet, nimmt sie aktiv Einfluss auf das Geschehen und den Patienten. Deshalb kann man nur wiederholen: Auch das Nicht-Reagieren, das Schweigen ist – je nach dem – eine aktive Einflussnahme und kann – je nach dem – auch so erlebt werden, also zum Beispiel als ein »absichtliches Schweigen«, als eine Art Schweige-Kommentar, wo der Analysand dringlich eine andere (sprechende) Reaktion erwartet. Das Schweigen wird dann zu einem sprechenden, d. h. aktiven Schweigen.

Auch sonst ist die Analytikerin ja beileibe nicht inaktiv, sondern es gibt eine Vielzahl unterschiedlichster Aktivitäten, die auch Freud als solche forderte: die Bewusstmachung des Verdrängten, das Überwinden der Widerstände, das Einschreiten des Arztes gegen Ersatzbefriedigungen, das »Erziehen« und noch eine weitere Aktivität wird von Freud benannt: der Analytiker habe darauf zu achten, »dass weder Verliebtheit noch Feindseligkeit eine extreme Höhe erreichen« (Freud 1940a, S. 102). Dieses kann er dadurch erwirken, dass er »frühzeitig auf diese Möglichkeiten vorbereitet wird« (ebd.) (nämlich durchaus schon zu Beginn der Behandlung) »und deren erste Anzeichen nicht unbeachtet lässt« (ebd.). Freud spricht hier nicht davon, dass positive und negative Übertragungen zwangsweise frühzeitig gedeutet werden müssen, aber dass man gewissermaßen ein Auge auf sie haben und sie eben nicht zu sehr anwachsen lassen sollte.

Freud hat früh erkannt, dass die üblicherweise passiv orientierte psychoanalytische Technik bei bestimmten Krankheiten nicht ausreichend ist (Freud 1919a, S. 191), sondern es Symptomenkomplexe gibt, die eine »ganz anders geartete Aktivität« (ebd.) erfordern. Er weist auch an dieser Stelle noch einmal auf den Ursprung der psychoanalytischen Therapie in der Behandlung der Hysterien hin; man kann sich sehr leicht einfühlen, dass eine Erkrankung, die in viel Aktivität und Affektualisierung besteht, in der Ruhe und Passivität einen guten Behandlungsort findet. Bei anderen Erkrankungen kann – so

Freud – anderes notwendig werden und er nennt als Bespiel die Phobien und Zwangserkrankungen. Bei beiden ist aus seiner Sicht passives Zuwarten nicht zuträglich, sondern der Phobiker soll »unter dem Einfluss der Analyse« (ebd., S. 191) dazu gebracht werden, sich zu trauen, während beim Zwangskranken abgewartet werden soll, bis die Kur selbst zum Zwange geworden ist, um dann »mit diesem Gegenzwang den Krankheitszwang gewaltsam [!] zu unterdrücken« (ebd., S.192).

Ferenczi hat diese Gedanken Freuds aufgenommen und in seiner Arbeit *Weiterer Ausbau der aktiven Technik in der Psychoanalyse* ausgearbeitet. Ferenczi kommt auf den von Freud häufig verwendeten Begriff der »Erziehung« zurück und stellt ehrlicherweise fest, dass es sich bei der Ich-Erziehung um einen ausgesprochen aktiven Eingriff handelt (Ferenczi 1921, S. 76), »zu dem den Arzt gerade die durch die Übertragung gesteigerte Autorität befähigt« (ebd.). Für Ferenczi ist dieses Mittel ein »Notbehelf« (ebd., S. 83), eine »pädagogische Nachhilfe der eigentlichen Analyse« (ebd.), die »nie den Anspruch erheben darf, sich an ihre Stelle setzen zu wollen« (ebd.) und deshalb nur mit großer »Sparsamkeit« Anwendung finden solle; von der »Anfänger oder Analytiker mit nicht sehr großer Erfahrung« (ebd.) überhaupt besser Abstand nehmen sollten. Die erteilten Aufträge sollten zudem »nicht von starrer Konsequenz, sondern von elastischer Nachgiebigkeit« (Ferenczi 1926, S. 185) sein, um nicht schlechterdings infantile Macht-Ohnmacht-Situationen zu reproduzieren.

Bereits in einer früheren Arbeit *Technische Schwierigkeiten einer Hysterieanalyse* war er auf die aktive Technik zu sprechen gekommen, deren Vorbild man, so Ferenczi, Freud selbst zu verdanken habe (Ferenczi 1919, S. 9). In dieser Arbeit beschreibt Ferenczi, dass er seiner Patientin das Liegen auf der Couch mit gekreuzten Beinen und damit einer »larvierten Art der Onanie« (ebd.) untersagte. Freud bemerkt zu dieser Arbeit Ferenczis: »Ihre technische Arbeit ist reines analytisches Gold, nur vom Arbeiter voll zu würdigen. An einigen Stellen hätte ich Lust verspürt, einen fortführenden oder abschließenden Satz hinzuzufügen« (Freud/Ferenczi 1996c, S. 211).[65]

---

65 In seiner Arbeit *Wege der Psychotherapie* bekennt sich Freud ganz offen zu Ferenczis Gedanken über die aktive Technik: »Die Entwicklung unserer Therapie wird also wohl andere Wege einschlagen, vor allem jenen, den kürzlich Ferenczi in seiner Arbeit über ›Technische Schwierigkeiten der Hysterieanalyse als ›Aktivität‹ des Analytikers bezeichnet hat‹« (Freud 1919a, S.186). Unter »Aktivität« des Analytikers will Freud zum einen das Bewusstmachen des Verdrängten und das Aufdecken der Widerstände verstanden wissen, zum anderen, im Ferenczi'schen Sinne den Patienten »in jene psychische Situation zu versetzen, welche für die erwünschte Erledigung des Konflikts die günstigste ist« (ebd., S.187).

Später sollte Freud sich von Ferenczis Experimenten wieder distanzieren. Was die Arbeiten und die Diskussionen dieses Thema unter anderem so interessant macht, ist ihre Lage an der Schnittstelle zwischen Theorie und Praxis und der zwischen Ideal und Wirklichkeit.

Freud zeigt hier einmal mehr, dass er durchaus (auch im Alter von über 50 Jahren!) zu einer psychischen Elastizität in der Lage war, d. h. sich mit möglichen notwendigen Variationen seiner psychoanalytischen »Standardtechnik« auseinandersetzte. Die psychoanalytische Behandlung ist an sich eine Form der Aktivität, die ihre performative Kraft aus der Übertragung erhält (vgl. Pflichthofer 2008).

Denn es stellt sich dieselbe Frage, die wir schon zuvor unter dem Stichwort der »Erziehbarkeit« erörtert hatten: Warum sollte sich ein Patient bewogen fühlen, sich nunmehr seinen schrecklichen Ängsten zu stellen, angstmachende Situationen aufzusuchen oder gar einen Zwang zu unterdrücken? Die Antwort ist auch hier dieselbe, vielleicht in ihrer Wahrheit zu einfach klingend: Er tut es aufgrund der Übertragungsbeziehung zu seiner Analytikerin, ihr zuliebe, oder er fühlt sich herausgefordert, ihr etwas zu beweisen, oder er erhofft sich Anerkennung etc. Ferenczi gibt sich große Mühe, diese Form der psychoanalytischen Suggestion von »nichtpsychoanalytischen« Suggestionen zu unterscheiden. Letztere würden sich zwar der Übertragung bedienen, aber darauf achten, dass die Patienten den Annahmen des Analytikers nicht einfach »blind« folgen, sondern eine »auf Erinnerung und *aktuelles Erleben* [kursiv durch D. P.] (›Wiederholung‹) gestützte eigene Überzeugung« (Ferenczi 1921, S. 76) gewinnen.

Auf der erstgenannten Form der Suggestion beruht dagegen ein Gutteil der analytischen (Heil-)Kraft. Sie kann zum Motor für Veränderung und Entwicklung werden, aber auch zur tiefen Qual. Der Analysand kann eigentlich nicht anders – wenn er denn Analysand sein will – als eine Übertragung zu entwickeln, und das bedeutet auch, die Analytikerin mit bestimmten (Übertragungs-) Mächten auszustatten. Diese Mächte machen uns zu aktiven Analytikern, selbst dann, wenn wir glauben, passiv zu sein. Die Qual kann darin bestehen, diese Macht und die damit verbundene Aktivität, die im Erleben des Analysanden besteht, nicht anzuerkennen. Wenn dieser eine zurückgehaltene Äußerung, eine nicht geäußerte Anteilnahme, eine nicht geäußerte Sorge etc. als schwere Frustration, Kränkung oder ein schier unerträgliches Allein- oder Im-Stichgelassen-Werden erlebt, dann kann man nicht erwarten, es auf einmal mit einer erwachsenen oder gar unabhängigen Psyche zu tun zu haben, sondern müsste doch wenigstens anerkennen, dass man dem Analysanden an dieser

Stelle psychischen Schmerz zumutet und dem Kind in ihm diesen Schmerz auch *zufügt*, es sei denn, man entscheidet sich zu einem anderen, vielleicht weniger schmerzhaften Vorgehen.

Und damit gelangen wir zu einer weiteren schwer fassbaren Regel: dem ...

Taktgefühl – Risiken und Nebenwirkungen einer Psychoanalyse

Der Analytiker soll keine frühen tiefen Deutungen vornehmen. Dieses doch zu tun, zeugt von erheblicher Selbstgefälligkeit und Unbesonnenheit (vgl. Freud 1913c, S. 474).

Der Analytiker soll sich vor Augenblicksdiagnosen und Schnellbehandlungen hüten (vgl. ebd.).

Die technischen Vorschriften sollen den nur schwer fassbaren »ärztlichen Takt« ersetzen (vgl. Freud 1910b, S. 124).

Die erstgenannte Regel gehört nicht uneingeschränkt zum Kanon noch heute angewandter Regeln Freuds. Vielmehr herrscht dabei eine offensichtliche Divergenz zwischen unterschiedlichen psychoanalytischen Schulen (die sich aber alle auf Freud berufen, um ihre Sicht tragfähiger zu machen).

Bei der zweiten, der Verwerfung von Augenblicksdiagnosen und Schnellbehandlungen, dürfte hingegen wieder ziemliche Einigkeit bestehen.

Zwar wünscht sich Freud offenbar, seine technischen Regeln sollten das Fehlen des »Taktes« wettmachen können, aber er weiß nur zu gut, dass dem nicht so ist. Die psychoanalytische Technik ist wie die meisten anderen Techniken auch, »nicht aus Büchern zu lernen« (Freud 1910b, S. 124). Taktgefühl ist für Freud »eine besondere Begabung« (ebd.), aber dennoch erlernbar. Taktgefühl wird zum Beispiel benötigt, wenn man einem Menschen eine vielleicht schwer zu ertragende Wahrheit glaubt mitteilen zu müssen. Aber allein mit dem »glauben, es mitteilen zu müssen«, beginnt die Angelegenheit schon problematisch zu werden. Wie viel »Wahrheit« ist zuträglich? (Wir müssen an dieser Stelle die philosophische Diskussion um den Begriff Wahrheit außen vor lassen und uns darauf einigen, dass wir unter »Wahrheit« hier das verstehen wollen, was die jeweilige Analytikerin, der jeweilige Analytiker von den inneren unbewussten und bewussten Vorgängen verstanden zu haben glaubt.)

Wie viel Unzuträglichkeit von Wahrheit, die einen selbst betrifft, ist sinnvoll? Es ist eine bekannte Tatsache, dass man Menschen mit allzu schroffen

Wahrheiten, über sie selbst, vor den Kopf stoßen kann, und zwar so sehr, dass sie dieser Wahrheit für lange Zeit nicht mehr zugänglich sind. Wie schonend oder gar grausam Deutungen gegeben werden, ist eine Sache des von Freud genannten Taktgefühls.

Es mag ja sein, dass wir eine Abwehrstruktur eines Patienten gut durchschaut haben und es für notwendig, d.h. entwicklungsfördernd erachten, wenn der Patient diese auf Dauer aufgeben könnte. Dabei darf man aber nicht vergessen, dass uns unsere besondere Stellung eine besondere Macht gibt. Das heißt, wenn die vielbeschworene libidinöse Übertragung Platz gegriffen hat, dann wirken unsere Worte mit besonderer Kraft. Dann kann es geschehen, dass wir einem Patienten eben die Abwehr »deuten«, die ihn bis hierhin getragen und psychisch zusammengehalten hat. Unsere Deutung wäre dann eben kein neutrales Angebot, sondern etwas auf Veränderung Gerichtetes. Der Patient kann dann kaum anders, als anzunehmen, diese seine Struktur sei in unseren Augen, sagen wir es so zurückhaltend wie möglich, nichts Gutes.

Hat ein Mensch zum Beispiel das Gefühl, sich durch permanente altruistische Abtretungen seine Existenzberechtigung überhaupt erarbeiten zu müssen, dann kann es sein, dass dieses alles ist, was er hat, was er »an sich« für wertvoll oder »gut« hält. Wenn wir durch zu frühe und zu mächtige Deutungen das für ihn entwerten, bevor etwas anderes, zum Beispiel das Gefühl einer selbstverständlichen Existenzberechtigung, die er sich nicht erarbeiten muss, gewachsen ist, können unsere Deutungen schädlich sein.

Hier stoßen wir erneut auf einen Widerspruch, der sich in Freuds Denken, aber vielleicht auch noch heute in uns wiederfinden lässt: die Möglichkeit, dass Psychoanalyse nutzen kann und soll, aber auch Schaden anrichten kann! Offiziell hören wir dazu von Freud Folgendes:

> »[…] wenn Sie nur billig urteilen wollen, diesem Verfahren dasselbe kritische Wohlwollen entgegenbringen, das Sie für unsere anderen therapeutischen Methoden bereit haben, so werden Sie meiner Meinung zustimmen müssen, daß bei einer mit Verständnis geleiteten analytischen Kur ein Schaden für den Kranken nicht zu befürchten ist« (Freud 1905a, S. 22).

Aus Freuds Sicht ist also »eine mit Verständnis geleitete analytische Kur« die Voraussetzung dafür, dass sie keinen Schaden anrichtet. Zu diesem »Verständnis« zählt das sogenannte »Taktgefühl«. Allerdings bedeutet die Einschränkung auch, dass eine psychoanalytische Therapie auch Schaden anrichten kann, so denn das Verständnis fehlte. Wie sollte das auch anders sein? Denn es gibt kaum ein therapeutisches Mittel, das nicht – bei falscher Anwendung – das Potential hätte, Schaden anzurichten. Manche therapeutischen Mittel, man denke etwa an Chemotherapeutika, aber auch viele andere, richten sogar bei ordnungsgemäßer Anwendung Schaden an, in Form der sogenannten Nebenwirkungen. Man nimmt diese Nebenwirkungen in Kauf, um die akute schwerwiegende Krankheit zu bekämpfen.

Wie sollte es also sein, dass die Psychoanalyse als ein therapeutisches Verfahren für schwerste psychische Erkrankungen, also mit dem Potential, tief in die psychische Struktur eines Menschen einzugreifen, nicht auch das Potential hätte, einem Menschen psychisch zu schaden?

Entsprechend sei Freud, so Kardiner,

> »immer wütend geworden, wenn ich zu ihm sagte, mit der Psychoanalyse könne man keinen Schaden anrichten. Er sagte dann: ›Wenn Sie das sagen, sagen Sie auch, daß man damit nichts Gutes tun kann. Denn wenn Sie keinen Schaden anrichten können, wie können Sie dann Gutes tun?‹« (Kadiner 1979, S. 82)

Wenn man auf die Psyche eines Menschen Einfluss nehmen kann, dann wohl im Guten wie im Schlechten. Dies berührt die selten diskutierte Frage, ob eine Psychoanalyse einen Menschen auch re-traumatisieren kann, wenn man als eine Langzeitwirkung eines erlebten Traumas eine gewisse chronische Vulnerabilität annimmt. Die psychoanalytische Technik beruht unter anderem darauf, dass die Geschichte des Patienten eine gewisse Wiederholung innerhalb der psychoanalytischen Beziehung und unter anderen Bedingungen erfährt. Der Erfolg einer Therapie hängt unter anderem davon ab, ob so viel Wiederholung stattfindet, wie nötig ist, um das Erleben des Patienten zu bestimmen, und ob diese Wiederholung an ihrer entscheidenden Stelle aufgelöst und eine neue Lösung gefunden wird. Mir scheint es zu einfach und zu einseitig, wenn man sämtliche negative Wirkungen einer Psychoanalyse dem Patienten, seiner zu großen destruktiven Kraft oder anderen in ihm liegenden Kräften zuschreibt.

Hingegen erscheint es mir notwendig, dass wir uns der Kraft des therapeutischen Mittels, das wir mal mehr, mal weniger in Händen halten, und unserer entsprechenden Verantwortung bewusst sind und bleiben. Das psychoanalytische Verfahren hat – wie jedes andere potente Therapeutikum – Nebenwirkungen und es gilt darauf zu achten, dass diese nicht zu schwerwiegend werden. In der somatischen Medizin spricht man von der *Compliance*, denn es ist bekannt, dass Patienten dazu tendieren, Medikamente, die stark unangenehme Nebenwirkungen hervorrufen, »vergessen« einzunehmen.

Wie nur wenige andere Prozesse hat die Psychoanalyse das Potential, über einen langen Zeitraum auf die Psyche und damit auf das Wohlbefinden eines Menschen einzuwirken. Es kann nicht ausbleiben, dass innerhalb dieses Prozesses auch sehr Schmerzhaftes durchlitten wird. Allerdings halte ich es für notwendig, solche »Nebenwirkungen« immer wieder auch auf ihre angebliche Unvermeidbarkeit hin zu überprüfen, darauf zu achten, ob es sich nicht auch um »iatrogene« Nebenwirkungen handeln könnte, die eine Veränderung in der Haltung oder gar im Verhalten der Analytikerin notwendig machen würden.

Ich komme nun zu den letzten Regeln für die Analytikerin, die ich hier nur kurz aufführen möchte, da sie zu den wenigen gehören, die bis heute so ziemlich unumstritten Geltung haben: Es ist dieses die besondere Form des Zuhörens in der Psychoanalyse und die Notwendigkeit der eigenen Lehranalyse.

Gleichschwebende Aufmerksamkeit

Der Analytiker soll sich nicht darauf konzentrieren, sich etwas Bestimmtes merken zu wollen, sondern allem mit »gleichschwebender Aufmerksamkeit« zuhören (vgl. Freud 1912e, S. 377).

»Man höre zu und kümmere sich nicht darum, ob man sich etwas merke« (ebd., S. 378).

Es ist nicht empfehlenswert, sich während der Sitzungen schriftliche Aufzeichnungen in größerem Umfange zu machen oder gar Protokolle zu verfassen (vgl. ebd., S. 378/379).

Kurzer Exkurs: Stundenprotokolle

An dieser Stelle möchte ich nur kurz auf ein weiteres Phänomen der neueren Entwicklungen im psychoanalytischen Geschehen eingehen. Stundenprotokolle gelten heute als das A und O fast jeder psychoanalytischen Falldarstellung, sei es im Rahmen einer Fallkonferenz oder in den technisch-kasuistischen Seminaren der Ausbildungskandidaten oder sei es bei den Prüfungen zum Erwerb des Lehranalytiker-Status'. Freud hat sich sehr dezidiert dazu geäußert, was er von der Mitschrift in den Stunden hält, da dieses Verhalten die geforderte »gleichschwebende Aufmerksamkeit« exkludiere. Aber er hat sich auch zu dem Wert von Stundenprotokollen, auch nachträglich erstellten, an sich geäußert, eine Stellungnahme, die ebenfalls zu jenen gehört, die im Laufe der Zeit »unter den Tisch gefallen« sind, also heute – obwohl zu den technischen Regeln Freuds gehörend – kaum mehr Berücksichtigung finden. Freud äußert sich zu dem Nutzen von genauen Protokollen folgendermaßen:

> »Aber man muß doch im Auge behalten, daß genaue Protokolle in einer analytischen Krankengeschichte weniger leisten, als man von ihnen erwarten sollte. Sie gehören, streng genommen, jener Scheinexaktheit an, für welche uns die ›moderne‹ Psychiatrie manche auffällige Beispiele zur Verfügung stellt. Sie sind in der Regel ermüdend für den Leser und bringen es doch nicht dazu, ihm die Anwesenheit bei der Analyse zu ersetzen« (Freud 1912e, S. 379).

Das sind sehr klare Worte. Interessant ist in diesem Zusammenhang die Wahl des Wortes »Scheinexaktheit«.

Meinem Eindruck nach hat sich in der heutigen Zeit eine gewisse Idealisierung dessen, was Stundenprotokolle hergeben können, eingestellt. Tatsächlich kann man manchmal beobachten, dass solche Stundenprotokolle in fast exegetischer Manier behandelt werden, als sei das, was da schwarz auf weiß steht, auch genau so gesprochen worden. Und das obwohl eigentlich alle Beteiligten wissen dürften, dass dem nicht so ist. Aber es hat den Anschein, als habe das Protokoll durch die Tatsache der Verschriftlichung einen hohen Realitätscharakter. In der Tat handelt es sich dabei um eine Scheinexaktheit, denn es bleibt nicht aus, dass solche Protokolle sowohl bewusst als auch unbewusst »gestaltet« werden.

Dennoch werden Stundenprotokolle heute bisweilen so behandelt, als könne man aus einem davon bereits die Qualität der gesamten Behandlung ersehen. Es ist bisweilen üblich geworden, Fallvorstellungen so zu konzipieren, dass von der Vortragenden eine 15-minütige Einleitung, welche die gesamte Biografie und Behandlungsdynamik bis zu diesem Zeitpunkt enthalten soll, erwartet wird und die restliche Zeit Stundenprotokolle vorgestellt und ausgewertet werden.

Auch hieran lässt sich gut ersehen, wie das Aufstellen von Regeln (hier die Regel: höchsten 15 Minuten Biografie und Behandlungsdynamik) ganz bestimmte Theorien enthält. Die hohe Bewertung solcher Stundenprotokolle kann so weit gehen, dass »eine schlechte Stunde«, was immer in den Augen der einzelnen eine schlechte Stunde sein mag, schwerer zu wiegen scheint als ein bisheriger guter Behandlungsverlauf. Natürlich stellt sich auch hier sofort die Frage, was denn als ein »guter« Behandlungsverlauf angesehen werde. Es schließt sich also ein Kreis, der in Kapitel I begonnen und in Kapitel II fortgeführt wurde:

Was ein guter Behandlungsverlauf ist, beruht zunächst einmal auf Konventionen, d.h. die Beteiligten müssen sich darauf einigen (und das eben müssten sie, bevor man sich einer Fallvorstellung und Stundenprotokollen zuwendet), was für sie zu einem guten Behandlungsverlauf zählt: Ist es eine gute Behandlung, wenn sich das Befinden eines Patienten subjektiv bessert, wenn also der Patient deutlich macht, es gar ausspricht, dass er das Gefühl hat, nun mehr Möglichkeiten zu haben als vor der Analyse, dass Symptome sich gebessert haben oder gar verschwunden sind, dass er sich zufriedener fühlt? Das kann man – wenn es eintritt – wohl erst bei fortgeschrittenen Behandlungen erwarten. Wie allgemein bekannt, kann es bis dahin lange, manchmal schrecklich lange Phasen geben, in denen es dem Patienten subjektiv sehr schlecht geht und er darüber klagt. Nur, die Frage ist: Wenn denn der Fall eingetreten ist, dass es dem Patienten besser geht, handelt es sich dann um eine gute Behandlung? Man könnte meinen, das sei selbstverständlich. Aber das ist es nicht. Viele Kolleginnen und Kollegen erleben, dass sie beim Vorstellen eines Behandlungsverlaufes, den sie und der Patient für einen guten gehalten haben, anhand ihrer Stundenprotokolle »eines Besseren« belehrt werden sollen. Hier prallen ganz offensichtlich unterschiedliche Auffassungen von den Zielen des psychoanalytischen Sprachspiels aufeinander. Wer nicht der Vorstellung anhängt, dass die psychoanalytische Therapie heilen solle, wem es vielleicht mehr um die Wahrheit geht (deren Inhalt auch noch zu definieren wäre), der wird sich womöglich der Bewertung »gut« nicht anschließen mögen.

Kürzlich sagte mit eine Kollegin, dass es »der größte Fehler sei«, eine Behandlung vorzustellen und deutlich zu machen, dass man mit dem Verlauf zufrieden sei.

Umgekehrt stellt sich dieselbe Frage: Ist eine Behandlung, in der überhaupt keine Besserung für den Patienten fühlbar ist, eine gute Behandlung? Wie sieht es aus, wenn die Analytikerin sehr wohl das Gefühl hat, es habe sich etwas verändert, aber der Patient das so nicht sehen kann, aus den unterschiedlichsten Gründen? Oder wie ist es, wenn der Patient das Gefühl hat, es habe sich so viel gebessert, die Analytikerin das aber gar nicht sieht? Es gibt auf diese Fragen keine allgemeingültigen Antworten, sondern die Antworten beruhen auf bestimmten Anschauungen und eben Lebensformen, Konventionen.

Es ist dies erneut eine Stelle, an der es nicht um ein Entweder-Oder geht. Weder ist es ratsam auf Stundenprotokolle ganz zu verzichten, weil sie bereits im Prozess des Verfassens für die Behandlerin eine Bedeutung bekommen und manches, das vielleicht vorher nicht so deutlich war, klarer zu werden vermag, und weil sie natürlich viel Potential haben und eine sehr gute Gesprächsgrundlage bilden. Aber genauso wenig ist es ratsam, Stundenprotokolle wie eine tiefe alleinige Wahrheit der psychoanalytischen Beziehung zu behandeln.

Freud kommt zu dem Schluss:

> »Wir haben überhaupt die Erfahrung gemacht, daß der Leser, wenn er dem Analytiker glauben will, ihm auch Kredit für das bißchen Bearbeitung einräumt, das er an dem Material vorgenommen hat; wenn er den Analytiker aber nicht ernst nehmen will, so setzt er sich auch über getreue Behandlungsprotokolle hinweg« (Freud 1912e, S. 379/380).

Hier erklärt sich noch einmal auf andere Weise, was Freud mit »Scheinexaktheit« meint: Auch wenn es so aussehen kann, als bezöge man sich objektiv auf ein »Drittes«, hier also ein Stundenprotokoll[66], kann dieses Dritte in subtiler Form benutzt werden, um dort das vorzufinden, was man vorher schon gesucht hat. Was Freud hier anspricht, ist die Einstellung mit der wir einander zuhören, ob wir bereit, willens und fähig sind, einander Kredit zu geben. Wir haben sehr hohe Ansprüche an uns, an unser Integrationsvermögen, unser selbstreflexives Vermögen und unser Containment unangenehmer Affekte, aber wir sind natürlich auch »nur« Menschen. Menschen mit Ängsten, Lüsten, Anlehnungs- und Rivalisierungsbedürfnissen. Es ist darum nicht allzu verwunderlich, dass solche Dinge im Umgang miteinander aufkommen. Aber wir tragen auch eine große Verantwortung. Für unsere Patienten und durchaus auch für einander, wenn wir uns gegenseitig unsere Arbeit anvertrauen.

---

66 Dieses »objektive« Dritte kann auch eine Videoaufzeichnung sein. Es ist schon bemerkenswert, wie Psychoanalytiker es doch einerseits gewohnt sind, allem Bedeutung beizumessen, andererseits einen ganz anderen Standpunkt vertreten können. Ein Patient kann nicht einen unverschuldeten Unfall auf dem Weg zur Analyse haben, ohne dass es passieren könnte, dass eine Analytikerin vielleicht seine unbewussten Motive für einen solchen Unfall ergründen würde. Aber bei der Videoaufzeichnung wird gerne gesagt, dass »sich alle dran gewöhnen« könnten, und dass diese dann nicht mehr störend sei. Es mag sein, dass man sich daran gewöhnt, und es mag auch sein, dass man sich bewusst nicht mehr davon gestört fühlt, aber es hat natürlich dennoch eine Bedeutung, auch verschiedenste unbewusste. Auch eine Videoaufzeichnung ist nicht ein »objektives Drittes«.

Lehranalyse

> Es genügt nicht, ein annähernd normaler Mensch zu sein, sondern, um selber Analysen durchführen zu können, bedarf es einer Art »psychoanalytischer Purifizierung«, um genügend Kenntnisse von den eigenen Komplexen zu haben (vgl. Freud 1912e, S. 382).

> Daher soll sich jeder, der andere analysieren will zuvor selber einer eigenen Analyse unterziehen (vgl. ebd., S. 382).

Über die Lehranalyse ist bereits viel geschrieben worden, es gibt auch viel dazu zu sagen. Sie ist nach wie vor zu Recht als eine unverzichtbare Essenz psychoanalytischer Tätigkeit anerkannt.

Die Fragen, die sich in Bezug auf die Lehranalyse ergeben, werden in diesem Buch an zwei Stellen behandelt, insoweit sie für mein hier im Zentrum stehendes Thema psychoanalytischer Spielregeln relevant erscheinen, nämlich bei der Frage, ob es für Lehranalysen und therapeutische Analysen unterschiedliche Regeln gibt und falls ja, worin sie bestehen und vor allem – warum?

Diesen Fragen versuche ich, in dem Exkurs zur Lehranalyse wie auch im folgenden Abschnitt zum postanalytischen Prozess, nachzugehen.

Wie schon eingangs erwähnt, erheben die hier aufgezählten und diskutierten Regeln keinen Anspruch auf Vollständigkeit. Ich habe versucht, einige der bekanntesten und einige andere zu behandeln sowie deren höchst unterschiedliche Rezeptionsschicksale.

Es gibt wohl kaum ein anderes Beispiel in der Wissenschaftsgeschichte, in dem sich eine ganze wissenschaftliche Disziplin einem einzigen Gründungsvater verdankt, auf den sich noch 120 Jahre später fast jeder Angehörige dieser Wissenschaft bezieht, und sei es negativ. Aber auch im Anti-Freudianer steckt der Freudianer, auch er kommt offensichtlich nicht um diesen Mann, diesen Gründungsvater herum. Es kann eigentlich kaum ausbleiben, dass diese Tatsache auch noch in der Gegenwart bedeutend ist, und zwar ambivalent. Denn einerseits vermag so ein »Ur-Vater« Sicherheit zu geben. Wenn man nicht so recht weiß, wo anfangen, dann *kann* man bei Freud anfangen. Zu jedem psychoanalytischen Problem lässt sich auch die eine oder andere Bemerkung bei Freud finden. Sodann aber stellt sich im Anschluss die Frage: *Kann* man dort anfangen, oder *muss* man nicht eigentlich? Kann man heute einen Text über Übertragung, Gegenübertragung, Abstinenz oder irgendein anderes analytisches Thema verfassen, ohne nicht wenigstens ein bisschen auf Freud einzugehen? Freud und seine Arbeiten sind der vielerorts gesuchte und viel beschworene *common ground*. Er fungiert nicht allzu selten immer noch als Gesetzgeber, letzte Instanz. Aufseiten von Freud sein, heißt implizit auch, »richtig« zu liegen, deshalb ist es immer gut, ihn im Gepäck zu haben. Das ist nicht von ungefähr so, sondern gehört zu unserer psychoanalytischen Erbschaft. Auch Freud hatte verschiedene Seiten. So liberal und aufklärerisch die eine, so rigide konnte eine andere sein, vor allem, was sein »Lieblingskind«, die Psychoanalyse anging. So schreibt er uns gewissermaßen ins Stammbuch, wenn er gleich zu Beginn seiner Arbeit *Zur Geschichte der Psychoanalyse* zu Papier bringt:

> »Wenn ich im Nachstehenden Beiträge zur Geschichte der psychoanalytischen Bewegung bringe, so wird sich über deren subjektiven Charakter und über die Rolle, die meiner Person darin zufällt, niemand verwundern dürfen. Denn die Psychoanalyse ist meine Schöpfung, ich war durch zehn Jahre der einzige, der sich mit ihr beschäftigte […]. Ich finde mich berechtigt, den Standpunkt zu vertreten, daß auch heute noch, wo ich längst nicht mehr der einzige Psychoanalytiker bin, keiner besser als ich wissen kann, was Psychoanalyse ist, wodurch sie sich von anderen Weisen, das Seelenleben zu erforschen, unterscheidet, und was mit ihrem Namen belegt werden soll oder besser anders zu benennen ist« (Freud 1914d, S. 44).

Auch für Freud war es – wie für andere Eltern auch – nicht einfach, sein »Kind« in die Welt hinauszulassen, zu groß die Sorge, was man ihm antun würde. So entstand in ihm der Wunsch, auch über seinen Tod hinaus, noch ein bisschen Kontrolle zu haben, indem »die Sache« in seinem Sinne weitergeführt werden sollte. Dieses war der Anlass für die Gründung des »Geheimen Komitees«. Als Jones Freud den Plan vorschlug, eine »alte Garde« (Jones 1962, S. 186) um ihn herum zu bilden, reagierte Freud mehr als angetan:

> »Was meine Phantasie sofort in Beschlag nahm, war Ihre Idee eines geheimen Konzils, das sich aus den besten und zuverlässigsten unserer Leute zusammensetzen sollte, deren Aufgabe es sei, für die Weiterentwicklung der Psychoanalyse zu sorgen und die Sache gegen Persönlichkeiten und Zwischenfälle zu verteidigen, wenn ich nicht mehr da bin. […] Ich möchte sagen, es würde mir Leben und Sterben leichter machen, wenn ich wüsste, daß eine solche Gemeinschaft zum Schutz meiner Schöpfung existiert« (ebd., S. 187).

Was für ein Auftrag an die Nachkommen! Wäre es denn gar so verwunderlich, wenn dieser Auftrag nicht auch auf uns eine gewisse Wirkung ausübte? Dass dieser Auftrag womöglich von Generation zu Generation weitergegeben wird?

Würden wir von einem Patienten oder einer Patientin auf der Couch hören, wie sehr sie vom Vater verpflichtet worden ist, die Firma in dessen Sinne weiterzuführen, dass es gar eine kleine geheime Gruppe ihm loyal Gesinnter gäbe, die auch nach seinem Tod darüber zu wachen hätten, wir würden wohl keinen Augenblick lang in Zweifel ziehen, dass dieser Patient, diese Patientin es nicht eben leicht haben dürfte, die notwendigen Trennungsaufgaben zu bewältigen.

Freud war ein sehr kluger und reflektierter Mensch. Manche sagen, er sei genial gewesen. In jedem Falle war er auch menschlich, hatte seine Wünsche und Phantasien (und genoss es auch, in Größenphantasien zu schwelgen). Es ist nicht immer leicht für Eltern, die Autonomie- und Selbstständigkeitsschritte ihrer Kinder wirklich zu begrüßen. So sehr sie vielleicht auch wissen mögen, dass es notwendig ist, so kann es doch auch schmerzhaft sein.

Freud hat uns vieles an die Hand gegeben. Es ist an uns, etwas daraus zu machen, und das geschieht auch, vielerorts und auf vielfältige Weise. Es ist auch an uns, unsere Übertragungseinstellungen ihm, dem Gründungsvater, gegenüber in den Blick zu bekommen, sie zu bearbeiten, sie gegebenenfalls so gut als möglich zu lösen. Es ist auch an uns, einen Weg zu finden, mit einem solchen Über-Vater-Introjekt zu leben (wir hatten nun mal einen solchen), seine verschiedenen Seiten in uns zu bewahren und zu integrieren, und es ist an uns, den Mut zu haben, uns immer wieder unseres eigenen Verstandes zu bedienen.

Und sei es, dass man bei der nächsten Kuss-Szene im Kino an ihn denkt und sitzen bleibt!

V. Das Ende der Analyse und die postanalytische Beziehung

>»Doch staune, mein Kind, nicht länger
Ob meiner Göttlichkeit,
Und, ich bitte dich, koche mir Tee mit Rum,
Denn draußen wars kalt,
Und bei solcher Nachtluft
Frieren auch wir, wir ewigen Götter,
Und kriegen wir leicht den göttlichsten Schnupfen,
Und einen unsterblichen Husten.«
(Heinrich Heine, *Nordsee – Die Nacht am Strande*)

Das Ende – Oder: Von einem, der auszog das Leben zu lernen

Das Ende einer Psychoanalyse ist nicht gleichbedeutend mit dem Tod! Weder stirbt (im Normalfall) die Analytikerin, noch der Patient, noch die Analyse!

So möchte ich das einmal formulieren, weil es, wenn man die Literatur zu diesem Thema liest, einem bisweilen so vorkommen kann, dass das Ende einer Psychoanalyse entfernt mit einer Vorbereitung auf das Sterben gleichgesetzt wird.[67] *Wenn* man darüber überhaupt etwas lesen kann! Sowohl über den konkreten Verlauf einer, sagen wir, letzten Woche in einer Analyse als auch über die konkrete Ausgestaltung der postanalytischen Beziehung ist in der psychoanalytischen Literatur wenig zu lesen, so, als sei nach der Analyse alles zu Ende.

Entsprechend wird auch solches Vokabular benutzt: Ferenczi meinte, die Analyse »soll sozusagen an Erschöpfung sterben« (Ferenczi 1928b, S. 235), Freud sprach davon, dass er mit »Aussterbern« (Freud 1996c, S. 192) arbeite,

---

67 So setzt zum Beispiel die Kinder- und Jugendlichenpsychotherapeutin Annegret Wittenberger das Ende der Analyse mit dem Tod der Analytikerin gleich: »Es ist vom Sterben der Analyse (Ferenczi 1927) die Rede, vom Sterben des Kindes (Hüttl u. Felicetti 1999), aber eigentlich stirbt doch der Analytiker. [...] Mir scheint, wir neigen dazu, das Sterben des Analytikers auszublenden und schnell darauf hinzuweisen, daß das Ende der Analyse immer auch ein Neubeginn ist [...]. Wir betonen: Das Ende ist der Anfang vom Leben ohne Analyse. Dennoch: Wir schreiben über den Tod, unseren Tod« (Wittenberger 2002, S. 27/28). Zum einen sehe ich eine Gefahr darin, wenn eine gewisse Vermischung der Verwendung von Begriffen als Metapher und ihrer konkreten Bedeutung stattfindet. Der Tod wird von Wittenberger hier offenbar als Metapher benutzt, aber selbst dann ist aus meiner Sicht die Trennung nicht mit einem Tod gleichzusetzen. Man müsste mehr darüber ins Gespräch kommen, was hier unter Tod verstanden wird, was – in diesem Beispiel – aus Sicht der Autorin stirbt.

wenn er von jenen Patienten sprach, die sich in der Beendigungsphase der Analyse befanden.

Manchmal geschieht es tatsächlich, dass eine Analyse durch den Tod der Analytikerin beendet wird, manchmal auch durch den Tod des Analysanden. Das sind besonders furchtbare und tragische Ereignisse! Aber sie sind – Gott sei Dank – nicht der Normalfall. Wenn für einen Analysanden das Ende der Psychoanalyse innerlich noch die Bedeutung von Tod und Sterben hat, dann wäre es aus meiner Sicht verfrüht, die Analyse zu beenden.

Es liegt auf der Hand, dass an der Stelle, an der es um die Beendigung geht, wieder die Ziele auftauchen, die die jeweiligen Psychoanalytiker und ihre Patienten mit dem Prozess verbinden.

Einig sind sich alle darin, dass es am Ende einer Psychoanalyse um einen Trennungsprozess geht. Aber wovon muss man sich trennen? Und, um schon an dieser Stelle einen anderen Aspekt zu beleuchten: Wovon *darf* man sich trennen?

Wäre es möglich, dass uns das Ende einer Psychoanalyse und die sich darum entwickelnde Atmosphäre im Laufe der Zeit zu einem zunehmend düsteren Abschnitt geraten ist? Vielleicht so sehr, dass wir das Befreiende, das Lustvolle daran kaum noch wahrzunehmen vermögen? Dass statt des lachenden und des weinenden Auges, das Balint bei der Verabschiedung sehen wollte, das überwiegend weinende Auge übrig geblieben ist?

Ich möchte nicht missverstanden werden: Es geht mir nicht darum, den Trauerprozess, den Trennungsschmerz, den möglichen Verlust zu leugnen. Ganz und gar nicht. Aber es geht mir durchaus darum, das lachende Auge auch wieder in den Blick zu nehmen. Es ist ein bisschen wie bei einer Mutter, die große Trennungsangst hat. Es ist kein großes psychologisches Geheimnis, dass sich diese Angst der Mutter alsbald in ihrem Kind wiederfinden kann, das dann auf einmal – ganz unverständlich für die Außenstehenden – nicht im Kindergarten bleiben kann oder auch bei anderen Gelegenheiten sofort »Heimweh« bekommt. Wäre es nicht denkbar, dass auch wir, so wir den Trennungsprozess als eine große Schmerzveranstaltung verinnerlicht haben, geradewegs Trennungsangst bei unseren Analysanden auslösen?

Mit den Beendigungsprozessen verhält es sich wie mit dem gesamten analytischen Prozess: Wie schwer, wie schmerz- und verzweiflungsvoll, wie kräftezehrend und ängstigend er ist, richtet sich *in erster Linie* nach den Lebenserfahrungen des Analysanden, *in zweiter Linie aber auch* nach dem Vorgehen, den Interventionen und den inneren und äußeren Möglichkeiten der Analytikerin.

Ein Mensch, der ein sehr frühes Trennungstrauma erlitten hat und in dessen Leben, wie Bergmann schreibt, die Analytikerin womöglich der erste verständnisvolle Mensch war, wird es damit viel schwerer haben, als ein nicht derart betroffener Mensch. Aber würde dann nicht vielleicht auch ein anderer Umgang mit der Beendigung dazugehören?

Auch aufseiten der Analytiker wird das Ende der Analyse bisweilen mit dem Tod gleichgesetzt und es muss die Frage erlaubt sein, ob nicht möglicherweise auch eine Idealisierung unsererseits, die Idealisierung von Trauerprozessen, von Trennung und Schmerz zu iatrogenen Trennungsängsten führen könnte. Bereits in den vorangegangenen Kapiteln habe ich auf die in unserer abendländischen und christlichen Kultur verankerte Idealisierung von Schmerz und Leiden hingewiesen, die immer wieder Gefahr läuft, den Schmerz nicht als notwendiges Übel, sondern als Zweck an sich zu betrachten. Der erlebte und gefühlte Schmerz ist in dieser Sicht ein »an sich« Gutes, dient als eine Art Läuterung, der – durchlebt und ertragen – am Ende einen besseren psychischen Zustand verspricht. So fasst auch Thomas Auchter diese uns sehr verinnerlichte Haltung (die eine Lebensform geworden sein kann) in der Überschrift »Trauer muß sein« (Auchter 2002, S. 106) zusammen. Die Ähnlichkeit zu der bekannten Formel »Strafe muss sein« ist vermutlich nicht zufällig und wohl durchaus bewusst gewählt. Auch diese Formel wird angewandt, um auszudrücken, dass etwas Unangenehmes als dennoch ganz und gar unumgänglich angesehen wird. Zugleich kann sich, wer so spricht, von dieser Unumgänglichkeit distanzieren. Es heißt eben nicht: »Ich will dich strafen«, sondern apersonal »es muss sein«. Dieses »es«, was da sein muss, folgt einem tieferen Sinn. Es muss sein, weil es etwas Gutes zur Folge haben wird, auch, wenn der Betreffende zum aktuellen Zeitpunkt noch nicht in der Lage ist, dieses zu erkennen. Gleiches wird der Trauer zugeschrieben. Das Wort »Trauerarbeit« ist heute in aller Munde. Man weiß, dass Trauerprozesse nötig sind, nicht, um die Trennung zu erleichtern, sondern um sie überhaupt zu bewerkstelligen. Das Bewusstsein für die Notwendigkeit von Trauerprozessen hat den Umgang mit vielerlei Schicksalsschlägen verändert. Man denke etwa daran, dass Eltern, die ein Kind bei der Geburt verlieren, Zeit und Raum zur Verfügung gestellt wird, der Kontakt mit dem toten Kind wird ermöglicht, um sich von diesem zu trennen. Früher bekamen Eltern ihr Kind in einem solchen Falle unter Umständen nicht mehr zu Gesicht. Man denke an die sogenannten »Abschiednahmen«, in deren Rahmen Angehörigen der Opfer von Gewaltverbrechen oder Unfällen Gelegenheit gegeben wird, den Toten noch zu sehen. Man denke an die inzwischen zahlreichen Trauergruppen und vieles mehr. Das Wort »Trauerarbeit« enthält aber auch ein gewisses Ungleichgewicht in Bezug

auf das Verhältnis von Passivität zu Aktivität. Das Wort an sich hat eine performative Wirkung, indem es dazu aufruft, etwas *zu tun*. Arbeit geht man an,
man stellt sich ihr und erledigt sie. Sie ist ein aktiver Vorgang. Dieser findet in
der Trauerarbeit auch statt. *Zugleich* aber eignet der Trauer ein zutiefst passives
Element, denn Trauer wird *erlitten*. Jeder Trauer liegt ein Getroffen-Sein von
einem Verlust zugrunde. Man ist von jemandem oder etwas verlassen *worden*.
Selbst dann, wenn man selber geht, kann man diesen Vorgang als Verlassenwer-
den erleben, jedenfalls dann, wenn mit dem Weggehen ein Verlust verbunden
ist. Man geht, weil man gehen muss, würde aber gerne das, was man verlassen
muss, mitnehmen, es kommt aber nicht mit, sondern bleibt zurück.

Die Trauer liegt in jenem paradoxen Zwischenreich, in dem man sich aktiv
auf etwas Passives einlässt.

Für denjenigen, der die Tür hinter sich zumacht, tief Luft holt und eine
sofortige Erleichterung spürt: »Das habe ich hinter mir«, liegen die Verhältnisse etwas anders, selbst wenn sich auch in einem solchen Fall nachträglich
ein Vermissen einstellt. Man denke etwa an die idealisierenden *retrospektiven*
Beschreibungen der ach so schönen Bundeswehrzeit.

Daher würde ich der Formel »Trauer muss sein« jene von »Trauer bleibt uns
nicht erspart« vorziehen. Sie ist doch immer noch ein notwendiges Übel, etwas,
das man sich nicht von sich aus wünschen würde. Jeder Mensch wird im Laufe
seines Lebens mit Verlusten konfrontiert, sehr schmerzhaften und weniger
schmerzhaften. *Weil* das so ist, weil wir unvermeidbar Verluste erleiden müssen,
deshalb brauchen wir Mittel und Wege mit ihnen umzugehen. Es mag nur eine
winzige Nuance sein, welche die beiden Blickweisen unterscheidet. Es ist jedoch
ein Unterschied, ob man der Sicht anhängt, dass Verlust und Schmerz dem Leben inhärente Tatsachen und also unvermeidbar, aber *an sich* nichts Positives
sind, oder ob man Verlust und Schmerz an sich für entwicklungsfördernd hält,
sie vielleicht letztlich als Vorbereitung auf die letzte große Lebensausgabe, das
eigene Sterben, versteht. Das Leben als solches wird dann als eine Abfolge von
Trennungen verstanden, in deren Bewältigung man sich üben muss.

So schreibt auch Auchter: »Die Trennung ist aber geradezu ein Charakteristikum jeder Psychotherapie und damit ein Abbild des Lebens überhaupt«
(Auchter 2002, S. 106).

Dies erinnert uns unversehens an das Aspektsehen: Man sieht eine Figur
(man denke an Wittgensteins »Hasen-Entenkopf«, der aussieht wie ein Hase
und eben auch wie eine Ente) und eine zweite zugleich, je nachdem, wie man
guckt.

Es ist natürlich nicht *nur* die Trennung ein »Charakteristikum jeder Psychotherapie«, sondern *auch* die Bindung. Auch das Leben besteht nicht nur aus Trennungen, sondern auch aus Bindungen. Das Wort »Trennung« hat ebenfalls verschiedene Aspekte. Viele Menschen, besonders Patienten hören dieses Wort sehr häufig in der alleinigen Bedeutung von »Verlust«. Hierbei handelt es sich um ein verhängnisvolles Missverständnis, allein auf der sprachlichen Ebene, denn Trennung bedeutet sehr häufig auch einen begrüßenswerten *Zugewinn* an Autonomie, Individualität. Das Baby wird mit dem Durch*trennen* der Nabelschnur physiologisch von der Mutter getrennt, es wird ein selbstständiger Organismus. Doch verliert es dadurch seine Mutter natürlich nicht. Der Wunsch nach Autonomie wird vielleicht bisweilen unterschätzt, wenn immer wieder die Rede davon ist, wir Menschen seien von der unbewussten Phantasie beseelt, in den Mutterleib zurückkehren zu wollen. Die analytische Situation könne dann als Symbolisierung des Mutterleibes verstanden werden (Chasseguet-Smirgel 1988). Es spricht doch in der Tat vieles dafür, dass das analytische Setting auf einer prozeduralen Ebene eine Mutter-Kind-Einheit symbolisiert: weich zu liegen, nur den Klang der Stimme zu hören, keine anderen starken Außenreize, eine feste Rhythmik etc. Hier könnte man sich natürlich sofort die Frage stellen, warum je ein Analysand diesen Ort wieder verlassen sollte, wenn denn unser *gesamtes* unbewusstes Streben diesem verlorenen und nun wiedergefundenen Ort der weitgehenden Reizlosigkeit und totalen Bedürfnisbefriedigung gilt. Man würde doch einen solchen Ort – würde die Annahme gelten – nur unter Zwang und Protest verlassen und ein zweites Geburtstrauma (Rank) erleiden. Die Antwort ist bereits in dem Wort »Reizlosigkeit« enthalten: Ein Leben ohne Reize ist eben – auf Sicht und für sich allein genommen – reizlos. So sehr wir auf jene Momente immer wieder – auch als Erwachsene – angewiesen sind, so sehr suchen wir auch die Entwicklung, den Reiz. Balint hat dies unter den Begriffen der Philobatie und Oknophilie (Balint 1994) zusammengefasst. Sie bilden eine Einheit, sind zwei Seiten einer Medaille.

Entsprechend werden auch unsere Analysanden den analytischen Ort als einen der Erholung, der Hingabe, der Versorgung erleben (wenn sie dazu in der Lage sind, d. h. wenn sie genügend Vertrauen entwickelt haben), aber genauso werden sie auch den Wunsch nach »Reizen«, nach der Weite, dem Neuen und, ja, der Trennung spüren, den Wunsch nach einer Hegel'schen Trennung im dialektischen Sinne, in der das Alte im Neuen aufbewahrt werden kann.

Wenn wir diesen Wunsch nicht auch berücksichtigen, dann können wir – theoretisch wie praktisch – gewissermaßen eine *iatrogene Trennungsangst* implantieren. Indem wir unser Augenmerk *nur* auf den Verlust richten, übersehen wir den Gewinn, den die Trennung von uns und dem Setting mit sich bringen kann. Eltern müssen ihrem Kind die Welt draußen nur in hinreichend düsteren Farben schildern, um in ihm die Angst und das Misstrauen gegenüber der »Welt draußen« wachsen zu lassen und die Neugier und die Eroberungswünsche auf ein Minimum einzuschrumpfen. Ideologien, besonders totalitäre, bedienen sich häufig solcher Mechanismen.

Nicht nur die depressiven Eltern binden die Kinder an sich, auch die ängstlichen, schwachen und narzisstischen Eltern (»Du wirst es nirgendwo so gut haben wie bei uns!« Nicht, dass solche Sätze immer ausgesprochen werden, aber sie können gelebt werden). Auch die umgekehrte Variante gibt es: Die Eltern lassen ihre Kinder – aus welchen Gründen auch immer – emotional hungrig. Auch diese Kinder können nur schwer gehen, weil sie doch hoffen und nicht den Zeitpunkt verpassen wollen, an dem Erfüllung doch noch in Aussicht steht.

Wie bei hinreichend guten Eltern sollten unsere Analysanden, so ist meine Sicht, genügend Erfüllung erfahren, Erfüllung in Bezug auf erfüllbare und durchaus notwendig zu befriedigende Bedürfnisse wie: Wohlwollen, Raum für die psychische Entwicklung, Wertschätzung, Schutz, Fürsorge und dergleichen mehr. Außerdem sollten sie, wie es bei Freud heißt, »unerfüllte Wünsche reichlich übrigbehalten« (Freud 1919a, S. 246). Das ist keine spezifisch analytische Anweisung, sondern eine für Entwicklungsförderung überhaupt und ohnehin unvermeidbar.

Indem wir zu ausschließlich auf den Verlust schauen, könnten wir die analytische Welt mit einer paradiesischen Mutterschoß- und Vaterschutz-Welt einseitig vergleichen.

Und ist es nicht, nebenbei gesagt, ein kleines logisches Kunststück, das wir da fertig bringen, wenn wir, da wir so oft von Entzug, Entbehrung und dergleichen reden, am Ende so konzentriert auf den zu erwartenden Verlust schauen? Oder anders gesagt: Ist nicht die Tatsache, dass wir davon ausgehen, das Ende der Psychoanalyse bedeute für den Analysanden (von der Analytikerin war diesbezüglich noch gar nicht die Rede) einen Verlust, der logische Beweis dafür, dass es zuvor eine *Erfüllung* gegeben haben muss?

Wir stoßen sogleich in das Zentrum des analytischen Prozesses und der je eigenen Sichtweise seines Wirkens, seiner Ziele, seiner Möglichkeiten sowie der Möglichkeiten und Ziele von Leben überhaupt. Das Leben, die Zeit, schreitet voran, durchaus auch gegen unseren Willen. Das einzige, was wir tun können, ist die Zeit, die wir haben zu nutzen, d. h. nach hinreichend vielen Erfüllungen zu suchen, etwas in uns aufzunehmen, solange es da ist, durchaus verbunden mit der Hoffnung satt zu werden, nicht (lebens)müde, sondern lebenssatt.

Auch die letzte große Lebensaufgabe, das Sterben wird sich vermutlich – so unsagbar es ist – anders darstellen, vielleicht auch anders ertragen lassen, wenn man in jenem Sinne satt geworden ist.

Die Aura von Schmerz, Tod, Sterben, Verlust, Trauer, welche manchmal das Analysenende umgibt, »die große Trennung am Analysenende« (Auchter 2002, S. 98) mag vielleicht dazu beitragen, dass vom eigentlichen konkreten Ende einer Analyse wenig zu lesen ist. Ein Beispiel: Es gibt ein Buch über »psychoanalytische Erstinterviews« (Eckstaedt), in dem die ersten tastenden Annährungsversuche beschrieben werden, zu einem Zeitpunkt, da die Analyse noch kaum angefangen hat, beide alles vor sich haben, sich alles noch im Wachstumsstadium befindet, begleitet von leisen oder stärkeren Hoffnungen. Soweit mir bekannt ist, gibt es aber (bisher) kein vergleichbares Buch über »Letzte Stunden« in Analysen.

Wie wird ein solches Ende, das Ende des psychoanalytischen Sprachspiels *konkret* begangen?

Haben Psychoanalytiker womöglich auch Rituale, Abschiedsrituale, die an dieser Stelle zum Einsatz kommen? *Dürfen* sie solche Rituale einsetzen? (Von der internen Beantwortung der letzten Frage, wird es mit abhängen, inwieweit wir von solchen Ritualen etwas zu hören bekommen.)

Haben wir überhaupt ein Konzept bezüglich des Beendigungsprozesses? Haben wir ein valides Konzept? Woran könnten wir erkennen, dass die Beendigungsphase gut gelingt, gut gelungen ist? Welche Kriterien haben wir dafür?

Normalerweise, so haben wir auch im Verlaufe dieses Buches sehen können, greifen wir bei solchen Fragen auf den Ur-Vater zurück, nun in Gestalt der Werkausgabe, und suchen bei den technischen Schriften. Für den Psychoanalytiker Martin S. Bergmann fiel diese Suche offenbar wenig befriedigend aus. Er nennt die Beendigung der Analyse die »Achilles-Ferse« der psychoanalytischen Behandlungstechnik (Bergmann 1998, S. 309) und schreibt:

> »Nachträglich betrachtet, hätten wir eigentlich überraschter sein müssen, als wir waren, daß Freuds behandlungstechnische Schriften keine Arbeit über die Beendigung der Analyse enthielten. Hätten wir Freud weniger idealisiert, wäre uns früher klargeworden, daß der psychoanalytischen Technik ein wie auch immer gearteter ›Königsweg‹ zur Beendigung fehlt« (Bergmann 1998, S. 309).

Bergmann sieht Freuds Schrift *Die endliche und die unendliche Analyse* weniger als einen Beitrag zur Behandlungstechnik, denn als eine Erwiderung auf Ferenczis Vorwurf, Freud habe seine negative Übertragung nicht genügend bearbeitet, und als philosophische Aussage zu seiner Überzeugung vom To-

destrieb und anderen Kräften, die sich der Analyse in den Weg stellen (ebd,
S. 310). Bergmann kommt zu dem Schluss, dass es »weder über das ›Wann‹
noch das ›Wie‹ eine Übereinstimmung gibt« (ebd., S. 312). Es werde viel darüber diskutiert, was die Analyse erreichen solle, und weniger darüber, was
sie tatsächlich erreicht (ebd.). Bei dem »Wann« befinden wir uns auch wieder
bei der Frage der Ziele einer Psychoanalyse, denn nur anhand vorher her-
ausgearbeiteter Ziele lässt sich klären, was davon erreicht wurde, und mithin
bestimmen, wann der geeignete Zeitpunkt für die Beendigung da ist (Wir
erinnern uns: Es geht dabei sowohl um die Ziele der Analytikerin, wenn sie
welche hat, und um die des Patienten). Auch deshalb sind Katamnesestudien,
wie sie von Leuzinger-Bohleber und ihren Kolleginnen und Kollegen durchgeführt worden sind, von sehr erheblichem Wert (Leuzinger-Bohleber 2002).
Natürlich ist die Langzeitwirkung des gesamten Prozesses von großer Bedeutung, aber im Besonderen auch die Wirkung, welche das Ende der Analyse, die Art der Beendigung, auf den Analysanden hat. Denn wenn wir dieses
nicht einer (wie auch immer gearteten) Überprüfung unterziehen, laufen wir
Gefahr, unsere je eigenen Konzepte vom Beendigungsprozess nicht zu vali-
dieren. *Wir stellen uns dann vor*, dass dieses und jenes, schmerzhaft wie es
auch sein mag, am Ende einen positiven Effekt haben wird. Wir stellen uns
zum Beispiel vor, dass eine radikale Trennung, d. h. nach dem Ende keinerlei
Kontakt mehr zu dem Analysanden, einen positiven Effekt haben wird, weil
diese Trennung dem Analysanden einen regulären Trauerprozess ermöglicht,
der am Ende, ist dieser Prozess ausgestanden, eine positive Entwicklung mit
sich bringt. Aber, um im »Jargon« zu bleiben, es handelt sich dabei, streng
genommen, um eine *Phantasie* unsererseits. So schreibt Stone sehr richtig:

> »Die Reaktion eines Individuums nach Verlassen des Hauses seiner Mutter
> *können* wir analysieren; seine Reaktionen auf den Verlust seiner Analyse und
> seines Analytikers nach dem Verlassen der Analyse können wir nicht analysie-
> ren« (Stone 1973, S. 99).

In diesem Schlusskapitel des Buches möchte ich mich weniger mit dem
»Wann« beschäftigen, sondern mit den offenen Fragen des »Wie«. Zum
Wann ist, wie gesagt, einiges zu lesen und nicht selten ist die Diskussion
nach dem Wann eher allgemein gehalten. Von dem Wie aber, ist nicht viel
zu hören. Man könnte sich auf den Standpunkt stellen und sagen: »Na wie
schon? Deutend eben. Wie immer!«
    Und doch gibt es beim Beenden der Analyse einige Besonderheiten. Eine
davon ist, dass der Analysand sich von jemandem trennen soll, den er (in der

Regel) schätzt, wenn nicht gar auf seine Weise liebt. Und dies, obwohl die Analytikerin doch nicht stirbt, auch nicht wegzieht oder sterbenskrank ist. So schreibt auch Bergmann:

> »Die Psychoanalyse ist die einzige bedeutsame menschliche Beziehung, die zu einem abrupten Ende kommt. Im realen Leben gibt es drei Arten, wie Beziehungen aufhören: durch geographische Trennung, durch die Umwandlung einer freundschaftlichen oder Liebesbeziehung in eine feindselige oder durch den Tod. Vom Analysanden wird erwartet, daß er eine Trennung von jemandem zustande bringt, den er liebt und dem er dankbar ist. Alle Lebenserfahrung läuft dem zuwider. Natürlich trennt sich das Kind von seinen Eltern, aber diese Trennung vollzieht sich nach und nach und ist nie eine vollständige. Die Psychoanalyse fordert Internalisierung, die in keiner anderen menschlichen Beziehung vonnöten ist« (Bergmann 1998, S. 315).

Diese Passage wirft zum einen sofort die Frage auf, warum die Analyse eine solche Form der Internalisierung *fordert* (und ich glaube, »fordern« ist an dieser Stelle das deutlich passendere Verb als »fördern«) und zum anderen macht diese kurze Passage deutlich, wie wichtig es ist, sich über das jeweilige Verständnis der angewandten Begriffe zu verständigen.

Soweit ich das sehe, spricht Bergmann von der Beendigung der *äußeren* Beziehung, dem konkreten Treffen zweier Menschen, ohne diese explizit zu erwähnen, denn natürlich endet die Beziehung zu einem Menschen nicht durch die geografische Trennung, auch nicht durch Hass. Im ersten Fall bleibt eine zweiseitige innere Beziehung erhalten, im zweiten Fall hat sich die Beziehung verändert, bleibt aber, selbst wenn die Beteiligten nicht mehr miteinander reden sollten, als innere Beziehung erhalten. Sogar im Falle des Todes eines der Beteiligten bleibt eine Beziehung erhalten, nun aber als einseitige. Nur der Lebende kann mit dem Toten, der in seinem Inneren als bedeutsames Objekt weiterlebt, noch in Beziehung treten.

»Liebeszauber«

Wird eine Analyse, man könnte sagen, »klassisch« beendet, also derart, dass es danach keinerlei weiteren Kontakt mehr gibt, liegt eine sehr spezifische Trennung vor.

Denn der Analysand muss doch geradezu die Frage haben: »Aber warum? Warum darf ich Sie nach der Analyse nicht wiedersehen?« Man kann dann die Frage deuten, also ihr eine Bedeutung zumessen, vielleicht den in der Frage liegenden Schmerz und die Angst vor der Trennung ansprechen, aber all das ist natürlich keine Antwort auf die Frage. Aber ich halte diese Frage durchaus für bedeutsam. *Warum* wird, wie Bergmann schreibt, in der Psychoanalyse in Bezug auf die Trennung eine Form der Internalisierung gefordert, *wenn* sie doch in keiner anderen menschlichen Beziehung vonnöten ist?

Diese Frage kann sich bei bestimmten Patienten geradezu dramatisch zuspitzen, nämlich für jene Menschen, die in der Analytikerin das erste Mal in ihrem Leben auf einen Menschen gestoßen sind, der ihnen und vor allem dem Kind in ihnen zuhört, sich ihnen zuwendet, wohlwollend, fürsorglich und verlässlich ist.

> »Es gibt Analysanden, für die die Übertragungsliebe trotz des Fehlens körperlicher Intimität die beste Liebesbeziehung ist, die sie je erlebt haben, und zwar wegen der Möglichkeiten, die sie in der Phantasie und der Idealisierung eröffnet« (Bergmann 1998, S. 316).

Damit bewegen wir uns auf eine zentrale Stelle in der Frage des Beendens von Analysen zu. Man kann zunächst einmal ganz grob in zwei sehr unterschiedliche Arten von Trennungsschwierigkeiten unterteilen: in das ödipale Trennungsproblem, das in der Bewältigung der Aufgabe besteht, das inzestuöse Liebesobjekt aufzugeben, und in das prä-ödipale Trennungsproblem, von dem häufig jene Menschen betroffen sind, die zu frühe, zu schmerzhafte oder anderweitig traumatische Trennungen haben durchleben müssen.

Mir scheint, dass wir es als Analytiker mit der Begleitung bei dieser Aufgabe der ersten Art leichter haben, weil sie, gewissermaßen »physiologisch«, zu einer jeden guten Entwicklung gehört. Die Schwierigkeiten der zweiten Sorte sind von ganz anderer Natur. Denn warum sollte ein Mensch, da er nun endlich ein Liebesobjekt gefunden hat, nachdem er auf ein solches nicht mehr zu hoffen gewagt hatte, nun, da er es zwar nicht ganz, aber doch wenigstens etwas haben kann, auf dieses wieder verzichten? Oder anders gefragt: Welcher Gewinn ist, neben dem großen Verlust, im Falle einer Trennung für den Patienten zu erwarten? Man kann natürlich sagen: »Nun, wenn es sich so verhält, dann muss die Analytikerin die Analyse irgendwann terminieren und es bleibt auch diesem Patienten nicht erspart, in einen tiefen Trauerprozess einzutreten. Dass etwas zu Ende geht, gehört zu den ›facts of life‹ und mit diesen wird der Patient leben lernen müssen. Die Analytikerin wird ihn, so gut sie kann, ein Stück auf diesem Weg begleiten, aber sie kann ihm die Trauer nicht abnehmen.«

Das ist zwar alles auch richtig, aber in einem solchen Falle steht der Analysand, wie Bergmann konstatiert, »unter dem Druck, sich in eine neue Analyse zu begeben« (Bergmann 1998, S. 316). Dort werde dann neue Hoffnung geweckt und ein neuer Anfang gemacht, der dann zu einem besseren Ende führe – oder auch nicht (ebd.).

Das eigentliche Problem ist damit noch nicht gelöst: *Wie* findet solch ein Patient aus einer Analyse heraus, *wie* schafft er es, sich von seiner Analytikerin zu trennen, die für ihn zum bisher besten seiner Liebesobjekte geworden ist? An dieser Stelle holt uns ein, dass, wie Bergmann ebenfalls scharfsichtig bemerkt, die Vorbedingungen zum Beenden einer Analyse ganz andere sind, als jene für die Indikation (ebd., S. 318).

Erfahrungsgemäß muss die Lösung einer für den Patienten nicht zu bewältigenden Aufgabe *in der Analytikerin* beginnen. Dies geschieht zum Beispiel, indem sie etwas von ihrem Patienten versteht, dies geschieht, indem sie versucht, einen Blick aus der dritten Position auf die Beziehung zwischen ihr und ihrem Analysanden zu bekommen. Dies geschieht mittels ihrer Fähigkeit zur Selbstreflexion, die es ermöglicht, auch alte Schemata immer wieder zu hinterfragen. Oder anders formuliert: Bei jedem Problem, das in einer psychoanalytischen Behandlung auftritt, ist es nötig, sich zu fragen, was wir *in* der analytischen Position unter Umständen zu seiner Entstehung und Entfaltung beitragen und was wir andererseits möglicherweise beitragen können, es zu lösen.

Lassen Sie es uns in Bezug auf das Wie der Beendigung versuchen.

Die eigentliche Trennungsaufgabe setzt sich für jeden Patienten aus zwei Teilen zusammen:

Der erste besteht darin, *das idealisierte Objekt aufzugeben*. Oder wie Focke schreibt: »Eine Beendigung ist erreicht, wenn sich beide mit Beschränkungen und Begrenzungen beschäftigen können. […] Dieser Vorgang ist immer mit einem Trauerprozess verknüpft […]« (Focke 2002, S. 87). Dieser Teil ist aber nur die eine Hälfte!

Hinzukommen muss *die Aneignung der bisher entwerteten* Selbstanteile! Wir wissen aus Theorie und Praxis: Wo die Idealisierung ist, ist die Entwertung nicht weit. Das Bedürfnis nach Idealisierung entsteht ja gerade oft aus dem Gefühl, selber klein, unzulänglich und hilflos zu sein. Die Leuchtkraft der Lichtgestalt soll dann das eigene dunkle Selbst mit erhellen.

Zum Aufgeben der Spaltung gehört das Aufgeben der Idealisierung *und* der Entwertung. Bergmann beschreibt in dem obigen Zitat eine ganz heikle Stelle, die sich mit den gewissermaßen *iatrogenen* Trennungsproblemen beschäftigt. Die Übertragungsbeziehung kann gerade zu der besten Liebesbeziehung im Leben des Patienten werden, *weil* sie überwiegend in der Phantasie stattfindet, *weil* sie größtenteils außerhalb der Alltagsrealität existiert und *weil* die Psychoanalytikerin sich mit ihren Bedürfnissen und Wünschen zurückhält. Anders gesagt: Die psychoanalytische Technik beruht ja gerade darauf, sich als überwiegend bedürfnisloses, verständnisvolles, allenfalls deutendes und relativ unbekanntes (und damit auch geheimnisvolles) Wesen darzustellen. Diese Technik führt dazu, dass wir uns geradezu als Objekte der Idealisierung und Entwertung anbieten. Wir tragen also mit unserer Technik dazu bei, dass wir zu einem idealisierten Objekt werden, und wir haben gute Gründe dafür. Denn trotz des Beigeschmacks, den das Wort »Idealisierung« hat, handelt es sich dabei doch um einen für die Entwicklung notwendigen Vorgang, ebenso notwendig, wie diesen wieder aufzugeben.

Wenn man ein Objekt idealisiert, befindet man sich im Zustand der Verzauberung. Mithin führt das Beenden einer Analyse über den Weg der *Entzauberung*, die Entzauberung der Analytikerin, die Entzauberung des Selbst und die Entzauberung der Welt.

»In die Ecke Besen, Besen! Seids gewesen …«

Joel Whitebook weist darauf hin, dass die Psychoanalyse in einem viel größeren Ausmaß an Magie partizipiere als Freud und viele seiner Anhänger wahrhaben wollten (Whitebook 2009, S. 206). Dieses widerspricht natürlich auf den ersten Blick dem Gedanken der Aufklärung auf das Heftigste. Und doch! So schrieb Freud:

> »Der Laie wird es wohl schwer begreiflich finden, daß krankhafte Störungen des Leibes und der Seele durch ›bloße‹ Worte des Arztes beseitigt werden sollen. Er wird meinen, man mute ihm zu, an Zauberei zu glauben. Er hat damit nicht unrecht; die Worte unserer täglichen Reden sind nichts anderes als abgeblaßter Zauber« (Freud 1890a, S. 289).

Der wesentliche Zauber der Psychoanalyse besteht jedoch nicht aus »bloßen Worten«, sondern der Hauptzauber ist der *Zauber der Übertragung*. Ein wahrlich wirkungsvoller und tiefsitzender Zauber. So fasst Whitebook für uns schonungslos zusammen:

> »Indem die Analyse die äußere gesellschaftliche Realität soweit wie möglich ausklammert und den Patienten mit einem unbestimmten Übertragungsobjekt und einer unbestimmten Übertragungssituation konfrontiert, fördert sie den Versuch des Patienten, dieses Objekt und diese Situation mit Hilfe weitgehend unbe-

wusster Gedanken zu rekonstruieren. Das heißt, viele der wesentlichen Aspekte des analytischen Settings sind darauf angelegt, Magie hervorzurufen; auch das Sprechzimmer des Analytikers kann nicht als strikt neutrale Umgebung angesehen werden, als die sie so oft ausgegeben wird« (Whitebook 2009, S. 210).

Diese »wesentlichen Aspekte« betreffen die Konstanz, Rhythmik, die Asymmetrie der Beziehung, die Abstinenz und auch die Isolation des analytischen Paares vom Alltagsleben. Neben den Settingaspekten hängt aber diese Magie durchaus auch von den persönlichen Haltungen der Analytiker, der *Aura,* mit der sie sich umgeben, ab. Daneben ist es auch nicht überraschend, wenn die »gläubige« oder auch »ängstliche Erwartung«, mit welcher der Patient auf die Analytikerin trifft, ihre Wirkungen auf diese auch nicht verfehlt. Sie kann sich dadurch beengt fühlen (und deshalb Idealisierungen aufseiten des Patienten früh, zu früh, zurückweisen, aus Angst vor der zu erwartenden Entwertung) oder sie kann sich in der Rolle der geheimnisumwitterten, undurchschaubaren, aber wissenden Expertin gefallen. Nicht, dass man so eine Rolle nicht mal ein Weilchen ausprobieren und genießen dürfte (das gehört zum Annehmen der Übertragungsrolle), aber natürlich gilt auch für diese Stelle, sie zu reflektieren und sich auch davon wieder zu distanzieren.[68]

»Die Crux ist folgende: Analytiker müssen Übertragungsmagie aufbieten, um therapeutische Wirkungen zu erzielen, ja sogar, um einen analytischen Prozess überhaupt zu ermöglichen. Aber gleichzeitig müssen sie auch gewissenhaft den zahlreichen Versuchungen widerstehen, sich der Magie zu überlassen oder sie zu manipulieren – zum Beispiel durch Verführung, Charisma oder vorgetäuschte Allwissenheit« (Whitebook 2009, S. 218).

Wohl alle Psychoanalytiker werden dem zustimmen, dass man die Macht, mit der man durch Setting und Übertragungseinstellungen des Analysanden ausgestattet wird, nicht missbrauchen darf – soweit eben unser bewusstes psychisches Leben reicht. Aber was ist mit unseren unbewussten Omnipotenz- und Allmachtsphantasien, was mit unserem unbewussten Machtstreben, unserem unbewussten Narzissmus? Alles in der Lehranalyse »weganalysiert«? Wohl

---

68 Whitebook verweist in diesem Zusammenhang auf ein Interview, das Robert Coles mit Erik Erikson geführt habe und in dem Erikson geäußert habe, dass wir »die Opfer unseres Erfolges« seien, dessentwegen »sich alle mit allem an uns wenden« würden. Aus Sicht Eriksons würde die Leichtgläubigkeit der Hilfesuchenden zu einer »unziemlichen Arroganz mehr als verführen« (zit. n. Whitebook 2009, S. 218).

kaum. Aber wir sollten bereit sein, uns diesbezüglich immer wieder zu hinterfragen.

Genau genommen unterscheidet sich die oben von Whitebook beschriebene Aufgabe nicht sehr von jener, die auch hinreichend gute Eltern zu bewältigen haben. Es ist nicht leicht, für keine der beiden Seiten, wenn das Kind erst einmal spürt, dass die Eltern doch nicht allmächtig sind. Zuerst spüren die Kinder das in Bezug auf die äußere Welt: Die Mutter kann nicht machen, dass es schneit; der Vater kann nicht machen, dass man sich nicht verletzt; die Eltern können nicht verhindern, dass man Schmerzen erleidet. Dies ist die eher leichtere Seite, schwerer ist die Aufgabe, die ansteht, wenn das Kind zu merken beginnt, *dass die Eltern auch in Bezug auf ihre innere Welt nicht allmächtig sind.* Das Kind nimmt langsam wahr, dass die Eltern sogenannte »menschliche Schwächen« aufweisen, dass auch bei ihnen – in unseren Worten ausgedrückt, Ich-Ideal und Real-Ich voneinander abweichen können. Die Mutter ist vielleicht doch ein bisschen ängstlicher, als man bisher gedacht hatte, der Vater doch ziemlich kränkbar, was man bisher nicht so mitbekommen hatte, und dergleichen mehr. Das Kind beginnt also seine Eltern mit realistischerem Blick zu sehen. Den Eltern kommt dabei eine wahrhaft schwere Aufgabe zu: Sie sollen diesen in der Tat meistens dramatischen Prozess der Ent-Idealisierung und Ent-Täuschung aufseiten des Kindes begleiten, *ohne* dessen Wahrnehmung, so sie richtig ist, zu leugnen, und das gerade auf den Feldern, auf denen man sich naturgemäß nicht so gerne konfrontiert sieht, mit den eigenen Unzulänglichkeiten, oder einfach »nur« dem eigenen Unbewussten (»Soll ich dir mal was sagen: Du redest schon genau so wie Oma ...« oder »Du bist wohl neidisch auf mich, dass ich so gut Fußball spielen kann«).

Genauso wichtig, wie es für ein Kind und seine Entwicklung ist, seine Eltern eine lange Zeit ungestört idealisieren zu dürfen, genauso wichtig ist es, bei der Ent-Idealisierung unterstützt zu werden, denn nur die Ent-Idealisierung führt in die wahrhaftige Autonomie. Erst der realistischere Blick auf die ehemals »Großen« lässt eigene Fähigkeiten in einem realistischen Bild erscheinen. Man entdeckt dann womöglich, dass man einiges besser machen kann als die Eltern, genauso, wie es Dinge gibt, die man von ihnen übernommen hat. Dennoch: Es schmerzt sehr, denn es handelt sich um die erste und anhaltende Entzauberung der Welt! Mit dieser ersten großen Entzauberung gewinnen und verlieren wir zugleich: Wir verlieren die Gewissheit, dass es irgendwo auf der Welt Objekte gibt, die uns aus allem heraushelfen, die alles »wieder gutmachen« können, die »perfekt« sind und alles können; damit müssen wir auch die Hoffnung aufgeben, selbst einmal perfekt zu werden. Aber wir gewinnen eben auch: einen Größenzuwachs, weil wir spüren, wir sind nicht mehr so viel »kleiner«, so viel »hilfloser«, so viel »weniger« als »die Großen«. Wenn diese gut leben, ohne perfekt zu sein, dann könnte uns das doch vielleicht auch gelingen. Oder kurz gesagt: Wenn die doch auch nicht zaubern können, dann können wir es grad auch mal allein versuchen.

Die Analytikerin beschwört nun Kraft ihres Amtes, mittels ihrer performativen Kraft, den »alten Zauber« wieder herauf:

> »Das Sprechzimmer ist ein einzigartiger Raum, wo die konventionelle Rationalität des Tages mit der Logik der Nacht zusammentrifft und wo eine gewisse Art langsamen Zaubers – Übertragungszaubers – in zumutbaren Dosen praktiziert wird. Zu wenig davon und die Analyse kommt nicht in Gang, zu viel und sie bricht zusammen« (Whitebook 2009, S. 210/211).

Bekanntlich kann der Lehrling den Zauber allein nicht lösen: »In die Ecke/ Besen, Besen!/Seids gewesen,/denn als Geister/ruft euch nur zu seinem Zwecke/erst hervor der alte Meister!« (Goethe, *Der Zauberlehrling*)

Mithin muss die Analytikerin den Zauber erkennen und muss dem Patienten bei der Auflösung helfen, d. h. sie muss einen ähnlichen Weg, wie oben für die Eltern beschrieben, einschlagen und die Verarbeitung ihrer Ent-Idealisierung unterstützen. Sie muss selber bereit sein, ihre eigene Entzauberung zu ertragen. Weil es den bekannten Widerstand gegen das Bewusstwerden einer Übertragung geben kann, wie auch den gegen deren Auflösung – man sehe zum Beispiel auf einige Aspekte unserer Beziehung zu Freud – sollte also die Frage erlaubt sein, ob die Trennungsschwierigkeiten unserer Patienten nicht unter anderem auch mit einem Widerstand in uns zu tun haben, einen Widerstand gegen die Auflösung des Übertragungszaubers:

Vielleicht hatte Freud Ähnliches im Sinn, als er an Fließ schrieb:

> »E. hat endlich mit einer Abendeinladung in meinem Hause seine Laufbahn als Patient abgeschlossen. […] Ich fang an zu verstehen, daß die scheinbare Endlosigkeit der Kur etwas Gesetzmäßiges ist und an der Übertragung hängt« (Freud 1986, S. 448/449).

Laplanche unterbreitet einen – nicht ganz ernst, sondern eher polemisch gemeinten – Vorschlag zur Beendigung von Analysen:

> »Man geht zu zwei Sitzungen über, man geht zu einer Sitzung über; warum nicht zu einer halben oder einer viertel Sitzung? Man geht vom Liegen zum Sitzen über, warum nicht, als Karikatur, eine Couch mit einer Handkurbel, die den Patienten immer mehr dazu bringen würde, sich zu setzen?« (Laplanche 1996, S. 181)

Aus der Sicht Laplanches »gibt es aber keine Auflösung der Übertragung als solcher, es gibt eine Lösung oder Auflösung der gefüllten Übertragung in die hohlförmige Übertragung« (ebd., S. 195). Mit »hohlförmiger Übertragung« meint Laplanche das Unterbringen des Rätsels der eigenen ursprünglichen Situation (ebd., S. 194). Dieses Rätsel stelle sich immer wieder neu, nur in anderer Form, und so winkten dem Analysanden überall, auch außerhalb der Analyse andere »Übertragungs«möglichkeiten. Entsprechend braucht es zum Heraustreten aus der Analyse eines vorteilhaften Fensters, wenn »draußen in der Welt« andere Übertragungsmöglichkeiten winken.

Das hieße, es würde ein Zauber durch einen anderen ersetzt? Nun, in gewisser Weise ist das wohl so, aber auch wieder nicht so ganz.

Natürlich bilden sich neue Übertragungen, alte lösen sich nicht einfach auf, sondern verändern sich. Vielleicht könnte man aber sagen, dass man zunehmend die Fähigkeit erwirbt, den Zauber selber aufzulösen und nicht mehr auf den Meister warten muss.

Um noch einmal auf Whitebook zurückzukommen:

> »Am Beginn einer Analyse besteht eine radikale Asymmetrie zwischen dem Analytiker und dem Analysanden. Aber ihr Ziel ist es, die Asymmetrie der Beziehung – soweit sie aus den Phantasien, Projektionen und Wiederaufführungen des Patienten resultiert – zu reduzieren und seine oder ihre Autonomie zu maximieren« (Whitebook 2009, S. 216).

Hier schließt sich der Kreis der Aufklärungsbewegung, die ich bei Kant und Freud begonnen hatte. Man fällt nicht mehr auf jeden und vor allem nicht auf jeden »faulen Zauber« herein. Der Abwehr»zauber« beginnt zu wachsen: Dieser besteht aus Vernunft, Einsicht, Erfüllung, Mut und der Fähigkeit zu Lieben.

»Sapere aude! Habe Muth dich deines *eigenen* Verstandes zu bedienen!«

Das erfordert in der Tat, wie wir aus schmerzlichen Erfahrungen wissen, bisweilen sehr viel.

»Danach« – Die postanalytische Beziehung

Die »postanalytische Beziehung« findet in der Theorie und der entsprechenden Literatur kaum statt, obwohl sie in der Praxis doch allgegenwärtig ist, denn *jede* Analyse geht in eine postanalytische Beziehung über, in eine innere wie auch eine äußere (lediglich in den genannten tragischen Fällen, in denen einer der Beteiligten während der Analyse stirbt, gibt es keine äußere analytische Beziehung, wohl aber bleibt die innere). Ich erinnere noch einmal an die Beobachtung von Thomä und Kächele:

> »Die Handhabung der Beziehung zum Patienten nach der Beendigung der psychoanalytischen Behandlung ist ein wenig beachtetes Gebiet. Selbst in der mündlichen Kommunikation unter Psychoanalytikern sind diesbezügliche Mitteilungen eher rar, ganz entgegen dem sonst so intensiven Erfahrungsaustausch« (Thomä/Kächele 1996, S. 414).

Stone äußert sich ganz ähnlich:

> »Die Frage sozialer Beziehungen zu Patienten nach Beendigung der Analyse wird nur selten diskutiert [...]. Sie ist naturgemäß mit zahllosen individuellen Variablen belastet. Trotzdem verdient sie unter dem Gesichtspunkt bestimmter gemeinsamer Nenner eine größere wissenschaftliche Aufmerksamkeit, als sie bisher erhalten hat« (Stone 1973, S. 99/100).

Womit mag dieses beredte Schweigen, das offenbar schon länger währt, zu tun haben?

Zunächst einmal scheint es mir notwendig, ein paar Unterscheidungen kenntlich zu machen, um zum einen jenen Bereich, den ich hier zur Diskussion stellen will, klarer abzugrenzen, und zum anderen die ohnehin implizit existierenden Unterscheidungen explizit zu machen, weil man doch davon ausgehen kann, dass sie eine Bedeutung haben.

Zuerst die Unterscheidung der *inneren* von der *äußeren* postanalytischen Beziehung:

Die innere Beziehung betrifft die Form, in welcher der Analysand seine Analytikerin in sein psychisches Leben integriert hat und, nicht zu vergessen, wie umgekehrt die Analytikerin ihn in ihres (so mancher Patient kann sich die Existenz des Letztgenannten häufig nicht vorstellen).

Über die *innere* postanalytische Beziehung wird durchaus geschrieben, mehr öffentlich gemacht. Da befinden wir uns auf vertrautem Terrain, dem der Verinnerlichungen. Da ist, je nach psychoanalytischer Provenienz, von der Fähigkeit, die depressive Position auszuhalten, die Rede oder vom Verinnerlichen eines »guten« Objekts, von der (gewonnenen) Fähigkeit zur Selbstanalyse, dem inneren Dialog und anderem.

Diese innere Beziehung ist erwünscht, und man möchte sagen, deswegen auch unanstößig.

Die äußere postanalytische Beziehung betrifft die realen Kontakte zwischen der Analytikerin und dem Analysanden *nach* abgeschlossener Analyse, nach Beendigung des vereinbarten Sprachspiels. Dieses ist der problematischere und offenbar auch anstößigere Bereich.

Auch hier gilt es wieder Unterscheidungen zu treffen:

➤ zwischen den sogenannten »therapeutischen« und den Lehranalysen,

➤ zwischen privaten oder anderen sozialen Kontakten und solchen professioneller Art.

Die sogenannten »therapeutischen« Analysen, also jene, in denen ein Analysand am Ende nicht Kollege wird, gehen in eine andere postanalytische Beziehung über als Lehranalysen. Bei letzteren ist es – zumindest vielerorts in Deutschland – so, dass sich Analytikerin und Analysand auf kollegialer Ebene wieder begegnen, einer Art Zwischenreich: keine rein professionelle, aber auch keine private Beziehung. Man kann aber wohl annehmen, dass deutlich mehr Lehranalysen irgendwann in eine private Beziehung übergehen, als die rein therapeutischen Analysen.

Was ist das für ein Phänomen?

Wie kann das sein, so könnte ich eine Frage aus dem ersten Kapitel wieder aufnehmen, dass wir gerade dem Nachwuchs die doch so häufig propagierte notwendige und entwicklungsfördernde Trennung nicht zumuten. Oder nicht gönnen?

Es wäre ja relativ leicht zu haben: Man könnte sich von der häufig bestehenden Regel, Lehranalysen werden bei Institutsangehörigen des Ausbildungsinstitutes absolviert, verabschieden und stattdessen verlangen, dass die Analyse gerade bei einem Kollegen gemacht wird, der nicht Mitglied am Ausbildungsinstitut ist. Das wurde alles schon lange und immer wieder diskutiert, aber vorläufig blieb alles beim Alten, denn auch Psychoanalytikern ist nun einmal der Wunsch nach Kontrolle und Macht nicht fremd. Jedenfalls könnte man dieses Beharren so verstehen und es wird auch oft so verstanden (vgl. Wiegand-Grefe/Schuhmacher 2006).

Es spricht Vieles dafür, dass man die Ausbildung der Kandidaten lieber »in den eigenen Händen« behalten und die »eigenen« Lehranalytikerinnen und Lehranalytiker damit beauftragen möchte.

Es wäre aber auch ein interessanter Gedanke, ob nicht die Handhabung der postanalytischen Beziehung bei Lehranalysen, bei denen es deutlich häufiger zu weiteren realen Kontakten zwischen dem ehemaligen Analysanden und der Analytikerin kommt, schlechterdings als unvermeidbar rationalisiert wird: Man begegne sich ja schließlich als Kollegen, das lasse sich nun mal nicht vermeiden.

Ein weiterer interessanter Gedanke wäre, ob diese Rationalisierung nicht der Tatsache dient, dass eine solche nachanalytische Beziehungsgestaltung, wie sie sich häufig findet, nicht womöglich die bekömmlichere und jene der radikaleren Trennung, wie man sie für den »einfachen« Patienten fordert, ein Ideal ist, das wir vor uns herschieben.

Ist es vielleicht so, dass gerade jene vorsichtig tastenden Kontakte im professionellen Raum gut geeignet sind, um einerseits den Prozess der »Entzauberung« weiter voranzubringen und andererseits das schlichte Bedürfnis nach »Kontakt« zu stillen? Möglicherweise würden sich etliche (nicht alle) Patienten wünschen, ihrer Analytikerin später einmal in einer Arbeitsgruppe zu begegnen.

Allerdings haben die postanalytischen Treffen im professionellen Rahmen einen Pferdefuß: Sie stellen eine Art ungeplanter und unstrukturierter »Katamnesetreffen« dar. (Man denke etwa an eine so »harmlose« Frage wie: »Wie geht es Ihnen?«, gestellt von der Analytikerin an ihren ehemaligen Analysanden, vielleicht auf dem Flur des Instituts. Soll er dann wirklich antworten, wie es ihm geht? Oder gilt dann die alltagsübliche Wie-geht-es-Ihnen?-Konversationsregel, nach der die Frage außer »gut« keine andere Antwort generieren möchte?)

Die Analytikerin wird natürlich darauf achten, wie sich »ihr« Analysand entwickelt, welche Rolle er zum Beispiel im Institut einnimmt. Aber *er* wird natürlich auch auf die Rolle achten, die *sie* dort spielt, wie sie mit anderen ist, sich in Diskussionen verhält, wie die anderen auf sie reagieren etc. Und beide werden damit beschäftigt sein, wie es ihnen in Anwesenheit des/der jeweils anderen geht. Die Analytikerin kennt die Innenwelt ihres Analysanden (er ihre nicht), seine Übertragungsgeschichte und sie wird kaum anders können, als darauf zu sehen, inwieweit sich ihr ehemaliger Analysand aus alten Übertragungsmustern zu lösen vermag oder eben nicht. Er wird vielleicht entdecken, dass auch sie vor Übertragungen nicht gefeit ist. Es finden also Abgleiche in der Realität statt. Die Beziehung hebt sich aus dem überwiegend phantasiegeleiteten Raum in einen, an dem die empirische Realität einen großen Anteil hat.

Entsprechend können solche Treffen gut, weniger gut, irritierend, bestürzend oder anderweitig berührend ausfallen. In jedem Falle wird spürbar, wie stark der »Zauber« noch wirkt. Was aber, wenn er noch zu stark wirkt?

So heißt es in einem von Charlotte G. Babcock herausgegebenen Konferenzbericht über eine Konferenz zur psychoanalytischen Ausbildung, die 1965 in Pittsburgh, Pennsylvania stattfand:

»Leider werden manche Lehranalysen nicht so weit geführt, daß der Kandidat seinem Analytiker auch außerhalb der analytischen Situation begegnen kann, ohne sich geniert zu fühlen. Dies ist der Grund vieler Spannungen in den Instituten. Die Fähigkeit, dem Analytiker in realen Situationen zu begegnen, stellt sich nicht bei allen Kandidaten zur gleichen Zeit, am gleichen Punkt der Analyse und in der gleichen Weise her« (Babcock 1970, S. 609).

Nun liegt diese Konferenz immerhin schon über 40 Jahre zurück, aber an der Aktualität des Problems hat sich noch nicht viel verändert. Auch ich habe den Eindruck, dass diese Problematik und deren Auswirkung auf die Institute unterschätzt wird. Die Lage ließe sich alltagssprachlich zusammenfassen mit dem Satz: »Wer A sagt, muss auch B sagen.« Wer sich dazu entschließt, die Lehranalysen innerhalb des Institutes durchführen zu lassen, muss sich auch damit befassen, was es für die Einzelnen, die ehemaligen Analysanden und Analytiker und für die Gruppendynamik bedeuten mag, wenn dann an diesem Institut die verschiedenen ehemaligen »analytischen Paare« als Kollegen diskutieren und arbeiten. Wenn man sich zu diesem Vorgehen entschließt, dann hat das – aus meiner Sicht – bereits Auswirkungen auf den gesamten analytischen Prozess und müsste auch explizite Berücksichtigung finden, meint, dass man die Beteiligten mit diesem »Problem« nicht allein lassen sollte, was zum Beispiel bedeuten könnte, darüber – aus der Sicht beider Seiten – mehr zu sprechen.

Die nachanalytischen Treffen konfrontieren beide Seiten mit einem Stück Realität und – tatsächlich gibt es eine Ähnlichkeit zu katamnestischen Treffen – mit dem Erreichten. Das ist – je nach Verlauf – mehr oder weniger spannungsvoll.

Ein einigermaßen entspannter Umgang miteinander setzt ein gewisses Maß an Entzauberung voraus und wird vermutlich Zeit brauchen. Es gesellt sich dann noch ein anderes »Problem« hinzu:

Selbst (oder, gerade!) wenn ein Großteil der ursprünglichen Übertragungen aufgelöst wurde, sind sich nicht alle Menschen gleich sympathisch. Während eine Analytikerin ihre nicht-kollegialen Patienten in der Regel im Alltag oder anderen sozialen Zusammenhängen nicht wiedertrifft, ist das eben bei ihren zukünftigen Kolleginnen und Kollegen anders. Man kann durchaus für jemanden eine ganz gute Therapeutin sein, ohne dass man den Wunsch verspürt, jenem oder jener auf einer anderen sozialen Ebene wieder zu begegnen.

Es kann aber auch zu postanalytischen Kontakten kommen, in denen sich der ehemalige Analysand erneut als Hilfesuchender an die Analytikerin wendet. Aus diesen Kontakten könnte sich zum Beispiel ergeben, dass ein erneuter Behandlungsvertrag entsteht, beide ein neues Sprachspiel beginnen. Vielleicht reichen aber auch ein oder zwei hilfreiche Gespräche. Nur, worum handelt es sich bei diesen »hilfreichen Gesprächen«? Welche Funktion haben wir darin? Wie greifen wir in diesen Gesprächen auf, was die Patienten uns sagen? Verstehen wir es – wie gewohnt – in der Übertragung? Deuten wir, was wir verstehen?

Generell lässt sich im Hinblick auf die Gestaltung sicher auch unterscheiden, ob die Analyse überwiegend aufgrund äußerer Kriterien, also am Ende des Stundenkontingentes beendet worden ist oder ob sie aufgrund innerer Kriterien beendet werden konnte, der Analysand somit genügend Zeit hatte. Im ersten Fall dürfte es naheliegend sein, dem Analysanden die Möglichkeit eines zweiten Abschnittes seiner Analyse offenzuhalten. Dieses hat natürlich wiederum Auswirkungen auf die »Beendigungsphase« und auch hier taucht wieder die Frage auf, wie offen wir diese Möglichkeit mit dem Patienten besprechen. Vertreten wir »Schluss ist erst mal Schluss, auch wenn noch vieles offen ist«, oder: »Zwar ist erst einmal Schluss und wir müssen vorerst ein Ende finden, aber wir wissen beide, dass noch etwas zu tun ist, und wir überlegen, wie es weitergehen könnte?« Genau genommen ist im letzteren Fall das psychoanalytische Sprachspiel nicht beendet, sondern lediglich unterbrochen, der Zauber besteht und wirkt noch.

Entwöhnung und Erholung

Zum Schluss möchte ich nun noch auf einen anderen Aspekt der postanalytischen Phase eingehen:

Auch wenn wir Analytiker das bisweilen nicht hinreichend wahrhaben oder anerkennen mögen: Sich heutzutage in eine Psychoanalyse zu begeben, ist – neben vielem anderen – eine erhebliche logistische Leistung! Drei- oder viermal die Woche, über drei bis acht Jahre einen Termin wahrzunehmen, für den man – wenn man nicht zu den wenigen gehört, die nur »über die Straße müssen« – eine An- und Abfahrtszeit einplanen, der in den Alltag und in den Arbeitstag integriert werden muss. Aus den 50 Minuten werden dann recht schnell zwei Stunden, die man an einem »Analysetag« einrichten muss. Ich hatte schon darauf hingewiesen, dass das eine völlig andere Anforderung ist, als sie an die Patienten zu Freuds Zeiten gestellt worden war.

Dazu kommt, dass man auch den »Überstieg« von der analytischen Welt in den Alltag lernen muss. Nicht selten gerät ein Analysand in einen emotional äußerst aufgewühlten Zustand, doch wird von ihm erwartet, dass er eine Weile später wieder vollständig seinem Beruf und Alltag zur Verfügung steht. Nach und nach verinnerlicht der Analysand die prozedural äußerst wirksame Rhythmik des analytischen Lebens und plötzlich – eine Tages – hört diese auf! Das allein sorgt auf der emotional-prozeduralen Ebene für eine Art Leerstelle.

Ein weiterer Punkt ist nicht zu vergessen, wenn von den Trauerprozessen *nach* der Analyse die Rede ist: Psychoanalytische Arbeit bedeutet psychische Schwerstarbeit für beide Seiten, jedenfalls dann, wenn man sich wirklich darauf einlässt. Neben den schönen Momenten, die es – hoffentlich – auch in jeder Analyse gibt, ist der Analysand – je nach persönlicher Geschichte – intensiven psychischen Schmerzen und großem psychischen Leid ausgesetzt. Dies alles, die Logistik, der »Überstieg«, die psychische Arbeit, der psychische Schmerz, kostet sehr viel Kraft! Der analytische Prozess kann also durchaus zu einer erheblichen psychischen Erschöpfung führen, von der man sich erholen muss. Mit der Zeit *nach* der Analyse verhält es sich ein bisschen wie mit jener davor: Man kann sich vor der Analyse nicht recht vorstellen, was es bedeutet, bis man »drinsteckt«, und man kann sich das »Danach« auch nicht recht vorstellen, bis man es erlebt. Alles Theoretisieren bleibt am Ende hinter der erlebten Praxis zurück.

Der erste, der in berührender Weise von der Notwendigkeit, sich von einer Analyse zu erholen, geschrieben hat, ist Donald Meltzer. Berührend finde ich seine Beschreibungen unter anderem auch deswegen, weil sie sich so ehrlich mit einem früher gepflegten Ideal und der Einsicht, dass die Realität sich manchmal ganz anders darstellt, befassen. Meltzer bezieht sich in seinem Buch *Traumleben* auf seine knapp 20 Jahre zuvor zusammengefassten Überlegungen zum psychoanalytischen Prozess. Während zu seiner damaligen *theoretischen* Vorstellung vom Prozessmodell gehörte, dass der Analytiker von der Verantwortung für Ziel und Zweck der Therapie völlig befreit sei (vgl. Kapitel I in diesem Buch), und zur »Naturgeschichte« der Übertragung ein Entwöhnungsprozess gehöre, den der Analytiker lediglich erkennen und respektieren müsse (Meltzer 1995b, S. 212), machte Meltzer *in seiner Praxis* am Ende von Analysen die Beobachtung,

> »daß das Ergebnis der Analyse, so befriedigend es unter dem Blickwinkel des ›Prozesses‹ auch sein mochte, von tiefer Enttäuschung begleitet war, wenn man es deskriptiv betrachtete. Die Symptome konnten verschwunden sein, die äußeren Umstände mochten sich gebessert haben – oft mußte der Patient zugeben, daß alle vernünftigen Erfordernisse zum Glücklichsein vorhanden waren – aber der Patient fühlte sich dennoch krank, vielleicht auf unbestimmbare Weise« (ebd., S. 212).

Meltzer zeigte sich durch diese Beobachtung verunsichert und fing in der Folge an

> »die erste Zeit nach der Beendigung etwas formeller zu gestalten, sowohl mit gelegentlichen Briefen, in denen vom Ergehen, von Träumen und der selbstanalytischen Arbeit berichtet werden konnte als auch mit gelegentlichen Sitzungen. Zu meiner Überraschung legten sich die Patienten in den seltenen Stunden während der ersten zwei Jahre immer auf die Couch und machten eine Analysestunde, obwohl dies nicht meine Absicht war. Der Inhalt der Briefe und Sitzungen war auffallend strukturiert. Es fing immer mit optimistischen Nachrichten über Arbeit und Familienleben an, darauf folgte ein immer düsterer werdender Bericht über innere Zustände, über Unglücklichsein, Symptome, Einsamkeit und Isoliertheit; es endete mit einem Versuch, mich zu beruhigen, während der Patient andeutete, eine Wiederaufnahme der Analyse sollte vielleicht erwogen werden« (ebd., S. 213).

Weiter verunsichert, suchte Meltzer das Gespräch mit seinen Kollegen, die offenbar ganz ähnliche Beobachtungen gemacht hatten (ebd., S. 213). Dann aber kam es – nach ca. zwei Jahren – zu einer Veränderung in der nachanalytischen Periode: Entweder seien die ehemaligen Analysanden allmählich weggeblieben, oder aber, sie hätten versucht, eine nicht-analytische Beziehung aufzunehmen (ebd., S. 214). Die Briefe seien nach und nach kürzer geworden, die ehemaligen Analysanden legten sich nicht mehr auf die Couch.

Daraufhin beschreibt Meltzer, zutiefst ehrlich, die Zumutung, welche die »Entzauberung« auch für den Analytiker bedeuten kann:

> »Ich hatte den sehr deutlichen Eindruck, daß ich im Leben des Ex-Analysanden keine wichtige Person mehr war. Ich war als Person einer kühleren Einschätzung unterworfen worden. Die hohe Achtung für meinen persönlichen Wert, meine Attraktivität, meine ethischen Maßstäbe und meine Stellung in der Welt hatten abgenommen. Das geschah nicht ohne Enttäuschung, und anscheinend ohne spezifische Gründe für die Desillusionierung. Die Ausstrahlung der Übertragung und der ›Halo-Effekt‹ ihres Dunstkreises waren verschwunden; bei mir löste das eine Mischung aus Schmerz und Beruhigung aus« (ebd., S. 214).

Ich finde diese Passagen so wichtig, weil in ihnen zum Ausdruck kommt, was man zu sehen (und zu fühlen) bekommt, wenn man nach der »regulären« Analyse weiteren Kontakt zu seinen ehemaligen Analysanden unterhält. Unter anderem wird man Zeuge seiner eigenen Entzauberung, wie es vielleicht Eltern ergehen mag, wenn sie merken, dass das Leben ihrer Kinder sich mehr und mehr um ein anderes Zentrum dreht. Schmerz, weil eine gemeinsame Zeit vorübergeht, Erleichterung, weil man spürt, dass dies zu einer gesunden Entwicklung gehört.

Meltzer scheut sich auch nicht, von den Erfahrungen mit dem Ende seiner eigenen Analysen zu berichten. Seine erste Analyse sei durch den Militärdienst unterbrochen, die zweite durch den Tod seiner Analytikerin beendet worden. Er beschreibt den Abschied von seinem ersten Analytiker: Er habe kaum sprechen können, eine halbe Stunde geweint und angenommen, dies alles seien Zeichen seiner Schuldgefühle aufgrund seiner »Treulosigkeit« (!) (Meltzer 1995b, S. 214/215). Erst später(!), nachdem er seinem ehemaligen Analytiker in einem gesellschaftlichen Rahmen wieder begegnet sei, habe dieser ihm geholfen, es anders zu verstehen (ebd.).

Es muss schon die Frage erlaubt sein, ob es richtig ist, auf den Zufall und eine neuerliche Begegnung hoffen und warten zu müssen, um zu einem anderen, offenbar erleichternden Verständnis zu gelangen.

Meltzer kommt zu dem Schluss und dem Verständnis, dass seine Patienten (und er selber) »das Leid des Babys während der Entwöhnung aufs neue« erlebten (ebd., S. 215).

Sehr nachvollziehbar finde ich den Gedanken, dass der Ablösungsprozess des Patienten allerlei Aspekte von »Entwöhnung« beinhaltet, besonders auf der prozeduralen Ebene, und dass es an dieser Stelle ein spürbares schmerzhaftes Vermissen gibt. Etwas Gewohntes (man denke an die sehr langen Analysen), Verlässliches, ein Ort, ein Mensch, der immer empfänglich war, vielleicht das erste Mal im Leben des betroffenen Menschen, wird vermisst.

Trotzdem gibt es einen entscheidenden Unterschied zwischen dem Baby und dem Analysanden: Jenes beginnt ohne Vorerfahrungen, dieser bringt solche mit und in der Regel einige gute und sehr viele schlechte. Er muss sich im Rahmen des psychoanalytischen Prozesses den Schmerzen der Vergangenheit stellen, sie gar das erste Mal bei Bewusstsein erleben. Er geht diesen Weg nicht allein, sondern mit seiner Analytikerin. Sie kennt die Abgründe, an denen er gestanden, in die er geblickt hat, und nicht so selten hat sie mit hineingeschaut.

Zwei Menschen, einer davon Bergführerin, die einen hohen Berg besteigen, den äußeren und inneren Unbilden haben sie widerstanden. Schließlich kommen sie wieder ins Tal. Da ist es weniger rau und gefährlich, vielleicht fehlt sogar ein bisschen der »thrill«. Die beiden schauen zurück und können sich kaum vorstellen, dass sie diesen Koloss, der da hinter ihnen aufragt, bezwungen haben. Und doch, sie haben es.

Sie haben sich gut kennen gelernt, und niemand wird je genau erfahren, was die beiden erlebt haben. Auf dem Weg mag es Momente des »Es geht nicht mehr weiter« gegeben haben, andere, in denen jeder so nahe bei sich war, wie selten zuvor. Momente, in denen sie viel von sich, aber auch vom anderen verstanden haben, wertvolle Momente, aber natürlich zwischendurch auch Hass, Genervtheit, Ungeduld.

All das bedarf des Schutzes.

Im Tal angekommen sind sie froh, vielleicht auch traurig, dass es zu Ende ist.

Literatur

Ahrbeck, Bernd (2004): Kinder brauchen Erziehung. Die vergessene pädagogische Verantwortung. Stuttgart (Kohlhammer).

Appignanesi, Lisa & Forrester, John (1994) [1992]: Die Frauen Sigmund Freuds. München/Leipzig (List).

Argelander, Herman (1992) [1970]: Das Erstinterview in der Psychotherapie. Darmstadt (Wissenschaftliche Buchgesellschaft), 5. Aufl.

Auchter, Thomas (2002): Ende ist ein Ende – und wieder keines! In: Diederichs, Peter (Hg.): Die Beendigung von Psychoanalysen. Göttingen (Vandenhoeck & Ruprecht), S. 92–113.

Babcock, Charlotte G. (1970) [1969]: Ein Gruppengespräch über Lehranalyse. Psyche – Z Psychoanal 24, 600–610. Aus: Dies. (Hg.): Training-Analysis. Report of the First Three-Institute Conference, Pittsburgh (Pittsburgh Psychoanalytic Institute) 1969. Teil III 5, 6, 74–90.

Balint, Michael (1994) [1959]: Angstlust und Regression. Stuttgart (Klett-Cotta), 4. Aufl.

Balint, Michael (1997a) [1965]: Die Urformen der Liebe und die Technik der Psychoanalyse. Stuttgart (Klett-Cotta), 2. Aufl.

Balint, Michael (1997b) [1968]: Therapeutische Aspekte der Regression. Die Theorie der Grundstörung. Stuttgart (Klett-Cotta), 2. Aufl.

Beland, Hermann (1992): Der Lehranalytiker, der gut genug ist. In: Streeck, Ulrich/Werthmann, Hans Volker (Hg.): Lehranalyse und psychoanalytische Ausbildung. Göttingen (Vandenhoeck & Ruprecht), S. 11–26.

Beland, Hermann (2004): Zur Beendigung von Lehranalysen. Ein persönlicher Erfahrungsbericht über Ziele und Ergebnisse. Forum Psychoanal 20, S. 391–402.

Bensch, Rudolf (2002): Freud und Wittgenstein – Eine asymmetrische Beziehung? Jahrbuch Psychoanalyse 44, 139–171.

Bergmann, Martin S. (1998): Die Beendigung der Psychoanalyse: die Achilles-Ferse der psychoanalytischen Behandlungstechnik. Zeitschr. f. psychoanal. Theorie und Praxis, XIII, Heft 3, 309–322.

Berman, Emanuel (2011): Zur Analyse von Objektbeziehungen in der analytischen Dyade und im äußeren Leben des Patienten. In: Diederichs, Peter/Frommer, Jörg/Wellendorf, Franz: Äußere und innere Realität. Stuttgart (Klett-Cotta), S. 83–100.

Berthelsen, Detlef (1989): Alltag bei Familie Freud. Die Erinnerungen der Paula Fichtl. München (dtv).

Bertin, Célia (1989): Die letzte Bonaparte. Freuds Prinzessin. Ein Leben. Freiburg i.Br. (Kore).

Bion, Wilfred R. (1997) [1962]: Lernen durch Erfahrung. Frankfurt a.M. (Suhrkamp), 2. Aufl.

Blanton, Smiley (1975) [1971]: Tagebuch meiner Analyse bei Sigmund Freud. Frankfurt a.M./ Berlin/Wien (Ullstein).

Blohm, Frank (2011): Das Unbehagen am Ausfallhonorar. Forum Psychoanal 27, 61–81.

Bott Spillius, Elizabeth (Hg.) (1988): Melanie Klein Heute. Entwicklungen in Theorie und Praxis. Bd. 2: Anwendungen. Weinheim (Verlag Internationale Psychoanalyse).

Chasseguet-Smirgel, Janine (1988) [1986]: Zwei Bäume im Garten. Zur psychoanalytischen Bedeutung der Vater- und Mutterbilder. München/Wien (Verlag Internationale Psychoanalyse).

Cooper, Arnold M. (1985): Zur Einleitung der Konferenz. Schriftenreihe IVP, 5, 1–7.

Cooper, Arnold M. (2002) [2001]: Psychoanalytischer Pluralismus. Fortschritt oder Chaos? In: Bohleber, Werner/Drews, Sybille: Die Gegenwart der Psychoanalyse – die Psychoanalyse der Gegenwart. Stuttgart (Klett-Cotta), 2. Aufl., S. 58–77.

Cremerius, Johannes (1984): Die psychoanalytische Abstinenzregel. Vom regelhaften zum operationalen Gebrauch. Psyche – Z Psychoanal 38, 769–800.

Cremerius, Johannes (1989): Lehranalyse und Macht. Die Umfunktionierung einer Lehr-Lern-Methode zum Machtinstrument der institutionalisierten Psychoanalyse. Forum Psychoanal 5, 190–208.

Cremerius, Johannes (1990): Vom Handwerk des Psychoanalytikers: Das Werkzeug in der psychoanalytischen Technik. Stuttgart/Bad Canntstatt (frommann-holzboog), 2. rev. Aufl.

Drury, Maurice O'Connor (1992) [1981]: Gespräche mit Wittgenstein. In: Rhees, Rush (Hg.) Ludwig Wittgenstein: Porträts und Gespräche. Frankfurt a.M. (Suhrkamp).

Eckstaedt, Anita (1995) [1991]: Die Kunst des Anfangs. Psychoanalytische Erstgespräche. Frankfurt a.M. (Suhrkamp).

Ehebald, Ulrich (1978): Der Psychoanalytiker und das Geld – oder die Ideologie vom persönlichen finanziellen Opfer des Patienten. In: Drews et al. (Hg.): Provokation und Toleranz. Festschrift für Alexander Mitscherlich zum siebzigsten Geburtstag. Frankfurt a.M. (Suhrkamp), S. 361–385.

Eitingon, Max (1925): Geschäftsprotokoll. Int. Z Psychoanal 11, 516–517.

Ferenczi, Sándor (1919): Technische Schwierigkeiten einer Hysterieanalyse. In: Ders.: Schriften zu Psychoanalyse, Bd. II, Frankfurt a.M. (S. Fischer), S. 3–10.

Ferenczi, Sándor (1921): Weiterer Ausbau der ›aktiven Technik‹ in der Psychoanalyse. In: Ders.: Schriften zu Psychoanalyse, Bd. II, Frankfurt a.M. (S. Fischer), S. 74–91.

Ferenczi, Sándor (1926): Kontraindikationen der aktiven psychoanalytischen Technik. In: Ders.: Schriften zu Psychoanalyse, Bd. II, Frankfurt a.M. (S. Fischer), S. 182–193.

Ferenczi, Sándor (1928b): Das Problem der Beendigung von Psychoanalysen. In: Ders.: Schriften zu Psychoanalyse, Bd. II, Frankfurt a.M. (S. Fischer), S. 227–236.

Ferenczi, Sándor (1933): Sprachverwirrung zwischen dem Erwachsenen und dem Kind. Die Sprache der Zärtlichkeit und der Leidenschaft. In: Ders.: Schriften zu Psychoanalyse, Bd. II, Frankfurt a.M. (S. Fischer), S. 303–313.

Focke, Ingo (2002): Einige Überlegungen zur Beendigung von Psychoanalysen. In: Diederichs, Peter (Hg.): Die Beendigung von Psychoanalysen. Göttingen (Vandenhoeck & Ruprecht), S. 75–90.

Focke, Ingo (2010): Widerstand, Übertragung und die Gefährdung des psychischen Gleichgewichts. Psyche – Z Psychoanal 64, 34–58.

Freud, Anna (1970): Probleme der Lehranalyse. Psyche – Z Psychoanal 24, 565–576.

Freud, Anna (1992) [1927]: Einführung in die Technik der Kinderanalyse. Frankfurt a.M. (Fischer).

Freud, Sigmund (1890a): Psychische Behandlung (Seelenbehandlung), GW V, S. 289–315.

Freud, Sigmund (1896b): Weitere Bemerkungen über die Abwehr-Neuropsychosen. GW I, S. 379–403.

Freud, Sigmund (1905a): Über Psychotherapie. GW V, S. 13–26.

Freud, Sigmund (1910b): Über »wilde« Psychoanalyse. GW VIII, S. 118–125.

Freud, Sigmund (1912b): Zur Dynamik der Übertragung. GW VIII, S. 363–374.

Freud, Sigmund (1912c): Über neurotische Erkrankungstypen. GW VIII, S. 322–330.

Freud, Sigmund (1912e): Ratschläge für den Arzt bei der psychoanalytischen Behandlung. GW VIII, S. 375–387.

Freud, Sigmund (1913c): Zur Einleitung der Behandlung. GW VIII, S. 454–478.

Freud, Sigmund (1913k): Zwei Kinderlügen. GW VIII, S. 422–427.

Freud, Sigmund (1914d): Zur Geschichte der psychoanalytischen Bewegung. GW X, S. 84–113.

Freud, Sigmund (1914g): »Erinnern, Wiederholen, Durcharbeiten«. GW X, S. 126–136.

Freud, Sigmund (1915a): Bemerkungen über die Übertragungsliebe. GW X, S. 306–321.

Freud, Sigmund (1916–17a): Vorlesungen zur Einführung in die Psychoanalyse. GW XI.

Freud, Sigmund (1919a): Wege der psychoanalytischen Therapie. GW XII, S. 183–194.

Freud, Sigmund (1921c): Massenpsychologie und Ich-Analyse. GW XIII, S. 71–161.

Freud, Sigmund (1923b): Das Ich und das Es. GW XIII, S. 237–289.

Freud, Sigmund (1926e): Die Frage der Laienanalyse. GW XIV, S. 207–286.

Freud, Sigmund (1933a): Neue Folge der Vorlesungen zur Einführung in die Psychoanalyse. GW XV.

Freud, Sigmund (1937c): Die endliche und die unendliche Analyse. GW XVI, S. 59–99.

Freud, Sigmund (1940a): Abriß der Psychoanalyse. GW XVII, S. 63–138.

Freud, Sigmund (1986) [1985]: Briefe an Wilhelm Fließ, Hg. von Jeffrey Moussaieff Masson. Frankfurt a.M. (S. Fischer).

Freud, Sigmund (2006): Sigmund Freud – Anna Freud. Briefwechsel 1904–1938. Hg. von Ingeborg Meyer-Palmedo. Frankfurt a.M. (Suhrkamp).

Freud, Sigmund (2010): Unterdeß halten wir zusammen. Briefe an die Kinder. Hg. von Michael Schröter. Berlin (Aufbau).

Freud, Sigmund & Ferenczi, Sándor (1993): Briefwechsel, Band I/1, 1908–1911, Hg. von Ernst Brabant, Ernst Falzeder, Patrizia Giamperi-Deutsch. Wien/Köln/Weimar (Böhlau).

Freud, Sigmund & Ferenczi, Sándor (1996a): Briefwechsel, Band I/2, 1912–1914, Hg. von Ernst Brabant, Ernst Falzeder, Patrizia Giamperi-Deutsch. Wien/Köln/Weimar (Böhlau).

Freud, Sigmund & Ferenczi, Sándor (1996b): Briefwechsel, Band II/1, 1914–1916, Hg. von Ernst Brabant, Ernst Falzeder, Patrizia Giamperi-Deutsch. Wien/Köln/Weimar (Böhlau).

Freud, Sigmund & Ferenczi, Sándor (1996c): Briefwechsel, Band II/2, 1917–1919, Hg. von Ernst Brabant, Ernst Falzeder, Patrizia Giamperi-Deutsch. Wien/Köln/Weimar (Böhlau).

Freud, Sigmund & Ferenczi, Sándor (1996d): Briefwechsel, Band III/2, 1925–1933, Hg. von Ernst Brabant, Ernst Falzeder, Patrizia Giamperi-Deutsch. Wien/Köln/Weimar (Böhlau).

Freud, Sigmund & Jung, C.G. (1991) [1979]: Briefwechsel. Frankfurt a.M. (Fischer).

Freud, Sigmund & Weiss, Edoardo (1973) [1970]: Briefe zur psychoanalytischen Praxis. Frankfurt a.M. (S. Fischer).

Gay, Peter (1989) [1987]: Sigmund Freud. Eine Biographie für unsere Zeit. Frankfurt a.M. (S. Fischer).

Gebauer, Gunter (2009): Wittgensteins Anthropologisches Denken. München (C.H. Beck).

Glock, Hans-Johann (2000) [1996]: Wittgenstein-Lexikon. Darmstadt (Wissenschaftliche Buchgesellschaft).

Graylig, A. C. (1999) [1988]: Wittgenstein. Freiburg i.Br. (Herder).

Green, André (2003) [1990]: Geheime Verrücktheit. Grenzfälle der psychoanalytischen Praxis. Gießen (Psychosozial-Verlag), 2. Aufl.

Guderian, Claudia (2004): Magie der Couch. Bilder und Gespräche über Raum und Setting in der Psychoanalyse. Stuttgart (Kohlhammer).

Habermas, Jürgen (1969): Erkenntnis und Interesse. Frankfurt a.M. (Suhrkamp).

Habermas, Jürgen (1975): Sprachspiel, Intention und Bedeutung. Zu Motiven bei Sellars und Wittgenstein. In: Wiggershaus, Rolf: Sprachanalyse und Soziologie. Die sozialwissenschaftliche Relevanz von Wittgensteins Sprachphilosophie. Frankfurt a.M. (Suhrkamp), S. 319–340.

Habermas, Tilmann (1999): Geliebte Objekte. Symbole und Instrumente der Identitätsbildung. Frankfurt a.M. (Suhrkamp).

Heimann, Paula (1978): Über die Notwendigkeit für den Analytiker mit seinem Patienten natürlich zu sein. In: Drews, Sibylle/Klüwer, Rolf/Köhler-Weisker et. al (Hg.): Provokation und Toleranz. Festschrift für Alexander Mitscherlich zum siebzigstenGeburtstag. Frankfurt a.M. (Suhrkamp).

Hübner, Wulf (1976): Der Weg der Selbstreflexion. Versuch der begrifflichen Bestimmung eines Paradigmas für historische Erklärungen. Phil. Diss. Hamburg.

Hübner, Wulf (1999): Zurück zum Anfang? Bemerkungen zur Allgemeinen Verführungstheorie von Jean Laplanche. In: Schlösser, Anne-Marie/Höhfeld, Kurt (Hg.): Trennungen. Gießen (Psychosozial-Verlag), S. 71–81.

Hübner, Wulf (2011): Analytische Geschenke und anderes – Wie aktiv dürfen wir sein? In: Diederichs, Peter/Frommer, Jörg/Wellendorf, Franz (Hg.): Äußere und innere Realität. Stuttgart (Klett-Cotta), S.109–125.

Huizinga, Johan (2004) [1938]: Homo ludens. Vom Ursprung der Kultur im Spiel. Hamburg (rowohlt), 19. Aufl.

human (1998): In: Wörterbuch der philosophischen Begriffe. Vollst. neu hrsg. v. Arnim Regenbogen u. Uwe Meyer. Hamburg (Meiner).

Jiménez, Juan Pablo (2009): Das Erfassen der Praxis des Psychoanalytikers gemäß ihrem eigenen Wert. Psyche – Z Psychoanal 63, Supplement 2009, 25–50.

Jones, Ernest (1962): Das Leben und Werk von Sigmund Freud. Bd. II. Bern/Stuttgart (Hans Huber).

Jones papers: Archieves of the British-Psychoanalytical Society, London.

Kant, Immanuel (2010): Beantwortung der Frage: Was ist Aufklärung? URL: www.de.wikisource. org/w/index.php (25.07.2010).

Kardiner, Abraham (1979) [1977]: Meine Analyse bei Freud. München (Kindler).

Knight, Robert P. (1953): The present status of organized psychoanalysis in United States. J. Am. Psa. Ass., 1, 197–221.

Köhler-Weisker, Angela (1978): Freuds Behandlungstechnik und die Technik der klientenzentrierten Gesprächspsychotherapie nach Rogers. Psyche – Z Psychoanal 32, 827–847.

Korte, Meinhard (2003): Die vakante Sitzung. Überlegungen zur vakanten Sitzung und Vakanzregel in der psychoanalytischen Arbeit. Forum Psychoanal 19, 261–281.

Krämer, Sybille (2001): Sprache, Sprechakt, Kommunikation. Frankfurt a.M. (Suhrkamp).

Krejci, Erika (2009): Die Funktion des Rahmens der psychoanalytischen Situation. Zeitschrift für psychoanalytische Theorie und Praxis, XXIV, 4, 399–415.

Krutzenbichler, H. Sebastian & Essers, Hans (2002) [1991]: Muss den Liebe Sünde sein? Zur Psychoanalyse der Übertragungs- und Gegenübertragungsliebe. Gießen (Psychosozial-Verlag).

Lacan, Sibylle (2001) [1994]: Ein Vater. Puzzle. Frankfurt a.M. (suhrkamp).

Laplanche, Jean (1996) [1992]: Von der Übertragung und ihrer Provokation durch den Analytiker. In: Ders.: Die unvollendete kopernikanische Revolution in der Psychoanalyse. Frankfurt a.M. (Fischer), S. 177–201.

Leuzinger-Bohleber et al. (2002): Langzeitwirkungen von Psychoanalysen und Therapien – Ergebnisse im Überblick. In: Dies.: »Forschen und Heilen« in der Psychoanalyse. Ergebnisse und Berichte aus Forschung und Praxis. Stuttgart (Kohlhammer), S. 75–109.

Lorenzer, Alfred (1974): Wittgensteins Sprachspiel-Konzept in der Psychoanalyse. Psyche – Z Psychoanal 28, 833–852.

Malcolm, Norman (1992) [1981]: Einleitung in: Rhees, Rush (Hg.): Ludwig Wittgenstein: Porträts und Gespräche. Frankfurt a.M. (Suhrkamp).

May, Ulrike (2010): Vierzehnhundert Stunden Analyse bei Freud: Viktor von Dirsztay. Eine biographische Skizze. Luzifer-Amor. Zeitschrift zur Geschichte der Psychoanalyse, 23. Jg, Heft 45, 21–69.

Meltzer, Donald (1995a) [1967] Der psychoanalytische Prozess. Stuttgart (Verlag Internationale Analyse).

Meltzer, Donald (1995b) [1984]: Traumleben. Eine Überprüfung der psychoanalytischen Theorie und Technik. Stuttgart (Verlag Internationale Psychoanalyse), 2. Aufl.

Mertens, Wolfgang (2009): Psychoanalytische Erkenntnishaltungen und Interventionen. Stuttgart (Kohlhammer).

Monk, Ray (2004): Wittgenstein. Das Handwerk eines Genies. Stuttgart (Klett-Cotta), 2. Aufl.

Morgenthaler, Fritz (1990) [1986]: Der Traum. Frankfurt a.M (Campus).

Pflichthofer, Diana (2008): Spielräume des Erlebens. Performanz und Verwandlung in der Psychoanalyse. Gießen (Psychosozial-Verlag).

Pflichthofer, Diana (2011a): Zwischen Gesetz und Freiheit. Die Suche nach dem Rahmen und dem Objekt. Psyche – Z Psychoanal 65, 30–62.

Pflichthofer, Diana (2011b): Mona Lisa hinter Glas. Die Herausforderung ästhetischer Erfahrungen. Forum Psychoanal 27, 1–22.

Pflichthofer, Diana (2011c): »Was ist Ihnen Ihre Analyse wert?« Einige Gedanken über Unkalkulierbares. Vortrag bei der DPG-Jahrestagung 2011.

Polanyi, Michael (1985) [1966]: Implizites Wissen. Frankfurt a.M. (Suhrkamp).

Roos, Peter (2006): Der große Zuhörer. In: Die Zeit, 27. April 2006, S.45.

Roussillon, René (2009): Das psychoanalytische Gespräch: eine Couch in Latenz. Zeitschrift für psychoanal. Theorie und Praxis, XXIV, 4, 416–434.

Sachs, Hans (1930): Die Lehranalyse. In: Zehn Jahre Berliner Institut. Wien (Internationaler Psychoanalytischer Verlag).

Sandler, Joseph (2003): Überlegungen zu den Beziehungen zwischen psychoanalytischen Konzepten und psychoanalytischer Praxis. In: Sandler, Anne-Marie/Davies, Rosemary (Hg.): Psychoanalyse in Großbritannien. Göttingen (Vandenhoeck & Ruprecht), S. 13–36.

Sandler, Joseph & Sandler, Anne-Marie (1985): Vergangenheits-Unbewußtes, Gegenwarts-Unbewußtes und die Deutung der Übertragung. Psyche – Z Psychoanal 39, 800–829.

Scheerer, Ann Kathrin & Reemtsma, Jan Philipp (2001): Deuten im Alltag und in der Analyse. Vortragsmanuskript. Vortrag auf der DPG-Jahrestagung 2001 in Düsseldorf.

Schröter, Michael (2010) (Hg.): Einleitung. In: Sigmund Freud – Unterdeß halten wir zusammen. Briefe an die Kinder. Berlin (Aufbau), S. 7–21.

Schulte, Joachim (2001): Wittgenstein. Eine Einführung. Stuttgart (Reclam).

Searle, John R. (1975): Theorie der menschlichen Kommunikation und Philosophie der Sprache – Einige Bemerkungen. In: Wiggershaus, Rolf: Sprachanalyse und Soziologie. Die sozialwissenschaftliche Relevanz von Wittgensteins Sprachphilosophie. Frankfurt a.M. (Suhrkamp), S. 301–317.

Stone, Leo (1973) [1961]: Die psychoanalytische Situation. Frankfurt a.M. (Fischer).

Thomä, Helmut (1991): Idee und Wirklichkeit der Lehranalyse. Ein Plädoyer für Reformen (I). Psyche – Z Psychoanal 45, 385–433.

Thomä, Helmut (1991): Idee und Wirklichkeit der Lehranalyse. Ein Plädoyer für Reformen (II). Psyche – Z Psychoanal 45, 481–505.

Thomä, Helmut & Kächele, Horst (1996): Lehrbuch der psychoanalytischen Therapie. Berlin/Heidelberg (Springer), Bd. 1, 2. Aufl.

Thomä, Helmut & Kächele, Horst (1997): Lehrbuch der psychoanalytischen Therapie. Berlin/Heidelberg (Springer), Bd. 2, 2. Aufl.

Treurniet, Nikolaas (1992): Über einige der psychoanalytischen Ausbildungssituation inhärente Verwundbarkeiten. In: Streeck, Ulrich/Werthmann, Hans-Volker (Hg.): Lehranalyse und psychoanalytische Ausbildung. Göttingen (Vandenhoeck & Ruprecht), S. 111–130.

Tuckett, David (2007): Ist wirklich alles möglich? Über die Arbeit an einem System zur transparenteren Einschätzung psychoanalytischer Kompetenz. Forum Psychoanal. 1, 44–64.

Walder, Christiane (2010): »Ich will nicht ewig im Käfig meines Ichs eingesperrt sein ...«. Mutmaßungen zur Beziehung zwischen Sigmund Freud und seinem jugendlichen Patienten Arthur Fischer-Colbrie (1895–1968). Luzifer-Armor. Zeitschrift zur Geschichte der Psychoanalyse. Heft 45, 23. Jg., 105–137.

Whitebook, Joel (2009): Langsamer Zauber. Psychoanalyse und die »Entzauberung der Welt«. In: Ders.: Der gefesselte Odysseus. Studien zur Kritischen Theorie und Psychoanalyse. Frankfurt a.M./New York (Campus), S. 20–222.

Wiegand-Grefe, Silke & Schuhmacher, Michaela (2006): Strukturelle Gewalt in der psychoanalytischen Ausbildung. Gießen (Psychosozial-Verlag).

Winnicott, Donald W. (1997a) [1958]: Von der Kinderheilkunde zur Psychoanalyse. Frankfurt a.M. (Fischer).

Winnicott, Donald W. (1997b) [1971]: Vom Spiel zur Kreativität. Stuttgart (Klett-Cotta), 9. Aufl.

Wittenberger, Annegret (2002): Die Angst vor dem Absturz. In: Diederichs, Peter (Hg.): Die Beendigung von Psychoanalysen. Göttingen (Vandenhoeck & Ruprecht), S. 11–31.

Wittgenstein, Ludwig (1982 [1969]: Über Gewissheit (zit. ÜG). Frankfurt a.M. (Suhrkamp).

Wittgenstein, Ludwig (1984): Philosophische Grammatik (zit. PG). Frankfurt a.M. (Suhrkamp).

Wittgenstein, Ludwig (2001): Philosophische Untersuchungen (zit. PU). Frankfurt a.M. (Suhrkamp).

Jean-Michel Quinodoz

Freud lesen

Eine chronologische
Entdeckungsreise durch sein Werk

George Makari

Revolution der Seele

Die Geburt der Psychoanalyse

2011 · 477 Seiten · Broschur
ISBN 978-3-89806-782-9

2011 · 648 Seiten · Gebunden
ISBN 978-3-8379-2039-0

Dieser Band ist eine leicht zugängliche Darstellung der gesammelten Werke Freuds. Jedes Kapitel befasst sich mit einer von Freuds Schriften und enthält wertvolle Hintergrundinformationen sowic relevante Details aus Biografie und Zeitgeschichte, eine Chronologie seiner Ideen und Beschreibungen von post-freudianischen Entwicklungen.

»Das Buch ist eine einzigartige Hilfe bei Lehre und Studium der Freud'schen Schriften. Es ist ebenso fantasievoll wie hilfreich, vor allem, was die Kontextualisierung der Werke anbelangt. Ein absolutes Muss für jeden, der sich ernsthaft mit der Psychoanalyse beschäftigt.«

Anne-Marie Sandler, Lehranalytikerin der Britischen Psychoanalytischen Vereinigung, London

Ausgezeichnet mit dem Gradiva Award 2009 als beste historische Arbeit und dem Heinz Hartmann Award 2009 als herausragendste Publikation, stellt Makari erstmals zusammenhängend die Geschichte der Psychoanalyse von ihren Anfängen 1870 bis zu ihrer Vertreibung aus Europa durch den Nationalsozialismus 1945 dar. Er erforscht gezielt die zentralen Probleme, die diese angehende Wissenschaft der Psyche in ihrer Entwicklung definierten, strukturierten und spalteten.

The New York Post: »Brilliant! Eine fesselnde, reichhaltige Geschichte voller faszinierender Charaktere und bunter Schauplätze.«

Paul Auster: »George Makari hat nichts Geringeres geschrieben als eine Geschichte des modernen Geistes.«

Walltorstr. 10 · 35390 Gießen · Tel. 0641-9699 78-18 · Fax 0641-9699 78-19
bestellung@psychosozial-verlag.de · www.psychosozial-verlag.de

Anna Koellreuter (Hg.)

»Wie benimmt sich der Prof. Freud eigentlich?«

Wolf-Detlef Rost

Eliza im Netz

Aus der Werkstatt
eines Psychotherapeuten

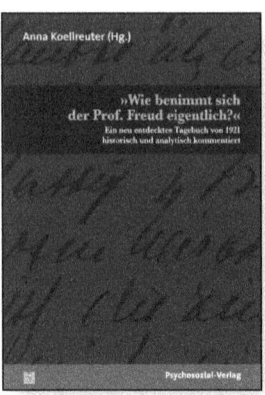

2010 · 319 Seiten · Broschur
ISBN 978-3-8379-2095-6

2009 · 202 Seiten · Gebunden
ISBN 978-3-8379-2031-4

Eine junge Ärztin begibt sich 1921 zu Freud in Analyse. In einem Tagebuch hält sie fest, was sie bewegt. Inspiriert von diesen Aufzeichnungen machen sich PsychoanalytikerInnen und GeschichtsforscherInnen Gedanken zu Freud und seiner Arbeitsweise.

Dieser Fund »kommt für die Wissenschaftsgeschichte einer kleinen Sensation gleich. Es ist das Zusammentreffen von drei Faktoren, das dieses Tagebuch zu einem einzigartigen Dokument macht: Erstens handelt es sich hier um eine reine Patientenanalyse, im Unterschied zu einer Lehranalyse, zweitens fand sie vor Freuds Krebserkrankung statt, und drittens sind die Notizen anscheinend wörtlich notierte Niederschriften dessen, was im Behandlungszimmer gesagt wurde. […] Unter den bisher veröffentlichten Dokumenten gibt es keines, bei dem alle drei Kriterien zutreffen.«
Ernst Falzeder in: DIE ZEIT

»Eliza im Netz« erzählt den bizarren Fall des Rainer Somberg im Stil einer literarischen Therapiegeschichte. Somberg ist ein scheinbar gefestigter Familienvater, der seine Traumfrau erst im mittleren Alter kennengelernt hat. Als er sie auf einer pornografischen Laienwebsite entdeckt, bricht sein Weltbild wie ein Kartenhaus zusammen. Erstmals lässt er sich auf die Hilfe eines Psychoanalytikers ein. In der Auseinandersetzung mit diesem verdeutlicht Somberg sich sukzessive seine Projektionen, Idealisierungen und narzisstischen Züge, um über die Aufarbeitung bisheriger Beziehungen schließlich ein gereifteres Verhältnis zu seiner Frau zu entwickeln.

Walltorstr. 10 · 35390 Gießen · Tel. 0641-96 99 78-18 · Fax 0641-96 99 78-19
bestellung@psychosozial-verlag.de · www.psychosozial-verlag.de

Julia Kristeva

Das weibliche Genie – Melanie Klein

Das Leben, der Wahn, die Wörter

Julia Kristeva

Die neuen Leiden der Seele

2008 · 274 Seiten · Gebunden
ISBN 978-3-89806-837-6

2007 · 266 Seiten · Broschur
ISBN 978-3-89806-839-0

»Erschaffe dein Denken und erschaffe es stets aufs Neue, indem du mit dem Weiblichen in dir in Berührung bleibst!«
Während Freud den Ödipuskomplex und die Rolle des Vaters ins Zentrum des psychischen Lebens rückte, entdeckte Melanie Klein die »Mutter« inmitten des seelischen Lebens des Subjekts. Damit gelang ihr die Vertiefung der Psychoanalyse, die die Psychose, die Objektbeziehungen und das Verstehen »vorsprachlicher« Mitteilungen nicht nur in der Kinderanalyse betraf.
Kristeva erzählt anschaulich und ausführlich Melanie Kleins Fallgeschichten nach und stellt die theoretischen Entwicklungen Melanie Kleins und deren Einfluss auf die Psychoanalyse dar.

In ihrer Praxis als Analytikerin ist Julia Kristeva auf einen neuen Patienten-Typ gestoßen: Beschädigter Narzissmus, psychosomatische Beschwerden und wiederkehrende Depressionen sind heute die häufigsten Erscheinungsformen von Neurosen, Hysterien und Obsessionen. Politisch-gesellschaftliche Veränderungen, der Wandel von Familie und Sexualität und der Einfluss der Massenmedien haben maßgeblich zu diesen neuen Leiden der Seele beigetragen.
»Julia Kristeva ändert die Ordnung: Ständig zerstört sie die aktuelle vorgefasste Meinung – die, von der wir glaubten, sie könne uns trösten; die, auf die wir stolz sein konnten. Was sie verdrängt, ist das bereits Gesagte […]; was sie untergräbt, ist die Autorität der monologischen Wissenschaft und der Filiation.«
Roland Barthes

Walltorstr. 10 · 35390 Gießen · Tel. 0641-969978-18 · Fax 0641-969978-19
bestellung@psychosozial-verlag.de · www.psychosozial-verlag.de

Psychosozial-Verlag

Dunja Voos

Stefano Bolognini

Psychoanalyse tut gut

Verborgene Wege

Ein Ratgeber für Hilfesuchende

Die Beziehung
zwischen Analytiker und Patient

2. Aufl. 2012 · 173 Seiten · Broschur
ISBN 978-3-8379-2145-8

2011 · 265 Seiten · Broschur
ISBN 978-3-8379-2071-0

Wer darüber nachdenkt, eine Psychoanalyse zu beginnen, steht vor vielen Fragen. Hilft mir die Methode bei meinen Problemen? Muss ich mich auf die Couch legen? Was kann die Methode leisten und wo liegen ihre Grenzen?

Psychoanalyse hilft bei vielen Störungen – unter anderem bei Ängsten, Depressionen und ADHS. Sie fragt danach, wie das Leiden entstanden ist, und versucht, mithilfe dieses Verstehens einen Ausweg zu finden. Dabei lernt man manchmal Seiten an sich kennen, die man lieber nicht kennengelernt hätte – aber dieses Kennenlernen führt zu größerer Eigenständigkeit und zu einem besseren Verständnis von und für sich selbst.

Im ersten Teil des Buches werden Fragen rund um die Psychoanalyse erläutert. Der zweite Teil beschreibt die gängigsten Krankheitsbilder und ihre möglichen Ursachen aus psychoanalytischer Sicht.

Die Beziehung zwischen Analytiker und Patient ist eines der zentralen und auch schwierigsten Themen der psychoanalytischen Theorie und Praxis. Sie ist ein komplexes Gebilde, aufgebaut auf einem empfindlichen Gleichgewicht von Distanz und Teilnahme, klarem Verstand und Gefühl, Analyse und Empathie. Abwechslungsreich und verständig beschreibt Bolognini ihre verschiedenen Arten, ihre Abläufe, Erfolge und Misserfolge anhand relevanter Theorien von Freud bis zur Gegenwart. Unkonventionell und differenziert schildert er diese besondere Beziehung zwischen zwei Menschen: eine gemeinsame Reise in weitgehend unbekannte Gefilde, bei der die Reisenden insbesondere destruktive Zustände des Geistes und des Lebens im Allgemeinen erkunden. Die zahlreichen, einfühlsam wiedergegebenen klinischen Fälle veranschaulichen die theoretischen Ausführungen und machen das Buch zu einer lebendigen Lektüre.

Walltorstr. 10 · 35390 Gießen · Tel. 0641-969978-18 · Fax 0641-969978-19
bestellung@psychosozial-verlag.de · www.psychosozial-verlag.de

Milton Keynes UK
Ingram Content Group UK Ltd.
UKHW032043180324
439698UK00001B/67

9 783837 922226